中国近代教育管理研究系列

张新平 主编

上海文化发展基金会图书出版专项基金资助项目

民国教育管理名家研究

胡金平 主编

上海教育出版社

丛书主编

张新平，南京师范大学教育科学学院教授、博士生导师，南京师范大学教育领导与管理研究所所长，南京师范大学中国陶斯研究院院长。兼任中国教育发展战略学会现代教育管理专业委员会常务副理事长，中国教育学会教育管理学科专业委员会副理事长，中国教育学会教育效能学术委员会副理事长，江苏省教育学会教育管理专业委员会理事长，美国TAOS INSTITUTE研究人员，《中小学管理》《教学与管理》、人大复印资料《中小学学校管理》等期刊编委。主要从事教育领导与管理、基础教育改革发展研究。发表论文200余篇，出版《教育组织范式论》等著作多部。先后主持教育部哲学社会科学研究重大课题攻关项目、国家社会科学基金重点项目和一般项目多项。成果曾获江苏省哲学社会科学优秀成果奖和全国教育科学优秀成果奖多项。

本书作者

胡金平，南京师范大学教育科学学院教授，博士生导师，教育史博士点负责人。兼任中国教育学会教育史分会常务理事、南京师范大学苏州实验学校总校长。主要研究方向为中国教育史、教育社会学、教师教育等。在《华东师范大学学报》（教育科学版）、《北京大学教育评论》《教育学报》《复旦教育论坛》《中国教育报》《新华文摘》等报刊发表文章数十篇；主编、参编《中外教育史纲》《中外学前教育史》《中国教育史》《中国教育管理史》等教材、专著十余部；主持省部级及以上课题多项。

最初产生编纂这套丛书的念头，还要追溯到 2004—2006 年，我们承担了江苏省哲学社会科学基金一般项目"陶行知的民主教育管理思想与实践及其当代价值研究"，对陶行知的教育管理实践与思想进行了深入探究。在重新认识陶行知的过程中，我们也走近中国近代教育管理的实践与思想世界，并日益强烈地感受到对于这段历史的无知、误解或偏识，从而有了较为全面地整理近代教育管理实践与思想的意识和决心。

展开来说，我们编纂这套丛书，有着三个方面的动力和意图。第一是"补缺"。毛礼锐先生在 20 世纪 80 年代末就曾指出："过去，我们对历史上的教育实践取士制度和教育家的研究比较注重，在管理体制方面从文教政策和学校教育制度方面也有许多探讨，而对教育管理体制、学校管理的经验教训、教育家的教育管理实践与思想等的研究，则较薄弱，至于近现代教育管理方面的重大问题，几乎没有作出专题研究。"①尽管从 20 世纪 80 年代末开始，国内出现了一些教育管理史方面的成果，但一如我 2001 年所强调的，教育管理学的历史研究整体上仍然薄弱和贫乏。② 编纂这套"中国近代教育管理研究系列"，正是加强教育管理学历史研究，弥补我们对自身实践、思想及学科发展历史"了解不够"的一种努力。

编纂这套丛书的第二个动力和意图是"纠偏"。"了解不够"往往又会造成"认识不全"的问题。即，人们在不了解相关历史事实或观念的情况下，容易产生"自以为知"的错误，作出不符实际的或以偏概全的判断。譬如，由于不了解我国教育管理学科发展的基本历史，一些教育管理学教科书中会出现"学校管理学是一门年轻的新兴教育学科""学校管理学这一门学科创立时间还不长""学校管理学初创时属于教育学的一个组成部分"之类的错误观点。再有，很多人会将"均权治理、民主参与、自主管理、团队合作"等视为

---

① 程斯辉. 近代教育管理史[M]. 武汉：武汉工业大学出版社，1989：序言.
② 张新平. 关于我国教育管理学发展中的五个问题[J]. 教育理论与实践，2001(1).

新时期的教育管理理念,殊不知,这样的理念在我国 20 世纪早期的教育管理实践中就已经提出。借用英国公共管理研究著名学者胡德(C. Hood)的话说,整理和研究近代教育管理实践与思想,是为了避免因忽略历史而"产生荒谬的结果",为了"穿越当下的时尚和潮流","治疗盲目接受新观念的幼稚病"。①

"究新"是编纂这套丛书的第三个动力和意图。我们希望通过对历史材料的重新诠释或深入挖掘,避免对相关历史"理解不深"的问题。一方面,立足于教育管理学的视角,对一些已经熟知的教育历史作出新的解读,比如,从教育领导者和教育行政学者的角度,重新理解陶行知的办学治校实践和思想,从而突破大多数研究运用教育学框架讨论陶行知教育思想的惯常理路;另一方面,在总结我国近代教育管理实践经验与思想传统的基础上,思考其在当代的价值,探索当下教育管理实践与教育管理学科发展的新思路。

本丛书包括《中国近代教育行政体制研究》《民国教育督导研究》《中国近代中学组织结构演变研究》《民国教育管理学文选》《中国近代教育管理学科研究》《民国教育管理名家研究》和《陶行知的教育管理思想与实践》七部著作。之所以进行这样的总体设计,既是深化先期研究成果,以及尊重学术团队成员的研究旨趣,也是基于上述意图,为了更全面地反映近代教育管理实践与思想的内容。

《陶行知的教育管理思想与实践》一书,是课题组围绕"陶行知的民主教育管理思想与实践及其当代价值研究"这一课题,在共同学习和研讨陶行知教育实践与思想的过程中形成的一项集体成果。对于陶行知教育管理思想与实践的探究,是我们萌生编纂这套丛书念头的原因所在。因此,《陶行知的教育管理思想与实践》自然成为第一本进入本系列丛书的著作。在此基础上,我们认为近代教育管理的实践和思想可以通过实践、学科和人物三个主题加以梳理与呈现。《中国近代教育行政体制研究》《民国教育督导研究》和《中国近代中学组织结构演变研究》是对"实践"的研究。其中,《中国近代教育行政体制研究》侧重于宏观的教育行政,《中国近代中学组织结构演变研究》侧重于微观的学校管理,《民国教育督导研究》则聚焦于一项具体的教育管理职能或活动。虽然它们无法囊括中国近代教育管理实践的全部内

---

　　① [英]胡德. 国家的艺术[M]. 彭勃,等,译.上海:上海人民出版社,2004:17—18.

容,但能够从大的方面反映概貌。《民国教育管理学文选》和《中国近代教育管理学科研究》涉及对"学科"的研究。编纂这两本书既是为了考察中国近代教育管理学科发展历史与学术研究状况,也是为了进一步展现近代教育管理中人们所关注的一些核心问题及相关思考。《民国教育管理名家研究》和《陶行知的教育管理思想与实践》这两本是有关"人物"的研究。在我们看来,近代教育管理实践和思想的发展,与一些重要人物的影响密不可分;而且,围绕人物进行历史的梳理与分析,能够较好地体现近代教育管理实践与学术研究的深入互动。

《中国近代教育行政体制研究》以重大历史事件为标识,全面梳理了自清末至南京国民政府结束统治这一时期,中国近代教育行政体制变迁的四个阶段:清朝末年的初创期(1898—1911),民国初期的发展期(1912—1926),民国中期的邅变期(1927—1928)和民国后期的定型期(1929—1949)。该书认为,就渊源而言,中国近代教育行政体制是传承旧制与西制东渐的统一,但以西制为主,具有强烈的开放性特征;就变迁过程而言,中国近代教育行政体制曲折反复、变化多样,在整合妥协中向前推进;就发展特征而言,中国近代教育行政体制具有明显的科学化、民主化、政治化、独立化、学术化和开放性特征;就缺陷而言,中国近代教育行政存在体制紊乱、制度割裂、过于理想、方式激进和过于西化等问题。透过历史演变过程的事实整理与理性思考,该书强调,必须以全面分析和均衡发展的原则,处理近代教育行政体制发展过程中凸显的集权与分权、独立与依存、领袖制与委员制、专家与民众、学术与官僚、本土与西化、激进与保守、理想与现实、刚性与弹性、主体与边缘等关系范畴,并将教育行政体制的分析和建构置于宏大的社会背景之下,使教育行政体制与社会同发展、共进步。

《民国教育督导研究》从横向的要素与纵向的过程两个方面,考察了民国教育督导的概况。在横向要素分析方面,详细讨论了民国时期的中央、省和县三级教育督导机构,各级督学的任职资格,督导队伍的职业道德规范与专业化建设,以及督导前的准备、督导中的方法和督导后的反馈等问题。在纵向过程分析方面,为"知其所来,明其所往",该书对清末和民国时期的教育督导制度及其对当下与未来教育督导制度的启示作了专门考察和研究。书中指出,民国时期的教育督导制度具有行政权威强、专业水平高和管理实效显著等特点,同时也存在机构设置重复、人员名称混乱、工作职责不清及行政与视导联系不紧密等问题。结合当下教育督导现状，该书认为，民国的教育督导实践提示，必须提高教育督导机构的权威性，加强教育督导专业人员的培养，建立健全督学任职资格与选聘任用制度，完善教育督导法规建设，以及规范教育督导行为等。在此基础上，该书阐述了教育督导未来发展的若干方向：一是"政""学"兼督；二是"督""导"兼顾；三是教育督导职业化；四是教育督导专业化；五是教育督导的去行政化与开放性。

《中国近代中学组织结构演变研究》一书一方面从中学的产生、中学行政结构的分化与整合、中学性别结构的变化和中学科部结构的调整四个方面，细致梳理了清末和民国时期近代中学组织结构的生成与演变历程；另一方面从组织制度理论的视角，着重分析影响这些组织结构生成与演变的因素。就近代中学的产生问题，该书重点讨论了认知性制度要素的影响，认为作为近代中学产生背景的现代学校教育制度的建立，不是政治自觉的结果，而是世界观转变后一种理所当然的信念。就近代中学行政结构的分化与整合问题，该书突出了规制性制度要素的影响，认为近代中学行政结构的形成与变化，在 20 世纪 20 年代间接地受到公共领域各种力量的建构性影响，到 20 世纪 30 年代则直接地受政府制度与政策的影响。就近代中学性别结构变化问题，该书主要从规范性制度要素出发，围绕女子中学的出现、男女同校以及男女分校回流等问题，探讨作为规范力量的传统道德与现代知识对于学校组织结构的影响。同样是关注规范性制度要素的影响，该书讨论近代中学由分校制向分校分科制发展，由分校分科制向合校分部制转变，再由合校分部制回归分校制的历史过程，并分析了教育群体的专业规范对学校组织的影响。综合四个方面的考察，该书提出用"追求合理性"与"寻求合法性"来解释"近代学校何以如此"的思路。

《民国教育管理学文选》是在广泛浏览、精心筛选民国时期主要的教育类杂志、教育管理学教材和专著及相关教育著作的基础上，以全文选编或节录形式汇集而成的。它以发掘民国教育管理学的主要文献，呈现民国教育管理学研究的基本面貌为目的，某种程度上可以视为《中国近代教育管理学科研究》一书的一种注解或一份附录。为了更好地揭示民国教育管理学研究的内容及其内在关系，文选没有以相关成果的发表时间作为文章编排的依据，而是以"教育管理的含义、理念与背景""教育政策法规与学校制度""教育行政体制与组织机构""教育经费、教育视导与教育调查""教育局长、行政人员与校长""教师与学生管理""学校组织与管理"和"教育管理学科与研究"八个能够反映民国教育管理学研究内容的主题作为文选组织的基本框架。文选至少可从四个方面增进我们对民国教育管理学研究的认识：一是展现了民国时期从事教育管理学研究的一些代表性人物；二是反映了民国时期教育管理学研究重点关注的问题；三是彰显了民国时期在教育管理理念和原则方面的追求；四是呈现了民国时期教育管理学研究的基本方法与规范水平。

《中国近代教育管理学科研究》在把握近代社会背景的前提下，从学科知识进展和学科制度建构两个角度，梳理了中国近代教育管理学科产生与发展的五个阶段及其特征：一是学科酝酿阶段（1862—1900），在西学东渐的社会背景下，新式学校管理实践的开始与近代教育制度知识的传入，在实践、认知和心理上酝酿着教育管理学科的诞生。二是学科诞生阶段（1901—1915），在"以日为师"的社会背景下，我国引进了第一本《学校管理法》，师范学校开设了教育管理学科课程，并出现了对教育管理问题的早期研究。三是学科初兴阶段（1916—1926），在"转向美国"的社会背景下，美国的效率与民主管理思想开始影响中国，国内的大学也启动了专业的学校行政研究。四是学科自觉阶段（1927—1937），在"立足本土"的社会背景下，开始从比较的、历史的、社会的等多角度研究教育管理问题，中国的教育管理学进入了系科发展、研究规范、出版繁荣、人才辈出的成长高峰期。五是学科沉积阶段（1938—1949），在"面临危局"的社会背景下，学科发展速度趋缓，人才培养目标被忽视，研究工作出现转向，但学科的思想体系、内容体系和方法体系得到全面而系统的总结。基于历史梳理，本书提出了教育管理学科建设专业化、本土化、科学化和自主性的命题。

《民国教育管理名家研究》研究了民国时期20多位具有代表性的教育管理学和教育管理实践名家。这些教育管理名家中，既有曾从事中央或地方教育行政管理工作的教育家，如蔡元培、范源廉、雷沛鸿等，也有长期从事大学或中小学学校管理工作的管理名家，如郭秉文、蒋梦麟、梅贻琦、张伯苓、竺可桢、陈宝泉、陶行知、廖世承、俞子夷、经亨颐等，此外还有对我国教育管理学科的诞生和教育管理学理论发展作出重要贡献的教育管理学家，如夏承枫、常道直、杜佐周、邰爽秋、罗廷光等。该书始终将人物思想和实践置于时代的大背景中来理解，力图通过对不同类型、不同领域教育管理名家的群像研究,较为典型、真实地反映民国时期教育管理理论和教育管理实践所取得的成就,为当下我国教育管理理论与实践的发展提供借鉴。

《陶行知的教育管理思想与实践》以总论与分述相结合的方式,着重从"教育领导""学校管理"和"领域教育管理"三个层面,阐述了陶行知的校长领导、道德领导、学校民主法治、学生自治、教学管理、经费管理、物资管理、乡村学校管理、师范教育管理等思想与实践。该书的要旨在于从教育管理学的角度,重新识读和领会陶行知的教育思想,以此强调陶行知不仅是中国教育史上伟大的教育思想家,也是杰出的教育领导者和教育管理思想家。在内容上,该书通过对教育领导、学校管理、乡村学校管理、师范教育管理等内容的讨论,展现了陶行知教育管理思想与实践所具有的大教育管理的特征。在性质上,该书通过深入分析陶行知的教育思想与其教育管理思想的高度渗透和融合,论证了陶行知教育管理思想与实践所坚持的教育学立场。此外,该书还认为,陶行知是知行合一的典范,他的教育管理思想与实践具有高度的统一性和互动性。他的思想是行动的思想,他的行动是思想的行动;他不仅力倡民主的和道德的学校管理,而且本身就是一个受人尊敬的民主的教育管理者和道德的教育领导者。所有这些,对于当下的教育管理研究与实践都有着重要的启迪。

尽管上述研究还不足以涵盖近代教育管理实践和思想的丰富内容,但我们仍然可以深切地体会到近代教育管理实践与思想的一些重要特征。

其一是教育管理与社会发展紧密关联。教育管理与社会发展显然总是相互关联的,但我们想说的是,中国近代教育管理与社会发展的关联尤其紧密和明显。首先,社会状况对于教育管理产生强烈影响。近代中国是典型的"乱世",政治动荡、战争频仍、思想多元,急剧的社会变动严重影响了教育管理的稳定性与连续性。这既体现为教育宗旨的不断变化,也体现为教育政策的朝令夕改;既表现为行政首脑的频繁更换,也表现为管理体制的反复无常;既反映在行政机构的混乱设置上,也反映在学校形式的不断调整上。近代中国也是典型的"衰世",生产力遭到极大破坏,社会生活艰苦,贫弱的社会现实对教育管理同样产生重要影响。可以看到,教育经费短缺一直是困扰近代教育管理的重要问题,不仅直接限制了教育发展的水平与教育管理的能力,而且间接引发了教育独立、教师兼职、学校风潮、学校合并设置等问题。其次,近代教育管理与社会发展的紧密关联还体现在人们对教育管理之于社会发展作用的认识上。无论是早期的"教育救国论",还是20世纪20年代中期兴起的"国家主义教育思潮",抑或是抗战时期提出的"战时须作平时看"的教育建国方针,都将教育事业的管理与国家、社会的命运联系起来,视教育变革为社会发展的重要途径。

其二是外国影响与本土思考的交织。中国近代学校教育制度的最初建立,是受外国教育模式影响并整体移植日本教育制度的结果。这种移植具有复杂性:它既是教育制度上的模仿,也决定了我们在教育管理实践和教育管理知识方面要向其他国家学习。张百熙等人当年便提到,学堂发展更重要的是有管理学堂之人,在无人有管理新式学堂经验的情况下,就要考察外国学堂的制度及一切管理教授之法,学习外国如何办理学堂。[①] 罗振玉也强调,教育兴衰取决于教育行政是否得人,因此研究教育行政之学便成了第一要务,而考究他国学校行政之法,翻译相关书籍则是研究教育行政学的基本途径。[②] 可以说,整个近代教育管理实践与思想的产生与发展,与日、德、美、法等国教育制度与观念的影响分不开。

不过,在不同阶段,我们向国外学习的自觉程度是不一样的。19世纪,我们的学习几乎是被动的,甚至有教育被殖民的意味;到20世纪初建立近代学校教育制度之际,虽然从大背景上看仍有"不得不为之"之意,但具体的学习过程显得更为主动;自20世纪头十年始,在主动学习中又有了基于本土情境而对"仪型他国""全盘西化"或"囫囵吞枣式模仿"的反思,强调教育制度与教育管理要"谋适合、谋创造",要"合中国社会之需要","努力使其中国化"。也正因为一方面注重向国外学习,另一方面注重学习中的反思和创造,中国在20世纪20—30年代的教育管理实践和思想,与当时的世界水平保持了高度的同步。换言之,从教育管理的开放性与理论水平的角度看,当时教育管理实践与思想的发展状况甚至要胜过当下。在"昔不如今"的进化论思维或片面的"反移植"论下,这一点常常为我们所忽略。

其三是传统与现代的紧张。在近代,外国与本土的关系很大程度上又表现为现代与传统的关系。在近代教育管理的发展过程中,外国影响与本

---

① 舒新城.中国近代教育史资料(上)[M].北京:人民教育出版社,1981:199.
② 璩鑫圭,唐良炎.中国近代教育史资料汇编·学制演变[M].上海:上海教育出版社,2007:157—158.

土思考相互交织，同时，人们也感受到近代教育管理的现代追求与传统影响之间的紧张。一方面，作为管理新式教育的"新教育管理"，近代教育管理在努力提升自身现代性的过程中，遭遇到传统的制度、观念、规范、方法等因素的窒碍。郭秉文在讨论20世纪初的学校暴动问题时便指出，新式教育制度强调自由平等，但当时的学生并不能真正理解自由平等的含义，当时学校的管理者也多来自旧制学校，不懂得与学生自由平等交往的方法。林砺儒批评近代中学普通教育与职业教育分合反复现象时也指出，问题不在于两种制度孰优孰劣，而是传统的生产方式、落后的生产力决定了这两种制度都不可能促进职业教育的发展。另一方面，所谓现代的教育管理还被认为不一定优于传统的教育管理。在近代教育管理现代化的初始阶段，人们便对教育管理的现代性有了反身性思考。在陶行知看来，洋教育与传统教育一样糟糕，它不仅将教育限"死"于书本和学校，且制造了教育上的不平等。舒新城则认为，新式学校组织及其管理方法，在某种意义上看甚至是一种倒退，它没有旧学校（私塾）所具有的经费自给、学生自动、良好的师生关系、个别化的教育方法等精神。

其四是科学与民主的追求。胡适曾说："自从中国讲变法维新以来，没有一个自命为新人物的人敢公然毁谤'科学'的"，"科学"这个名词"几乎做到了无上尊严的地位"。[①] 同样，我们发现，"科学"也一直是我国近代教育管理发展过程中的一个核心价值追求。从实践层面看，近代教育管理的科学化追求有着多方面的表现，如，平衡教育结构的努力与有效教学组织形式的探索，教育行政体制的不断调整与学校组织结构的日益完善，教育管理人员职责的逐渐明确与教育管理工作程序的逐步细化，对标准化、效率、经济等管理原则的强调与文件管理、会议管理、监督反馈等方法的运用，等等。从研究层面看，科学化的追求除了在内容上直接体现为对于科学理念的强调和效率问题的研究外，还间接地体现在研究的科学方法与态度上。我们看到，自20世纪头十年始，不仅调查、测量、实验、统计等科学方法成为教育管理研究的基本方法，而且，教育管理研究成果表达与呈现的规范化程度也不断提高。

在近代教育管理发展过程中，还有一种与"科学"等量齐观的价值追

---

① 胡适.科学与人生观[M]//亚东图书馆.科学与人生观.上海：上海书店，1926：序，2—3.

求,它便是"民主"。近代教育管理的民主追求,主要是从20世纪头十年开始出现并逐步发展的。在此之前,我们的教育方针侧重于军国民教育,但第一次世界大战中德国的战败、新文化运动的启蒙以及杜威思想的影响,使得军国民主义教育很快为个性主义教育、民主主义教育所替代。这种转变不仅涉及教育目的的调整,也涉及教育管理方式的转变。于是,从20世纪头十年的中期以后,我们看到越来越多的有关教育管理民主问题的讨论和实践。如,在宏观层面,主张通过开放学校、鼓励私立学校、发展女子教育、改良文字等,保障人民的受教育机会;通过改良机械的学校教育制度,促进学生的个性自由发展;通过在教育行政机构中设置审议机关,提高教育决策的参与性与合理性,等等。在微观层面,强调学校管理者要革除长官独裁之旧习;要求教师尊重学生,与学生合作共事;鼓励并指导学生自治,养成他们互助、合作的习惯,等等。

其五是热情与理智的兼有。我们能够在不少近代教育管理实践者与研究者身上,感受到他们探索实践或探究学理过程中的饱满热情。这种热情首先体现在思想层面,近代教育管理思想表现出较为突出的理想主义特征。如,"教育救国""教育独立""教育无宗旨""社会即学校"等主张,都具有很强的教育乌托邦色彩。它们从侧面反映了当时的人们对于教育管理的信心满怀,以及面对困难的无所畏惧。其次,近代教育管理实践者与研究者的热情也体现在他们的语言上。可以发现,无论是政策评议还是学术言论,近代的教育管理话语都有着较强的情绪性,甚至常出现过激的语言。这显然不是简单的语言风格问题,而是因为人们对问题本身投入了强烈的情感。再次,最能体现近代教育管理实践者与研究者热情的是,他们不仅敢"想"、敢"说",且坚决去"做"。我们看到,诸如"壬戌学制""大学院制""男女同学"等教育管理变革之所以成为可能,很大程度上并不是建立在理性分析基础之上的,是追求某种信念的激情提供了"动"力。可以说,如果没有"热情"作为支撑,在近代社会局势与教育条件下,教育管理实践与思想的发展是难有作为的。

同时,在热情之外,我们又能看到近代教育管理实践者与研究者理智的一面。这集中体现为他们对于教育管理专业化的强调与追求。前文提到,罗振玉在近代教育管理实践展开初期,就强调了研究教育行政学的重要性。这也可以看作我国早期的教育管理专业化思想。此后,陶行知、李建勋、邰爽秋、常道直、夏承枫、罗廷光等人，都极为重视教育管理人员或教师队伍的专业化问题。之所以强调教育管理专业化，是因为人们意识到，在教育管理实践日益复杂化的背景下，仅凭经验、常识、小聪明或高涨的热情已难以适应不断提高的合理设岗、用人、办事等方面的要求，必须对教育管理活动作细致考察和深入研究，形成教育管理的科学知识与专业技能，在此基础上对教育管理人员进行专门训练，明确教育管理的人员资格、工作规范和职业精神等。从另一个角度看，强调专业化建设，即是希望突破经验管理的局限，避免无知管理的盲目，杜绝人为管理的随意，扭转激情管理的偏失，以提高教育管理判断的理性水平、教育管理行为的审慎程度和教育管理思维的自觉意识。

最后是理论与实践的互动。我国的教育管理理论是应办理新式学堂及实施师范教育的需要而出现的，它在产生之初完全是应用性的。譬如，在早期的教育管理教科书中，对管理之性质、管理之意义、管理之类型等学理性问题的阐述很少，而对于学校制度、学校选址、班级编排、学生升级、课程编订、视学方法、学生管理、学生用桌椅的尺寸式样、黑板的制作、门窗的比例、教室采光换气取暖方法、学生体格检查及传染病防治、校历编制等办学治校实务的说明则非常细致。此后，教育管理理论虽不断发展与深化，但理论与实践之间的互动仍极其紧密。一方面，教育管理研究者并不一味地在书斋中做学问，而是强调学术研究要关注管理实践，总是从实践出发构建理论。程湘帆为了更好地撰写教育管理教材，甚至专门到教育行政单位服务，以了解情况，收集资料；另一方面，教育管理研究者还积极地投身实践，参与到教育管理的实际改造中。如，程其保从大学讲坛走上了地方教育行政的领导岗位，庄泽宣为地方教育行政改革担任顾问；李清悚、俞子夷等人虽也在大学任教，但基本上没有离开过中小学办学实际，他们或兼任中小学校长，或从事中小学教育实验；陶行知、邰爽秋、刘百川等人则毅然离开了大学象牙塔，走到教育基层，从事办学治校的改革实验。

我们是携着与陶行知的教育管理实践与思想相遇所产生的兴奋、惊奇与惭愧之情而投入到近代教育管理实践与思想的研究中的，但坦率地说，在研究初期，我们也隐隐地有着一种焦虑。这种焦虑不是担心历史研究方面的课题难以立项或相关研究成果无处发表，也不是担心没有精力与能力完成这项任务，而是觉得放着那么多重要且急需思考与回答的教育管理现实问题不顾,一头钻到故纸堆中,是不是有点"避实就虚",无视教育管理学作为应用学科的使命。① 然而,随着研究的逐步推进,最初的焦虑不仅慢慢淡化,而且转化为我们做好这项工作的动力与信心。一方面,我们发现,上文提到的"教育管理与社会发展、外国与本土、传统与现代、科学与民主、热情与理智、理论与实践"等关系,同样是当下的教育管理实践与思想建设过程中需要面对并有待解决的基本问题。因此,对于近代教育管理问题的梳理与探讨,可以从正反两个方面为当下教育管理实践与思想的发展提供借镜。另一方面,我们还认识到,"过去"不仅仅是"现在"可资参照的样本,它本身即是"现在"的构成部分,在"现在"身上有着许多"过去"的影子。因此,我们只有了解"过去",才可能清晰地认识"现在",把握"未来"。

基于上述认识,我们在探究近代教育管理实践与思想的过程中,还进一步丰富了对教育管理研究方式的理解。我在 2000 年时提出了教育管理实地研究的概念,并在此后几年中运用该方法组织开展了一系列研究。当时我认为,教育管理研究方式可分为思辨研究、实证研究和实地研究三种。其中,思辨研究和实证研究是我国教育管理研究者面对问题、提出问题、思考问题和解决问题的两种传统套路,它们具有相应的价值与合理性,但也存在自我独白、孤芳自赏或忽视意义、价值与个殊性追问等诸多缺失。而以"脚踏实地"为基本特征,以理性地反思和阐释教育管理实践行为与实际问题为主要任务的实地研究,则能够较大程度地弥补思辨研究与实证研究的不足。

概括地看,思辨研究追求"深",实证研究关注"广",实地研究强调"近",它们虽以不同的方式丰富了我们对教育管理现象的认识与理解,但所采取的主要是一种"以当下观当下"的视角,往往只能提供"当下"的"快照"。一如米尔斯(C. W. Mills)所指出的,"以当下观当下"是运用"抽样"方法认识现实。② 一旦意识到,过去、现在和未来是相互联结的,我们就会发现,"当下"其实只是我们认识眼前现实的一个时点,而且只是阶段性"终点",并不是"起点"。涂尔干(D. É. Durkheim)便提醒我们,不能局限于我们自己所处的特定时代,而必须把自己移送到历史的时间刻度的另一端。将过去作为"起点",沿着这条道路走下去,我们会达到今日的处境。通过历史考察,捕

---

① 张新平,褚宏启.教育管理学通论[M].北京:高等教育出版社,2012:34—39.

② [美]米尔斯.社会学的想像力[M].陈强,等,译.北京:生活·读书·新知三联书店,2001:159.

捉种种具有同等正当性的需要与必要性之间的差异，我们将会避免屈从于兴盛一时的激情与偏向所产生的备受尊崇的影响，从而接受一种客观冷静的考察，全面展现教育活动的复杂性。① 因此，在思辨研究、实证研究和实地研究之外，我们又提出了教育管理研究的第四种方式——历史研究。②

我们认为，教育管理应是"瞻前顾后"的，既要意识到教育管理"不徒重视现在，抑且重视未来，不徒着眼成人生活的改善，抑且期求儿童和青年福利的增进"③，知道"往前看"；也要意识到"许多管理现象是十足的历史问题，而不是严格意义上的管理问题"，懂得"往回看"④。教育管理也应是"且行且停"的，一方面要敏锐地辨识教育管理现实问题的症结所在，敢于变革与创新，努力实现教育管理实践的不断改进；另一方面要保有谦逊与冷静的态度，懂得总结与坚守，能够对理所当然、急功冒进的做法进行反思。相应地，教育管理研究也要更加多元、饱满、稳重、深刻，要能够在偏于平面化分析的实证研究与实地研究的基础上，借助历史研究方式，在考察、分析现实过程中渗入一种纵向思考，以此更为立体、全面地认识教育组织及其管理现象。

最后，要感谢本系列各位著作者对于丛书的支持与投入；感谢上海教育出版社教育编辑室主任袁彬一丝不苟、尽心尽责的工作；感谢"江苏高校优势学科建设项目"对于本系列丛书出版的资助。

尽管我们投入了极大的热情，也付出了最大的努力，但受历史材料搜集困难及处理材料能力的影响，丛书定有不当或错讹之处，还望各位读者批评指正！

张新平

2013 年 12 月

---

① ［法］爱弥尔·涂尔干.教育思想的演进［M］.李康，译.上海：上海人民出版社,2006：18.

② 张新平,等.教育管理学的方法体系［M］.北京：科学出版社,2012：87—96.

③ 罗廷光.教育行政［M］.上海：商务印书馆,1942：15.

④ Eugenie Samier. Educational Administration as a Historical Discipline：An Apologia Pro Vita Historia［J］.*Journal of Educational Administration and History*，Vol.38，No.2，August 2006：125—139.

民主，是近现代教育管理与古代教育管理最重要的区别之一，也是近现代教育管理的本质特征。辛亥革命胜利民国建立之后，"民主"成为教育管理思想发展的主要指向，五四新文化运动之后，"民主化"更是成为整个中国教育界普遍认同的理念。这个时期，不管是教育行政抑或是学校内部管理，无论是高等学校管理还是中小学校管理，教育管理民主化是所有有见识、有胆识的教育管理者的共同追求。

蔡元培是推动我国近现代教育发展的领袖人物之一，也是我国民主化教育管理思想与实践的揭幕者之一。其对于教育管理民主化的追求，不仅体现在教育方针、培养目标方面以"造就完全人格"为指向，摒弃教育的工具性目标，更反映在大学管理过程中实施"思想自由，兼容并包"的办学方针，设立评议会、教授会等教授治校制度，强调学生自治等。蔡元培关于大学民主化教育管理的思想理念和制度规划，直接或间接影响着我国诸多大学教育管理者，许多大学校长都在蔡元培提倡的民主管理思想的基础上，将民主管理的思想、制度结合各校实际进一步深化、细化或优化。

蒋梦麟是一位自由主义知识分子，特别重视个人价值和个性发展。五四时期无论是受蔡元培重托代理全权处理校务，还是协助蔡元培改组北京大学，都坚决执行蔡元培"教授治校"思想，将评议会制度、教授会制度落到实处。

梅贻琦确立的清华大学新的管理模式，借鉴了蔡元培在北京大学的管理精华，以"教授治校"为主要指导思想，努力提升学校的民主管理水平，校长主要负责组织协调工作。

郭秉文深受美国教育管理模式的影响，其教育管理思想虽然不同于蔡元培等人，但同样追求民主。他在南京高等师范学校、东南大学的管理模式中，不仅采用校长领导下的"三会制"，即设立评议会、教授会和行政委员会，分别负责议事、教学和行政事宜，而且较早地在大学管理中引入社会人士参与学校管理,建立董事会制度。此外,他将学生自治视为以尊重学生个性和人格为前提的管理模式。

陈宝泉积极倡导学生自治,重视学生自治能力的培养,并认为教职员负有对学生进行指导的职责;同时,加强学生责任意识的养成。

南开大学虽然是一所私立性质的大学,但校长张伯苓同样秉持民主管理的理念,提倡校务公开。在民主管理思想与举措中,他非常重视师生共同参与管理学校,以期集思广益,增强对学校的归属感和主人翁意识,同时强调在管理过程中调节师生关系,形成合作意识和平等精神。

民主管理思想不仅成为近代各高等学校的管理共识,而且在中小学教育中也成为诸多管理者坚定的方向与信仰。与大学民主管理相比,中小学管理的民主化特别体现为对学生人格的尊重、对自治能力的肯定,当然,其中的具体内涵存在些微差异。

陶行知是伟大的人民教育家,教育民主与民主教育是其一生的追求。早在五四运动时期,他便专门撰文论述学生自治问题。在他看来,学生自治从本质上讲并不仅仅是学校内部管理改革的举措,也不仅仅是提升学生地位之需,还是为民主共和社会培养具有自治能力的公民奠定基础,是为未来社会自治作预备。① 在创办安徽公学、晓庄学校和育才学校时,他更是将教育民主化置于人人自由平等的观念下,贯穿在整个学校管理过程中。如在安徽公学,不但师生共同生活,连校工也是和大家共同生活的。在晓庄学校,"凡是同志一律平等。共同立法的时候,师生工友都只有一权。违法时处分也不因人而异。我们认为,在同一的团体里要人共同守法,必须共同立法"。②

作为一位学者型中学管理者,廖世承常从人的特性和学生个性发展角度来倡导民主管理。他认为,学校是培养人的地方,而人又是灵活的,所以需要民主活泼的校园文化气息来滋养师生。又说,学校管理的起点是了解学生个性,学校管理不当,多是因教师和管理者不了解学生个性和差异所致。在他看来,学校就像一个大家庭,学校里的事情是校长、教师、学生、行政人员等群体共同的事情,校长不能简单地挥动指挥棒,而是要用民主的精神管理学校。

---

① 陶知行.学生自治问题之研究[J].新教育,1919,2(2).
② 陶知行.晓庄三岁敬告同志书[J].乡村教师,1930(7).

作为春晖中学的创办者，经亨颐以充满人本主义气息的教育民主化思想管理学校。他从师生人格平等的立场倡导人格教育，指出学校不是贩卖知识的场所，不是以向学生直接强制性灌输知识为己任，而应当以陶冶学生人格与情操为根本任务，以"自动、自由、自治、自律"为人格训练的主要目标。

林砺儒从"全人格"教育立场倡导学生自治。在他看来，学生自治不仅有助于共同维护学校秩序，而且能使学生积极养成公民德行。为了充实学生团体生活，学生在校内不仅可以自由组成各种社团，而且还有自由的实验室，学生在其中进行试验研究，如此才能增长学生的兴趣，唤醒他们学习的积极性、学习的主体性，走向自我管理、自我教育，主动去体验高尚的有价值的生活。

"学生本位"贯穿俞子夷整个小学教育管理过程，是其教育民主化的出发点。具体言之，便是在肯定教师引导作用的前提下，强调学生自治自立，强调在管理中以学生为主体，学校的课程设置和教学要围绕学生的生活经验和心理发展，给学生以理智的自由和活动的自由，即生长的自由和发展的自由。

刘百川作为江苏地区的知名小学校长，对于以学生自治为标识的教育民主化管理思想和举措同样积极践行，但他并非人云亦云，而是特别针对学生自治实践中出现的"成人化"现象，强调学生自治作为训育的重要方式，需要教师指导，主张"由做而学"，寓学生自治于教学和训育之中。

民国时期对教育管理民主化的探讨，并不完全局限于学校内部的管理，而是扩展到整个社会的管理，这在提倡社会教育的学者思想中尤为突出。如董渭川便认为，打破学校与社会之间的隔阂，实现政治、经济、社会民主化是中国教育实现彻底民主化的社会条件。同时，强调打破教育行政的集权化和国家化的管理模式，充分赋予人民受教育、办教育、管教育的权利，引入各种社会力量参与教育行政和学校管理。此外，沟通学校与社会之间的联系，重视成人教育、社会教育，真正实现教育民主化。雷沛鸿以"教育为公、学术为公、天下为公"的理念践行他的教育管理理想。在他看来，教育改造必须与社会改造相结合才能成功，故社会教育要先于学校教育。在师生关系上，教师和学生之间不是绝对的权威与驯服关系，而是互教共学。校长与教师的关系不仅是上下级，还是同事，是战友，是教育改革中的盟友。

教育管理的民主化不仅是教育管理实践者的信仰,同样也是我国教育管理学研究者的共识,民国时期几乎所有学者编著的教育管理学、教育行政学著作中,"民主管理"是他们的共识和理想。

"民主"与"科学"是五四时期的两面旗帜,也是民国时期教育管理思想和实践发展的两个重要脉络。如果说教育管理的民主化更倾向于管理取向,那么教育管理的科学化更侧重对教育管理过程、管理方法等的探讨、研究和实验。

所谓教育管理科学化,是指在正确的管理思想指导下,遵循教育管理的对象及其自身运行的客观规律,采用科学方法进行高效管理的过程。

作为我国近代教育管理思想的先驱,蔡元培对于教育管理科学化虽然并未有专门的探讨,但他在执掌北京大学期间为落实"教授治校"而设立的评议会、教授会及行政会议等各种机构组织,既是民主管理的体现,又是发挥集体智慧,实现教育决策科学化的尝试。

蒋梦麟一方面强调教育管理的民主、自由,另一方面积极推动教育管理的规范化与科学化。他在担任南京国民政府第一任教育部长时,便强调大学规范化和科学化的发展,制定并颁布了《大学组织法》,整顿无良大学。在执掌北京大学后,对原有的管理体制进行调整,如将大学的学术研究和行政管理划分开来,实行科层制管理模式,层级分明,形成了"教授治学,学生求学,职员治事,校长治校"的系统化教育管理体制。

陈宝泉重视引入西方先进的教师管理经验,改革中国的教育管理制度与方法。他提出借鉴美国斯坦福大学的做法,要求对教师聘任的程序、年限、方法等作出明确规定。他借鉴美国的经验,重视视学制度建设。在教育行政方面,他提出针对中学校学生的身心发展特点,聘请心理学家,运用心理科学对学生进行行为干预和管理训练。在教学管理方面,他更是积极推动管理科学化,如倡导运用心理测验方法,进行教育实验,改良教学方法;认为关于教材与课程设置的时间安排问题,均有待科学研究与考量。

竺可桢将"求是"确立为浙江大学校训,"求是"一词的内涵本身便体现了科学精神,反映出他的科学教育管理理念。他认为大学的使命之一,便是培养学生独立思想的求是精神,在履行公民义务时,能够做到明辨是非,遵循科学之求真精神。他在浙江大学的管理实践中,在作出重大校务决定之前,都会通过教授会、讲师会和学生自治会等团体进行调研,然后进行科学决策。

　　廖世承是民国时期学者型的中学管理者,其关于管理科学化的重要特点之一,便是主张将教育教学管理建立在心理科学、教育科学的基础之上。他主张通过心理学实验和测验来了解学生的个性和特点,从差异出发,发挥每个学生的特长。如他分别为初中、高中编制的学科测验便是依据心理测验、教育测验的实验成果;他特别重视科学的教育评估体系的编制,据此对管理者、教师工作的方方面面进行考核、评价;对于一度风靡全国的道尔顿制,他并不盲从或排斥,而是开展严谨的、实事求是的研究和试验,得出客观公正的评价。他十分强调学校管理者不能陷入日常的行政管理,而要具有从事教育科学研究的精力和能力,以期为教育教学管理找到科学的依据。

　　汪懋祖是民国时期少有的以"学术化"为办学目标的中学校长,其所谓"学术化",本身便含有对教育管理科学化的遵从。他在担任苏州中学校长之初,便明确提出以纪律化、团体化、革命化、科学化之精神,为治校之准则。他理解的科学化内涵,便是严谨的、研究的、实验的精神,鼓励师生开展学术研究、著书立说。故在选聘教师时,重视学术研究能力,包括教学研究的能力。为此,他将实验研究作为教师的三项使命之一。

　　中国虽然教育历史悠久,教育管理的经验与举措千年赓续,但教育管理学、教育行政学作为一门学科和科学,却是舶来品。民国时期是我国教育管理学科形成与发展的重要阶段,一大批教育管理理论的研究者在汲取西方先进的学科发展成果的基础上,建构起中国的教育管理科学,为我国教育管理思想、理论和实践的科学化发挥了重要的推动作用。

　　夏承枫是我国教育行政学的开拓者之一,他在积极引进西方先进的教育行政理论,介绍西方教育行政管理方法和技术的同时,又结合中国的地方教育管理实际,形成了自身特色鲜明的教育行政思想,建立起中国教育行政学的基本框架体系,其中包括合理化的教育行政组织机构的建立、教育行政机构中督导的应有地位、教育行政专业化进程、大学与政府之间关系的调适、教育行政网络管理体系的建立等,这些思想和理论呈现出崇尚科学、注意合作、立足国情、经世致用等特征。

　　杜佐周作为我国教育管理学科的开拓者之一,无论是在学校"人"的管理、"财"的管理、"物"的管理,还是在学校"事"的管理、"气"的管理等方面,都注重一方面借鉴西方教育行政管理经验和理论,另一方面强调教育管理自身的科学性和规律性,提出了既有理想性更具科学性的规范要求。如关于学校建筑和设备,一向为国内管理者所忽视,而杜佐周认为这些都要有科学的管理方法,都要由相关专家制定相应的标准。他还以美国的经验和做法为例,强调校舍建筑和设备不仅要用最经济的科学方法做到实用、坚固、卫生、美观,而且要顾及教育未来的发展、学生的成长发展等。

罗廷光是一位既有教育理论造诣又有教育管理实践经验的学者,他在教育行政学科学化方面的贡献,主要体现在强调用科学的研究方法来探讨教育管理问题,并据此构建中国的教育行政学体系。

本土化,指本地化、民族化,它是一个动态的概念。教育管理本土化,一方面是指针对中国本土本地的教育管理问题,运用中国本土特有的方法进行解答的过程;另一方面指在引进、认同西方教育管理思想的同时,将其转化为本土教育管理思想的过程。简而言之,教育管理本土化的探究,注重对中国教育管理中特有问题的研究,采取适合中国国情的管理方式和研究办法。教育管理本土化,是民国时期我国教育管理工作者和理论研究者极力追求的目标之一。

相较蔡元培擅长教育管理理想形态的构建,范源廉更倾心于管理实务,由此,"务实"便成为范源廉的管理风格。正因如此,作为最高教育行政机构的主要官员,他根据当时中国的实情,将教育管理的重点放在教育与政治的关系、文与武兼顾、推动实业教育、义务教育立法、社会教育建设等问题的处理和探究上。他并不排斥对西方先进经验的学习和汲取,但更强调对本土文化的捍卫和保护。

清华大学虽然是从留美预备学校发展而来,但作为清华大学曾经的掌舵人,梅贻琦并不排斥对中国传统文化的继承。他确立的"通才教育"并不是对西方自由教育的照搬模仿,而是将自由教育和中国古代儒家教育相结合,是中国化了的通才教育。在他看来,《大学》中"大学之道,在明明德,在亲民,在止于至善"这一关于大学功能的定义,其价值仍值得坚持,这便是为社会培养"通才"。

郭秉文执掌东南大学时,虽然借鉴了美国的某些教育管理制度,但在教育教学管理的一些具体问题上,依然是基于中国教育管理的现实,如他提出的通才与专才、人文与科学、师资与设备、国内与国际的四个平衡思想,更多的是基于对中国大学教育管理现实问题的思考。

陈宝泉对提高教育素养、规范教师管理颇为重视。他提出鼓励教师游学游历，为在职教师开办暑期学校或讲习会，规范教师聘任，以及为高小毕业生增授两年师范课程等解决乡村学校教员缺乏问题等的主张和建议，都是基于民国时期师资水平低下的现实问题而发。

张伯苓执掌南开大学，其教育管理本土化最主要的体现是以"知中国""服务中国"为教育目标，强调在深刻了解中国国情的基础上，为解决"积贫积弱"的困境而努力，依靠科学文化和技术服务大众、服务社会、服务中国。

陶行知的乡土化教育管理思想，本身便是吸收西方先进思想并转化为本土化特色的教育管理思想理论的产物。扎根中国乡村的社会现实，深入乡村教育管理实践，为其教育管理理论的形成提供了充足的养分。其教育管理思想的本土化，体现出乡土性、精神性、生活性和陶冶性的特征。

经亨颐的人格教育和林砺儒的"全人格"教育的教育管理理念，其形成虽然受到西方人文主义教育思想影响，但与自古以来儒家提倡的陶冶教育、做人教育的文化基因的传承是分不开的，同时也是对近代因袭西方近代教育制度而产生诸多弊端的中国教育现实的反思。

廖世承、俞子夷重视教育试验，他们对于西方教育教学的管理制度并不是简单拿来，而是采取科学的研究态度，放到中国学校的教育教学生活中试验、改造，这何尝不是一种本土化的努力。

董渭川、雷沛鸿对中小学教育的改造和对社会教育的提倡，本身是基于近代中国社会文盲众多、贫富差异过大、教育经费投入严重不足等现实问题而提出的教育制度的改革主张。雷沛鸿构建的国民教育体系，是植根于广西本地特点而作的有益探索，其关于国民教育体系中国民基础教育"三位一体"的组织形式，更是教育管理本土化的一种创造。

这个时期有见识的中国教育管理学家，在他们的教育行政学或教育管理学著作中，并不是简单移植西方理论和学术体系，而是关注对中国教育管理现实问题的研究，如地方教育行政组织的建构问题、校长任职资格及选聘问题、教育经费筹措及分配问题、教育视导有效性问题等，既是教育行政学、教育管理学中常常述及的话题，更是中国教育管理现实中亟待探索、回答的问题。

常道直以"问题解决"为教育管理学思想的取向，而其所谓的"问题"，便是指中国教育管理中的现实问题。他对教育管理"中国化"或"本土化"的理解,既反对一味抄袭西方,也反对排斥先进的制度和理论,将"中国化"口号化和民粹化,甚至以此作为故步自封的依据。他认为"中国化"首先是把握中国教育管理中现实问题的症结所在,其次是以科学研究的态度看待西方发达国家的经验和理念,再就是按照中国国情选择西方先进理论。常道直对中国化的理性解读,无疑将教育管理本土化思想推进到一个新的水平和阶段。

往事并不如烟,虽然由于时代的发展变迁,过去诸多的教育管理问题现在已经不成为问题,但这些民国教育管理的思想者、实践者对于中国教育管理理论与实践探索的努力,依然值得后人景仰,他们的思想智慧依然有着启迪的价值,更何况过去岁月中的一些教育管理问题,今天依然是问题。

这本著作是集体智慧的产物,参与编撰者多为青年才俊。各章撰写者:第一、三、四、十、十一章:季瑾;第二、六、七章:任小燕;第五、二十一、二十二章:刘齐;第八章:金国、季瑾;第九、十四章:王晓慧;第十二章:杨芳;第十三章:王楠;第十五章:武金凤;第十六、十九章:胡金平;第十七章:杨健美;第十八、二十章:刘建。全书框架及最后审稿由我负责,撰写过程中参考了诸多前贤时哲的研究成果,在此深表谢意。不当之处在所难免,敬请批评指正。

胡金平

写于仙林康桥圣菲

2022 年 9 月 19 日

第一章

蔡元培与现代民主教育管理的揭幕

蔡元培(1868—1940)是中国现代教育史上著名的教育家、思想家和教育管理实践者,他对民主管理的理解和实践,开启了中国现代民主教育管理理论与实践的先河。

一、民主管理思想的形成与初步实践

1868 年 1 月 11 日,蔡元培出生于富饶清秀的浙江古城绍兴,幼时被家人唤作阿培,进入私塾念书时取正名为蔡元培,字鹤卿,又改为仲申,号鹤顾。后进入爱国学社,改号为民友。担任《警钟日报》主编时,认为自己乃普通一民,与民众平等,改号为孑民。辛亥革命前后,曾化名为蔡振,以此宣扬民主学说,振兴中华。晚年曾化名周子余移居香港。

蔡元培 6 岁读家塾,学习童蒙读本和"四书五经",11 岁出就外傅,先求教于李申甫先生两年,后又就读于老秀才王懋修先生四年,其间深受王老先生所推崇的宋明理学影响,反对专制压迫,提倡民主共和。

17 岁时,蔡元培参加科举,中了秀才。1889 年,他第三次参加恩科试,名列榜首,后在秋乡试时又高中举人。1890 年,他进京参加会试,中了贡士,但并未直接参加当年的殿试。1892 年补殿试,为进士,授翰林院庶吉士,两年后补翰林院编修。28 岁即被授官翰林院编修,可谓是少年得志,光宗耀祖。

随着列强对清王朝入侵步伐越来越快,蔡元培的民主救国意识愈发强烈。他开始转向西学,力图研习各国政治、伦理、经济的历史与现状,求得发展之经验,开阔眼界,救国救民。而中日甲午战争战败后的不平等条约更是激发了蔡元培的爱国之情,戊戌变法的失败促使他进一步思考中华民族真正应该走的道路。他开始认为,革命于中华之国情是不可成功的,也许教育救国才是真正的王道。自此,他开始献身教育事业,于 1898 年南下,兴办教育,开始了教育救国的生涯。

　　蔡元培回到家乡浙江绍兴,参与办理他教育生涯中第一所新式学堂——绍兴中西学堂,并担任学堂监督。学堂开设物理、化学、体操等西式课程,给予学生许多他们从未耳闻的新知识,尤其是西方近代自然科学知识。当时学堂的教师大多为学界知名人士,接受新思想的影响,在学堂里大力提倡男女平等、民主自由、科学至上等新思想,突出对人权、民权和女权的诉求。可是在那个时代,新旧冲突、中西冲突是不可避免的。许多受传统文化影响至深的旧式知识分子对这些新言论很抵触,他们很不喜欢主张革新的蔡元培,并群起而攻之,1900年2月底蔡元培愤而辞职,赴嵊县,接受邀请出任剡山、二戴书院(为纪念东晋名士戴逵、戴颙父子而建)院长。其间,他拟就了教学计划《剡山、二戴两书院学约》,积极提倡新学,强调科学的重要性,教育学生根据自己的兴趣爱好努力钻研,刻苦学习。嵊县学风焕然一新。

　　1901年,蔡元培进入南洋公学担任教习。南洋公学适应时代发展潮流,设置了培养经世致用人才的经济特科。他为特科学生设置了许多西方新课程,比如理财学、法律等,教学方法则是"稍参书院式",学生平时自主自由研习学科知识,写成读书心得笔记,由教师批阅。到每个月月底,会有一次命题考试。蔡元培热衷于对学生们开展民主教育和爱国教育,指导学生读书做笔记,帮助学生深化思想。

　　1902年4月蔡元培、蒋智由等发起成立中国教育会,蔡元培任会长。教育会既注重通过兴办教育培养革命人才,又充分利用学校进行革命活动。如爱国女学、爱国学社便是中国教育会主办的两所从事资产阶级民主革命的女校和男校,蔡元培均是主要发起人之一,并曾担任学校总理(校长)。爱国学社成立于1902年11月,起因是上海南洋公学沈联、胡炳生、俞子夷等200多名学生反对当局的封建压迫,愤然退学,中国教育会为接纳退学学生,设立爱国学社。其后又接收江南陆师、浙江大学堂、杭州陆师风潮中退学学生章士钊等40人。蔡元培任总理,吴稚晖为学监,章炳麟(太炎)、黄炎培、蒋维乔、吴丹初等为义务教师。在蔡元培的管理之下,爱国学社成为辛亥革命爆发前社会影响力最大的一所资产阶级革命学校。因受"苏报案"牵连,爱国学社最终于1903年年中解散。

　　1903年,蔡元培因爱国学社的革命活动而引起清政府警觉,遂辗转青岛、日本、绍兴、上海等地避难,并产生了赴德国留学的想法,为此在1905年专程赴青岛学习德语两个月。在蔡元培的心目中,"世界之学德最尊","游学非西洋不可,且非德国不可"①。1907年6月,蔡元培得到新任中国驻德公使孙宝琦和商务印书馆的共同资助,赴德留学,进入著名的莱比锡大学研读课程,选课的重点是哲学和其他新型学科。他先后选修了哲学、文学、文明史、心理学、伦理学、宗教史、美学等近40门课程,从学于许多德国知名学者。在选修的课程中,他尤其重视实验心理学和美学。在德期间,他曾翻译了一篇题为《德意志大学之特色》的文章,这篇文章是哲学家鲍尔生(Friedrich Paulsen)的名著《德国大学与大学学习》的绪论。鲍尔生指出,德国的大学"为研究科学之实验场,而一方且为教授普及专门知识高等学科之黉舍,此为德国大学之特质,……故德国大学之特色,能使研究教授,融合而为一"。留德四年,蔡元培逐渐构建起一个中国未来的教育体系。此外,他还发现德国大学校长和各科学长都是每年更迭一次,由教授会公选,这对他后来的现代民主教育管理思想和实践产生了极大影响。

1911年,蔡元培在听闻辛亥革命爆发的消息后,从德国启程回国。1912年1月,蔡元培担任中华民国第一任教育总长。他虽然任职不久,但对中华民国新时期的教育发展和改革作出了系统化、科学化的规划,发挥了重要的领导和组织作用。他颁布了《普通教育暂行办法》和《普通教育暂行课程标准》,革新教育的各个要素。他组织筹建了教育部下辖的各个行政部门,勤俭治部,任人唯才,设社会教育司、学校教育司和历象司等。蔡元培任教育总长之时,最重要的一项举措就是提出"五育并举"思想,即军国民教育、实利教育、公民道德教育、世界观教育、美感教育五育并举。这是制定民国教育方针的基础,引起国内教育界的广泛重视。他的一系列教育思想和举措,为民国新教育的发展奠定了扎实的基础。

1912年7月,因不愿与袁世凯合作,蔡元培辞去教育总长一职。11月再次进入德国莱比锡大学的文明史与世界史研究所学习,但半年后,受孙中山之召回国参加"二次革命"。

"二次革命"失败后,蔡元培于1913年9月离开上海,前往法国考察学习。在法期间,他没有进入专门学校学习,而是自己开展研究。1915年他和李石曾在法国发起组织勤工俭学会,并为勤工俭学会举办的华工学校编写讲义和授课。1916年又与李石曾等人联络法国教育界成立华法教育会,被推举为中方会长。该会致力于学习法国先进的社会发展经验,开展旅法华工的普及教育,统

---

　　　① 中国蔡元培研究会.蔡元培纪念集[M].杭州:浙江教育出版社,1998:93.

筹组织留法学生的学习和生活,推动留法勤工俭学运动。

1916 年冬,蔡元培回到国内,年底受教育部电邀担任北京大学校长,次年正式就任。在担任北京大学校长期间,他将现代民主教育管理思想予以实践,使北京大学成为中国的民主摇篮。1920 年 12 月,蔡元培以北大校长身份赴欧美考察,在九个月时间里遍访法国、瑞士、比利时、德国、奥地利、匈牙利、意大利、荷兰、英国、美国、加拿大等国家,并与居里夫人、爱因斯坦、孟禄等世界著名科学家、哲学家晤谈。

1927 年国民政府成立后,经蔡元培提议仿法国教育体制,改教育部为大学院,实行大学院制和大学区制,蔡元培被任命为大学院院长。大学院兼有学术管理和行政管理的职能,蔡元培的意图是改变传统教育管理部门的官僚习气和专制习气,让懂教育的人管理教育,实行院长与委员协商管理,实现民主化、科学化、学术化的管理目标。虽然因种种原因,这一教育行政体制改革昙花一现,但无疑仍属一次现代民主教育管理制度的有益实践。

蔡元培在大学院下设置了中央研究院,后改为直属国民政府的国立中央研究院。中央研究院是国家最高学术研究机构,负责推进全国各项科研活动,学科领域齐全,实行评议制管理。1928 年蔡元培辞去各行政职务,专任国立中央研究院院长,还兼任交通大学、中法大学、国立西湖艺术院(后改为杭州艺专)等多所高等学校校长、院长,以及故宫博物院理事长、北平图书馆馆长等职。九一八事变后,他主张抗日,拥护国共合作。1932 年同宋庆龄、杨杏佛等在上海组织中国民权保障同盟,被推为副主席。1938 年被推为国际反侵略运动大会名誉主席。1940 年 3 月 5 日在香港病逝。

蔡元培终其一生,献身革命事业和教育事业,励精图治,勤恳忠诚,实为世人之楷模,教育之宗师。可以说,他是那个时期教育大家的杰出代表,是忠于教育事业的崇高典范。

二、"学术至上"的大学管理精神

绝大多数学者认为,蔡元培教育生涯的最高成就,是在北京大学时的改革。

京师大学堂是我国第一所真正意义上的现代大学,1912 年 5 月易名为北京大学,著名思想家严复成为第一任校长。在严复的主持和领导之下,北京大学渡过了当时的生存与发展难关,办学和改革一时亦颇有起色。不久,因派系斗争等种种原因,严复被迫于该年 10 月辞职。其后,北京大学在继任者何燮侯、胡仁源的努力下,学校规模逐渐扩大,教育秩序建立起来,管理走上了正轨。但是,他们仍然缺乏对高等教育乃至全国教育的全盘认识,对教育的本质和本真的体悟也没有达到深刻的境地。北京大学的发展处在了瓶颈时,要实现跨越性的发展比较困难。北京大学的持续性改革和进步急需一位教育界的大师级权威来统领。1916 年底,蔡元培接受北京政府教育总长范源廉委任,于 1917 年正式担任北京大学校长。

蔡元培管理北京大学,秉持的核心理念是"学术至上"。这是北大这一时期改革发展的重要指导思想和根本发展方向。

(一) 大学职能——学术研究

蔡元培在 1919 年 9 月 20 日《北京大学第 22 年开学式演说词》中说过一段话:"大学并不是贩卖毕业证书的机关,也不是灌输固定知识的机关,而是研究学理的机关。"[①]在他看来,学问的研究是大学存在的唯一合法性依据。北大要发展壮大,必须以学术研究为立足之本。

蔡元培治理北大的第一步就是向学生们提出三个要求。其中第一个要求是抱定宗旨,明确求学的目标和动机,不能是为了名利、为了做官发财来读书。大学是研究高深学问的场所,在其中者必定是抱着对知识和学术的渴望而来的,这是蔡元培大学教育管理理念中非常关键的一点,它决定了大学的定位和发展方向。

蔡元培大学教育管理思想中另一个对大学的看法是,大学不是职业教育的专门机构。在蔡元培的大学思想中,学术的"学",即学问、真理,这是大学最应追求的真谛;而"术"的承担者,则是高等专门学校。大学中的教授和学生都应当是以研究"学"为志趣的,治学者谓之"大学"。这是大学存在的最基本的合理性,规定了大学的培养目标和社会职能,不能有所偏颇。

大学是学生爱上学问的地方。教授们在大学里研究学问,不仅应当依照自己的研究兴趣来开展研究,亦应通过一定的教育教学方法引发学生的研究兴趣,绝不是依靠灌输、套公式、死记硬背等机械式教育方法来培养人才。

蔡元培的大学教育管理理念体现的是学术本位、学术至上的思想。不过,蔡元培这一思想要真正落实是不易的。在一个传统的官本位社会,为了考取功名获得利禄,为了应付好已经刻板化了的八股科举考试,教育方式逐渐由重启

---

① 金林祥.思想自由,兼容并包——北京大学校长蔡元培[M].济南:山东教育出版社,2004:45.

发体悟为主,变成了以灌输硬背为主,如此一来,学生进了学堂也就根本不再有以学问之研读为根本的志向了。长此以往,对教育的认识、对学校的理解便带有深刻的封建传统之烙印。蔡元培的学校管理理念,意味着一场拔根而起的变革,要排除一切封建腐朽的对教育的理解和定位,要消除一切对现代大学理解的偏差和失误。"在中国现代大学历史上,蔡元培是第一位明确提出以'学术本位'立校的大学校长"。①

(二) 师资力量——大师云集

无论哪一所大学,师资都是学校发展最基本的资源,是大学发展的重要基础。蔡元培在规划北大之振兴时,将教师的聘用看作高等学府发展最重要的因素。一所优秀的大学,只有聚集一大批优秀教师和教授,才能在校园中营造出浓郁的学术氛围,才能潜移默化地吸引学生进入学问的世界。

聘用教师的标准应该是什么?蔡元培为打破北大官僚习气浓厚的传统,认为"只有从聘请积学而热心的教员着手"。② 显然,积学和热心是他最看重的教师素质。

蔡元培在北大整顿教育教学管理工作是从文科入手的,其中重要的一步就是聘请陈独秀担任北大文科学长。陈独秀当时一直负责《新青年》的创办和编辑,他到北京后,也将《新青年》带到了北京。这本代表着现代民主和科学的著名杂志引领着学者们追求新文学、新道德、新文化、新社会。蔡元培的这一举措推动了北大成为新文化的发祥地。李大钊、胡适、周作人、鲁迅等都是由蔡元培相继引入北大的大师级人物。这些大师为北大的转型和发展注入了新鲜血液,使得北大的文科学系一直在国内遥遥领先,思想自由、开放宽广、兼容并包的新文化风气开始在北大形成。

蔡元培在引进新人之时,对北大一些政治思想趋于保守的旧式知识分子也较为包容,只要学问高深、学术卓著,就可以在北大有一席讲台,授学生以己之所长。比如,精通多国文学和国学的"长辫子"辜鸿铭主张复辟帝制,受到学生们的质疑和排挤,蔡元培却依然聘请他担任英国文学教授,教导学生们要学习先生们的学识,而不是依据政治主张判断其学术水平。再比如,在语言文字学领域颇负盛名的黄侃,其思想相当传统和保守,曾唾弃和谩骂新文化运动,并和另一位训诂大师刘师培结为反新文学新文化同盟,二人都是守旧派的代表人

---

① 金林祥.思想自由,兼容并包——北京大学校长蔡元培[M].济南:山东教育出版社,2004:130.

② 高平叔.蔡元培全集(第六卷)[M].北京:中华书局,1988:350.

物。还有陈伯弢、马叙伦等,都是旧派教员。蔡元培对待他们都相当尊敬和包容,在整顿北大文科时,新旧并蓄,不偏不倚,努力创造一种宽松自由的学术氛围,很好地团结了各派人士。蔡元培对待理科、法科等学科的调整和改革亦是如此,他引进李四光、王星拱、王世杰、马寅初等多位专家学者进入北大讲堂,充实整个大学师资队伍,形成了国内一流水平的教授力量,给予了学生们广阔而又丰盈的学术泉源。当然,在以学术为主的遴选标尺之下,也是有道德限度的。对不合格的教授和教员,蔡元培一向不包庇、不妥协,坚决辞退,以保证整个学校的教学质量和学术地位。

对师资构成的一系列管理举措和思想,体现了蔡元培推崇学术研究的大学理念。恬淡宁静、温和真诚的蔡元培却有着坚定如一、执着不移的大学理念与梦想,受到一代代北大师生的尊崇和敬仰。

(三) 中庸之道——自由与兼容

蔡元培在北京大学的所有改革举措基本都围绕着他的办学方针——"思想自由,兼容并包"展开,由此亦塑造了北大的终身学术品格和风尚。

"思想自由,兼容并包"是蔡元培管理北大最基本的原则。他认为大学是囊括大典、网罗众家的高等学府,应该形成百家争鸣、百花齐放的学术态势,只要是有理有据的,都可以在此生存和成长,哪怕是分走两端的思想和学派,都可以在此共生共存,甚至还能互相汲取能量,促进自身的进一步成熟。

"思想自由"是对学派之间关系的一种很好的规定,一己之学说和他人之学说都不得互相束缚和限制,而应形成一种自由民主的学术讨论氛围。"至理之信,不必须同他人;己所见是,即可以之为是。然万不可诪张为幻"。① "兼容并包"是指宽容、平等、公正地认识和评价各种学术派别的学术思想。只有在思想自由的环境中,才可以兼容并包;只有兼容并包了,所有的思想学派才能够很好地得到发展。这一切都是由大学本身的性质和基调决定的,大学之大在于有大师,大学之大在于能众家并存,从而形成浩瀚的学术海洋。真理正是在种种不同甚至相悖的理论学派的斗争和辩论中一步一步凸显出来的。而学生也只有在多样性、多元化的学术世界里,才能慢慢生成判断和选择自我归属的意识和能力。

"思想自由,兼容并包",为新文化、新思想提供了成长的土壤。北京大学自京师大学堂创办以来,封建旧风气一直限制和约束着学校思想的活跃性。蔡元

---

　　① 高平叔.蔡元培全集(第三卷)[M].北京:中华书局,1984:51.

培旨在开新学府之风气,非常希望学校内部能够产生新学术、新思想,以激活整个学校的学术研究之新潮。后来,蔡元培引进了一大批提倡新文学、新思想的教员,最终使北大成为新文化运动的发祥地。

在"思想自由,兼容并包"的基本方针之下,学生们的学术成长也有了很宽松和自由的保障。过去传统模式教育下的学生一般比较习惯于被动地接受,缺乏自我思考、判断、创造的能力。而在自由多元的学术氛围中,学生可以聆听到校园里不同的声音,参与到不同思想的讨论和辩论中,他们的灵性从而就会被点亮,追寻真理的思路就会得到拓展,在独立自主的比较和辨别中学会选择和创新,研究学问的能力自然就会得到提升。在北大,课堂是可以自由选择的,这给了学生很多的学习空间和可能性,尤其是一些著名的大家学者讲课时,更是座无虚席,甚至有的学生还得站着听课。梁漱溟在北大讲授哲学课程时就非常受欢迎,还有许多外校学生和社会人士前来听课,学习热情特别高涨。

蔡元培还主张中外并存,古今并蓄。一方面,他积极主张开展中国和西方文化之间的沟通与交流,吸取西方各国教育、文化、社会之进步精华,相互学习和融合,开展学者访学等活动,学习国外先进的研究方法和科学范式,掌握其科学之精神,运用到中国文化的演绎中来;另一方面,他也重视中国古代文明的保存和发扬。他认为虽然封建传统教育模式存在一些问题,但中华民族的古代道德修养价值体系有许多长处,个体研究学问的自由氛围是值得提倡的,中国文化与文明是值得向世界推介的。蔡元培经常利用各种机会,比如国际性会议、出国考察学习等,向世界各国传播中华文明。

蔡元培的"思想自由,兼容并包"的教育管理方针很好地体现了中国文化的中庸之道。他期望能够为各种理论、思想提供一个相对平和、公正、客观的存在平台,用一种中庸的态度来包容各种学派思想之间的差异与冲突,生成平衡和谐的学术生态,从而更加激发出在某一时期代表着"真理"的学术思想的凸显和发扬。

这种教育管理理念不仅影响了北大的发展,也深刻地影响着中国社会和文化的发展。它的提出顺应了革命时代呼吁民主与科学之潮流,因此能够真正地影响学子,影响学校,影响全社会。淡定从容、胸怀宽广、执着向上的蔡元培领导了北大的革新,也由此为民族的文化变革和振兴作出了重大贡献,他因此成为中外高等教育史上一位因治校成绩卓著而影响了时代、社会、民族的享誉中外的大学校长。

三、"教授治校"的民主管理模式

教育思想与教育理念是教育实践的基础和依据。蔡元培的教育管理思想得到真正体现的就是他在北大实行的一系列管理与改革举措。通过他的教育管理实践,北大形成了完善而又独具特色的大学管理体制。北大从招生聘师、学科设置,到教学管理、治校体制,都发生了一系列重大变革,体现出现代、民主的管理特征。

蔡元培在北大的教育管理改革中最有力的一项举措,就是建构并推行了教授治校的高等教育管理体制。

教授治校是西方大学的传统管理模式,最早萌生于中世纪时期的教师型大学——巴黎大学,稍后的牛津大学、剑桥大学亦采取此模式,1810 年创建的柏林大学在新人文主义者、普鲁士文化教育大臣威廉·洪堡(Karl Wilhelm von Humboldt)的倡导下,更是将教授治校作为大学的办学原则,并最终成为德国大学的重要特色,到 19 世纪末期,教授治校几乎成为整个西方大学基本的民主办学模式。深受德国教育体制影响的蔡元培,是中国近代教育管理史上第一位提出并倡导教授治校的大学校长。蔡元培将教授队伍视为大学的中坚力量,是大学教学与科研工作正常运转的核心支持。他认为,教授作为高级知识分子,都有着自身对学术和教育的独特见解,具有参与大学教学管理和行政管理的意识和能力,应该形成一种民主管理的机制。

1912 年,蔡元培任南京临时政府教育总长,亲手起草并颁布了著名的《大学令》,用教育立法的举措强制性地规定了教授治校的体制。《大学令》规定大学设置评议会,由校长和各科选举出的部分教授、学长共同组成,评议会审议和决定大学日常行政事务和教学管理事务;大学设置各科教授会,审议和决定本系科课程与教学的具体管理事务。但是,在蔡元培到任北大校长之前,北大对此的执行力度并不够,权限仍然集中,不够民主与分散。所以蔡元培一到北大就开始大力推行学校管理体制改革,着力构建教授治校的民主管理体制,并努力践行。

首先,蔡元培打破了北大传统的官僚管理作风,将集权制的管理革新为民主的现代管理模式,即将权力交给教授,成立学校的立法机关——评议会,以保证学校各项管理举措都能最大限度地反映民意和民情。1917 年制定的《北京大学评议会规则》具体规定,评议会由校长、学长及主任教员、各科互选的两位教授共同组成,议决学校从规章制度到学科教学的各项行政管理事务。随后又在 1920 年初修订了该规则,并添加了《北京大学评议会会议细则》,对具体的操作过程作了明确的规定。这一系列的规程制订,突出了评议会的民主管理特色,包括成员的选拔、过程的监督等都突出强调评议会立法权的权威性与广泛性。通过制度化的规则建设,教授治校的管理理念深入人心,形成上下齐心建设与维护的规范化态势。

其次,为了让更多的教授、教员参与到学校的管理工作中,蔡元培主张在北大建设各系科的"教授会",还制订了《北京大学学科教授会组织法》。国文部、哲学部、经济学部、化学部等大系科各自成部,组建教授会,诸如人类学、生物学等尚未完全成熟之系科则附属各类别之教授会。各个学系的教学方法、教材选编、课程设置、教学用具等的安排与管理都由教授会直接负责与决策。

再次,与评议会制度先后建立的还有行政会议、教务会议、总务处。行政会议由图书委员会、组织委员会、仪器委员会、聘任委员会等九个行政委员会机构委员长和总务长组成,协助校长完成全校日常行政事务的规划和管理工作,下设的九个委员会分别管理不同的具体事务,形成各司其职的管理模式。教务会议是和行政会议并列的管理机构,主要负责规划、监督、管理全校各系科的教育教学事务,由教务长和各个学系主任共同构成,按系科类别划分成了五组。总务处则是和行政会议、教务会议并列的学校行政机构,下设庶务部、出版部、仪器部、图书部、注册部,各部下面设具体课室,管理全校的日常事务。

从校长到评议会,再到行政会议、教务会议、总务处,蔡元培学习并借鉴了德国大学科学与民主的管理风格,在北大建构了层级清晰、职责明确、效率显著、机构精要的教授治校大学管理体制。学校的立法权、行政权、决策权都做到了民主而又科学,这是对中国传统冗繁模糊的学校管理机制的重大改革与创新。真正有知识、会技术、懂教育的教授们成为大学管理的主力,能够快速而明显地提高学校管理的水平和质量,发挥民主和民治的作用,从而推动了北大的独立发展和卓越进步。

四、重"学"轻"术"的教育管理举措

根据蔡元培的大学观,大学的主要任务是研究学问,所以他较重视学理性强的文科和理科,技术类的工科和应用性强的商科、法科等则放在后面。

北大的学科调整和教学制度改革经历了漫长的过程,其中需要克服许多理

念上的问题。蔡元培认为,中国当时的大学制度将文、理、工、农、医、商等混在一起,将"学"和"术"混在一起,是对大学具体功能和本质认识的偏倚。大学是研究学理的场所,应该以偏重研究真理的文科和理科为主要的研究和教学对象;而对以实用之术为旨趣的科系,则应当为其创建专门的高等院校。这样才能做到权责分明,充分发挥大学的本质职能。所以,蔡元培主张当时的北大应该集中学校有限资源,首先办好文理两科。

一方面,在针对文理两科的问题上,蔡元培主张加强其建设,扩大文科和理科的规模。随着对大学教学与管理的认识不断深入,他开始意识到文理两科截然分开的缺陷,孤立的学科制度只会让学生的知识体系变得不完善,导致互相轻视和脱离的局面,对学生日后的知识结构与层次的发展极为不利。后期,蔡元培开始主张文理沟通。文科生和理科生兼修其他学科课程,以此完善知识和能力结构。文科和理科从各设学长,变革为合设一位教务长,统筹管理两科之课程与教学事务。大学以文理为主——大学专设文理二科——沟通文理,从而废科设系,废学长设系主任,这是蔡元培有关大学学科设置思想发展的轨迹。①

另一方面,在北大原有系科的基础上,统筹规划加以合并增减,完善整个大学的学科体系。法科是当时北大所有学科中较为成熟的一个,设有法律、政治、经济三门。蔡元培从大学研究学理的角度出发,本来想将以实用为主的法科独立出去,后遇阻。并且,由于将北洋大学法科并进北京大学,北大商科也改为商业学并入法科,法科反而得到了加强。② 而工科仅有的土木工程和采矿冶金则被停止办学,因为北京和周边地区已有相当完备的工科院校,北大预科生中选择工科学系的则自动转入北洋大学学习。

北大的学科调整对北大的发展起到了定向的作用,而与之相伴的教学制度改革——倡导选科制,则更加体现了蔡元培自由、民主、全面的教育管理理念。

在北大,选科制给予学生在必修课之外充分的学习自主权。学生自由选择感兴趣的相关课程,不受所属学科的限制,达到毕业规定的学分额度便可以毕业。北大的预科和本科均采用选科制,全体教师都应尽量参与对学生选科、跨科学习的指导。选科制、学分制教学管理下的学生较容易获得自然而又自由的发展,个性也能得到极大的张扬,可以获得全面的成长与发展。当然,经验丰富的教员必须对学生加以具体和针对性的指导,帮助他们选择适合自己学习生涯

---

① 金林祥.思想自由,兼容并包——北京大学校长蔡元培[M].济南:山东教育出版社,2004:225.
② 同上:218,219.

发展的课程与学科,以完善选科制的推进过程。

蔡元培基于自身对大学及大学教育本质的认识,整合北大系科门类,由发展文理到沟通文理,开国立大学之风气,正确规划了北大的学科建设方向,提升了北大的办学水平和管理质量;基于自身对学生主体性发展的深刻理解,致力于推进选科制,充分舒展北大学子的独特风格,发挥其自然之个性,并结合实际将教师指导与学生自主相结合,保证了选科制的操作质量。这一系列针对课程体系和教学制度的综合性改革,都对北大产生了深刻的影响。

五、"男女同校"的教育民主实践

在中国古代封建父权社会的传统之下,女性一直没有获得和男性一样的受教育权,学校是将女性隔绝在外的场所,是一块女性不可触碰的禁地。而历史的积累也导致大多数女性丧失了正确认识自我和抗争的意识与能力,屈服于严重不平等、不公正的被压迫现状,无法冲破牢牢的文化桎梏,女性教育与文化严重缺失。当历史的车轮发展至近代,越来越多的民主人士和知识分子开始醒悟,逐渐重视女性解放的重要性,而受教育无疑是女性自我解放和社会解放的关键途径。具有强烈民主思想的蔡元培对于女性教育更是竭力倡导。他认为只有兴女学才能振社会,只有女性能够进入学校,才能获得解放自我的知识和能力,才能摆脱对男性和社会的依附,才能具备教育子女的能力,继而才能成为贡献社会的一员。他说:"正本清源,自女学堂始。"①因此,他大力提倡女子进学校、受教育。

蔡元培的女子教育思想经历过一些转变,每一次都是紧跟时代的需要。在辛亥革命时期,他认为女性应当和男性一样,成为革命队伍的积极分子,女子教育旨在造就具有民主意识和科学文化的女革命人才。到了民国时期,他将养成完全人格作为女性教育的目标,提倡男女接受同样的教育,实行男女同校。1912 年 1 月 19 日,南京临时政府教育部在蔡元培的主持下颁布了《普通教育暂行办法通令》,规定了初等小学男女同校。这是中国自古以来第一次以明确的教育法规的形式确定了男女同校。

在北大时期,蔡元培更是顺应新文化运动之潮流和社会之呼吁,开女禁,坚决实行男女同校,面向全国招收女学生,旨在为国家和社会培养具有独立精神和自主能力的新文化女性。1920 年 2 月 17 日,中国历史上北京大学第一名女

---

① 高平叔.蔡元培全集(第一卷)[M].北京:中华书局,1984:151.

生产生了,她就是女子教育史上著名的王兰。她在取得当时北大教务长陶孟和先生和蔡元培校长的同意后,直接进入北大哲学系学习,开国立高等学府男女同班同校之先河。后来又陆续招收查晓园、奚浈、程勤若等8位女生,分别就读于哲学系、国文系、英文系,以文科学习为主。这9位女生进入北大,实开中国国立大学中男女平等之风气。著名教育史学家舒新城在其著作《近代中国教育思想史》中写道:"这实是近代中国教育史上值得大书的一件事。"

虽然后来受到军阀等顽固势力的阻挠,但男女同校顺应了时代的潮流和人民的要求,南京、上海等高校纷纷开始招收女生。一时间,越来越多的先进女性开始出现在知识界的舞台上,成为国家建设的重要力量。

六、"尚自然,展个性"的管理追求

"与其守成法,毋宁尚自然;与其求划一,毋宁展个性。"在北大,蔡元培的这句名言对学校文化的建构和管理起到了重要的标杆作用。尚自然、展个性,培育多元化的校园文化团体,既能够充分发扬每一个学生的禀赋与个性,又能够创设丰富多彩的大学学术氛围。

蔡元培在北大积极鼓励和支持学生开展社团活动,以丰富其生活。在社团管理上,学校尽量给予学生充分的组建自由,并给予一定的经费帮助,也邀请相关教授加以指导。北大先后成立了新闻学研究会、音乐研究会、学术讲演会、史学讲演会、社会主义研究会等诸多学生社团。在此过程中,蔡元培尽量帮助学生解决实际困难,经常出席各个社团的重要活动和仪式,并认真发表演说,指导学生有效合理地组织和管理社团。各个社团的学生们在各自的园地发挥个性,悉心培育社团独有的文化,促使整个北大展现出自然、独特、多元的校园文化氛围。许多社团还创办了反映自身学术研究的杂志,如《新闻周刊》《音乐周刊》等。北大校办的有《北京大学日刊》和《北京大学月刊》,着力反映学校师生的最新学术研究成果,推介西方先进的文化与科学。《新青年》则是北大教师群体主办的较有影响的杂志之一。这一系列社团活动为北大校园文化的发展提供了肥沃的土壤,蔡元培自由又有序的管理实践获得了师生们的高度认可和拥戴。

此外,蔡元培还经常邀请各学科领域著名的国内外学者来北大讲演,美国教育家杜威(John Dewey)、英国哲学家罗素(B. A. William Russell)等都曾到北大访问、讲演。这些学术活动不仅对北大的文化成长产生了重要影响,也为中国文化与世界的交流作出了贡献,同时反映了蔡元培现代民主管理的作风。

第二章

范源廉「务实主义」的教育管理思想与实践

范源廉(1876—1927),字静生,湖南湘阴(今岳阳市湘阴县)人。曾任教私塾,后考入梁启超等创办的时务学堂,与蔡锷同窗。1899 年考入南洋公学。后东渡日本,留学于梁启超主持的东京大同学校。1901 年考入东京高等师范学校。1905 年兼任清廷学部法政学堂主事。1906 年学成回国,正式进入清廷学部。南京临时政府成立后,得总长蔡元培推荐,时为共和党人的范源廉就任教育部次长。据蔡元培追忆,当年教育部部员 70 人左右,一半是蔡提出来的,偏向于欧美及日本留学生;一半是范源廉提出来的,侧重教育行政经验。据当时名记者黄远生的评论:"蔡鹤卿君富于理想,范源廉君勤于任务,总次长实具调和性质,亦各部所未有。"①由此可见,范源廉在其就任教育部次长时便形成了"务实"的管理风格。

蔡元培辞去教育总长后,1912 年 7 月 26 日范源廉接任总长一职,直至1921 年。1918 年、1923 年两度考察欧美教育。1918 年 5—11 月,与严修赴美考察教育,预备创办南开学校,并先后作《调查美国教育报告》(1919 年 1 月)、《赴美调查教育之情形》(1919 年 1 月)、《美国教育行政谭》(1919 年 2 月)。1919 年任教育调查会会长。1922 年任中华教育改进社董事长。1924—1925 年任北京师范大学校长,组织修订教学大纲,撰写北师大校歌。1924—1927 年任中华教育文化基金会董事长。1927 年任北京图书馆馆长。

一、教育应关注政治,但非投身政治

范源廉对教育的关注离不开国家政治的视角。范源廉经常思考教育和政治的相互关系,认为教育的发展进步、人才的充分储备、各学科的全面发展,直

---

① 黄远庸.远生遗著[M].上海:商务印书馆,1920:17.

接关系到国家盛衰和国际地位。研究政治经济与教育的学者应当拓宽视野,从社会这个根本问题着眼来思考中国的长治久安。他在考察欧美教育的同时,总是会涉及政治、外交、社会和经济等方方面面,关注国家之间的关系和世界政治走向,并借此为我国教育发展提出建议。他认为处理好教育与政治的二元关系,尤其是教育如何应对政治变化,十分必要。故而,教育应当积极关注政治而非无视政治,研究政治而非回避政治,超然于政治而非投身政治。

关于学生与政治的关系,社会上的主流观点认为,学生"苟不谨出位之思,而好为越俎之谋,则不唯无济于事功,而先已自荒其学业",故而"宜专心向学而杜绝外骛"。① 对于这一"两耳不闻窗外事,一心只读圣贤书"的论调,范源廉予以针对性的研究与强烈的批判。他认为:"学生者,以研究事理为职志者也,即关于政治之事理,亦必为所当研究者焉。"②学生并非远离政治,而是身在其中,并且随着年龄的增长,学生对于政治科目乃至时事政治的理解力和判断力也逐步增强。尤为重要的是,关注政治,研究政治,更是学生的历史担当和民族责任。面对列强践踏,民族危亡,学生当积极关注和研究讨论时事政治,为将来步入社会参与政治进行能力储备,"国民中多有与政之准备者,乃真国政进步之基"。③

学生关注和研究政治十分必要,而在国家政治动荡、政局变迁频繁之际,投身政治,过早从事政治活动,加入各种政党,却又为范源廉所反对。范源廉在1917年2月6日颁布的教育部训令中明确指出,学生的主要任务是"教科与学术",时事政治仅是研究和讨论的资料范畴,学生不应仓促投身政党政治;学生投身政治将会导致"号为政客之人物日多,而负学术与社会之责者日少"④;政治学说经由各方学者历经数百上千年的思考和论辩而逐步成熟和完善,而学生仓促加入政党,学术上根基浅薄,行动上鲁莽激进,于国于民益处甚微;由此学生易图一时之政治功利,而妨碍自身的学术成长,并进而影响到国家的未来远景。故学生应关注现实,更当超越现实。

1917年中德断交,中华民族的羸弱一再呈现,范源廉及时分析了政治形势,并对这一政治形势下学校的发展态势作出了前景规划,对学校教职员和学生作出针对性指导。范源廉认为,学校教职员应就对德问题以及我国与欧战前后关

---

① 范源廉.范源廉集[M].长沙:湖南教育出版社,2010:54.
② 同上:55.
③ 同上:56.
④ 同上:113.

系详加研究。这是教育界的民族使命和义不容辞的责任。同时,唯有人才的发展和充盈,方能使国力强盛,民族独立。因此,各校学生应有志于为国家未来和民族地位,努力向上,从事学术。

范源廉在强调积极关注政治时局,研究国际时政的同时,还注意向各国学习和借鉴有益的教育经验。他慷慨激昂、不厌其烦地提及强健的体魄对于求学、生活乃至国家政治、国家发展的重要意义。1924年他在《教育丛刊》第五卷第三集发表《我们真愿做病弱的国民吗?》一文,积极呼吁中国人向西方和日本学习,饮食有节,规律起居,利用闲暇,锻炼身体,健康娱乐。

1925年,英国、日本在中国领土(从上海到汉口)对中国无抵抗民众的接连残杀,造成震动一时的"沪案"。范源廉十分愤慨,与梁启超等知名人士当即发表宣言,向地方政府提出了"沪案"的处理意见,并在北京师范大学发表演讲,及时提出了"沪案"与教育的关系问题。范源廉分析了"沪案"发生的内外因素:外因为英、日等国对中国进行政治压迫和经济侵略,内因是中国的政治腐败和"民德堕落"。进而指出,要避免"沪案"再次发生,必须消除"沪案"产生的内外因素,其根本办法在于实行"国家主义的教育"。一方面,"养成学生有良好的品格,充实的能力和强健的身体",求得物质和精神的独立,革新政治与民德;另一方面,以英、日等国为研究对象,研究分析其对中国实施政治压迫和经济侵略的原因。① 范源廉还分析了"沪案"所体现的教育价值,展示了人类共通的人性,体现出自立、自由、爱国、互助的美好精神。

二、倡导文武兼顾,开展军国民教育

范源廉提倡军国民教育,认为尚武精神为强国之本,并先后提出了军国民教育的意义和实施方针。

1914年第一次世界大战之际,范源廉即在《今日世界大战中之我国教育》中指出:"特值世界大战之今日,于吾所期养成国力之教育,实为最良之时机。……明世界之大势,示科学之重要,振尚武之精神,阐爱国之真义是也。□□教育为培养国力之要务,今之从事于此者,果能于前述四端,及时努力,则救至危之时局,发无限之国光。"又说:"天下虽安,忘战必危□□安于文弱,尤为

---

　　① 范源廉.范源廉集[M].长沙:湖南教育出版社,2010:317.

可耻。"①因此,当务之急是除却文弱之积习,振起学者尚武之精神,并提倡全民皆兵的制度。

1916 年 12 月 28 日在看完汤山野外演习报告后,范源廉在《勉励北京师范学校学生演习野战训词》中,肯定了军国民教育取得的效果,并指出军国民教育的意义,"方今时局艰危,竞争日烈,非尚武力不足以固国防,非晓畅戎机亦无以振士气",对接受军国民教育的师范生寄予厚望,望其"皆能遵守纪律,崇尚公勇,以养成军国民模范"。②

范源廉进一步提出,军国民教育的实施应以英美教育制度为参照,在文武兼顾的原则下,要求高等小学以上的所有学校均施行军事教育;士农工商各行业均须入学接受军事教育,进而达到普及军事教育的目的。

三、推进实业教育,改进实业教育

范源廉认为,实业是国家的命脉,教育是实业人才培养的摇篮。对于实业界能有所建树、"克著成绩"之精英人才的匮乏,教育界更当关注实业教育的发展、实业人才的培养、实业科目的设置,以及实业教育的成效。"农工商业,皆立国要素"③,实业教育尤其应当关注工业、农业等直接关涉国家命脉的学科发展。

早在 1916 年召集全国商会联合会代表谈话中,范源廉即指出,"欲谋实业之发展,则教育一端,实为厄要之途径"。④ 在与全国教育联合会主席陈宝泉的谈话中,主要内容即为实业教育的发展问题。范源廉在谈话中对实业教育的愿景做了设想:"高等小学校与乙种实业学校应各占半数,中学校与甲种事业学校应各占半数。□□国民学校毕业生,除生计艰难不能升学者外,半入中学,半入乙种实业高等小学;及中学毕业者亦然。"⑤以此,则可预期实业人才的增加,国家实业的发展。

然而,民国期间的实业教育存在生源不足的问题,绝大多数学生放弃进入高小、中学、师范学校继续学习,而选择步入社会早日谋生,这必将直接导致学校师资缺乏后续力量,进而牵绊中国实业的发展进程。据 1915 年统计数据,国

---

① 范源廉.范源廉集[M].长沙:湖南教育出版社,2010:42—46.
② 同上:104.
③ 同上:231.
④ 同上:71.
⑤ 同上:85.

民学校毕业生升入高小的不足 20%，而高小毕业生升入中学和师范学校的也仅有 20%。面对国家发展对实业人才的迫切需要，以及实业教育供不应求的尴尬状况，范源廉忧心忡忡，其掷地有声的叩问更是直击实业教育自身的弊病："今日已办之实业学校，其教授材料及方法，果能尽臻美善乎？学生毕业离校后，果能借学习所得，入世谋生乎？社会上农工商各界对于实业学校毕业生，果能乐为录用乎？"①进而提出应当反思实业教育，改进实业教育。在 1918 年 8 月 31 日中国科学社第三次常年会上，范源廉提出，应当在普通学校中加入工业课程，进而有利于改良中国的工业现状。1924 年 1 月 23 日，范源廉在北京工业大学发表讲话，讲话中极为重视国家工业发展，强调国家工业发展在国际上的战略意义，并对国家工业教育予以积极关注；鼓励从事工业教育者卧薪尝胆，竭力奋斗，力谋救济，勇于牺牲。同时指出，农业发展是当下中国强国发展之根本与要务，因此，学校农科需要给予重视，有待不断发展与改进，更是教育界的重要职责所在。

作为中国科学社的主要成员，范源廉还积极参与兴办科学事业并以此推动实业教育发展的教育实践活动。比如，1923 年与蔡元培、马相伯等社员联名向国务院提交申请赔款兴办科学事业的计划书。该呈文强调科学事业是教育实业的基础，申请拨付赔款用于补助学术团体、开展研究所、建设博物馆，并对理化研究所、生物研究所、博物馆的建设作出了详细的经费计划。

实业教育的发展，科学教育的进步，离不开民众的科学态度和科学实践。范源廉在出国进行教育考察时发现，欧美等国注重科学的生活，日常生活中无不表现出科学的态度、习惯、方法和科学实践的精神。对比而言，中国人缺少科学，空谈有余而科学实践不足。由此，范源廉强调必须注重科学实践。

四、"养护""教授""训练"三种教育方式并举

范源廉倡导一种物质与精神全面发展、健康与知识全面发展、道德与情谊全面发展的积极健康的教育文化观。

1922 年 2 月 13 日，范源廉在交大沪校演说时教导学生，物质的进步有赖于精神的进步，而精神的进步有赖于身心的修养。因此，在从事物质科学研究的同时，更应关注精神修养。1924 年 3 月 7 日，他在清华大学作关于教育的演讲，

---

① 范源廉.范源廉集[M].长沙：湖南教育出版社，2010：137.

指出"为教育而研究教育,不知注意其他学问,既不能实用,尤不足以挽救颓象",①并由此提出我国教育缺少科学知识、公民常识。科学知识方面,要求提倡科学,应有科学的方法和门径,务实验,循序渐进;公民常识方面,因国人对共和与宪法漠不关心,以致共和国民精神缺乏,因此有必要专设公民教育专科,从而提高公民常识,进而有利于政治改良。

范源廉经常教诲学子们,为学应当博大精深,兼具自然科学与社会科学的常识,以及学科专长。自然科学与社会科学常识如房屋地基般重要,他列举了法政专业在法律案件中经常会涉及的电学、气象、生物、医学等自然科学常识,以及历史、政治、经济等社会科学常识在法政专业应用中的重要性和基础性价值。凡事预则立,在掌握必要常识的基础上,更要认真学习并娴熟掌握学科专业知识,方能在工作中充分运用和展现。国家羸弱贫病,急需学有专长的各科人才,然而多数毕业生对专业知识却囫囵吞枣不求甚解,范源廉对比美、日等国在专业人才培养方面的优势和国家迅速发展的状况,尤为强调专业所学对于个人谋生和国家发展的重要意义,学生应当博览古今,强健身体,互助学习,敬业乐群。个人的学术进步,必须博览群书,同时还应师友互助,教学相长,避免"独学而无友,孤陋而寡闻"。

范源廉将教育方式分为"养护""教授""训练"三种。"养护"的主要目的是锻炼身体,"教授"的主要目的是传导知识技能,"训练"的主要功能则在于陶冶德行。"陶冶德行者,乃教育根本目的之所存,故训练之为用,即直接以达教育之目的者也。"②在范源廉看来,教育的最终目的,正在于"陶冶德行",而不囿于简单地传授知识。当下青年"习于萎靡而神昏志堕""失之虚骄而趾高气扬"等通病的产生,在范源廉看来,主要归因于疏于训练或者训练不得法。

教科内之训练,范源廉就修身、国文、外国文、历史、地理、数学与自然科学、手工、图画、唱歌等各科,分述各科训练对于培养学生道德情操、文字心性、中外文化、地理风土、科学精神等各方面综合素养的要义及训练方法,比如在历史训练方面,尤其注重借助从政治、战争、学术等诸多方面把握历史人物的精神内核,揭示历史的本质,而不是仅仅停留在对历史现象的琐屑记载上,从而达到"阐扬古人之精神而使生徒与之俱化"的训练宗旨。

教科外之训练,范源廉就校训与校歌、工作及勤务、仪式、竞技与旅行等各类事项,分述训练的方法及教育意义。他认为,"吾人之成德,始于习惯,终于自

---

① 范源廉.范源廉集[M].长沙:湖南教育出版社,2010:260.
② 同上:47.

治",学生"德行之养成"尤为重要,故而尤为重视对学生德行的教科外之训练。而校训与校歌"足以表示本校之主旨而养成全校之美风",即使是离校的学生,也会受到校训校歌之旨趣感化,"坚其进取自尊之念,引其切磋亲爱之情"。① 在这一教育理念指导下,1924 年范源廉为北京师范大学校歌作词,其词谆谆,其情切切,处处渗透出其赤子情怀:"往者文化世所荣/将来事业更无穷/开来继往师道贯其中/师道师道谁与立/责无旁贷在藐躬/皇皇兮首都/巍巍兮学府/一堂相聚志相同/朝研夕讨乐融融/宏我教化昌我民治/共矢此愿务成功"。②

五、规范学校发展,严格管理制度

与蔡元培相比,范源廉更加重视普通教育的发展。坊间曾流传一段轶事:民国初年蔡元培任教育总长,范源廉做次长,两人曾经有过一次很有名的关于办教育问题的讨论:范源廉说小学没有办好,怎么会有好中学? 中学没有办好,怎么会有好大学? 所以第一步先得整顿好小学。蔡元培则认为没有好大学,中学师资哪里来? 没有好中学,小学师资哪里来? 所以第一步先得整顿好大学。两人说完哑然失笑,一句话,就是从普通教育到高等教育,全得进行整顿。后来蔡元培出国考察教育,由范源廉出任教育总长,果然就是以这次讨论为主要办学理念。任教育部长期间,范源廉着力整顿和规范中小学建设,并主张将义务教育列入国家宪法,增强义务教育的法律约束力。范源廉考察欧美教育和宪法时,发现多数国家并未将义务教育列入国家宪法,但也有一些国家如普鲁士、丹麦、瑞士、葡萄牙等,已将义务教育列入宪法。范源廉认为,将义务教育列入宪法对当时的中国而言,十分必要。

"义务教育非规定于宪法,则人民公私家国之观念不易革之使新也。"每家的子女,都是国家公民,而非家庭或家族私有,必须接受国家义务教育。"义务教育非规定于宪法,不足以增强法律之实施力也。"中国当时的义务教育普及率极低,教育筹款也极为不足。义务教育只有列入宪法,才能对其推行和实施具有强烈的推动力,有助于普及和推广义务教育。"义务教育非规定于宪法,不足以追先进之前踪而挽国势于将来也。"③中国当时贫弱动荡,而义务教育的普及与发展无疑是国家发展强盛的重要动力。

---

① 范源廉.范源廉集[M].长沙:湖南教育出版社,2010:50.
② 同上:305,306.
③ 同上:25,26.

发展义务教育,师资的选择和质量尤为重要。范源廉主张对小学教员资质进行严格、有针对性的界定与考核:高等师范学校和前清优级师范选科专修科学生,可直接充任高等小学教员;师范讲习所和前清师范简易科学生,将在任职时间和资质的检验上有所限制,以保证小学教员的队伍质量。例如"二年简易科之考列下等者,或不满二年之简易科,及不满一年之师范讲习所各毕业生,均应遵照检定规程经受试验检定后,方准充当某项教员"。①

范源廉任教育总长期间便认为,前清学部制订的考试学生毕业章程过于宽弛,不足以取拔真才,因此对考试毕业生章程进行了严格的修订:"凡考试年平均分数在八十分以上者为甲等,在七十分以上者为乙等,六十分以上者为丙等,六十分以下者为丁等。列在甲乙丙三等者,准其毕业,列在丁等者,留堂补习,补习后如再经二次考试,仍不合格,令其退学。再于各门主科中有一门不及六十分者,只准留堂补习,不准毕业。"②

任北京师范大学校长后,鉴于后五四时期学生的恣意放纵,范源廉在学生寄宿、课堂管理、考试管理、学生兼职、学校周会等方面进行严格管理。严禁学生在外寄宿和夜不归校,恢复学生晚自习制度;严格限制学生缺席,规定旷课达三分之一者,勒令休学;考试规定上,所有功课不准免试,不准考前划定范围,注重"临时考试及平日分数";严格限定学生兼职,不准本科生在外兼职;每周三举办一次周会,"校长、各主任及全体学生皆须到会"。③

在学务严谨的同时,范源廉也秉持自由活泼的治校方针。任北京师范大学校长时,范源廉表达了学生自治的治校方略。在北京师范大学学生自治会欢迎校长会上,范源廉再次强调学生自治的必要性,阐发学生自治的核心精神:中国作为一个实施民主自治的国家,必须有民治的精神,因此必须有相应的自治精神,即对任何事情都要有自我思量、自我反省的精神,社会生活、政治生活、朋友关系等,都是自治生活的主要内容。学生的自治生活,还可以进行必要的集会,进行必要的团体合作训练。

在学校例行的学习之外,范源廉还特别关注学校假期的充分利用。在他看来,学生把学校的休假时间当成是毫无意义的余暇而荒废掉,是极为盲目而可惜的。学校休假的目的是"为求学中变换与预备二者难得之机会",从而有助于学生学业的进步。所谓学校休假为变换之机,是指学生可以利用休假时间,根

① 范源廉.范源廉集[M].长沙:湖南教育出版社,2010:135.
② 同上:22.
③ 同上:264.

据自身情况独修学业,感受不同的生活体验,增加游历见识。所谓学校休假为预备之机,是指学生资质特征各异,利用休假时间可以增益所长,补救所短,从而使自己获益匪浅,长足发展。

在"言传"和"身教"二者之间,范源廉更加重视"身教"的作用。在当时教育界纷扰不安、学生运动迭起之时,范源廉坚持改进教育,并提出"职教员宜有充分之修养,以身作则感化学生"①之必要。范源廉还曾为北京师范大学毕业生题词"以身作则",对毕业生寄予厚望,希望毕业生将来从事教育事业时,能以身作则,"言教"之外,更注重"身教"的作用。

六、注重社会教育建设,丰富公共教育设施

社会教育体现了一个国家的教育水平和国民素养。范源廉倡导的社会教育,是男女平等、精神开放独立、仁者爱人的教育。他认为:"民国肇造,百废更新,巩固国基,端赖教育。……准据法令,尽力措施,不唯男子教育宜急也,女子教育亦应急焉。"②

社会教育必须关注精神生活。精神的开放与独立,是一国文明的重要标志。范源廉批判积弊已久的科举制度,认为其妨碍文化进步,不利于社会教育和实业发展,"使一般人民视学问为入官之专途,而视农工商及各种实事均可无学"。③"吾国人之精神生活,远不如肉体生活之发达。至多数无识愚民,几乎专事肉体生活,更不知精神生活为何事。"④国民过多注重物质享受,却忽视了充实知识和思想。在1912年7月31日的临时教育会议上,范源廉将"发挥国民固有精神"作为重要议题,提出讨论。范源廉认为,国民精神生活如此匮乏,皆由社会教育的长期缺位所致。范源廉极力主张社会教育,希冀通过推广社会教育来丰富国民积极健康的精神生活,他还建议可以通过讲演会、白话报等多种方法和途径来逐步推广社会教育。

社会教育必须进行公民教育,激起人人的爱国之心。1924年7月3日,范源廉在南京东南大学举办的中华教育改进社第三届年会上指出,在当下过渡之时代,需要进行公民教育。而好公民需要具备五个条件:"强健之身体""求学

---

① 范源廉.范源廉集[M].长沙:湖南教育出版社,2010:195.
② 同上:15.
③ 同上:40.
④ 同上:12.

问""做事良""爱人""卫国"。身体强健,学问日进并学有所用,是成为好公民的基础条件;踏实做事,关爱他人,是成为好公民的必然操守。然而,"仅爱人有时而不济,欲谋社会之安宁,道德之持续,非有国家之力量不可。仅爱和平无济于事,吾人须保持和平;欲保持和平,非人人爱国,使国家势力雄厚,足以保障和平不可"。① 五者具备,方可称为好公民。

社会教育必须配备相应的公共教育设施。范源廉在考察欧美教育时发现,欧美国家即便是百数十家之村落,也都有一座图书馆,欧美大都市的图书馆更是规模宏敞,收藏丰富,组织完善,他认为这是一个国家文明和教育发达的重要标志。相比而言,我国现有的公立图书馆规模不备,收效甚微,而国内并无私立图书馆,公众的需求更是难以满足。回国后,范源廉极为关心图书馆的建设和普及工作,利用一切可资条件争取建设资源。先后组织发起蔡松坡图书馆(1916 年)、戴东原图书馆(1924 年)的筹办与捐赠;提出利用外国退款建立大规模的博物馆、图书馆、美术馆等,充实中国高等教育和社会教育资源;1925 年 4 月促成中华文化图书馆成立,并作为中华图书馆协会董事联名呈文,力陈图书馆建设之于当今教育、文化和民族发展之要义,申请政府资助图书馆工作。同时,范源廉还大力提倡并极力促成多个私人纪念图书馆建设与开放,参与和促成了中华图书馆协会的成立和运作。此外,范源廉还积极参与学生参考书建设。他发现美国教育给学生提供丰富的参考书,而中国在教育过程中缺少给学生提供参考书,建议学校能够通过多种途径来填补这方面的空缺。面对国内捉襟见肘的教育经费困境,范源廉建议可以仿照欧美国家,提出筹备教育基金的设想,以此来解决教育界的经费困扰和独立生存问题。

七、借鉴他国经验,推动教育本土化发展

民国之初,政局甫定,矛盾丛生,新教育在推行过程中,暴露出诸多弊端,遇到了各种棘手问题。面对教育界学生运动迭起、教职员管理训练方针不一、教育行政敷衍塞责等纷扰不安的诸多教育现象,范源廉陷入沉思。他开始思考如何积极而有序地改进中国教育。范源廉多次考察中西教育,密切关注国际时政,在坚持本土教育特色的基础上,采取中外比较的方法,不断思考教育革新和改进完善的途径。

---

① 范源廉.范源廉集[M].长沙:湖南教育出版社,2010:278.

范源廉主张以中外比较的方法,研究中外教育的差异。他在考察美国教育时,对比中美教育的状况,从学校系统、学校经费、学生、蒙养园、小学校、中学校、高等教育、师范教育、体育、社会教育、中国留学生、美国华侨教育、美国在华教育事业等十三个方面进行了详细的调研和报告,同时考察了美国教育行政机构的设置与运作,找出中国教育可资借鉴与改进的办法。

范源廉在美国进行教育考察时看到,美国的教育方法采取教授法,学生积极讨论,学问旨在实行,与中国教员授课、遵循课本的因循守旧的刻板教学方式迥乎不同,他对此大为推崇,并认为中国足可效法。他曾就校长选任制度,建议北京师范大学效法欧美国家,实施"教授治校",即学校各系主任轮流任为校长的制度,每届任期一年。他分析了这一校长流任制度的优点:有利于培养全校团结精神;有利于政策制定和有效执行;有利于任职者专业研究的有效连续。

范源廉还关注留学生教育。1916年主持制定了《选派留学外国学生规程》。他发现中国留学生缺少与国内教育界的互动,故而主张中国留学生与国内教育界保持积极的联络与互动,并提出设立相关教育机构以保证这一教育联络的进行。在考察美国教育时,范源廉发现,中国留学生普遍体质太差,实践缺乏。范源廉对此状况深为痛心,并积极提倡国内教育重视体育和实践,以提高学生体质和实践能力。

知己知彼,方可应对。1924年7月7日,鉴于中国在国耻日仅仅通过游行的方式纪念国耻,范源廉在中华教育改进社第三届年会上指出,应改变这种纪念国耻的态度。知己知彼,有必要对日本进行必要的研究。研究日本的必要性有二:日本政府与私人势力对中国产生巨大影响;日本自明治开始,发展尤为迅速。日本研究的主题:日本的政治、地理、人口、交通;日本与中国的关系;日本与各国的关系。可以通过组织相关学术团体分门别类研究,并及时将研究成果通过报刊、演讲等途径公布于众。通过对日本的系统研究,发现中国衰弱的原因,取他之长补己之短。

坚持本土基因和本土文化。在学习和借鉴国外教育经验之时,范源廉十分警觉地发现了教育界和学界对欧美教育、欧美文化的过分热衷,以及对本土文化的鄙弃和漠视。在一次针对文学研究的谈话中,范源廉十分尖锐而深刻地指出了这一重大的文化偏差,并主张中国的文学研究应当多关注本土文学,方能体现其重大而独特的价值。对于外国人退还赔款予以兴学一事,多数观点主张办理清华式学校,范源廉却认为,清华虽在教育上有在中国开风气的重要意义,却将清华的管理权交给外国人,使得清华学生缺少了本土基因,进而导致中国教育界之分裂,国家教育精神之危机。因此,范源廉不主张办理清华式学校,这也体现了范源廉对本土文化的坚守。

第三章

蒋梦麟的自由民主教育管理思想

战乱频仍的年代总是能够造就英才。中国近现代的历史长河中,英才辈出。他们怀揣着为民族与国家勾勒的蓝图,实践自己的救国梦想。蒋梦麟在社会激荡的年代,经历过西学东渐的风潮,体验过中西碰撞的交融,一生都在探寻中国的振兴之路。尤其是在担任北京大学校长的数年里,蒋梦麟在教育实践中淋漓尽致地展示了自己的教育理想。

一、并蓄中西文化,追求自由民主

蒋梦麟(1886—1964),原名梦熊,字兆贤,号孟邻,出生在浙江余姚的一个村庄里,家庭生活水平在当时当地算得上小康。他在家中五个兄弟姊妹中是最小的,上面有三位兄长和一位姊姊。据说在蒋梦麟出生前夕,他的父亲梦到一只熊来到蒋家,便视为这是男丁降临的征兆。所以,蒋梦麟出生后,父亲便给他取名梦熊。直到他在浙江高等学堂时,为了避免之前一些闹事行为带来不好的影响,便改名为梦麟。

蒋梦麟出生时,中国已经处在被列强侵略和瓜分的境地。他在逐渐懂得世间百态的过程中,开始慢慢接触到国内外的政治局势,从太平军到国际战争,政治名词逐渐进入他的脑海。而远离现代文明的乡村生活又使他逐渐感觉到中国国民的麻木和无力。相对富足、安宁的江浙一带的生活景象,容易使人对国家的认识产生偏差。生长在这一带的蒋梦麟,也受多年不变的乡村风俗和道德熏染,但这份被蒙在鼓里的平和气息很快就被西方现代的科学和文明侵占。

蒋梦麟童年时代所受的教育,和民国时期的许多大家是一样的,在家塾接受启蒙教育。他六岁时被父亲送到家塾念书,接受中国传统的启蒙教育,《三字经》是他读到的第一本书籍。中国传统儒家的性善论对蒋梦麟人生观和教育观的形成产生了一定的影响。但在当时,蒋梦麟却是非常厌恶呆板、教条、机械的家塾训练,他一度认为家塾教育只能训练学生的记忆力和耐力。家塾教育也强调学生对先生的绝对服从,容易磨灭学生自我的思想和意识萌芽。但是,传统儒家修身、齐家、治国、平天下的做人之道,却是教化意味浓重,对蒋梦麟成长道路产生了一定的引导作用。寒窗苦读的生活不仅促使蒋梦麟对学问产生持久的兴趣,更重要的是点燃了他对生活乃至国家之未来的美好理想和希望,从而产生了良好的意志力。他曾经在自传里说过,只有以启发理想为主、培养兴趣为辅时,兴趣才能成为教育上的一个重要因素。由此可见,他将匹夫之责看得有多么重要。人只有将自己的读书之路不断拓宽,继而扩展到对百姓、国家、民族的担当,社会之英才才能造就。童年时代的蒋梦麟是接受中国传统私塾教育长大的,接受的知识也是传统的"四书五经"和民间故事等,主要靠的也就是记忆的能力。当然,生在江南乡村的他也能够经常地接触到大自然,从而获得自然方面的基本知识。后来,他自己将童年教育的来源归纳为三个:"一是在私塾里念的古书,来自古书的知识,一方面是立身处世的指针,另一方面也成为后来研究现代社会科学的基础。第二个知识来源是听故事,这使我在欣赏现代文学方面奠立了基础。第三个知识来源是对自然的粗浅研究,不过在这种粗浅研究的根基上却可以移接现代科学的幼苗。"①正是得益于乡村自然生活,蒋梦麟对事物的感知力、观察力、体悟力才得到了保护和成长,造就了他今后对西方文化和中国文化之碰撞与融合的高度理解力。

蒋梦麟从童年到青年时代所接受的家庭教育也是相当健全和优秀的。蒋父是一名小地主,其祖父时就家境殷实,留给后辈的家产也很丰厚。秉承了江南乡村简朴勤劳的传统,父母一向节俭,也懂得守业,所以他不需要为生计担忧和劳碌。父母对待乡邻也很友好和慷慨,忠厚善良的本性赢得了蒋村人的尊重和推崇,这本身就成为家庭良好的教育资源。蒋梦麟的母亲才貌双全,善良温柔,富有教养,却早早离世。继母待他也不错,且善于治家,只是她去世较早。最重要的是,有了相当可观的物质保障,蒋梦麟的父亲得到了自我发展的空间。父亲善于发明,蒋梦麟也因此受到影响。父亲曾经致力于造船,但是终究未能造出西方那样的船只,因为他不知晓蒸汽机的原理。所以,他希望自己的孩子能够接受西方的现代教育,学习先进的科学知识来促进自家和家乡的发展。这样的教育理念对蒋梦麟接受西方文化的教育有很大影响。随着中国的大门不断地被打开,越来越多的西式品开始涌入中国。即使在蒋村,火柴、时钟、煤油

---

① 蒋梦麟.蒋梦麟自传——西潮与新潮[M].北京:团结出版社,2004:39.

灯等也开始出现在乡民们的视线中,而电报、轮船等也越发地被人们视为现代生活的必需品,因为它们的确有助于提高生活的便捷性。但是,这样的现代文明被带入国门的背后所隐藏的,却是西方对中国的觊觎和对中国人的漠视。在列强开始明目张胆地侵入中国后,文化上的洋兵传教士更是怀揣着这些所谓的文明物件深入到中国的许多地方,包括乡村。文武两条线的洋兵们终于迫使中国的百姓在看到新奇的洋货的同时,开始意识到国家之危难正悄悄地降临。以农为根、以和为贵、以文为治的中国文明被动摇了,士大夫阶级开始走向没落,买办阶层开始壮大,中国的社会结构开始发生变化。而蒋梦麟此时则在绍兴继续学业,目的在于求得知识以获得仕途的辉煌,从而能够向上流阶层晋级。中国传统的士农工商的阶级观还是对他前途的选择产生了影响。这个时期在蒋梦麟的心里,学问就代表着中科举,中了科举就能获得官爵、获得权力,从而就能光宗耀祖受人敬重。

为了实现他的目标,父亲将他送到绍兴中西学堂求学,他的两位哥哥也是在那里读书。这一求学经历大大改变了他的人生方向。在绍兴中西学堂,蒋梦麟开始接触到西方学科知识,尤其是对现代自然科学知识有了初步的了解。他开始知道地球是圆的,知道了雷电是怎么来的,知道了燃烧和融化,旧有的神鬼信仰终结,他开始形成基本的科学知识体系。虽然当时的中西学堂仍以学习中国经史子集为主,但是也有外文学习。就在蒋梦麟就读中西学堂时,中国经历了近代史上著名的戊戌变法,虽然最终失败了,但对中国社会产生了强烈的震撼。

随着社会动乱的加剧,乡村开始频频出现强盗抢掠烧杀事件,蒋梦麟的父亲为了求得安宁,举家迁往了上海。蒋梦麟也因此离开了绍兴中西学堂,进入一家天主教学校学习英文。随着西方列强的进一步入侵,国人开始对西方文明产生憎恨,反帝爱国的义和团运动兴起。"扶清灭洋"成了义和团的重要政治口号,试图将西方带来的物质文明和精神文明通通扫除。在这一背景下,蒋梦麟一家又迁离了上海,回到家乡,后来又迁到余姚县城。蒋梦麟进入一所学校学习英文和算术,还有家庭老师教中文。

约一年之后,蒋梦麟前往杭州求学,由于不甚了解,结果进了一所并不入流的由美国传教士主持的学校。学校教师水平不高,每日举行学生礼拜,而蒋梦麟在精神上独具原则性,一度拒绝接受精神舶来品。他一直坚持不可知论,符合中国传统儒家的生死观,坚持在今生今世奠定不朽的事业与根基,而不是去祈祷和恳求死后灵魂会永生。也就是在那个时期,学生们接受了一些民主自由的思想,开始兴起反抗热潮,成为全国之风气。其实,这也正是数年之后辛亥革命的先兆。新兴的年轻知识分子开始向陈旧的封建士大夫阶级发起挑战,这种反抗从教育、政治、社会等各个角度发起、蔓延。"科学、竞争、民主、自由、独立"等现代文明的词汇符号涌入年轻学子的世界,他们逐步意识到,自身在受着封建主义的压迫,国家正受着列强的压迫。他们开始用现代文明的武器来守护自己和国家民族。

蒋梦麟所在的杭州这所学校发生师生冲突后,学生们纷纷被开除或自动离开了学校。蒋梦麟也不例外,甚至上了闹事学生的名单。后来,学生们自行筹办"改进学社",但不久就解散了。1902 年,蒋梦麟考入了浙江省立高等学堂,这是当时浙江的最高学府,是由求是书院逐渐发展演变而成的一所新式学校。因闹学潮被列入黑名单,蒋梦麟将原名"梦熊"改为"梦麟"。该学堂中西兼顾,外国语和科学课程都有纳入,新学科日益增多,教师的教育水平也比较高。由于其重要的学术地位和政府承担性质,浙江省立高等学堂很快成为浙江省的文化运动中心。蒋梦麟在此大大拓宽了视野,接触到许多新知识新文化,尤其对中国史和西洋史产生了浓厚的研究兴趣。他通过学习和研究慢慢梳理出中国社会的成长脉络,对政治和社会开始有了自己的理解。梁启超、孙中山等著名人士的政治思想和言论对他也产生了关键的影响。无论是君主立宪还是共和政体,都预示着一场全面的革新即将开始。蒋梦麟一方面时刻关注时政,和所有爱国学子一样,革命情绪不断高涨;另一方面又紧张地准备参加科举考试,并且在绍兴一举通过郡试考中秀才,光耀门楣。他也曾纠结于旧世界和新社会的精神牵扯中。即便如此,如何拯救国家和民族,如何自立自强摆脱列强的侵略和瓜分,这些问题时时悬置在他的心头。1904 年,随着西化与革命的势头愈发强烈,蒋梦麟离开了浙江省立高等学堂,前往上海考入了上海南洋公学,进入了一所更为正式、西化、理想的学校。

随着清政府对留学日本的鼓励,社会上支持将西方文化和文明由已经同化吸收过的日本新文化引入到国内。蒋梦麟则认为,西方文化应该直接向西方学习,而不是假借日本。他在南洋公学认真研读各个学科课程,由于使用的全是英文的西方课本,他的英语得到了很大提高,为留学美国奠定了基础。南洋公学的预科在当时是去美国读书的最好铺垫,因为学校的一切仿照美国中学学制,现代学科齐全,水平也高。斯宾塞的德智体教育原则在南洋公学得到了一定程度的贯彻,一直体弱的蒋梦麟得益于此。更重要的是,在深入研习中国古代儒学的过程中,蒋梦麟越发意识到培养以理解为基础的判断力的重要性,他开始深入地学习、理解和体悟,认真地修养身心,以修身正己而后为国奉献。

1905 年,沿袭了近 1 300 年的科举制宣告终止,清廷开始了教育的全面革新。蒋梦麟这一代生活于过渡时期的年轻知识分子,其发展道路也正式转变。蒋梦麟开始意识到西化的变革无法抗拒,能做的就是尽己之力适应时代之潮流,改造旧日之中国。1907 年夏天,蒋梦麟和一位友人前往日本东京参观并参加展览会,感触良多。日本的日益强大,国民义务教育水平较高,这些都促使蒋梦麟渴望学习西方文明之精髓。回国后,他更加认真地学习和备考,准备前往美国留学。

几经波折,蒋梦麟于 1908 年夏末前往美国旧金山求学。他花了几个月的工夫补习英语,后来进入了加州大学,申请进入农学院。据蒋梦麟说,之所以选择农学院,是因为他认为中国以农为本,改造国家必先从改造农业入手,而于他自己而言,学习农业可以发挥他从小在乡村田野生活长大时养成的对自然之兴趣,也可以多接触自然,多呼吸新鲜的户外空气,利于身体的改善。大约半年之后,有一次在路上,蒋梦麟看到一群活泼可爱的孩子,突发奇想到自己为何不能去学习如何培育人才。于是,他毅然转到社会科学学院。1909 年秋起,蒋梦麟的教育学生涯正式开始。教育学的学习和逻辑学、哲学、伦理学、心理学等都联系在一起,蒋梦麟对道德、人生、社会的看法随之发生了许多重大的转变。在学习西方文化精神的同时,蒋梦麟习惯于进行中西比较,希望能够用学到的西方之长弥补中国之短。而国内随着光绪和慈禧的相继离世,革命风暴终于来临。辛亥革命彻底推翻了中国几千年的封建帝制,建立了资产阶级民主共和政体。蒋梦麟十分敬仰孙中山先生,几次和他交谈,汲取革命和民主思想。蒋梦麟曾担任《大同日报》这一重要革命思想宣传刊物的社论撰稿人。1912 年,蒋梦麟顺利毕业于加州大学教育学系,获得名誉奖项。他立刻前往纽约哥伦比亚大学研究院继续深造,师从美国著名哲学家、教育学家杜威(John Dewey),获益匪浅。而纽约宽松、开放、民主、自由的气息带给他另一番别样的感受。蒋梦麟在此吸收到了真正的西方文化,所以在回国后试图用西方的尺度和标准来衡量和界定中国之事物。

1917 年,蒋梦麟在获哥伦比亚大学哲学、教育学博士学位后归国。当时蒋梦麟已经出国 9 年,这 9 年中,中国的变化非常显著,很多西方的东西传播过来,学校数量也增多。但是总的来讲,工业、商业、教育业等还很落后。因为战乱不断,纷扰不断,社会缺乏稳定的基础,也没有一个权威的政府领导,得不到充分发展。蒋梦麟归国后，先是创办了介绍欧美教育的《新教育》月刊，后来担任了国民党政府教育部长、北京大学校长等要职，建树颇丰，在近代教育史上留下了浓墨重彩。

二、积极引进西方现代教育思想与管理制度

蒋梦麟回国后，事业逐步走上了正轨。他内心里最重要的事业，就是拯救和改造国家及人民。纵览其点点滴滴，教育事业仍是他的重心所在。

蒋梦麟归国后，从浙江回到上海，进入全国最大的书局——商务印书馆从事编辑工作。与此同时，他担任了江苏省教育会理事。但很快他就辞去了这两份工作，之后便在江苏省教育会和北京大学的共同资助和支持下，创办了民国时期著名的《新教育》月刊，并任主编，主持杂志的编撰工作。

《新教育》创办时，目标定位于"养成健全之个人，创造进化之社会"。① 这正体现了当时杰出青年知识分子对中国社会转折时期的期待。蒋梦麟等人认为，教育是提高国民素养的必要手段，只有通过强化国民之普遍教育，才能将愚弱的中国百姓从旧有的社会中解脱出来，获得现代工业社会谋生的知识与技能，以此强大国家和民族。在自由和民主成为世界之风潮的同时，《新教育》显然跟上了时代的步伐。

《新教育》生长在知识革命风起云涌之时，仍然希望能够在教育领域提出革命性的现代理念，以改造中国几千年的旧教育。孙中山讲求科学、知难行易、探究基本原则和道理的精神，也深深影响了蒋梦麟的学习观、教育观、研习观。蒋梦麟和一批致力于新教育研究的有识之士，在《新青年》中不断提出对教育的新见解，引进西方教育原理和思想。蒋梦麟主张自觉自发的教育原则，即教育应当促进人对学习过程产生持续、自动的兴趣和意志力。他师承杜威的教育思想，极力倡导杜威的《民主主义与教育》中所蕴含的教育思想和理念，希望能够借此改造中国之旧教育。他强调教育应当从儿童的需要出发，满足儿童对未知事物的埋解需要，从儿童当下所处的实际生存和生活情境出发，这样的教育才是真正民主和自由的社会所需要的教育。蒋梦麟对中国传统儒家教育的态度，则选择了孟子的性本善之主张。他认为，人的本性是纯净善良的，教育应当顺其自然之本性，促进其慢慢舒展开来。但不能将善简单地归纳为一系列道德纲

---

① 蒋梦麟.蒋梦麟自传——西潮与新潮[M].北京：团结出版社,2004：155.

目和训条,让儿童在不理解、不需要的基础上去模仿和教化,这样就违背了儿童的本性。新儿童观和儿童本位思想体现在《新教育》的各期文章中,新教育的要领和精华得到充分彰显。

在《新教育》的传播和倡导之下,以卢梭(Théodore Rousseau)、福禄培尔(F. W. August Froebel)、裴斯泰洛齐(Johann Heinrich Pestalozzi)等为代表的现代西方教育思想在中国得到了许多有识之士的认同和支持,人们对孟子性本善的思想学说也有了清晰的认识。[①] 中国的教育界开始明白,教育如果依靠说教和灌输是不可能产生根本性的效果的,长辈和教师是儿童的引导者和辅助者,而不要手把手小心翼翼地挽扶着他们。蒋梦麟的一些言论也体现了这样的思想,儿童就是儿童,大人就是大人,这样才是完整意义上的人。大人应该做的就是给儿童足够的空间和时间去接触自然、体验社会,教育不是直接将书本上的知识转移到儿童的脑袋里,而是要让儿童在道德、智力、身体方面自然地发展。

蒋梦麟还在一些文章中提倡义务教育的普及,并且根据人民生计的需要倡导国家推广职业教育和平民教育,致力于培养精神独立、体质健全、个性鲜明且有科学思考能力的新公民。

三、整饬纪律,推动管理规范化、科学化

自从蔡元培在 1916 年底出任北京大学校长一职,他在中国思想界和文化界画上了浓墨重彩的一笔。蒋梦麟在自传里将其举比喻成往静水中投入了一颗知识革命之石,从此愈漾愈远,终于使得北大成为中国思想变革的中心地。

在蒋梦麟的印象里,蔡元培是一位中西交融、虚怀若谷的儒雅文人,而蔡元培所提倡的以美育代宗教,自由研究以追求真理,确实使得北大风气为之一变。在北大,科学和文学形成了各自发展、互相促进的良好态势,尽管改革受到一些坚持传统教育的教授们的质疑和反对,但依然轰轰烈烈地开展起来。

1919 年五四运动爆发。北京大学的学生成了这次运动的中坚力量,反对签订《凡尔赛和约》,反对一战战胜国将青岛送给日本。他们在激愤中,矛头直指亲日分子,学生们冲进曹汝霖的府宅,火烧赵家楼。后来学生被捕关押,风波还波及上海等重要城市,各地学生开始纷纷抗议关押北大学生,激起全国人民愤怒,各地罢工、罢市声援北京,城市工商业等一度瘫痪。最终北洋政府抵抗不住

---

　　① 蒋梦麟.蒋梦麟自传——西潮与新潮[M].北京:团结出版社,2004:161.

压力,亲日官员辞职,释放被捕学生。但是在北大内部,蔡元培无法抵御外部压力,辞职离开了北大。

当时的北大正处在高等教育改革的重要转折时期。五四运动促使北大成为全国的学生运动中心。而与之相应,学校担心由此给教学和科研工作带来问题。于是,蒋梦麟受蔡元培的重托,前往北京大学工作。

初到北大,蒋梦麟先是有所顾虑,恐不能胜任,辜负重托,但为形势所迫,只能于7月和北大学生会派来的代表张国焘一起前往北京,挑起重担。在北大学子为其举办的欢迎会上,蒋梦麟做了演说,其核心思想就是希望北大学子能够将学问作为自己最重要的任务和使命,只有刻苦研习学问,才能养成学校之文化,继而才能逐步形成民族之新文化,从而强国。他的演说得到了北大学子的认可和接纳。

同时,着力于实践蔡元培"教授治校"的教育管理主张,他具体执行了一系列管理操作,力图将北大建成蔡元培理想中的大学。这其中,评议会制度是北大的首创。

北大通过一系列改组和改革,建立了日益健全的学校管理系统。其中,评议会是大学中的最高立法机构,北大通过此举将集权制的管理革新为民主的管理模式,将权力交给教授们,成立学校的立法机关——评议会,以保证学校各项管理举措都能最大限度地反映民意和民情。评议会由校长、学长及主任教员、各科互选的两位教授共同组成,教务长、总务长、各院院长是当然会员。评议会议决学校从规章制度到学科教学的各项行政管理事务。评议会制定了相应的规程细则,突出民主管理特色,从参会人员的选拔到实施过程的严格监督,强调突出评议会学校立法权的权威性与广泛性。通过制度化的规则建设,教授治校的管理理念愈发深入人心,形成上下齐心建设与维护的规范化态势。在这样自由民主的文化氛围中,北大的学术研究蓬勃发展。同时,北大的图书馆藏书量不断增加,学生自治能力提高。

蒋梦麟协助蔡元培管理北大期间,还帮助推行了"选科制"。在这种学习管理制度下,学生可以在一定的范围内自由选择自己感兴趣或者学术研究需要的学科课程自行学习。学分修满,就可以毕业,年限限制也很宽松。这样一来,学生们就有了充分的学习空间和兴趣来发展自我,学业水平大大提高。蔡元培支持蒋梦麟赴北大担任代理校长,帮助他行使校长职权。蒋梦麟初到北大时,为人谦和,做事低调。因为是从江苏教育学会前来任职的,一度受到一些老北大人的质疑。他非常谦逊地将自己称作"替蔡元培校长来按公印的人",而后来,正是这位自称"按公印"的人,从 1919 年到 1926 年三度代行校长职权,且长期担任总务长,实际主持校务工作,成为蔡元培实践教育理想的得力助手。

1927 年,国民革命军南下至浙江杭州,蒋梦麟被委以重任,担任浙江省政府委员,并兼任教育厅厅长。至此,蒋梦麟开始了在国民政府工作的经历。他还担任了国民党中央政治会议浙江分会秘书长,这是他事业生涯中首次担任国民党要职。

蒋梦麟在教育厅厅长任上,经历了浙江省教育制度的试验改革。1927 年 6 月 6 日,中央政治会议接受蔡元培的呈请,教育行政制度改行大学院制和大学区制。同年 6 月 27 日,国民政府中央政治会议决议,在浙江成立国立第三中山大学,由蒋梦麟任校长。8 月 1 日,浙江省务会议决议,将前省立甲种农业专门学校、省立甲种工业专门学校合并组成国立第三中山大学农学院和工学院,另筹备文理学院,三院合建成国立第三中山大学(1928 年改名为浙江大学),取消教育厅。至此,浙江大学区制正式建成。1929 年,国民政府在建立北平大学区制时遇到强烈反对,并酿成多起学潮,加之江苏大学区内反对声浪愈来愈高,该年 7 月,大学区制试行陆续停止。由于 1928 年试行大学院制期间曾接替蔡元培出任国民政府大学院院长,蒋梦麟事实上经历了大学院制和大学区制的兴衰。大学院改为教育部后,他出任第一任教育部长。在任内强调大学规范化、科学化的发展,制定并颁布《大学组织法》,取消单科大学的设置,整顿无良的私立大学,遏制住滥设大学及以教育谋取不义之财的现象。然而不久,因中央大学易长和劳动大学停办两事与国民党元老意见相悖,遂辞职。

1930 年底,蒋梦麟受蒋介石之诚聘,回到北京大学正式担任校长一职。昔日北大在经历了军阀混战的烽烟后,急需重新整治和革新。

蒋梦麟此番第一举便是整顿教师队伍,将原有教育管理体制依据时局和学校状况的变化作出重大调整。由于战乱,政府资助大幅减少,北大经费拮据,教授们的生活非常困难,很多人就去别的大学兼职挣钱,造成的负面影响就是教师队伍纪律相对涣散,教授们分心,教育质量得不到应有的保障。评议会也变质了,一度成为某些教授牟取私利的工具。蒋梦麟下定决心大刀阔斧改革。他将北大的学术研究和行政管理从统一变为各有其营,划分开来,实行科层制模式的管理,层层分级分类,各司其职,形成有条不紊的系统化教育管理体制。他明确提出了"教授治学,学生求学,职员治事,校长治校"①的教育管理方针,校长

---

① 夏正农,陈至立.大辞海(第 22 卷《教育卷》)[Z].上海:上海辞书出版社,2015:384.

权限得以扩大,以利于整饬混乱不定的局面。蒋梦麟扩大校长权限是有其背景的,他的宗旨就是办好北大,办好中国高等教育,绝不是独揽治校权,他受过正统的西方教育,有着深刻的民主和自由意识,这有效地防止了校长治校变成独裁体制。

为此,评议会作为学校最高立法机构被取消,以校务会议代之,作为学校最高的权力机构。蒋梦麟还推行教授专任的管理制度,专任教授薪金比兼职教授高,兼职多的还会被改为讲师级别。新教授初聘定为一年,续聘定为两年,而不是以往初聘后就无限期聘用的终身教授制度。他希望通过这些举措能够有效提高教授工作的积极性和专注性,保证教育教学质量,以防出现学术滑坡现象。并且,蒋梦麟将考评和辞退不合格教授的任务放到了自己的肩上,礼聘新教授则让各院院长去做,充分体现了他改革的胆识和责任心。

在北大,无论何时何地,学有所长、德才皆备的教授都会受到学校极高的礼遇,作为对学术的一种尊重。这深刻地影响了师生的共同发展。北大设有教授休息室,教授上课下课都有专门的校役倒茶递毛巾,也有专人递送粉笔盒黑板擦,教师受到中国古已有之的尊重和敬慕。在如此礼遇之下,教授们的教育教学热情提高了,教学质量也提升了,保证了北大的学术发展方向。

蒋梦麟执掌北大不久,北大就展现出了新面貌。学校教授的数量和质量都得到了保证和提升,礼聘各学科领域带头人,比如李四光、周作人、徐志摩等,师资力量强大齐备;师生专心学术,教授认真教学和科研,学生认真学习和听课;学校设施愈发完备,图书馆、宿舍、实验楼等都有了新气象,为师生创造了良好的教科研环境。此后,北大发展步入正轨,成为中国高等教育的标杆和文化的源泉。

从1930年到1945年,蒋梦麟在北京大学度过了十五年,成为北大历史上执掌校务历时最久的校长。他的重要使命就是保证北大在战事频繁、社会动荡的风雨岁月里保持自身发展的良好态势,促进学术和文化的更新与进步,避免受到战争和动乱的不良影响,避免北大的发展有所偏差。后来的事实证明,蒋梦麟在北大践行的教育管理实践确有建树。在此期间,就北大以"思想自由,兼容并包"而闻名的校园风格,针对"纪律弛,群治弛"的教育管理状况,蒋梦麟开始致力于"整饬纪律,发展群治,以补本校之不足"。① 他希望以此能够保证北大的前进轨道始终保持良好万全的方向。这一新思路,使得北大的学术研究和教

① 蒋梦麟.过渡时代之思想与教育[M].北京:知识产权出版社,2018:284.

学管理即使在风雨飘摇的战乱年代也得到稳定发展,实为民国教育史上的奇迹。蒋梦麟自己也说过:"从 1930 年到 1937 年的七年内,我一直把握着北大之舵。……一度曾是革命活动和学生运动漩涡的北大,已经逐渐转变为学术中心了。"①

---

① 蒋梦麟.西潮　新潮[M].长春:吉林出版集团股份有限公司,2018:220.

第四章

梅贻琦通才教育的管理主张与实践

"所谓大学者,非谓有大楼之谓也,有大师之谓也。"这一论断在高等教育领域可谓是振聋发聩的醒世名言,至今仍是众多高等教育管理者虔敬追随的理念,而其最早提出者,正是清华大学前校长梅贻琦(1889—1962)。清华大学在20世纪初中国现代高等教育制度发端之后能够成为与北京大学并驾齐驱的国内一流高校,很大程度上归功于梅贻琦。他的大学教育管理思想与举措为清华大学的发展作出了贡献,也为中华民族培养了一大批杰出人才。

一、通才教育管理理念的形成

梅贻琦,字月涵,1889年12月29日生于天津。祖籍江苏武进(今常州市武进区)。其祖家世显赫,远祖梅殷精通"四书五经",为明朝著名儒学家。后其家族先后奉帝令守卫天津卫,遂举家迁徙至天津一带,为当地名流一族。至清末随着国势渐衰,家道中落。梅贻琦的父亲梅臣仕途不顺,中秀才后亦沦为盐商津店账房,有时也会和官府接触。梅贻琦为其长子。梅贻琦自幼聪慧,小学时成绩优异,并且能干勤快,擅长家事。1900年八国联军侵华,梅家举家逃至河北保定,待战争结束后返回天津,家中已一无所有,生活愈发艰苦。梅贻琦在窘境中愈发刻苦学习,熟读经史,精通道义。梅氏家族历来重视子女教育,即便没有维持生计的钱,也要让孩子上学堂,包括女孩。梅贻琦集天赋、勤奋和良好的家教于一身,为其国学文化夯实了基础。曾有一位梅贻琦的外国同僚说:"他有一次对我们说,假如我们之中有谁背诵任何中国古经传有错漏,他可以接背任何章节。"①可见梅贻琦国学底蕴之深厚。

近代中国处于社会变革的重大时期,新式教育随着西方列强的入侵,无形

---

① 黄延复.梅贻琦教育思想研究[M].沈阳:辽宁教育出版社,1994:7.

中也为中国传统教育的变革带来了契机。天津是较早接受西方新式教育思想和模式的城市之一。洋务派重要人物李鸿章时任直隶总督,他率先在天津创办北洋电报学堂、天津武备学堂、北洋医学堂等西式学堂,教授西方先进知识与技术。之后天津官办、民办的西式学堂纷纷建立,一时形成了开时代风气的蓬勃局面。1904 年 10 月,天津私立第一中学堂(后改名南开中学)宣告成立,著名教育家张伯苓出任学堂监督。也正是这一年,梅贻琦以其世交关系进入南开学习,一直保持优异成绩,遥遥领先于他人,成为张伯苓先生的得意门生之一,并凭借榜首之誉于 1908 年顺利毕业。其间,他与在校学生周恩来交往甚佳,经常一起讨论功课,互相促进。

中学毕业后,梅贻琦被保送至保定直隶高等学堂。他没有因为生活的困难而停止学海遨游之愿,而是靠不懈的意志一直努力汲取知识,并寻找机会获得进一步深造。

1901 年清政府与八国联军签订了丧权辱国的《辛丑条约》,其中被勒索赔付的白银数量高达 9.8 亿多两,此即"庚子赔款"。之后,美国为了遏制他国向中国的文化蔓延,提出退款兴学,就是让中国每年派遣约 100 名优秀学生赴美留学,并在北京设置一所专门作为留美预科学习的学校,即后来清廷创办的帝国清华学堂(Tsing Hua Imperial College)。1909 年 9 月初,清政府游美学务处开始招考第一批留美学生。梅贻琦抓住机会,成为第一批留美学生之一。1909 年 10月,梅贻琦、徐君陶、王世杰等第一批中国学生在游美学务处会办唐国安的带领下,抵达美利坚合众国,开始了异国求学之路。梅贻琦进入伍斯特理工学院学习电机工程。求学期间,他十分勤勉,省吃俭用,还时常将补贴积攒下来寄回国内贴补家用。1914 年夏,梅贻琦获工学学士学位,并被选入"Sigma X"(美国大学优秀学生奖励组织)。[①] 梅贻琦在求学期间担任了留美学生会书记、《留美学生月报》经理等职务,具有一定的社会活动能力。他寡言慎行,但又温良谦恭,是一位 gentleman of few words(寡言先生)。他本可以凭借优异的成绩继续在美国攻读硕士博士学位,但是迫于家庭的经济压力,梅贻琦毕业后就回到了祖国。1915 年春天,梅贻琦回到家乡天津。回乡后,他首先想到的就是要尽自己的微薄之力服务民众,便在天津基督教青年会开始了为期半年的服务。

1915 年 8 月,清华学校校长周诒春向梅贻琦发出邀请,梅贻琦遂至该校任

---

① 吴洪成.生斯长斯,吾爱吾庐——清华大学校长梅贻琦[M].济南:山东教育出版社,2004:24.

教。他寡言却又淡然的风格受到周校长的赏识,进校即被礼聘为教授。由于性格较沉默,梅贻琦起初并不适应教师工作,一度想要放弃,但在张伯苓的鼓励与鞭策之下,最终坚持了下来,并且一直至生命的终结,他将毕生的精力献给了"教育救国"这一伟大事业。

在清华的岁月里,梅贻琦不仅兢兢业业完成物理、数学、英语等授课任务,还以满腔的救亡图存热情投身社会民众教育事业,比如与陶行知共创中国科学教育促进会,事必躬亲。他还积极参与清华的校事活动,各校务委员会都有他的身影。梅贻琦的教学和管理实践融入了他对国家的忠诚,也融入了他对大学的美好愿景。他的师德学问和管理艺术都为他以后执掌清华大学及西南联大,使清华大学从一所留美预科学校发展成为国内一流大学,播下了健康理想的种子。

1929年,梅贻琦任清华大学教务长。之前他曾先后与周诒春校长、曹云祥校长配合,积极参与清华的转型变革,即变依附性的留美预备学校为纯粹性的正式大学,这成为清华校史上的重要转折点,也为梅贻琦今后的清华之路奠定了坚实的基石。1921年8月,梅贻琦利用学校休假的时间赴美进修,获得工程学硕士学位,返校后获"物理首席教授"的任命。而这些与当时疾呼提高清华学术品质,无疑是一致的。所以在清华改制后的第一次教授会公选中,梅贻琦以其高尚的人格、深邃的学识、饱满的爱校热情赢得了大多数清华教授的信任,成为清华改制后的第一任教务长。1931年,他更是以卓著的功勋众望所归地走上了清华大学校长之路,直至1948年,成为清华历史上任职时间最长的校长。

抗日战争时期,清华与北大、南开三校合并,组建西南联合大学,梅贻琦暂以校务委员会常委兼主席身份主持校务。1937年,他任国立长沙临时大学(西南联大的前身)校务委员会常务委员,翌年又任西南联大校务委员会常委兼主席。在战火纷飞的岁月里,梅贻琦依然怀揣着大学梦和救国梦,坚守在高等教育一线。

1945年抗日战争结束,日本宣告投降。梅贻琦回北平筹备复校,直至1948年12月。在他返回北平重建清华期间,清华得到了长足发展。梅贻琦1953年任台湾当局教育部门在美文化事业顾问委员会主任委员。1955年到台湾,在新竹将清华大学"复校",并筹办"清华原子科学研究所"。1958年7月任台湾当局教育事务主管部门负责人,新竹清华大学校长。1959年兼任台湾当局发展科学委员会副主席。1961年2月奉准辞教育事务主管部门负责人一职,仍兼"原子能委员会"主任委员。1962年2月当选"中研院"院士。1962年5月担任台湾

"中央大学"地球物理研究所筹备委员会主任委员。1962 年 5 月 19 日病逝于台北。

梅贻琦的教育管理思想在当时的中国可谓是高等教育界"自由教育"或者说"通才教育"的典范。并且,他的自由主义教育以其深厚的中国古代传统儒家"大学"教育思想为本源,糅合了中西方高等教育思想的精华,即便在现代社会,也能够为人们所研读借鉴。梅贻琦的教育管理实践则更是其教育管理思想最具说服力的实证。教授治校、通才教育、学术自由等一系列教育实践举措,为清华大学的进步注入了源源不断的动力,也成为其他高等学校的榜样。

二、奠定"人才为本"的清华"校格"

大学校长的教育理念和思想奠定了一所大学的品质和品位。梅贻琦执掌清华期间最卓著的成就是奠定了清华的"校格"。他以自己绵长平静、含蓄温良的教书育人品格,高瞻远瞩、坚定不移的教育改革决心,影响着清华园的振兴之旅。

(一) 人格为纲,诸育并举

大学是造就人才的地方,一方面,大学要适应当下社会对人才的需要;另一方面,大学要适应人的发展需要。如何在两者之间达到平衡,是至关重要的问题。梅贻琦认为:"办学校,特别是办大学,应有两种目的,一是研究学术,二是造就人才。"[①]而他所说的人才所指向的就是其在《大学一解》中所说的"新民",是经过革新的教育培育出的人。这样的人是全面发展的,是有着健全人格、饱满知识、独立精神的大写的人。

那么,大学作为人类精神文化的堡垒,如何去做才能培养出健康、健全的人呢? 梅贻琦在西南联大担任常委时与张伯苓、蒋梦麟达成了一致:"三育"是"健全人格"的关键。[②]"三育"即德育、智育、体育。梅贻琦进一步认识到,要想培养全面发展的人,美育、劳育、群育也是至关重要的。只有在德智体美劳群诸育并进的教育情境之中,人性的种种可能才可以充分发挥出来,主体的内在潜能也才能充分舒展开来。

梅贻琦对德育的思考,其着眼点就是人的培养,抑或说是人的道德的养成。

---

① 刘述礼,黄延复.梅贻琦教育论著选[M].北京:人民教育出版社,1993:10.
② 同上:100—102.

受儒家传统思想的熏陶,梅贻琦始终认为,主体的内心体察和道德修养是一个人成之为人、称之为人的关键所在。知识和技术固然是现代社会发展的原动力,然而它们始终不能够构成人性的基础。人的存在始终要以内在的德行和外在的德行为合法依据。梅贻琦重视道德修养的大学教育理念,在那个中西文化交互碰撞的纷乱时代,对于清华大学及其后西南联大的成长无疑是大有裨益的。中国传统文化认为,大学之道首先在"明明德",要从道德的构成,即知、情、意、行几个方面着手,完善人的道德意识和道德行为,从而达到至真、至善、至美的人格境界。梅贻琦将人才的目标定位为具"一般生活之准备"的"通识"的"通才"。① 也就是说,即便是广而博之的通才,也应具有自我修养、自我发展的能力,而这些必须以正确的世界观、价值观、人生观的养成为基础,人本身就是教育的目的,大学教育不能在授人以知识技能的同时,将人变为社会生产力发展的工具,在道德理性与工具理性之争中,梅贻琦毅然地选择了道德理性和情感作为首要纲领。而梅贻琦在推行道德教育过程中,针对动荡不安的时局,他抱着一腔民族情怀,首推爱国主义教育,以期学子能够养成健全的、积极的人格。无论是在清华大学,还是西南联大,他都希望通过爱国教育和自己的言传身教感染学生,帮助他们投身到救亡图存的革命运动中,在这个过程中磨炼意志,扶持国家。而参加爱国运动无疑为学生人格的发扬提供了广阔的平台。本然的道德意识和修养化为了实然的道德践行,形成了人格内隐和外显的统一。梅贻琦对于国民党政府对日本的不抵抗政策愤慨万分,曾在热河失守时率清华教授会向当局政府发表《致国民政府电》,表达知识分子界的爱国声音。身教重于言教,梅贻琦的爱国情怀为学子们树立了崇高典范。

在道德教育的过程中,学生本身的自觉性、自主性、独立性也是梅贻琦非常重视的。梅贻琦认为学生应该具备自行道德判断和选择的能力,高等教育应该在引导学生的同时,为其创设宽松自由的道德践行氛围,使他们依靠自己的意识和能力驾驭人生的大船,成为自己的舵手。教师不应该明确地向学生宣扬或者灌输某种政党或宗教的思想信仰。当清华学子和西南联大学生高举护国旗帜抗议政府不抵抗政策时,梅贻琦所做的就是默默地尽力保护他们,避免学生遭受不必要的伤害。

在智育方面,梅贻琦着重强调的就是后辈追随其后的"通才教育"。他认为通才是社会对大学培养人才的合理要求,通才之"通",就是要广泛接触自然科

　　① 刘述礼,黄延复.梅贻琦教育论著选[M].北京:人民教育出版社,1993:100—105.

学、社会科学、人文科学这三大知识分类体系的构成内容,并且要尝试打通这三类科学,形成一脉相承的知识系统。自然科学形成人对自然及其与自然的关系的知识体系,社会科学帮助人认识人与人的关系、人与社会的关系。这两者都指向人的外在世界,旨在培养学生主体的理性精神。而人文科学在中国的核心就是传统文化,指向人的内在精神世界,旨在超越纯粹理性,养成具有超然性的人文精神。梅贻琦眼光长远,他早已认识到工具性的社会会产生怎样的后果,非常强调通识教育中的人文社会科学的学习,坚决抵制重理轻文的大学教育倾向,以期将学生引向健康的、人本的价值取向,从而提升中华民族的精神水平。

在体育方面,梅贻琦也有着自己的独特思想。他认为体育无论是对学生个人还是对民族事业而言,都是至关重要的。因为只有拥有强健的体魄,才能为勤奋学习和艰苦工作提供精力上的保障。并且,梅贻琦认为要养成坚强的意志力和韧性,身体的锻炼是必需的有效途径之一,它能帮助学生养成吃苦耐劳的精神。而团体性体育运动则更能培养学生们的团结合作、严守纪律等高尚的人格因素。在梅贻琦这里,身体和精神通过体育达成了和谐统一,体育和其他教育内容也形成了互为基础、互动促进的协调关系。

在美育方面,梅贻琦显示出超越他人的独到眼光。艺术教育在清华园里开展得如火如荼。名师云集(如谢冰心、朱光潜、赵元任等),活动丰富(如蒋风之二胡演奏会、红豆馆主昆曲演唱会、唐亮画展等)①,一时间,理工奠基的清华园满溢着艺术的芳香气息。而在这样的大学氛围中,学生的文化底蕴和人文涵养得到了很好的充实与提升。美育已成为清华大学陶冶学生性情、培育学生道德的又一良好路径。

劳动教育在梅贻琦那里也一样是培养新社会需要的新民所应具有的吃苦耐劳品质的手段。无论从事哪个行业,都需要具备能吃苦求上进的人格特质,也需要有经过刻苦磨炼形成的坚韧体魄与意志。劳动教育对于人才的培养以及如何促使人才将自身的知识能力转化为社会所需的资源是很重要的。

而当学生离开大学步入社会后,抑或是身处大学校园的当下,也都需要有与他人和谐相处、齐力合作、服务大众的意识和能力。人与人,构成了"群"。梅贻琦认为教育的最终目的就在于使自身、他者以及所处的群体能够各得其所、和谐共生,而不是以一己之私为首要诉求。中国自古强调个人静心体悟与修

---

① 吴洪成.生斯长斯,吾爱吾庐——清华大学校长梅贻琦[M].济南:山东教育出版社,2004:262.

养,这固然是好的,但另一方面也会使得群性减弱,并且在生产技术越来越发达的社会,利益的驱使更会使人容易迷失方向。因此,群育对于个体人格养成和国民性重塑都是有帮助的。

(二)大学济世,服务社会

20 世纪初期正是中华民族陷于水深火热的转折时期。一大批青年知识分子经历了丧权辱国的救亡关头。梅贻琦留美归国后,一直执教清华。而他接任清华大学校长之际,正值九一八事变之后。梅贻琦在就职演说中说道:"我们做教师做学生的,最好最切实的救国方法,就是致力学术,造就有用人才,将来为国家服务。"①这充分体现了他对大学职能之一——支持社会、服务社会的高度认识。"这一国家本位及社会本位思想,是与他的品性和爱国精神统一的。"②

梅贻琦认为,大学的教育职能之一就应该定位于造就人才,从而为社会建设与发展提供各行各业高水平的人才。而要实现这一教育职能,就必须依据社会环境和发展阶段的现实需要,设计大学课程与教学计划。学生们到大学里来学习,也应抱着通过研习学问拯救国家和民族的责任心来学习。在梅贻琦的思想里,个体的学习与发展需要和国家、社会的生存与发展需要是协调一致的、互为保障的。梅贻琦在清华大学创建工学院和农业研究所,目的就在于为工业建设培养具有基本操作技能的人才,为农业发达提供高水平的可推广技术。他的教育举措都是有针对性的,适应了不同领域的不同现状与不同需要。

在西南联大,梅贻琦积极宣传经世致用的教育理念。在这种教育思想的感召之下,西南联大的学生更加勤奋学习,刻苦磨炼,利用自己的学识和技能为抗战事业奉献自我。在苦难交加、战火纷飞的民族困境之中,梅贻琦亦开始将自己以往所强调的力学报国之主张转变为直接鼓励联大学生英勇从军。③ 他也鼓励西南联大和政府部门加强交流与合作,将大学的知识与技术直接投入社会使用,也为教师和学生运用所学知识、提高自身理论水平与实践能力构建了直接平台。

三、广聘良师,民主治校

梅贻琦在清华大学的重要举措之一就是广聘良师。他任职后,一直表示要

---

① 刘述礼,黄延复.梅贻琦教育论著选[M].北京:人民教育出版社,1993:11.

② 吴洪成.生斯长斯,吾爱吾庐——清华大学校长梅贻琦[M].济南:山东教育出版社,2004:265.

③ 清华大学校史研究室编.清华大学九十年[M].北京:清华大学出版社,2001:126.

尊重教授,礼待人才。他强调要全力建设新清华,必须有好的教师队伍作为支撑,所以广泛延聘国内外的一流学者来清华任教。"所谓大学者,非谓有大楼之谓也,有大师之谓也。"这句名言集中体现了梅贻琦这一重要的学校管理举措。在具体贯彻过程中,清华规定教师的选用要依照严格的高要求和高标准,留洋的研究生是其教师队伍的主要力量。梅贻琦将留学生视为清华教师的主要培养方式。1931 年 4 月,他负责制定《清华大学选派赴德交换研究生简章》,开创了我国与国外大学互派研究生之先河。①

梅贻琦将其自由民主的理念推及和国外高校学者的联系中,积极推行对外开放的管理措施,力图提升清华大学的国际知名度和学术研究水平,帮助教师提升自我素质,拓宽研究视野。清华大学自此以后,名师云集,百家争鸣、百花齐放之势逐渐显露。民国时期许多重要学科领域的大家都聚集在此。非清华出身的教师越来越多,教师的学历职称结构也越来越平衡。清华大学的教师待遇在当时也相对较高,教授月薪一般为 400 元左右,讲师在 200 元左右,助教也有 80—140 元。清华给出如此好的待遇,学校环境又非常民主自由,设施亦齐全,还能有出国留学访学的机会,自然能够吸引一大批优秀人才来此定居执教。清华由此形成了稳定而又高质量的教师队伍。

梅贻琦积极礼聘各研究领域的杰出人才,给予他们极大的尊重和信任,他后来推行的教授治校和民主治校都是要建立在高素质的教授队伍基础之上的。在清华大学和西南联大,大师们都有非常宽松、自由的环境,真正成了学校的主人,并产生强烈的归属感。梅贻琦对教授们温良恭俭让齐备,他将自己比作京剧里饰演帝王的,戏份要少,因为并不是看戏人主要关注的对象。

无论是清华大学还是西南联大,教授们都以其自身崇高无私的人格和严谨治学的态度为学生们树立了光辉形象,也成为学生们学习的典范。梅贻琦对于教育的一个最基本点就是"身教重于言教"。他认为,对学生的教育,关键是教师的"示范"。他这样说:老师不但要"以己之专长之特科知识为明晰讲授",而且要为学生的"自谋修养、意志锻炼和情绪裁节"树立榜样。为此,他提出了被人们概括为"从游论"的教育思想。他说:"学校犹水也,师生犹鱼也,其行动犹游泳也。大鱼前导,小鱼尾随,是从游也。从游既久,其濡染观摩之效自不求而至,不为而成。"比如在梅贻琦推行通才教育时,他自己就坚持广泛涉猎众多知

---

① 吴洪成.生斯长斯,吾爱吾庐——清华大学校长梅贻琦[M].济南:山东教育出版社,2004:94.

识学科的学习风格,物理工程、历史地理、国学和英语等等都是他的案头必备之书。他的教育思想都是互通的。大师,就是能够用自己的言行为世人树立楷模。王国维、梁启超、陈寅恪、赵元任、吴有训等都是大师级教授。正因为有了这些大师,大学才能得到源源不断的智力支持和精神支撑,大学也才有了最令学子向往之处,整个民族和社会也才有挺直的脊梁。

在大学里,学术权力和行政权力遵循的是两种截然不同的发展逻辑。学术需要的是自由呼吸,行政需要的是秩序控制,这两者之间存在某种相对峙的意味。而在梅贻琦看来,大学之于文化的创设,其核心就在于学术自由。因为人的思维本就是需要自由的,只有自由了,才能超越现实的界限,才能擦出新的火花。为了实现学术自由的大学理想,梅贻琦将教育管理思想的着眼点放在营造宽松自由民主的学校氛围上,这是大学作为学术机构和教育机构合法性存在的必要前提。

教授治校是梅贻琦大学管理的核心理念。教授是学术活动开展的主体,是教育教学开展的主体,是大学真正的依托所在。如果利用强制性的行政管理体制治理学校,很难为其创设所需的生活状态。大学的文化性和学术的探究性要求大学必须尊重教授、支持教授,直至教授实现自我管理。在清华大学的早期改革与转制时,梅贻琦就秉承了蔡元培先生北大改革的自由主义思想——"思想自由,兼容并包"。他在参与管理西南联大时,践行了学术自由、民主治校的原则,试图实现"无所不思,无所不言,无所不行"的学术氛围。

梅贻琦确立的清华大学新的管理模式,借鉴了蔡元培在北京大学的管理精华,以"教授治校"为主要指导思想,努力提升学校的民主管理水平,校长主要负责的就是组织协调工作。清华大学设有教授会(相当于权力机构)、评议会(相当于立法机构)、校务会议(处理日常行政事务)。其中教授会由所有教授、副教授组成,其权限包括:审议改进教学及研究事业以及学风的方案;学生成绩的审核与学位的授予;从教授中推荐各院院长以及教务长。教授会由校长召集与主持,但教授会成员也可以自行建议集会,拥有相当的自主权。评议会是学校最高的立法、决策和审议机构,由校长、教务长、秘书长及各学院院长、教授会互选之评议员组成,也相当于教授会的常务机构。评议会可以议决各学系之设立、废止、变更;审定预算决算,议决教授、讲师以及行政部各主任的任免调换。梅贻琦作为校长,毫无利己之私心,努力平衡三大管理机构之间的矛盾,善于广纳贤言,"吾从众"是他从事学校管理时常说的一句话,相当稳重和豁达,表现了充分的领导才能。

至此,清华校务管理体制既民主又严明,学校运行非常科学合理。学术自由和教授治校在清华园中蔚然成风,教授们忠于研究教学,学子们忠于研习磨炼,一片生机勃勃的景象,为清华大学的茁壮成长奠定了基础。

为解决学校初创时师资不足的问题,梅贻琦在《清华发展计划》一文中提出,为了学校的可持续发展,必须将教师聘请列为学校发展之要务。之后,直至1931年左右,清华教师队伍规模不断扩大,且硕士以上高学历者所占比例有很大提高。而且,梅贻琦秉承了清华大学第一任校长罗家伦延聘非清华出身的教师的革命性主张,采取开放的态度广纳贤才,由外校而来的教师教授越来越多,这也在一定程度上促进了清华园的思想碰撞,自由讲学、民主治校的可能性也越来越大。

四、先"通"后"专"的课程设置

梅贻琦在清华大学践行他的真知灼见。深厚的文化底蕴和丰富的海外求学经历构成了他对高等教育的深邃认识。

高等教育的教育职能和教育目标一直是处于摇摆中的核心问题。大学是培养人才的地方,究竟是该走专业化的道路,还是应该致力于培养具有基本能力和高尚人格的广博之士? 这在清华大学的发展道路上也是颇值得玩味的问题,因为这直接决定了学校的培养模式和发展路径。

在梅贻琦拟纲、潘光旦执笔的《大学一解》一文中,梅贻琦首先确立的就是大学志在"通才教育"。"通识之授受不足,为今日大学教育之一大通病,固已渐为有识者所公认,然不足者果何在,则言之者尚少。"①他的"通才教育"不是西方的"liberal education"(自由教育)的照搬模仿,而是将自由教育和中国古代儒家教育相结合,形成的中国化了的"通才教育"。梅贻琦认为,大学的首要任务也是直接任务就是为新社会培养"通才"。"在明明德,在新民,在止于至善"的大学功能仍是值得坚持的。只有实行通才教育,才能使学生形成完整的知识结构和优秀品格。大学教育设专业无可厚非,但不意味着可以顾此失彼。大学教育和一般职业教育与专门训练机构是不同的,应将"通识"的养成作为人才培养的主旋律,以便学生毕业之后能够依靠自身独立的学习能力和全面的知识结构,深入到所在行业中进一步研习。而且,在大学通才教育学

---

① 刘述礼,黄延复.梅贻琦教育论著选[M].北京:人民教育出版社,1993:108.

科全面推行下,学生更易养成对人与人、人与自然、人与社会的关系的深层次认识,在步入社会后能够更好地适应社会和改造社会。人的个性和群性也能得到统一的发展。

梅贻琦通才教育的大学理念在清华大学以及后来的西南联大都有所实施。他说过:"学问范围务广,不宜过狭,这样才可能使吾们对于所谓人生观,得到一种平衡不偏的观念。对于世界大势文化变迁,亦有一种相当了解。如此不但使我们的生活上增加意趣,就是服务方面亦可以加增效率。这是本校对于全部课程的一种主张。"①这是对其通才教育思想的一种很好的概述。在清华,梅贻琦首先调整学生在大学四年里的课程结构,第一年用于文字工具的学习和自然科学与社会科学的基础性训练,第二年后在选好所修专业的同时也广设可选修旁听的科目,打通各科联系,强调学生要开阔眼界,不能过于专狭于自己的专业,要广泛参加普遍训练课程,完善自己的知识结构,做到不偏不倚、平衡广博。

1926年4月,梅贻琦被推举为清华大学改制后的第一任教务长。② 这不仅是因为梅贻琦有着丰富的经历和渊博的知识,也因为他有着温厚纯良而又坚定的人格魅力。在接任教务长后,梅贻琦大刀阔斧地进行了一系列改革。具体而言:

在课程设置方面,改革清华大学"重西轻中"的倾向,抑制美国文化同化学生的势头,试图将学生与中国社会紧紧联系在一起,能够将所学的知识运用到中国的现实生活中去。梅贻琦在清华大学部设立了17个学科系别。在课程具体设置上,梅贻琦主张先"通"后"专",一直倡导通才教育,培养能够广泛适应社会需要的基础性与高素质并存的人才。他积极推行选修制,各个学科具体分为必修和选修两个系列,学生可以自行选择,最终以学分制考核学生。这样就很好地将学分制与选修制运用于通识教育之中,兼顾了课程本身的特点和学生个体的兴趣。

强调"通"并非轻视"专",相反,独具特色是学校的立校之本。梅贻琦在清华大学的另一项重要举措就是发展理工科教育。1932年,他将清华大学的学科特色发展方向定位于理学和工程科学。他将原有的土木工程系和新设的机械工程系、电机工程系合并为工学院,创建了清华的工学院。他在清华

---

① 刘述礼,黄延复.梅贻琦教育论著选[M].北京:人民教育出版社,1993:17.

② 吴洪成.生斯长斯,吾爱吾庐——清华大学校长梅贻琦[M].济南:山东教育出版社,2004:47.

园的东边建成机械馆、航空馆、水力实验馆等工程科学实验基地。农学研究也是梅贻琦较重视的。他在清华建立了农学研究所。之后，化工、采矿、建筑、航空等领域都分别设系，工学院进一步扩大，为之后清华大学的发展理清了方向。学校随着系科的逐渐增多，基础设施也越来越齐全，各类实验楼如雨后春笋般建立起来，图书馆规模也得到了扩大。梅贻琦的实干精神确是清华腾飞的基石。在他的改革努力之下，清华大学的基础科学研究和专门技术研究都取得了长足的发展。

梅贻琦主张通识教育，是建立在其对各科知识重要性的充分认识的基础之上的。梅贻琦在发展清华大学理工科的同时，也很重视各科的学术研究水平的提高。他将学术研究视为和学生培养同等重要的大学职能。清华的教师、教授都以学术研究为自身成长和学校发展的第一要务。梅贻琦在清华大学设置了三大研究所，包括文科研究所、理科研究所、法律研究所，创办了农业研究所、航空研究所、无线电研究所等特色研究所。《清华学报》《社会科学》《理科报告》等学术刊物成为教师们展现自我的良好平台。而他开放的学术态度也促进了清华的国际交流活动的开展。各科的教师教授由此取得了一批又一批的研究成果，为清华大学的学术地位奠定了基础。清华由此进入了迅速壮大的黄金时代。中西贯通、学术自由、求实笃行、服务社会的校园文化氛围也发展到了一个新的高度。

西南联大在具体教学管理的过程当中，也处处体现了梅贻琦的管理风格。梅贻琦一直认为社会需要大学首先培养通才，其次才是专家。通识教育的开展也需要一整套与之相关的教学管理系统。西南联大基本秉承梅贻琦的办学思想，联系当时的社会环境和办学条件，设计了自身的课程教学管理体制，主要就是必修与选修结合。西南联大并没有直接照搬西方选修制。学生必须跨科必修，但形式上是再以选修来决定。例如文法学院的学生必须选修一门理工课程，但学生可以从数学、化学、物理、生物、地理中任选一门。而选修课的 86 个学分，则可以让学生在全校各个系科中自由任选，并且还可以试听和中途改选。学生自主权很大。这样的教学管理模式既能保证通过教学活动拓宽学生的视野，也能在尽量大的范围里选择符合自身喜好的学科学习，实现了通专合一、文理兼通。而这样的制度也从另一方面促进了西南联大广纳人才，全国各个学科领域的高端人才都慕名而来，著名学者数量可观，课程门类愈发齐全和新颖，每年都有新增设的课程，并且开课也尽量做到了不受选修学生数目的限制，允许旁听，最大限度地满足了学生们强烈的学习愿望。

五、重视国学教育，强调爱国情怀

清华大学自成立伊始就是作为留美预备学校的，大批清华学子要赴美留学。梅贻琦为此特地向学生们强调，留学的目的在于学习西方先进的科学知识和民主思想，回来振兴国家和民族，身在国外也要时刻怀揣爱国之心。学习的过程中要保持科学家的态度：不要预存成见；探究事实；根据事实，推求真理；对于真理忠诚信守。① 梅贻琦告诫学生一定要根据中国的国情民情，有选择地学习西方的东西，不能犯教条主义的错误。在做教务长期间，梅贻琦还被校评议会推举为驻美学生监督处监督。② 梅贻琦一上任就大力改革。他精简机构，开源节流；广纳意见，帮助学生解决困难。

清华有一大亮点是国学研究院的设立。1925 年 2 月，清华设国学研究院，从此便成为一时之佳话。该院以研究高深学术、造就专门人才为宗旨，设国学科，开设国文、历史、哲学等课程，以期培养有用的国学教师和国学研究者。国学研究院和留美预备部、大学部并举，是清华当时的三大部院。它在清华是一个独立自主的组织机构，拥有自己的发展权利。王国维、梁启超、陈寅恪、赵元任四位国学大师先后执教国学研究院，被称为"四大导师"。其招收学生比较注重经史底子，授课主要分为讲课和专题研究两大类，就读年限从一年到四年不等，毕业证书由清华校长及全体导师签名盖章。③ 清华国学院融中西精华，得到了长足的发展，在民国教育史上留下了重重的一笔。

梅贻琦在清华学校向清华大学的转型中作出了重要的贡献。他以勤恳的态度研究学问，以饱满的热情参与学校的组织管理，实乃清华人之楷模。梅贻琦任教务长期间所付出的一切作为，可以说为其以后真正执掌清华奠定了扎实的基础。

抗日战争时期，在兵荒马乱的社会环境中，清华和其他学校一样，经历重重苦难。在七七事变后，动乱的北平城已经难容大学，清华大学和北京大学、天津南开大学一起接受政府的指令，举校南下，迁往长沙。之后，南京陷落、武汉不

---

① 吴洪成.生斯长斯，吾爱吾庐——清华大学校长梅贻琦[M].济南：山东教育出版社，2004：61.

② 清华大学校史研究室编.清华大学九十年[M].北京：清华大学出版社，2001：44.

③ 吴洪成.生斯长斯，吾爱吾庐——清华大学校长梅贻琦[M].济南：山东教育出版社，2004：69.

保之时,又被迫迁往距离抗战前线较远的昆明,成立了历史上著名的西南联合大学(简称西南联大)。梅贻琦于 1938 年 4 月前往昆明。在那里,梅贻琦没有放弃自己的教育理想,依然奋力开拓联大事业,继续着自己的清华梦。

西南联大在当时的中华大地上,是规模最大的大学。它的行政事务管理由当时的北京大学校长蒋梦麟、清华大学校长梅贻琦、南开大学校长张伯苓以及联大秘书主任杨振声共同组成的常务委员会承担。梅贻琦是常务委员会主席,承担了相当于校长的责任和义务,是西南联大事实上的校长。梅贻琦没有依仗清华的经济实力而独掌联大。他以一贯的识大体的作风,力求三校能够找到一个平衡点,共同发展,共同为西南联大作贡献。梅贻琦在西南联大利用庚款基金创设了新的工程研究所,达到资源共享的高度。他也积极倡导团结一致、艰苦研学,三校的教师都乐于合作,互相学习,形成了西南联大蓬勃的发展态势。抗战期间,西南联大的学校条件是很艰苦的。梅贻琦亲力亲为,妥善安排好教师们的日常生活,自己也是非常艰苦朴素。由此,在三校师生的共同努力下,在梅贻琦的有效管理下,西南联大显示出了顽强的生命力,成为"战争时期高等教育的奇迹"。

梅贻琦在西南联大的重要管理举措主要是坚持爱国主义教育和艰苦奋斗教育,坚持自由民主的办学思想。他支持学生积极参加抗战一线的国防工作,学生离校参战仍能有学习成绩。西南联大在 1938 年 11 月将"刚毅坚卓"立为校训,旨在培养学生的爱国主义精神,始终和全体国民并肩作战,学以致用,服务社会。学生们积极组织各种各样的社会活动,参加国情普查、社会调查、暑期生活教育团、暑期服务队等。学生们还开展戏剧表演活动,利用百姓耳熟能详的一些经典爱国戏剧组织表演,以生动的方式宣传抗战精神和爱国精神。西南联大还专门成立了"编制本大学校歌委员会",由冯友兰任主席,最后将罗庸作词、张清常作曲的《满江红》确立为校歌。① 西南联大的师生们坚决克服生活中、学习中、工作中遇到的一切实际困难。他们粗茶淡饭,半工半读,靠自己对真理不懈的追求支撑着学业。书籍少,纸张少,仪器少,学校物资极度匮乏,对学生和教师的学习研究产生了很大的影响。但他们仍然坚持在困难的环境之中寻找科学的真谛。教授们在极其清苦的条件下,开展学术研究。他们秉承严谨的治学精神,鞠躬尽瘁,各尽其职。在西南联大,一大批的高水平教材面世,理工

---

① 吴洪成.生斯长斯,吾爱吾庐——清华大学校长梅贻琦[M].济南:山东教育出版社,2004:198.

科研究也紧贴世界科技前沿,文法学院等社会科学和人文科学院系更是人才辈出,冯友兰、闻一多、钱穆等大师级人物云集于此。

六、主张思想自由,强调独立民主

梅贻琦出任清华大学校长之时,正是国家政局动荡之时。他为了保持清华的独立和纯洁,为了给师生创造平静又自由的校园工作和学习环境,作出了不懈的努力,一直竭力阻挡政府势力、党派势力、外国势力的影响。他在任清华大学校长期间,主张学术自由、科学上进、独立民主,主张培养人才和研究学问分开且并举,主张文理工通科教育,主张学生自学和教授自主研究。这些主张指导下的教育管理与实践,有效地推动着清华的发展,促使其跻身国内一流名校。

西南联大当时的一个重要精神就是思想独立,学术自由,管理民主。三校师生聚集在此,关心时事,钻研真理。梅贻琦在管理中始终贯彻民主自由的精神,尽力帮助师生抵制国民党政府的干预和控制。他在西南联大也创立了联大教授会和校务会议组织,始终保持学校的民主与自由,支持学生社团活动,也支持教师教授们孜孜钻研学术、开展学术讨论。这些管理举措都有效促进了西南联大在抗战期间的继续发展。

1945 年 8 月 15 日,日本宣布投降。经过历时十四年的艰苦抗战,中华民族迎来了胜利。1949 年 4 月,中国共产党解放南京,国民党彻底失败,退出政治舞台。至此,中国迎来了新生的机会。

随着国家解放的脚步越来越快,原先迁往他处的大学也都希望能够重回故里。清华大学也由此北上,重返北京。梅贻琦将振兴战后的清华视为又一新的使命。

针对清华新的发展时期,梅贻琦和教授会、评议会等学校管理组织共商方略,多次主持校务会议,制定了完整的复校发展规划。在接收清华后,集中修复校舍,妥善安排经费,依据实际情况制定课程计划。在复校之后,清华大学的院系规模又得到了合理的扩充。重新成立了农学院,增设了人类学系、化学工程系等,创建了心理学研究所、植物生理研究所等,至此学校共设有文、法、理、工、农五大学院,26 个学系,1 个研究院,23 个研究所。之后清华慢慢走上轨道,但是解放战争的炮火,仍然严重影响了中国高等教育的发展。国民党特务不断暗杀社会民主人士,清华或西南联大很多教授都面临生命危险。1946 年 7 月闻一多被暗杀后,局势更加紧张。梅贻琦深感无力,却还是竭尽全力安排教授们的生活,保护他们的安全,以维持学校的稳定。只是,梅贻琦对思想自由和民主治校的诉求,在当时的政治环境下是不可能完全实现的。这也是其一生的遗憾。1949 年,中国政治社会发生了根本性的转变,梅贻琦由于一直远离政党政治,缺少对时局必要的认识和准备,最终辞别清华,颠簸辗转于南京、上海、广州、香港、巴黎,最后抵达纽约继续保护清华基金。在异国的日子,梅贻琦生活困顿,却仍心系清华,不浪费清华基金的每一分钱。

之后,梅贻琦在台湾为清华"复校",这便有了新竹清华大学的诞生。他以"清华原子科学研究所"作为基础,又增设几个研究所,最后组成了"清华研究院",设于距离台北不远的新竹。其间,梅贻琦不辞辛苦,几赴新竹,筹建校舍,购买图书,延聘师资,招生开课,安置设备,他无一事不亲力亲为。最终,梅贻琦为了清华耗尽毕生精力。1962 年 5 月 19 日,梅贻琦病逝,享年 73 岁,葬于今新竹清华大学内。

梅贻琦终身服务于我国高等教育的发展,清华大学是他的寄托,他所彰显的孜孜以求的教育精神和人生理想,实为高等教育领导者之典范。其思想自由、教授治校的管理思想,广博宽宏的教育情怀,谦逊朴实的人格品质,值得后辈借鉴与学习。

第五章

郭秉文民主管理新模式的创建

郭秉文(1880—1967)是我国近现代最早的大学教育家之一。或许是因为郭秉文较早离开了高等教育界的缘故,其知名度和人们对他的了解与关注度都要逊色于其他人。但必须承认,郭秉文在我国高等教育现代化进程中有着重要的地位和影响,在他主持南京高等师范学校(以下简称"南高师")、东南大学的十年间,学校发展迅速,成绩斐然,成为南方学术重镇,为日后中央大学的建立、今天南京大学诸校的发展奠定了坚实的基础。这些当然与郭秉文的远见卓识和个人魅力密切相关,其管理思想与实践更值得今人学习和借鉴。

一、结缘南高师

郭秉文,字鸿声,祖籍江苏江浦(今南京浦口),1880 年[①]2 月 16 日出生于上海青浦。1896 年毕业于上海清心书院并留校任教。此后,又先后在海关、邮局、厘金局短期任职。1908 年,郭秉文来到位于美国俄亥俄州的乌斯特学院(College of Wooster)学习,1911 年获得理学学士学位,并当选为中国留美学生联合会会长。

有感于"培养人才,则有赖于教育"[②],在乌斯特学院毕业后,郭秉文又来到了堪称全美乃至全世界教育学重镇的哥伦比亚大学师范学院研习教育,攻读硕士学位,并以《中国现代学校的教师》的毕业论文获得了教育学硕士学位。1914 年,郭秉文又凭借《中国教育制度沿革史》(*The Chinese System of Public*

---

① 有关郭秉文的出生年代,说法不一。王德滋主编的《南京大学百年史》(南京大学出版社 2002 年,第 54 页)说是 1879 年;王成圣在《郭校长秉文传》说是"光绪五年",亦为 1879 年(中央大学七十周年特刊委员会·中大七十年[M].中垻市:中央大学内部资料,1985:68)。然杜成宪等著《中国教育史学九十年》(上海:华东师范大学出版社,1998:11)说是 1880 年,且此说所持者众,故本文暂按此说。

② 卞孝萱,唐文权.民国人物碑传集[M].北京:团结出版社,1995:116.

Education）一书，获得了教育学博士学位。他也成为在哥伦比亚大学师范学院获得博士学位的第一位中国人。

回国后，郭秉文在上海商务印书馆任编辑，参与编译《韦氏大词典》（*Merriam-Webster's Collegiate Dictionary*）的工作。而刚刚成立不久的南高师①校长江谦早在郭秉文准备博士学位论文时，就向郭秉文发出邀请，希冀他能到校任教，遂于 1915 年 1 月 17 日聘请郭秉文作为南高师的教务主任，参与南高师的建设工作。就是从这一刻起，郭秉文在未来的 10 年里，把自己的教育理想和抱负付诸实践，也成为他人生历程中的一段光辉时期。

南高师初建，工作繁杂，郭秉文协助江谦开展了许多卓有成效的工作。因为"高等师范学校定为国立"，"以造就中学校、师范学校教员为目的"②，所以南高师只设立了国文史地部与数学理化部，以培养和训练中等学校的师资。不过，在 1916 年春，南高师开设了体育专修科，次年，又聘请美国人麦克乐·祁屋克（Charles H. McCloy）为体育科主任，"以强健的身躯行教育事业，这就是南高体育的宗旨"③，这也使南高师成为我国最早培养体育方面人才的高等学校。

1917 年春，教育部派遣以郭秉文为团长，由北京高等师范学校（以下简称"北高师"）校长陈宝泉、成都高等师范学校校长韩振华、武昌高等师范学校校长张渲、江苏教育会副会长黄炎培等组成的团队"参观日本、菲律宾及广东、香港教育"④。同年，教育部还委派郭秉文任欧洲及美国教育考察团主任。这些参访见闻为改进南高师教育提供了不少经验，同时也延揽了包括陶行知在内的不少人才，他们为日后南高师、东南大学的发展作出了不可磨灭的贡献。

由于操劳过度，江谦患上了严重的神经衰弱症，更多的事务由郭秉文署理。1918 年 3 月，江谦离职休养，由他推荐并经教育总长傅增湘批准，郭秉文任南高师代理校长。

甫任校长，郭秉文针对当时师范教育内容陈旧、方法落后的状况，创设了教

① 1913 年，教育部根据师范人才的需要划全国为六大师范区：直隶区、东三省区、湖北区、四川区、广东区、江苏区，每大区设国立高等师范学校 1 所，分别设在北京、沈阳、武昌、成都、广州、南京六地。此外，蒙古、西藏、青海等地另行组织，新疆则为划一区。规定每区设立高等师范学校一所，北京另设女子高等学校一所，并规定区内各高师并入国立高师（李友芝，李春年等.中国近现代师范教育史资料（四）[M].内部交流，1983：1540.）。

② 舒新城.中国近代教育史资料（中）[M].北京：人民教育出版社，1981：701.

③ 陈乃林.师范群英　光耀中华（第 11 卷·下）[M].西安：陕西人民教育出版社，1994：16—17.

④ 璩鑫圭，童富勇，张守智.中国近代教育史资料汇编（实业教育　师范教育）[M].上海：上海教育出版社，1994：1000.

育专修科,以提高师资质量。同时,他还提出改良学制,倡导教育科学化。尤其值得一提的是,南高师此间相继增设了农业、工艺、商业专修科。这三个专修科虽说与师范的培养目标无甚联系,但它的开设一方面顺应了时代和社会的需要,另一方面也为南高师以后的发展奠定了基础。

二、民主治校的初步实践

1919 年是中国历史上极其重要的一年。这年爆发的五四运动不仅是一场轰轰烈烈、波澜壮阔的反帝爱国运动,更是一场冲击各界、深入人心的思想解放运动,它促使中国人进一步思考中国现代化进程中的传统文化与西方文化的关系问题,演绎了一场救亡与启蒙的双重变奏。五四运动所擎举的"民主"与"科学"两面大旗对学界更是影响深远。而对于南高师来说,其直接的影响还在于郭秉文在这一年的两次经历。

1919 年 3 月,郭秉文率全国高等专门以上学校及各省教育会代表团考察了欧美高等教育。途经东京时,他专程拜会了美国著名教育家、哲学家杜威(John Dewey),并代表南高师等教研机构邀其来华讲学。在美国,他与哥伦比亚大学师范学院院长孟禄(Paul Monroe)等美国教育界知名人士进行了深入交谈,并邀孟禄来华讲学和调查教育。此后,他对欧美各国教育进行了比较,向有关方面提出报告,又到各地讲演,并发表《战后欧美教育近况》系列文章与考察笔记,为我国教育尤其是高等教育的改革提供了重要借鉴。这次考察让郭秉文印象深刻,用他自己的话说是,"参观亦为增长智识之一途"①。

1919 年 9 月 1 日,江苏省长公署颁发训令,正式委任郭秉文为南高师校长。不久,郭秉文聘请了陶行知为教务主任,刘伯明为学监主任。旋即,在郭秉文的领导下,陶行知、刘伯明等一批留美学者开始了对南高师的全面改革。

五四运动对南高师产生的影响是巨大的。实行民主治校,推行民主管理,提倡科学,昌明学术,是全校师生的共同要求。郭秉文采纳了师生的意见,采用责任制和评议制相结合的原则,要求"本校教育方针;全部及局部之计划;关于经济之建议事项;重要之建筑及设备;部科之增减及课程编制之基本更动;招考毕业及进退学生;卫生;其他重要事件"②等重大问题,必须交校务会议先行讨

---

① 《南大百年实录》编辑组.南大百年实录(上)[M].南京:南京大学出版社,2002:57.
② 南京大学校庆办公室校史资料编辑组.南京大学校史资料选辑[M].南京:南京大学内部资料,1982:70.

论。可见,校务会议实际上就是学校的立法机构,它所作出的一切决议经由校长批准后,即由学校行政部门付诸实施。不过,"议决案如遇有不能执行时,由校长交复议或否决之"①。

校务会议是"以校长各处各部各科中小学代表组织之。各处部科中小学代表各二人,一人以主任充之,一人由各教职员分别选举之,但校长办公处副主任与校长同为当然代表,其代表除主任副主任外,应再选一人充任之"②。因此,校务会议既具有权威性,又有一定的群众基础。

同时,为了充分调动全校教职员的爱校办校积极性,由校务会议牵头,南高师几乎把学校的各种事务都交给全校教职员处理。根据各位教职员的特点,分别组成各种委员会,如"学校组织系统委员会、学生自治委员会、运动委员会、游艺委员会、图书馆委员会、出版委员会、校舍建筑委员会、校景布置委员会、办事方法研究委员会、招生委员会"③等。甚至还成立了教课限度研究委员会、改良考试委员会、校内给水改良委员会、电灯改良委员会、议事简则起草委员会等临时性组织。总之,学校的各个方面无所不议,民主管理体现在各个方面。

在学校行政组织机构改革的同时,郭秉文也对教学部门进行了重新调整。他将原有的国文史地部和数学理化部合并组成文理科,下设八个系,即国文系、英文系、哲学系、历史系、数学系、物理系、化学系和地学系。同时,又新增加两科,即文理专修科和国文专修科。从此,南高师共有八系八科。可见,南高师的科系设置实际上已突破了师范的界限,寓师范教育、基础教育和实利教育于一体,具备了综合大学的雏形,为日后创设大学奠定了良好的基础。

随着办校规模的扩大,校务日繁。郭秉文在《关于校内试行简章呈教育部文》中写道:"唯校务日渐发达,时势亦有变迁,至去年十月,秉文蒙接任校事,集合全校职教员,开校务会议,共同讨论,觉历年经验所得,按诸实施情形,对于暂行规程似不能不稍有变通之处。查规程所载,高师全部组织分教务、学监、庶务三处,学监处掌学生之训育及管理,关系一校风纪至重,唯以数百学生之德行全赖一二人负督察辅导之责,心劳力疲,而其效亦甚浅薄,故训育之责似宜为全校教职员人人所共负,然后接触既多,耳目亦广,随时随地均有示范之机会。需以时日潜移默化之效,庶几可期。且高师学生大都成人之年,其入校以前粗有办

---

① 南京大学校庆办公室校史资料编辑组.南京大学校史资料选辑[M].南京:南京大学内部资料,1982:71.

② 同上:70.

③ 同上:71—72.

事经历者,亦复不少,似宜有学生自治会之设,以练习其自治之能力,又虑其轶轨也,则由校选派教职员组织委员会以辅导之。"①

在这里,郭秉文提出设立训育处,同时要求重视学生自治会的作用。可以看出,"训育处"的设立,是南高师的一个创举,虽然郭秉文在该报告中说是"稍有变通",但这却是对有着法令效力的《高等师范学校规程》的变通,不同一般。其核心就是要让全体教职员工都切实地担负起教书育人的职责。这或许也对后来各学校中普遍设置的"训导处"产生了影响。

至于学生方面,倡导学生自治更是"南高的群育纲领"②。郭秉文在美留学时,曾主编留美中国学生联合会会刊《留美学生年报》,并担任过中国留美学生联合会会长。因此,他向来主张实行学生自治,凡生活、文体、游艺、学术、出版等活动,都尽可能让学生自行组织、自行主办。一时间,由学生自治会主办的各种活动及学生自办的各种学术学会、研究会相继成立,报告会、演讲会纷纷举办,各种刊物犹如雨后春笋,琳琅满目。许多学生以后也成了蜚声中外的"南高史地学派"和"学衡派"的重要力量。

另外,在郭秉文的支持下,校务会议通过了由陶行知提出的在当时颇受争议的《女子旁听办法案》。虽然依旧遭到包括江谦、张謇在内等人的反对,但郭秉文仍四处宣传、广泛疏通,终于按计划在1920年公开招考。在百余名应考女生中,正式录取了8名女生,另有50余名旁听生。由此,南高师"成为中国第一所招收女生的高等学府"③。

在1920年夏,为提高当时各类教师和各级教育行政人员的水平,南高师开办第一期暑期学校。以后又连续三年开设这类有成人教育、继续教育性质的学校,使四千多教育工作者受益。这种在高等教育的延伸方面所作的尝试,在中国教育史上具有创新意义,因此也开了暑假学校之先河。

从1915年受聘南高师到1920年,郭秉文在南高师经历了五度春秋。五年来,他先是辅佐前校长江谦,着力规范与发展高等师范教育,而后又代理南高师校长之职,初显自己的才华,进而正式出任校长,尽情施展自己的出色才干。南高师也从刚刚筹建,发展到拥有八科八系,教职员工近二百人,在校学生近六百人规模的大学校,着实令人惊叹!时人对南高师评价道:"南高诸所擘画,颇异

① 南京大学校庆办公室校史资料编辑组.南京大学校史资料选辑[M].南京:南京大学内部资料,1982:66.

② 朱斐.东南大学史(第一卷)[M].南京:东南大学出版社,1991:75.

③ [美]雷文.中美实现教育性别平等的漫长道路[J].世界教育信息,2009(10):77.

部章,而专科增设之多,尤为各高师所未见。"①

　　显然,在郭秉文看来,把南高师打造为一流的师范学校并不是学校发展的最终目的,而向综合大学的发展才是他的目标,更是他远大的教育理想和抱负。

三、寓师范于大学

　　如果南高师一直按照最初的设想开办下去,那么,它有可能永远只是一所培养师资力量、为社会服务的高校,它在中国近现代教育史上的地位和影响,也许就要重新改写。事实是,从五四运动开始,延续时间长达两年之久的一场大讨论,改变了南高师的师范学校性质,确立了它在中国高等教育现代化中的地位。而作为一校之长的郭秉文,在其中穿梭斡旋,精心筹划,可谓厥功甚伟。

　　1920 年前后,归国留美学生不断增多,而经过五四新文化运动的涤荡,教育界也呈现出一片活跃的新气象。各地纷纷成立教育团体,考察欧美教育,实验西式教法,要求教育改革的呼声日趋高涨。恰在此时,来华讲学的杜威、孟禄等人,更使美国的教育模式得到了空前的关注,特别是对中国近现代学制产生深刻影响的美国"六三三"制就是在这样的背景下开始引入国内的。

　　按照"六三三"制,中学教育将从 4 年延长为 6 年,若高等师范教育不增加年限、提高程度,其培养模式和质量都难以得到保障。此前,就有人指出"教授中等学校之技术,易于初等远矣,本无须专门养成至于三年之久,且教授中等学校之学识,原不在专门大学各科之外,更无独设一校之必要。英、德无高等师范,而中等教育甚属优良,此可以知其故矣。……况近日我国之高师校经费师资万分困难,学科设备诸不完全,学生毕业服务,教授中学三四年级不免困难,此即须改良者也"②。因此,把高等师范教育升格成为大学就成了当务之急。但是改为师范大学还是改为综合大学却引起了一场大争论。

　　以北高师李建勋为代表,主张高等师范独立设置,"现在高等师范亟宜提高程度,延长修业年限为六年,与其他六年之大学平等,改称为师范大学,除设教育科外,宜兼设毕业后应担任教授之各种学科"③。而以南高师郭秉文为代表,则主张停办高等师范学校,将高等师范学校并入大学,成为综合性大学。与此

　　① 朱斐.东南大学史(第一卷)[M].南京:东南大学出版社,1991:58.
　　② 璩鑫圭,唐良炎.中国近代教育史资料汇编・学制演变[M].上海:上海教育出版社,1991:842.
　　③ 陈信泰,宁虹,等.师范教育的发展与改革[M].济南:山东教育出版社,1986:46.

同时,郭秉文开始积极筹划,兴起了一场轰轰烈烈的"高师改大"运动。

除了对当时高等师范教育状况的思考之外,郭秉文等倡设大学者还指出"教育重普及,学术贵大成","近年教育部议设五大学,南京居其一,已草预算矣。迄未见诸实行",因此希望,"按照部议立一大学于南京,而以南京高等师范学校之专修科并入,名之曰国立东南大学",并且进一步分析说明,"在南京创办东南大学,其利有十"①。

在教育部总长范源廉、江苏教育会会长黄炎培及蔡元培、蒋梦麟等教育界知名人士的支持下,郭秉文在解决了校址、经费等问题后,终于接到了教育部关于筹备东南大学的批文。确认"本大学定名为国立东南大学","拟先设教育、农、工、商四科,即以南京高等师范学校之教育、农业、工艺、商业各专修科分别归并扩充之"。同时,"自民国十年度起,南京高等师范学校各专修科停止招收新生,改招大学预科生300人","以南京高等师范学校校址之一部及南洋劝业会场地址为根基,就两处范围逐年扩充之"②。这样,东南大学便紧锣密鼓地开始了筹建工作。

而在南高师改大的过程中,由于办学传统、理念、宗旨等不同,北高师走上了与南高师完全不同的升格成师范大学的发展道路。其实,这种不同路径的选择,与郭秉文早年在美国学习不无关系。他就读的哥伦比亚大学就是综合大学办师范教育的成功典范。

在郭秉文看来,中等学校以上的教师,必须要有宽厚的基础知识,必须是双料的学士、硕士、博士,师范生的学业标准必须完全与大学生一样,而且最好是出类拔萃者,这样才能使整个师资力量有较大的提高。

这样,在客观上就要求学生必须具有扎实的基础知识和相互交叉的学科知识,对所学专业、学科具有较强的研究能力和科学精神。这也就是郭秉文所主张的"师范学院应办在大学之内,教师的来源不必局限于学院"③,即"寓师范于大学",以协调通才与专才的关系,使通才不致空疏,专才不致狭隘。因此,"南高改组为东大,并非一般人所想的升格,或好高骛远,而是科学的教育理想的实践"④。

① 《南大百年实录》编辑组.南大百年实录(上)[M].南京:南京大学出版社,2002:99—100.

② 同上:103.

③ 朱一雄.东南大学校史研究(专刊·第1辑)[M].南京:东南大学出版社,1989:52.

④ 刘正伟.督抚与士绅:江苏教育近代化研究[M].石家庄:河北教育出版社,2001:31.

从南高师到东南大学的变更,看似是学校性质的变化,实则在表象的背后蕴含了多重思想和文化方面的意义。这种变化反映出民国初年中国文化教育领域中大学观念的多重取向,折射出当时社会、政治、文化方面的深刻变化,体现出郭秉文作为领导者对高等教育运行规律的把握和大学思想的成熟。

就是在这样一种变革中,在郭秉文的领导下,一所现代大学的清晰形象逐渐映入人们的眼帘。

四、创立董事会制度

1921 年 6 月 6 日,东南大学在上海召开董事会,讨论董事会章程,通过了《东南大学组织大纲》,并一致推荐郭秉文为校长,由董事会报教育部呈大总统批准。7 月,教育部核准《东南大学组织大纲》。东南大学遂于 8 月招考预科学生。9 月,国立东南大学正式开学。教育部代部长马邻翼委任郭秉文为东南大学校长,兼任南京高等师范学校校长。

按照规划,南高师自 1921 年开始不再招生,待南高师学生全部毕业,南高师即与东南大学合并。因此,至 1923 年 7 月 3 日,南高师全部归并至东南大学期间,南高师与东南大学并存,出现了"一校两制"的局面。

无论是"一校两制"的过渡期,还是在两校合一之后,郭秉文依旧保持其雷厉风行的工作作风,为学校的发展四处奔忙,并创设和提出了不少引领教育发展的组织机构与思想主张。

比如建立董事会作为学校的决策咨询机构,这在东南大学筹立时就已明确指出"设董事会对于校内负辅助指导之责"[①]。

东南大学筹备处成立后,即着手此事,"兹闻筹备处以欧美各大学为求社会之赞助起见,往往设立董事会协助校务进行。⋯⋯此次所举诸董事或为耆德硕学,或为教育名家,或为实业巨子,于社会事业均极热心。东南大学得此助力,其发达之速可预卜矣"[②]。

两校合一之后,校董会作为学校最高立法决策机构的地位在东南大学得到了确立。当然,校董会的设立首先是出于谋求社会舆论、经济的支持和赞助。

---

① 南京大学校庆办公室校史资料编辑组.南京大学校史资料选辑[M].南京:南京大学内部资料,1982:107.
② 同上:113.

事实证明,这一做法适应了东南大学早期发展的需要①,不仅加强了学校与政府、教育与社会的联系,提高了东南大学的知名度,而且也为学校在解决资金、物资供给以及与地方相处方面的各种具体问题提供了极大便利。

五、"三会"管理体制的建立

执掌南高师时,郭秉文就积极倡导全校师生广泛参与到治校、建校的过程中,充分发扬民主。经过了五年多的实践和欧美考察,在此时的东南大学,一种现代大学的管理新模式已然形成。

为了真正体现出民主精神,发挥教授作用,提高工作效率,实现各有关机构间的相互协调和彼此监督,郭秉文还采用了校长领导下的"三会制",即设立评议会、教授会和行政委员会,分别负责议事、教学和行政事宜,各会均由校长兼任主席。

所谓评议会,系议事机构,类似校务委员会,具有一定的立法性质。其决议经校长批准后,行政部门当即执行。《国立东南大学大纲》:"关于全校之重大事项,凡下列各事项经评议会之解决。学校教育方针;关于经济之建议事项;重要之建筑及设备;系与科之增设废止或变更;关于校内其他重要事项。"②决议内容的范围十分明确。

而教授会则指导全校教学工作,包括"建议系与科增设、废止或变更于评议会;赠予名誉学位之议决;规定学生成绩之标准;关于其他教务上公共事项"③。

行政委员会是全校行政的中枢,协助校长执行校务。"规划全校公共行政事宜;督促审查行政各部事务;执行临时发生的各种行政事务"④。其下,又分设教务部、事务部、会计部、文牍部、图书部、出版部、体育部、建筑部、介绍部、女生指导部、医药卫生部等,分别处理各项行政工作。

在这种管理体制中,"三会"设在校长之下,其管理职能,各有分工,职责分明,相互制衡。教授会负责全校教学方面的兴革事务,行政委员会负责学校行政及后勤事务处理。前者由教授组成,后者由各部门及教授代表组成。而学校

---

① 到了后来,校董会常有侵越权限情事,为避免益滋纠纷,教育部在 1925 年 3 月 7 日下达了《关于东大校董会停止行使职权的训令》。
② 《南大百年实录》编辑组.南大百年实录(上)[M].南京:南京大学出版社,2002:130.
③ 同上:129.
④ 同上:130.

的所有重大决策则通过评议会评议后实施。很显然,这种管理体制提高了学校内部决策过程的民主化与科学化,学校各项事业得以稳步发展。

时任燕京大学校长的司徒雷登(John Leighton Stuart)评价道:"东南大学是第一所现代国立高等学府,在当时也自然是最好的大学。"①可以说,东南大学的迅速崛起与郭秉文坚持实行校董会、"三会制"这种管理体制有莫大的关系。

同在南高师一样,郭秉文还是强调对学生的自我管理,即通过建立学生自治会,使学生学会自己教育自己,自己管理自己。郭秉文把它看作一种尊重学生个性和人格为前提的管理模式。把有关校园生活的事务交予学生自我管理,包括校舍的清洁、膳食的料理、体育设备的维护、学术活动的组织等,都由学生负责管理或参与。如同学校的行政组织机构,学生自治会下设评议会、执行部、仲裁院三个机构,三权分立,各司其职,互相配合,又互相制约。学生的自觉、自重、自理、自立、互动、合作的精神渐渐形成,尊师爱校之情油然而生,校园里处处显得和谐而有生气。这些都体现着一个文明社会所需要的民主精神。

六、文理并重、学术并举

如果说蔡元培在北京大学进行的系统改革所遵循的是德国"洪堡传统",那么郭秉文在东南大学办学,则以美国大学教育制度为蓝本,"按美国模式来推进教育事业"②,提出了"文理并重、学术并举"的办学理念。

郭秉文"文理并重、学术并举"的办学理念具体体现在他的"四个平衡"的原则,即"通才与专才、人文与科学、师资与设备、国内与国际,皆使平流并进,罔畸重轻"③。郭秉文把"平衡"作为其办学的指导方针和思想,实际上也揭示了东南大学在发展中所面临的主要矛盾关系及其处理的基本原则。

"通才与专才"的平衡,这是他为东南大学人才培养设计的两种不同目标。通才主要是指培养掌握较为全面而扎实的基础知识的人才,专才则是指在通才的基础上,造就规格更高,主要从事科学研究的人才。"正科注重通才教育,专科注重专才教育","一个综合大学的好处,在于通才与专才互相调剂"。④

---

①② [美]约翰·司徒雷登.在华五十年——司徒雷登回忆录[M].程宗家,译.北京:北京出版社,2002:96.

③ 璩鑫圭,童富勇,张守智.中国近代教育史资料汇编·实业教育、师范教育[M].上海:上海教育出版社,1994:1017.

④ 冒荣,王运来.南京大学办学理念与治校方略[M].南京:南京大学出版社,2002:21.

郭秉文的这一思想与"同为中国高等教育的两大支柱"①之一的北京大学校长蔡元培的观点有明显的分歧。蔡元培主张"学"与"术"应有所区别,而郭秉文则认为,作为综合大学,既可有偏重学理的学科,也可有偏重应用的学科,以收相得益彰之效。故东南大学学制,"以农、工、商与文理、教育并重,寓意深远。此种组合为国内所仅见,亦即于大学精神所在也"②。为此,郭秉文相应采取了一系列的教育措施,突出强调以诚为训,德育、智育、体育三育并举,并以"钟山的崇高,大江的雄毅,玄武湖的深静"③作为校风的象征,给学生以极大的激励。

而"人文与科学平衡",既是学校今后的办学取向,即学校发展究竟是以人文科学为中心,还是以自然科学为重心,抑或是文理并重,也是实现"通才与专才平衡"的内在要求,更是郭秉文对大学使命的理解:如果没有人文社会科学和自然科学的众多学科在大学里的平衡、协调发展,"通才与专才的平衡"也将失去现实的课程、学科依据和基础。进一步而言,"不发扬民族精神,无以救亡图存;非振兴科学,不足以立国兴国"④。在当时中国的社会条件下,大学应担负起促进、推动民族和国家走上独立、发展之路的职责和使命,这也是郭秉文之所以要求"人文与科学平衡"的应有之义。

保持学校"师资与设备"的平衡,更是从"人"和"物"两方面入手寻求东南大学不断扩充发展的源泉与动力。只有基础设施改善了,校园环境优化了,才能为持续发展提供坚实可靠的基础。

随着各个国家和民族之间的交往和联系日趋频繁和紧密,如何选择大学的发展道路,是每一位大学校长都要遇到的现实问题。对此,郭秉文提出了"国内与国际平衡"的观点,其内涵是十分丰富的。"国内与国外"的平衡揭示了东南大学在立足国内的前提下,置学校的发展于世界高等教育发展的格局之中,面向世界,在一个较高的起点上,以全球一流大学作为参照,不断超越。

总之,郭秉文确立的这"四个平衡"原则,涉及东南大学的指导思想、培养目标、人才规格、学校整体布局、发展方向等诸多方面。它在传统人文精神与现代科学教育交叉点上,在国内与国外的坐标体系中,为东南大学建设成国内一流、

---

① 中央大学七十周年特刊委员会.中大七十年[M].北京:中央大学内部资料,1985:14.

② 南京大学校庆办公室校史资料编辑组.南京大学校史资料选辑[M].南京:南京大学内部资料,1982:159.

③ 左惟.大学之道——东南大学的一个世纪(1902—2002)[M].南京:东南大学出版社,2002:51.

④ 洪银兴.南京大学[M].杭州:浙江大学出版社,1999:16.

向世界迈进的大学奠定了坚实的基石,成为"中国政府设立的第一所有希望的现代高等学府"①。

但是,随着东南大学规模日益扩大,学校事业日渐隆盛,学校各科系之间以及人际的矛盾也逐渐显露出来。同时,郭秉文长期在外进行各种公务活动,与师生的接触机会渐少,误解和隔阂也不断加大,于是在评议会、教授会上对郭秉文的批评之声越来越多。郭秉文遂以教授会、评议会成员大多重复为由,通过校董会撤销了评议会,更引起众多教授的不满和离去。

1925年1月6日北洋政府国务会议通过了免去郭秉文东大校长职务,任命胡敦复为东大校长的决议。这一决定引发了校内"拥郭派"与"拥胡派"、校董会与教育部的激烈争斗。直到第二年7月,新任省长郑谦聘请原江苏教育厅长蒋维乔为东南大学代校长,这场"易长风潮"才逐渐平息,却也使得如日中天的东南大学元气大伤。

此后,东南大学又分别经历了第四中山大学、江苏大学、中央大学等时期,直至新中国成立,虽多有坎坷,但实力雄厚,一直居于全国大学之前列。后来有人说"国立中央大学之基础,实奠定于南高、东大之时;而南高、东大之规模,实建立于先生之手"②,这是对郭秉文治校十年的公允肯定。

无论是南高师,还是国立东南大学,存在的时间都不长,但它们在中国近现代教育史上的地位和意义不能以其存在的时间长短来衡量,特别是作为两校之长的郭秉文,他对于中国近现代大学发展的意义更不能被低估,因为对一所大学来说,校长的意义重大,校长为构建中国现代意义上的大学努力把握着前进的方向。

郭秉文持身严谨,热心治学,审慎从政。他一生经历和参与过许多重大历史事件,并为之奔波出力。但能让我们至今慨叹的或许只有他在大学这十年的光阴。从南高师到国立东南大学,从校务会议到董事会、"三会",从男女同校到学生自治会,从"四个平衡"到"三育一体",无不体现郭秉文对中国现实的深刻思考,对美国模式的中国借鉴,对中国教育的改革创新,对民主管理的探索实践。

---

① 王德滋.南京大学百年史[M].南京:南京大学出版社,2002:73.
② 杨际贤.中华百年教育家思想精粹[M].北京:中国盲文出版社,1999:217.

第六章

陈宝泉民主科学的教育管理思想与实践

陈宝泉(1874—1937),字筱庄,天津人。曾为清末附生、贡生。1896 年参加康有为的强学会。1897 年考取京师同文馆算学预备生。1902 年任天津民立第一小学堂教员,从此开始了教育生涯。同年,协助严修创办天津师范讲习所并任教员,此为华北师范教育之发端。1903 年留学日本,毕业于日本宏文学院速成师范科。

1904 年陈宝泉回国,历任天津地区各小学教务长。与邓澄波一起创立单级小学堂,为中国复式教学之始。1905—1907 年入直隶学校司任职,拟订劝学所、宣讲所等章程并付诸实施;任直隶学务公所图书课副课长;任职清廷学部,拟订学部开部计划,改订中等以下学堂章程,主持组织图书局和编纂教科书,并升至郎中。1907 年,任普通教育司师范科员外郎。受主管学部的军机大臣张之洞委派,编成国民必读书目、中小学教科书审定书目。1910 年,任学部实业司司长。1911 年,任中央教育会会议预备议案员及教育会会员。1912 年,参与民国初年教育改革和"壬子癸丑学制"的制定。

辛亥革命后的 1912—1920 年,陈宝泉任北京高等师范学校校长,为北京师范大学的主要奠基人与创办人。1920 年任教育部普通教育司司长。1922 年参与制定"壬戌学制",任教育基金委员会委员、北京师范大学筹备委员。1923 年兼任教育部次长。1929 年任天津市政府参事、教育部名誉编审、天津贫民救济院院长,同时担任商务印书馆教科书编校工作。1930 年底任河北省政府委员兼教育厅厅长。1935 年《何梅协定》签订后,陈宝泉辞去河北省教育厅厅长职务。1937 年七七事变后,天津沦陷之日,抱病去世。

一、提高教师素养,规范教师聘任

(一)鼓励教师游学游历

陈宝泉鼓励教职员走出本校、走出本国,积极与外界交流与沟通。1916 年,在《资遣师范学校职教员游学游历办法》中，陈宝泉阐明了鼓励教职员游学游历的宗旨及目的：可以增进国内沟通与国外交流，调和经验与学问，教学相长，最终有利于师范教育的促进，以及国民教育的发展。教职员走出校门游学游历，益处多多：可以使"经验与学问相调和，可以免偏重之弊"；可以让"教育者有所希冀，则热心从事之人日增"；可以使职教员教学相长，"较之遣派学生，事半功倍"；可以互相交换内外知识；可以促进师范教育的发展，并最终达到"国民教育根本自固"①的目的。

明确职教员的资遣条件与名额。"尽职在三年以上，成绩优良，得资遣游学或游历。其资遣之名额，高等师范由教育部指定；师范学校由各省指定（学校随时遣派职教员调查事项者不在此限）。"并对游学、游历的范围、年限、资费及俸禄作出详细规定，如游学期在三年以内，游历期由各校自行规定。游学、游历开支列入各校每年预算案内，且游学、游历期间，"原校支给薪俸原额十分之二下。"②

明确游学游历团体及个人的研究任务、调查任务，并据此作为考核认定的依据。"游历团体得于游历所在地开设讲演会，以资研究"，而职教员游学、游历期间，"应将研究或调查之成绩，按期报告原校"。③

明确游学游历结束后的归属。鼓励和资助教职员游学游历的目的，是为了增进学问和经验，促进师范教育的发展。因此，为保证学校职教员游学、游历的成效，以及职教员队伍的稳定性，规定在游学、游历期结束时，必须回原校担任职务，并且在校任职最短期限与出外游学、游历之期限相当，若在期限内改就他职者，则应将原出外游学游历各费偿还。

值得一提的是，将职员与教员、学校管理与学校教育同等看待，并同时鼓励教员和职员游学、游历，体现出陈宝泉对提升学校管理水平和培养学校职员素养的认真与重视程度。

（二）优待在职教师

除了鼓励教职员走出校门游学游历之外，陈宝泉也很注重提供各种条件为教师培养创造有利环境。

陈宝泉在赴欧美进行教育考察时发现，美国众多大学及师范学校中大多设有现任教员补习班次，辅助现任教师进行教育补习，以"增进教育力"。回国后

①②　蔡振生，刘立德编.陈宝泉教育论著选[M].北京：人民教育出版社，1996：43.
③　同上：44.

的 1920 年,他即在《上范教育总长条陈》中提出应速订优待教员之法,而所谓的优待教师举措,包括给予教员补习的机会,为了鼓励教员参与补习,其补习时应发给半薪;对于在教学工作之余著书立说,以及能在课余参与组织学校事务且确有成绩者,确定晋级增薪的方法,以资鼓励;此外,还提出设定教员养老金及遗族扶助金的初步设想。

1922 年,时任教育部普通教育司司长的陈宝泉在《各省代表提出讨论问题汇录》中提出,应对优秀教师尤其是义务教育阶段乡村学校的优秀教师进行经费专项补助。并在《孟禄博士与各省代表讨论教育之大要》中提出,为在职教师设立暑期学校或讲习会,以增进教学效率。其中,"暑期学校或由高等师范及初级师范办理,讲习会可由省教育会办理"。[①] 另外,设立分级或分科指导制度,巡回辅导,以促进教职员之改良,并提出可考察和借鉴菲律宾指导制度的一些好的做法。

此外,他提出对于不同学校教员的教学工作量悬殊的状况,要进行改变。针对许多学校师生比例不合理的状况,他提出应当设定相关标准,设定较为合理的师生比例,并进行相应调整。[②]

(三) 规范教师聘任

陈宝泉提出对教师实施聘任进行规范的必要性,认为当时的教师聘任有诸多弊端:其一,教师往往在多个学校同时任课,以致教师与学校、学生关系疏远,"教师以一人兼任数校功课的很多,以致教师与学校的关系不能密切;学生对于教师亦失相当的敬仰"。[③] 对此,他提出应当对所有学校设定统一规则,教师不宜兼任他校功课。其二,现行的教师聘任,以时计量,导致了教师对教学的拖沓敷衍态度。故提出,应当设定每周的钟点限度,避免劳逸不均的现象。其三,教师贵在有服务精神,这关系到教育的命脉,故应摒弃金钱主义,维护教师职业的高尚与尊贵。

(四) 重视师范教育,培养未来教师

陈宝泉十分关注未来教师即师范生的培养,强调师范教育对师资培养的重要性。早在 1913 年,时任北京高等师范学校校长的陈宝泉,在《北京高师英语部理化部甲班学生毕业式训词》中,就明确指出师范教育之重要,以及师范生的使命。他认为:"夫教育为国家命脉,师范为教育胚胎,故师范之责任直接以发

---

① 蔡振生,刘立德编.陈宝泉教育论著选[M].北京:人民教育出版社,1996:153.
② 同上:151.
③ 同上:152.

达教育,即间接以巩翼国家。"①故对师范毕业生来说,毕业只是其在规定期限内修毕其业,而不是指学业已经完足,不需要提升自己。师范生在校只负成己责任而已,而毕业后进入学校任职则更需要负起成人之责。担任成人之责的老师,责任心是第一位的。而要保持责任心,首先在于有高尚的思想和坚韧不拔的志操。为此,他告诫即将毕业的师范生们,要保持坚定不移的志向目标,奋其强毅不挠之精神,将教育事业作为自己的第二生命,以师范名誉为无上财产。放眼世界文明大势,内审我国学术之不足,努力贡献自己的力量。

关于师范教育的发展规划,他认为师范学校宜注重学校扩充,而不宜多设。如此,一方面,班级多可以分门聘任教员,专精教授;另一方面可以避免增加管理人员,节省教育经费;此外,还便于校际联络和统一训练。特别重要的是,师范生之人数与推广中小学校之数目大致成比例,否则如果师范学校数量过多,超过了中小学教员所需量,则人浮于事,既非国家养成师范之初意,亦恐失国家之信用也。为使师范学校加强校际间的联络,他提出由教育部倡导,"全国师范学校互相联络,讨论教授、管理、训练之一切方法,以备采择施行。盖师范教育在乎锻炼学生之心身,宜随机化导,使适合于国民教育",②若不使学生亲自身任其事,自相研究,则只能是有理论无实际。

陈宝泉曾明确指出我国师范教育制度中存在的诸多缺陷,并对改革做了具体构想,诸如师范生数量少,不敷分配,一校设置两个培养目标(高小教员和国民学校教员)也难于符合实际;师范学生没有向上升学的机会,导致奋发精神不足;师范学校缺乏系统,既不互相联络,且难以提高高等师范教育之程度;缺少教育学术研究等。为此,他提出将师范大学分为研究科、本科、预科三类。"教育研究科专攻教育学术,二年毕业,授予教育学士之学位。"③北京师范大学后来成为全国最早招收教育学方向研究生的学校。本科按学科分组,施行年级制与学分制相结合的制度,限定为3年毕业。预科1年毕业。

当时高等师范教育在教学法上亦存在重要弊病,即"教师重讲演而少学生参与的机会",④为此他特别提出了中学科学教学法的改良与高等师范科学教学的相互依存的紧密关系。另外,中学新学制设定,而高等师范教育还未能及时根据新学制需要实施相应的变更。如此,便很难造就满足中国义务教育实际需要的未来教师。

① 蔡振生,刘立德编.陈宝泉教育论著选[M].北京:人民教育出版社,1996:38.
② 同上:40.
③ 同上:91.
④ 同上:152.

鉴于师范毕业生数量和就业分布,远不能解决乡村义务教育学校教员缺乏的状况,在《各省代表提出讨论问题汇录——陈宝泉的提案》(1922 年)中,从乡村学校的实际教学需要出发,提出为高小毕业生"增授二年师范课程"的便利方式,以满足乡村学校教员之急需状况。

陈宝泉还强调师范生的师德建设,树立为人师表的教师形象,并以身作则。陈宝泉常对学生说:做老师是不容易的,一举一动都要为人师表。陈宝泉自己也"持身节俭,做事勤勉,待人诚恳,重力行,崇实际,不说空话,不唱高调,以己之身为学生作则","新生入学之时,陈宝泉总是正襟危坐在校门口,逐一点名接见,态度极为庄严肃穆,面目极其和蔼可亲"。[①]

(五) 引进国外管理经验

陈宝泉早年曾留学日本,回国从事教育工作后,亦十分重视国内外的师资学习与交流。任北京高等师范学校校长期间,曾多次对国内和国外进行教育考察,学习交流。1915 年赴苏浙考察教育,并参与发起了全国教育会联合会;1917 年,赴广东和中国香港以及日本、菲律宾考察教育;1919 年,赴欧美考察教育,邀美国著名学者孟禄访华,并著有《孟禄的中国教育讨论》(与胡适、陶行知合编)、《八年欧美考察教育团报告》(合著);邀请留学生回国任教。

此外,陈宝泉很注意引入国外先进的教师管理经验。在 1920 年的《美国斯坦福大学参观记》中,陈宝泉介绍了美国斯坦福大学的学校董事部的组建方法与任职期限,以及教授终身制等:"董事部十五人,董事十年一任,任满由董事部推举新董事接替;由董事部推举校长,校长推荐教授,经董事部认可,得有教授资格者可服务终身,六十五岁退职,给以养老金。"[②]同时,还介绍了斯坦福大学的讲师聘任期限为"一年或数年",期满即换合同一次;各科主任与教员商定各科教授事项交给校长;校长职务在联络各科使免隔阂,并经董事部通过,有分配款项之权,可酌量增多某部款项。

二、关注学生成长,注重养成责任意识

(一) 关注学生全面发展

陈宝泉始终关注学生的全面发展,认为成为合格国民的首要资格便是身体

---

① 转引自:周川,黄旭.百年之功——中国近代大学校长的教育家精神[M].福州:福建教育出版社,2005:38.
② 蔡振生,刘立德编.陈宝泉教育论著选[M].北京:人民教育出版社,1996:97.

强健。如果身体单弱，又怎么能保护国家？而对于女子而言，身体强壮，才能生育出强壮的儿女。当然，智育也非常重要，对于当时国民缺少生活技能和独自谋生的能力，他提出学堂应"最重应用"，"必须令人人有普通的知识技能"。①

在关注学生全面发展的同时，陈宝泉尤其关注学生的德育发展，更将德育提到教育的首位。他认为，缺少道德的人终算不上是一个完全之人；他将道德分为私德与公德，"必须有了私德（私德不是私事，只关乎一人一家的道德便是私德），还有公德，方能尽了道德的分量"；②他将"诚、勤、勇、爱"定为北京高师校训，以涵养学生的诚实、勤勉、勇敢、有爱的精神品格；在1918年9月，他向教育部提出设立"道德教育研究部"的主张。

陈宝泉对清末以来社会上传统断裂、道德迷失、信仰缺失等现象深感忧虑，认为时下"经训失而圣学亡，道德见嗤夫狡黠，科学兴而信仰破"，道德拯救迫在眉睫。他总结了东西方文化的历史与传统，认为东西方文化均重视道德和修养，"人之所以为人者，不唯全其形，而尤贵全其性，人能修行养德以全其性，则功效所及必能至大至刚，充塞天地。……俯察人事，仰体天心，知非急于提倡道德，不足以正人心而维世道"，③从而点出了设置道德教育研究部的主旨和意义，即"正人心""维世道"。对道德教育研究部的研究方法作出了明确规定：首先强调了德育研究的实践性，认为德育研究应注重"躬践实行"和调查研究。其次，提出了开展德育研究的三种方式，即集合研究、通信研究、访问研究，将德育研究的队伍扩展到德育研究部之外，注重与研究部外部群体以及其他研究群体的交流与合作。再次，给德育研究的理念贯彻、成果展现设计了路径，即"劝导"政府相关部门领导接纳并提倡，并通过在不同范围和场合"讲演"的方式宣传，将研究成果刊发和出版。

（二）积极倡导学生自治

陈宝泉主张学生自治，注重培养学生的自治能力。1919年，陈宝泉赴美进行教育考察，了解到美国斯坦福大学管理学生的方法，"校长负完全责任，就教员中推出委办，然管理不过略具大纲，共和国家不能死守一法也"。④ 又由全体学生推举高年级学生5人担负起自治之责，并根据自己的经验进一步认为学生须管理者5%而已。章程制定后，权在董事部，教员、学生均有提议之权。此时的陈宝泉，将学生自治管理置于校长和教员管理之下。

---

①　蔡振生，刘立德编.陈宝泉教育论著选[M].北京：人民教育出版社，1996：6.

②　同上：11.

③　同上：89.

④　同上：98.

针对改良中学教育,陈宝泉提出培养学生自治能力,并辅之以教师监管的学生自治主张。他认为,学校应"以早会为德育之专课,培养其平旦之气;于周会敦请名人讲演,以灌输其生活之常识;以音乐为美感之要素,尤拟特别提倡研究,总期养成学生自治之动机及习惯"。① 并且,在培养学生自治能力的同时,教职员负有对学生进行自治指导的职责。

陈宝泉的学生自治理念,更加关注学生的全面发展,从德、智、体、美等诸多方面对学生产生潜移默化、春风化雨般的润泽和陶冶,以期让学生养成行为自治的行为习惯和规则,培养学生由内而外的、自发的、自觉的自治力。

(三) 培养学生责任意识

与德、智、体全面发展的教育思想的主张一脉相承,陈宝泉从人的道德修养的高度来认识承担责任的重要,以及培养学生责任意识的迫切。这"负责与否,为是非之标准,故教员有教员之责任,学生有学生之责任,来日出外任事,又有任事之责任"。② 他指责当时社会存在的缺乏责任意识和道德修养之流弊,认为近年来教育的腐败,病根在于不负责任,政府不负责任,教员不负责任,因而学生亦不负责,只求混一张文凭到手;提出负责任便是道德,不负责任便是罪恶的观点,期望学生对于自己的言行负起责任。

(四) 致力减轻学生负担

陈宝泉很早就开始关注学生的学业负担问题。陈宝泉将中美的学时进行比较,"学生负担,在美国自 18 小时至 24 小时;在中国则自 28 小时至 38 小时"。③ 他认为,我国学生负担过重的问题,与教授法关系密切。陈宝泉当时已经发现我国学校学习美国的教学法并直接嫁接到中国,产生了一些本土反应与"水土不服"的现象。他举例指出,清华大学在采用美国的教学法进行教学时,学生负担依然繁重,并未缓解,故而应当请教育专家调查并制定相关标准,切实减轻学生的学业负担。

三、推动教学管理科学化

(一) 改良教学方法

随着近代中国引入欧美教学方法,尤其在五四前后系统引进欧美教学法,

---

① 蔡振生,刘立德编.陈宝泉教育论著选[M].北京:人民教育出版社,1996:188.
② 同上:244.
③ 同上:152.

以及国内不同教育团体积极推进,将教学方法的改进付诸实验。随着一系列教育实验和教育改革紧锣密鼓地在中国大地上开展,中国的传统教学方法"教授法"受到巨大冲击,这引起了当时中国教育界对传统教学方法的深层次反思。

中国传统的教学方法即"教授法",所采取的是"先生教授,学生受教"的方法,坚持教师本位观,即教师是教学活动的中心,一切教学活动均以教师的意志为转移,教师在教学活动中处于主动地位,而学生在教学活动中则处于被动地位。随着欧美的"学生本位"的教育思想和教学方法的引进,尤其是1919年开始,杜威、孟禄、克伯屈等一批著名的美国教育家来华讲学和交流,中国教育开始关注受教育者,关注学生的个性,并尝试用学生本位观来改善教学实践。陈宝泉、陶行知等即是主张将"教授法"改称"教学法",并在中国积极倡导"教学法"的教育家。

1922年,陈宝泉在《孟禄博士与各省代表讨论教育之大要》中指出了中国传统教授法的弊病:"中国中学教授,多用讲演式;教科学只教此名词及公式;教语言只教些文法例子",其结果是"不能引起学生自动,且与实用无关系。学生毫无参与作业及实习之机会,不能发生问题以求解决,永处于被动的地位"。① 关于目前教授法难以得到改良的原因,他首先从教授法的由来进行分析。他认为教授法之由来有三:教授旧文字的传统习惯;由日本输入;由美国大学输入。但日、美两国均有讲演和考问,而中国只学得讲演,未有考问。其次,教授法未能改良还与缺乏良好训练之教师,以及教师多为兼任,不能专心研究教授法有关。故他提出应由高等师范教育培养良好训练的教师,并由教育行政部门增加教师俸禄、限制教师兼任。教授法的改革方向,主要是从教师中心转为学生本位,如中国的中学数理学等学科必求其适用于实际生活,而"方法由宗旨而定,今日教学法之宗旨应力斥教员中心主义,而实行儿童中心主义,故不曰教授法而曰教学法"。②

为了改良教学方法,陈宝泉倡导借鉴心理测验方法,进行教育实验。1925年,他借麦柯博士的《教育实验法》的中译本发行之际,对教育实验法大加赞扬,并积极向国内推荐教育实验法,以此来对教育效果进行实践性评价。

他认为"如儿童读书之鲁钝、演算之迟误,世俗均谓由于教法不良及学生用心之不力,然自心理测验发明以来,知此类学生由于病的状态者实居多数,故19

---

① 蔡振生,刘立德编.陈宝泉教育论著选[M].北京:人民教育出版社,1996:149—150.
② 同上:145.

世纪实验之致用多在物理方面,近代则推及于心理方面,……适用实验法于心理方面,实为施教者之南针,而树教育上之确论者"。①

(二) 倡导科学教育

随着近代中国科学教育的发展,以及欧美科学教育思想的影响,中国的科学教育思潮在 20 世纪初蓬勃发展,科学教育得到普遍倡行。陈宝泉认为,科学课程的设置与科学教育的实施,不能仅仅停留在表面,而需要有科学的理念与科学的教育方法。他分析了当时中学科学教授失败的原因,并提出了相应的改良科学教育的方法。陈宝泉认为,中学科学教育之所以失败,原因有四:教学方法不好;因缺少设备致使学生没有实验机会;缺乏良好的科学师资;错误的科学观念,即缺少对科学功用性的认识。对此他提出了改良科学教育的方法:培训指导员,指导各校科学教育;教师可自制科学器械,以满足科学实验的需要;安排工厂实习,与学校科学教育互补。

陈宝泉认为,各学段均应注重科学(实科)教学,但重点各不相同,如"高等教育注重实科,并应严加甄别,以期造就真才;中等教育对于体育及理科实验应特别注重"。②

陈宝泉在担任河北省教育厅厅长期间,曾与他人合作拟订出《河北省教育三年计划》,其中提出的教育领域涵盖高等教育、留学事项、中学教育、职业教育、师范教育、义务教育、民众教育、体育等八大类。在高等教育和留学事项中,明确提出了"注重实科"及"注重选送实科人才"的原则。在设置高等教育科系标准中,提出设立农、工、医、法商、水产等实科学院。另外,还提出女师学院根据教育实际情形,注意农村教育师资的培养。而高等教育分年进行表,也明确了增设计划系、充实图书、仪器、标本等教学设备。在中学教育原则中,也体现出重视实科教学的指导思想,其中明确提出"注重职业训练",重视实际操作能力培养,以应对大部分学生在中学毕业后不能直接升学的状况。在师范教育原则中,关注实科与注重实际的教育思想亦得到充分体现。如"注重科学教育以养成有科学兴趣之教师","注重职业教育以养成有生产能力之教师","注重教育之实际研究以养成富于服务精神及能力之教师"。③ 并因科设学,根据职业特点增加和调整科目设置,强调学生多参加教育实践服务,注重生活教育实验。

---

① 蔡振生,刘立德编.陈宝泉教育论著选[M].北京:人民教育出版社,1996:196.
② 同上:280.
③ 同上:287.

（三）重视视学制度建设

陈宝泉十分重视视学制度及其效用。他认为,视学的作用是"匡辅教师之不逮",而不是"徒作学校之侦探"。"吾国视学,按部令每省四人至六人,每县一人至三人,其视察犹学政之观风;是亦亟宜改良。"①他推崇美国的视学制度,即视学人员由专家组成,且分工详细,赞同美国教育家孟禄对菲律宾视学制度的肯定,建议学习和借鉴。

陈宝泉就视学制度向教育部提出了自己的计划和设想。首先,建议根据学科情况和专业分工需要,有针对性地设立分科视察或分科巡行教员。其次,针对中等学校和学生的特殊性,提出添设训练视察员。他认为:"中等学生心身的变化甚大,管理训练最为困难,吾国各地之学校风潮,大半由训练无方所致,且此时训练不得法,养成许多坏习惯,将来更不宜破除。故……中等学校训练视察员之设置,甚为需要。"②同时,针对中等学校学生的年龄特征和心理特征,建议在教育行政方面聘请心理专家,利用心理科学对学生有针对性地进行行为干预和管理训练。此外,视学应重在指导,他说:"本部视学员应多取指导态度,少取责备态度,又应预定学校之标准度量,然后再加评判也。"③关于学校的标准度量,陈宝泉介绍了外国的经验和做法。如各国之学校视察,对于设备、教授、管理、训练,均定有详细节目、标准、分数,这些标准度量十分确当,便于执行。在他看来,这些视学最新最切之法,我国可以仿行。

在陈宝泉有关视学制度改革的思想中,突出体现了针对不同学科的各自特点开展有针对性的视学和管理;凸显出视学管理应由学科专家进行专业介入,规避单一行政管理的致命缺陷;体现出学科之间的互通,尤其是心理学对教学管理的干预和辅助作用。

四、民主科学地建设课程与教材

在陈宝泉的教育经历中,教材建设与编纂是重要的教育实践。早在 1901 年任天津开文书局编辑工作之初,就开始关注民众和学校的教材建设。1905 年与高步瀛合编《国民必读》《民教相安》,编著《国民镜》《家庭谈话》及格致教科类白话文图书,流行于民间。任职清廷学部后,开始主持组织图书局和编纂教科

---

① 蔡振生,刘立德编.陈宝泉教育论著选[M].北京:人民教育出版社,1996:151.
② 同上:157.
③ 同上:127.

书。1907 年,任普通教育司师范科员外郎,编成国民必读书目、中小学教科书审定书目。任北京高等师范学校校长之时,与张元济等发起师范讲习所,出版教材《新体师范讲义》。1918 年,陈宝泉在北京高师主持召开中国教育史上首次国语教科书编辑会议,推举钱玄同为编辑主任,编纂国语教科书。1927 年,他将在北师大讲授《中国近代学制变迁史》课程讲稿整理出版,准确绘制了各个时期学制系统图,成为教育史研究者的必读之书。1929 年任教育部名誉编审,并担任商务印书馆教科书编校工作。在教材建设实践中,陈宝泉不仅关注学校的教材建设,还因其对现实社会的关注以及对平民教育的关心,体现出积极的平民教材编纂实践的特点。

关于教材与课程设置的时间安排问题。陈宝泉认为当时课程设置的安排会影响授课质量,需要重新考量和安排。在中国课程表上,每一二时必变更一种科目,颇不适于计案教授法之分配。然一科教学时间过长,又容易导致学生倦怠。且有时必须将数种学科合并同时教授者,其时间表究应如何配置,均有待研究。①

关于教材分配问题。他认为教材之分配,有几个要点:学科之排列;各科教学时间之分配;各科每学期、学年程度之标准及毕业时程度之标准;教师适用教材之标准(即教授法)等。这一切都需要经过精心调查,科学配置。② 由此,陈宝泉建议设置教材调制委员会,以解决教材的分配问题。

关于教材调制委员会的设置及成员构成问题。委员会分部内和部外两项。部内由相关的专业人员组成,部外为师范学校及中小学校之会员,以大学教育科教员及高师教员为主,其他如师范学校与中小学校著名校长、教员,亦可加入。委员会设常任委员、调制委员等。

关于教材调制委员会的运作。根据学科门类整理编定,确定报告期限;至少半年开一次大会;对于个人或学校拟有提案者,亦可提交委员会参考。

陈宝泉特别关注教材的社会教育功能,认为教材建设应秉持注重国民实际之利害之原则。1931 年针对近代中国毒品泛滥及其恶劣后果,曾做提案《提议拟将毒品之害编为中小学教科书临时课及民众教育之宣传材料以清祸源案》。他指出:"今河北省之吗啡、白面等毒品,其害过于洪水猛兽,正可编为临时课,使凡受小学以上教育者均确知其害之烈,其毒之深,不止亡国,且将灭种。"③同

---

① 蔡振生,刘立德编.陈宝泉教育论著选[M].北京:人民教育出版社,1996:157.
② 同上:159.
③ 同上:264.

时,在教材设计和编纂中,可以因地制宜,凡与当地关系重要利害之事实,可由某地编成教科内容临时教授,从而使教材达到教育民众的实际效果。

五、教育行政的民主管理建设

1920年冬,陈宝泉任教育部普通教育司司长,向教育总长范源廉条陈各项部务改革计划与建议,集中体现了他关于教育行政管理的思想。

第一,设置各种委员会。陈宝泉认为,设立各种委员会进行专门研究、补助,能够带来诸多好处,这不仅能够发挥各人特长,用力少而收效多,而且有助于行政部门运行经济、高效、稳定等。如以行政委员会的委员为例,除非特别需要聘请教育部外人员,否则即以部员充之,不增经费;发挥人的专长,且不受所在司、科限制;政务变迁,委员会可以随时改组、解散,不致受裁员减缺之牵制;委员研究时可以各见所长,可以作为将来升迁任用的参考。

第二,注重行政会议,使人人有发表意见的机会。教育部对于许多关于革新的提案,如果没有研究机关参与,仅凭执行人员的考虑,其判断未必恰当。更何况会议时常常不按普通会议规则行事,人们也不肯发表自己的意见。"然既云会议,在会议之时不可不收集思广益之实绩,是会议为一事,政务之进行是否与议决案相一致又为一事。然非有确当之理由,总长不应轻视行政会议之决议,此亦各国之通例也。"①这个观点,其实体现了民主管理的思想。

第三,注重调查统计和工作计划。他认为教育部的执行机关除办理稿件外,应注重调查统计及各种计划。虽然由于教育部经费的缺乏,难以开展调查工作。当有一份经费可以办一份事,教育部在调查统计方面并非毫无作为空间,他举例说:"搜集联络亦有无费而可举事者,即如以部中优良小学之报告,各类统计及会议录之搜集,亦非一事不举者。就已有之基础而更求进步,此亦行政家所宜随时注意者。"②这其实也反映了陈宝泉对于管理科学化的提倡。

第四,加强对学校改良的指导。研究机关除应对临时发生事项外,还应搜集各项教育指导书,以促学校的进步。对于学校未能进步,需要有具体的方案进行指导,有各项调查数据作为依据。如果这样还不能得到改良、进步,那只能称其为"弃才"了,否则,管理部门"宁先求之本部,后求之学校"。③他说,以美国

---

① 蔡振生,刘立德编.陈宝泉教育论著选[M].北京:人民教育出版社,1996:126.
②③ 同上:127.

联邦教育行政机构为例,虽然权力至弱,然其所纂辑各项教育指导书,实可作为全国教育的引领。菲律宾教育蒸蒸日上者,皆由于中央教育局规划及视察之力。此外,他还建议学习美国,由此建议确立各校可以担任某学科引领性教员(外国人亦可),赋予其调查教育状况的责任,编纂教育或科学指导书,由研究机关审定出版,使全国学校改革有方向、有依据。

六、加强教育经费投入

近代中国政府财力薄弱,政治腐败,且疲于战争赔款和军力准备,对教育的经费投入不足,并且时常出现教育经费拖欠问题,教育经费短缺严重制约着学校发展和教育质量的提高。民国初年,由于教育经费困难,导致"六大师范区"计划迟迟无法落实。在陈宝泉任职的北京高等师范学校,亦因教育经费的限制,不得不将学校原定设立的国文、英语、史地、数理、理化、博物六部,简化为英语、史地、理化、博物四部,各部班级亦未尽完全。由于教育经费的不足,曾一度导致了北京国立八校(北京大学、北京高师、女子高师、医专、工专、美专、法专、农科)以及北京教育界的索薪运动。① 教育经费问题一直是办学中首要的、关键的和棘手的问题,教育经费关乎学校的建设运行、师资薪俸、办学质量、学科发展等诸多问题,陈宝泉多年奔走呼号,为筹措教育经费而擂鼓呐喊。1922 年,作为普通教育司司长,陈宝泉在《签注王怀庆呈学术邪僻危害国家拟请饬定教育方针议》中再次明确指出教育经费是教育发展的关键问题之一,当时中国教育经费捉襟见肘,是导致中国教育发展踯躅不前的重要因素。以中国教育经费之统计与欧美、日本互相比较,约不过占数十分之一。虽然我们可以认为是由于中国兴学伊始,以后再慢慢扩充,然时至今日,教育经费不是多少的问题,而是有无的问题。教育经费投入的长期欠缺,给中国教育带来了诸多不良影响甚至是巨大损坏,"积欠日增,人心斯涣,学生借口于读书运动而风潮生,职教员奔走于索薪会议而功课废。……如今日而言整顿教育,非筹有确定之教育经费,几至无从着手也"。②

(一) 筹措教育经费

设定地方政府教育专款,并保证专款专用。陈宝泉在清廷学部任职期间,

---

① 方增泉.近代中国大学(1898—1937)与社会现代化[M].北京:北京师范大学出版社,2006:227.

② 蔡振生,刘立德编.陈宝泉教育论著选[M].北京:人民教育出版社,1996:138.

为筹义务教育经费,于 1906 年向清廷上书《筹议推行义务教育办法十四条》,提出了六条"筹款之法",对烟酒等奢侈品捐款、青苗会费、秋棚(乡村聚赌)罚款均作出详细的规定。

1921 年,陈宝泉在《请划清天津县地方税以维教育建议案》中指出:"将天津县地方税款一律划清,由天津县自治机关兼同地方官吏征收,制定教育专款。"①随后的《再上直隶省长呈文》,一再恳请主管部门对教育专项经费"力予维持",不可挪用。

(二)提高教师待遇

1914 年,时任北京高等师范学校校长的陈宝泉在《上袁总统书》中,针对教师待遇,提出了学校教员宜优待,而小学教员为国民教育之母,尤宜敬重。在该文中,陈宝泉明确指出了中小学教师在教育和国运中的不可小觑的重要作用,并分析了当时教师不受社会尊重、工作繁重、待遇低下的不堪状况,指出中小学教员因薪少而事劳,由此遭到社会的轻视,故提高中小学教师的社会地位与经济待遇非常必要。他以一衣带水的邻国日本的教员状况作比较,"日本教员皆受有文官之待遇,其退隐费、遗族扶助费等立法至密且周",②建议效仿日本等国尊重中小学教师的做法。

(三)留学资费贷款

1925 年,陈宝泉任教育部教育次长、普通教育司司长。他在《天津欧美留学生贷费办法草案》中,拟定对留学生实行贷款资助,并对学费的贷款额度、责任担保、学习科目、留学期限、资费偿还等条款作出明确规定:一是成立欧美留学生贷费委员会。二是确定留学生资格条件。"以在大学或专门学校毕业者为限,并应由委员会调查其平时成绩或加以试验。"三是明确贷费额度。"贷费数目自入学之日起每年贷给中国银币一千元。"四是设定贷费的责任担保人。五是对留学科目及年限作出明确规定,不得更改。"所习学科及留学年限应得贷费机关之认可,不得中途改学他科或增加及减少留学年限。"对于发生变更的学生,将"停止贷费,并得酌量议罚。"六是贷费偿还期限"由委员会定之,应载明于借券之内。"七是明确贷费生的职务安排和述贷责任。"回国后就有职务,应速报告委员会,即应按期偿还所贷之费"。对于已经就职却不向委员会汇报和还款者,"应酌增罚款,并须由铺保代为偿还"。

---

① 蔡振生,刘立德编.陈宝泉教育论著选[M].北京:人民教育出版社,1996:131.
② 同上:41.

（四）加大实用性科目的经费投入

1930 年,陈宝泉任河北省教育厅厅长,对河北省教育进行思考和整顿,拟定《河北省教育三年计划》,整顿高等教育,开办义务教育实验区。在整顿高等教育方面,他对河北大学的学科建设给予了极大的热情和关注,并结合当时的社会需要和科目特点,对国家发展将产生巨大实际效果的理工科等一些实用性科目倾注了极大的热忱;并本着"提倡实业、注重实科教育"的原则,对河北大学的学科进行了改组;更是力排各方阻力,明确提出将实际效用显著的医学、农学两院实施教育经费倾斜政策,用以支持两院的建设和发展。①

陈宝泉一生致力于教育事业,在其 36 年的教育生涯中,他历任北京高师校长、教育部普通教育司司长、教育部次长、河北省教育厅厅长等职。由于在教坛与政坛的双重身份,以及中西教育的双重影响,陈宝泉的教育管理思想既有教育理念的不断探索,更有教育实践的充分尝试;既有学校管理的微观思考,亦有教育行政的宏观规划;既有对学校教育的明确责任,更有对大众教育的执着期待;既有对师范教育的固本之说,更有对女子教育、社会教育、职业教育、科学教育等的多方关注;既有对学科教育的应有之义,更有对学生全面发展的殷切之情;既有对本土传统教育的积极扬弃,亦有对欧美教育舶来品的辩证反思;既有对教育科学的严谨态度,更有爱国主义的拳拳之意。

陈宝泉积极从事各种教育学术团体与教育学术活动。1905 年,任直隶学务公所图书课副课长,主持编辑中国近代最早的省级教育行政机关刊物《直隶教育杂志》;任北京高等师范学校校长之时,积极参加北京通俗教育研究会、北京教育学会、天津县教育会、全国师范教育研究会等学术团体;与张元济等发起师范讲习所,出版《新体师范讲义》;1915 年,参与发起全国教育会联合会;1917年,与蔡元培、黄炎培等发起成立中华职业教育社;1919 年,与袁希涛共创中华博物学会,任副会长;同年,组织教授研究会,并拟定《教授研究会简章》,规定了该会宗旨为"研究教授理法,图施行于实际";1921 年夏,参与组织实际教育调查社,合并实际教育调查社、新教育共进社、新教育杂志社,组成中华教育改进社,陈宝泉任教育行政组审查委员,1924 年入选董事,并任该社教育行政委员会副主任、义务教育委员会副主任;1923 年,参与发起中华平民教育促进总会,与朱其慧、张伯苓、陶行知、蒋梦麟等九人当选为执行董事。

---

① 蔡振生,刘立德编.陈宝泉教育论著选[M].北京:人民教育出版社,1996:272.

作为道德教育的崇高境界,陈宝泉多年来一直亲身实践着爱国主义教育。1924 年 7 月,中华教育改进社第三届年会上,与邓萃英向大会提出"无中华民国国籍者不得在中华民国领土内对于中华民国人民实施国民教育"议案;9 月,发表《与基督徒在中国办学者之商榷书》,指出为捍卫教育主权、实现教育独立,必须使教会学校遵守中国教育规程,对当时的收回教育权运动起了积极的作用。1931 年九一八事变后,甚至打电报指责蒋介石的不抵抗政策,引起了教育界的极大反响。1935 年,蒋介石政府与日寇签订《何梅协定》时,身为河北省教育厅厅长的陈宝泉愤然辞职。1937 年七七事变后,陈宝泉接受天津市教育局邀请,给中小学教师作报告,劝勉教育界同仁奋发图强。陈宝泉以自己拳拳爱国心实践着爱国主义教育和高尚的德育精神,将教育使命融入躬行实践,将道德教育融入生命体悟,从而在教育和人格上赢得了社会和时代的敬仰。

第七章

竺可桢「求是」的教育管理实践

竺可桢(1890—1974),浙江绍兴人。我国著名科学家、教育家,中国科学院学部委员(院士),我国现代地理学、气象学的主要奠基人。1910年作为第二期庚款生赴美留学,1910—1918年先后就读于美国伊利诺伊大学农学院、哈佛大学研究院,并获气象学博士学位,在此期间参与创立中国科学社。1918年回国,先后在武昌高等师范学校、南京高等师范学校、南开大学任教。1920—1925年,创建东南大学地学系。1948年当选中央研究院院士。1949年以后,曾任中国科学院副院长、中国气象学会名誉理事长、中国地理学会理事长等学术职务。1936—1949年,任浙江大学校长。

竺可桢作为科学家受人敬仰,而作为教育家,同样备受尊敬。竺可桢任浙江大学校长长达十三年,抗战前夕临危受命,带领浙江大学历经抗日战争和解放战争。战乱中,竺可桢显现出非凡的胆识和魄力,从上任第二年的1938年开始,他带领浙大师生四次西迁,"先迁本省建德,再迁江西吉安、泰和,三迁广西宜山,四迁贵州遵义,直至抗战胜利后返杭,颠沛流离长达九年"①。浙江大学的一位校友回忆道:"上千的人,驮着一个大学,在烽火连天的夹缝中,奔走万里的路程,经历六七省的地域,世上的人们,欣赏着他们的工作,来通力合作,渐渐增加着驮负的行列,到二倍,到三倍,到四倍;经过漫长的时间,又凭着4 000人的力量,依然驮回来,不能不算是五千年来的奇迹。"②竺可桢带领的浙大,在艰难中坚持教学科研,并日益强大,培养出了一大批科技人才,浙江大学由此从一所地方大学一跃成为一所被誉为"东方剑桥"的全国著名大学。浙江大学的不断成长与蜕变,与身为校长的竺可桢执着探索的敬业精神密不可分,而身为一位科学家校长,其严谨科学的思维和作风,也深刻影响着他的大学管理理念及其

---

① 杨士林.竺可桢的教育思想与实践[C]//竺可桢逝世十周年纪念会论文报告集.北京:科学出版社,1985:10.

② 一丁.乱世先生[M].北京:台海出版社,2016:154.

教育管理实践。

一、"求是"的教育管理理念

（一）求是——大学教育之灵魂

竺可桢将"求是"确立为浙大校训，一是传承浙大前身——求是书院"求是"的办学理念；二是源于他本人作为科学家"求是"的学术精神和毕生追求，并以自己毕生的科学研究和教育管理认真实践着"求是"精神。竺可桢将"求是"定为浙大校训，并赋予其特定的教育内涵，则是在浙大教育管理实践中逐步酝酿和成熟的。

求是书院，1897年由杭州知府林启创办。作为在清末内忧外患，尤其是中日甲午海战、北洋水师全军覆没之后创立的清末最早的新式高等学堂之一，求是书院致力于培养御敌救国之人才。后曾更名为浙江大学堂、浙江高等学堂，因与民国新学制不符，1914年停办。求是书院以"求是"命名，体现出其朴素而卓越的"求是"精神，并影响着整个学院乃至后来的浙江大学。

竺可桢青少年时期的学习经历，深受古代先贤的影响。他从小已能背诵《四书》，并开始学做八股文；入学家乡绍兴东关镇小学堂"毓菁学堂"，师从当地旧学渊博的著名学者章镜尘先生；后就读于上海澄衷学堂、复旦公学。这些求学经历奠定了竺可桢坚实的国学功底。竺可桢很欣赏《中庸》里"博学之，审问之，慎思之，明辨之，笃行之"的为学格言，其中的"慎思""明辨"均体现出思想独立、学问求是的治学精神。竺可桢的中学时代，正处于中国社会大变革的前夕。面对国家动荡，遭遇外侮，身为中学生的竺可桢，认为关键原因是中国科学技术落后于列强，同时受到在沪演讲的蔡元培和杜亚泉影响，更加坚定其"科学救国"的思想[①]。后来，竺可桢选择农学、气象学等学科进行深造，以求真务实的态度探求科学真理，均深受"科学救国"思想的影响。

竺可桢的教育管理思想，与其在哈佛大学的学习经历密切相关。在哈佛大学求学期间，竺可桢对该校的学风和学制有了较多的认识。哈佛大学以"Faith of Truth"（信仰真理）为校训，哈佛大学校长劳威尔（A. L. Lowell）曾在对一年级学生的讲话中，要求"不要过信老师所讲的话，以为金科玉律不能变动"。[②] 主

---

① 竺可桢传编辑组.竺可桢传[M].北京：科学出版社，1990：9.
② 竺可桢.竺可桢全集（第2卷）[M].上海：上海科技教育出版社，2004：447.

张思想自由、追求真理的哈佛校风,对竺可桢的为学、为人产生了重要影响。哈佛大学校长埃利奥特(Charles William Eliot)以四十年之不懈努力,改进学制,增聘著名教授,倡导自由学术,将一所普通学校改造成世界知名大学,①更让竺可桢印象深刻。竺可桢一生为人正直,为学严谨,在浙大教育管理中切实践行着追求真理的"求是"精神,并时刻凸显出身处中华民族前所未有的动荡和变革时期,一代热血男儿义不容辞的厚重的民族历史感和崇高的教育使命感。

1936年4月,竺可桢在就任浙大校长前曾给浙大学生做了一次关于《大学教育之主要方针》的讲演。此次讲演从浙江历史入手,以浙江先贤黄宗羲、朱舜水为学问而努力、为民族而奋斗的精神为典范,结合当时中国内忧外患的艰难时局,对浙大的未来发展做了前景性的总体规划,浙大未来十三年的建设发展格局初步形成。其中尤其谈到了运用自己思想的重要性:"我们受高等教育的人,必须有明辨是非,静观得失,缜密思虑,不肯盲从的习惯,然后在学时方不致害己累人,出而立身处世方能不负所学。"②他还认为,大学教育,不是以传授现成的知识为终极目的,而重在提示学生获得知识的方法,并且"培养学生研究批判和反省的精神,以期学者有自动求智和不断研究的能力"。③在一次新生谈话会上,竺可桢对浙大精神作出了高度评价:浙大的精神可以"诚""勤"两字表示。他认为浙大精神及其学风,以及浙大学生勤恳、不浮夸的特质,与其前身求是书院一脉相承。他要求学生应有清醒的头脑和独立的思想,有主张有作为,避免盲从,为学处事须有科学的方法、公正的态度、果断的决心。因此,求是精神首先是一种注重独立思考的思辨精神。

竺可桢很推崇王阳明致知力学、知行合一的学术精神,认为王阳明理论上重在求真功夫,实用上则求在能行。对于学术史上程朱陆王辩论,竺可桢特别推崇王阳明"无心求异、唯求其是"的学术态度,认为这恰是"求是"二字的最好注释,是治学做人的最好指示。竺可桢坚持治学要"求真理,固宗旨",实乃一种追求真理、尊重真理的科学精神。

竺可桢曾为大学一年级新生作了题为《求是精神和牺牲精神》的意味深长的讲话。他指出,浙大的校训"求是",与哈佛大学的校训"Faith of Truth"意味相同。"求是",不仅限于埋头读书或者在实验室里做实验,而应通过《中庸》所说"博学之,审问之,慎思之,明辨之,笃行之"的途径,"深思熟虑,自出心裁,独

① 竺可桢传编辑组.竺可桢传[M].北京:科学出版社,1990:12.
②③ 竺可桢.竺可桢全集(第2卷)[M].上海:上海科技教育出版社,2004:337.

具只眼,来研辨是非得失"①。并且要有如主张"太阳中心论"者布鲁诺、主张进化论的达尔文、航海家哥伦布、民主革命家孙中山一般,他们的求是精神,又实为一种为追求真理、坚持真理而不惜杀身成仁、舍生取义的牺牲精神。

在竺可桢执掌浙大的过程中,不断强调"求是"精神之精要,并对其作了充分阐释和发挥,"求是"精神深入人心。他认为近代科学的目标是探求真理,科学的精神在蕲求真理,因此,对待科学应当采取的态度是"不盲从、不附和,一以理智为依归。……不屈不挠,不畏强御,只问是非,不计利害;虚怀若谷,不武断,不蛮横;专心一致,实事求是,不做无病呻吟,严谨整饬,毫不苟且"。② 竺可桢提出大学的使命之一即是要培养学生独立思想的求是精神,"养成自己能思想之人,而勿蕲教师逐字释义"。③ 1945 年 7 月 1 日,竺可桢在浙大毕业典礼演讲中,复提"求是"校训,希望浙大毕业生在履行公民义务之时,应做到明是非,遵循科学之求真精神。

竺可桢在浙大的教育管理实践中,处处体现出科学家、教育家严谨的科学态度、真诚的求是作风,他作出的每一个决策,制定的每一项制度,乃至他每一项科学研究成果,都坚持"求是"精神,亦即:慎思明辨、思想独立的思辨精神,唯求其是、坚持真理的科学精神,不计利害、敢于牺牲的牺牲精神。竺可桢以自身的言行真实恰切地演绎着浙大的"求是"精神,以身作则,潜移默化地影响着浙大的师生,"求是"精神在浙大蔚然成风,成为浙大精神的标志。

(二) 服务——大学教育之使命

竺可桢对大学教育的使命有着自己独特的理解。他认为,大学应当培养对社会有用的学有专长、学问贯通型人才,应有自己的社会担当和历史使命,能够服务社会,影响社会,甚至改造社会,转移国运,而绝非仅仅在书斋里坐而论道。这一教育思想贯穿于竺可桢整个教育管理实践之中,而对于这一思想的形成,亦与竺可桢早年的教育经历密不可分,更是由当时中华民族所处的危机重重、举步维艰的时代遭遇所促成的,更是由他本人作为知识分子所具有的历史使命和民族担当的高尚境界所造就的。

竺可桢明确指出,"大学是养成一国领袖人才的地方"④,告诫学生应改掉盲从习惯,"须从学业思想道德体育各方面努力,方可养成将来健全的社会领袖,

---

① 竺可桢.竺可桢全集(第 2 卷)[M].上海:上海科技教育出版社,2004:461.
② 同上:539.
③ 同上:563.
④ 同上:351.

为国家民族效劳"。① 竺可桢对社会上存在消极退让、不劳而获、只顾自己的享福观念多次给予无情批判,指出这一积习已久的享福观念的诸多弊端,诸如不做事、不担责、不进取、不独立、不创新,与一衣带水的日本民族的奋发进取、努力创新的精神面貌产生了强烈对比。"一般人以享福为人生最大目的,中国民族必遭灭亡。……现在的世界是竞争的世界,如果一个民族还是一味以享受为目的,不肯以服务为目的,必归失败"。② 他对大学毕业生寄予殷切希望,希望毕业生走上社会以后,摈弃享福哲学的污染,自淑淑人,协助地方,改良社会,开创风气,为民族和国家服务。

1937 年七七事变爆发,中华民族面临前所未有的灾难与挑战,竺可桢对浙大学生更是责之切切。他说,国家在民族危难、经济紧张之际,每年却要为每位大学生花费近两千元的费用,"为的是希望诸位将来能做社会上各业的领袖。在这困难严重的时候,我们更希望有百折不挠、坚强刚果的大学生,来领导民众,做社会的砥柱"。③ 竺可桢更以王阳明为教育典范,极为推崇王阳明在外侮深入、国步艰危之时所表现出的精忠报国、英勇献身的精神,认为大学生应头脑清醒、眼光远大、意志坚强,树立国家和民族观念,传承与发扬阳明先生之爱国精神,尽卫国之义务,更进一步明确了大学教育的目的,"决不仅是造就多少专家如工程师医生之类,而尤在乎养成公忠坚毅,能担当大任,主持风尚,转移国运的领导人才"④,并在多次毕业典礼和毕业会上反复提及,要求毕业生树立为社会和民族服务的人生观。随着抗战的胜利和国运的好转,竺可桢关于大学使命的"服务"理念一以贯之,然而具体内容和侧重点开始发生了变化。在 1948 年对新生训话时,再一次言及大学的使命:"一,养成专门人才,以备来日作医师、教员、工程师及进研究所、办集体农场等用;二,培育良好公民,作中流砥柱,社会领袖,为大众谋福利。"此时的"服务"理念的具体内容,不再是抗战时期的抵御外侮、为国献身,而是更加侧重于国家的建设。至此,竺可桢的"服务"理念得到了完整的诠释。

二、诚聘英才,教授治校

早在赴任浙江大学校长前夕,竺可桢就对浙大的情况进行了认真而全面的

---

① 竺可桢.竺可桢全集(第 2 卷)[M].上海:上海科技教育出版社,2004:331.
② 同上:372.
③ 同上:441.
④ 同上:455.

了解,总结了浙大前任校长郭任远的管理教训,在此基础上提出了浙大教育改革的思路。竺可桢在对浙大学生的首次讲话中,具体阐释了他的教育管理思想和主张,具体包括四个部分:从民族的高度和历史的深度上,明确浙大的历史的和时代的使命;办好大学包括教授人选、图书仪器设备、校舍建筑等要素,而其中尤以教授人选的充实为最要;给贫寒子弟提供充分的求学机会,并设置公费生;强调学生独立运用思想、切忌盲从的重要。

竺可桢的这次讲话,对浙大的未来发展做了前景性的总体规划,基本奠定了浙大未来十三年的发展格局。随着竺可桢在浙大教育管理实践的逐步展开,关于民主治校、学术交流、学科贯通、导师制等管理理念及措施,都使得这一管理方针得以不断充实和完善。

(一) 唯才是聘

竺可桢说:"教授是大学的灵魂,一个大学学风的优劣,全视教授人选为转移。假使大学里有许多教授,以研究学问为毕生事业,以作育后进为无上职责,自然会养成良好的学风,不断地培植出来博学敦行的学者。"[①]在他看来,教授应以研究学问为毕生事业,是以培养学生为最高职责的一群身负使命之人,而绝非一种值得炫耀的荣誉和名头。

在当时极为艰难的社会环境下,在高校沦为各种政治力量角逐场的动荡时局中,在为学术独立、教育独立奋力摇鼓呐喊的激烈情境中,竺可桢为了实现其伟大的教育抱负,力排万难,诚聘英才。竺可桢在聘请学者的过程中,以高尚品格为号召力,吸引人才瞩目;以真才实学为秉持标准,不问资历出身;以优渥薪俸为真诚条件,诚聘各方英才。在竺可桢的真诚感召下,浙大招募了一大批富有才华和远见卓识的教授英才,为实现教授治校做好了准备。

(二) 教授治校

教授不仅是教学和学术上的"灵魂",同时还是校务行政工作中的中坚力量。竺可桢坚持浙大由教授治校,民主管理,并在教授中挑选兼具学术实力和管理能力的教授,担任学校、院系各级领导职务,在如此高水平、高素质的领导群体的管理下,浙大的教学和科研质量得以保证。

秉持竺可桢"教授治校"的管理理念,浙大成立了校务委员会作为学校最高权力机构,讨论和决定浙大的所有重要校务。校务委员会成员均由校长、教务

---

① 张彬.倡言求是,培育英才——浙江大学校长竺可桢[M].济南:山东教育出版社,2004:47.

长、训导长、总务长及教授代表担任。教授代表由全体教师每年民主选举产生。校务委员会注重发挥教授在校务管理中的"灵魂"作用。校务委员会会议每月召开一次,讨论学校发展大事;所设的常务委员会会议每周一次,讨论学校日常事务。并根据需要成立了专门委员会,分管各种专门事务。专门委员会几经调整,至 1948 年确定了 10 个常设委员会:预算委员会、经费稽核委员会、章则委员会、聘任及升等审查委员会、校舍委员会、招生委员会、训育委员会、图书设备委员会、文化合作及出版委员会、福利委员会,并颁布各种委员会通则,明确了常设委员会的主要职责。

在浙江大学的教育管理实践之中,竺可桢在作出重要校务决定之前,从不独断,都会通过教授会、讲师会和学生自治会等团体进行调研,广纳意见,并通过集体讨论慎重决断。对于最终决定的重大方针、规章制度,以及校务会议决定的重大事项,竺可桢会通过诸如浙大主办的校内刊物《国立浙江大学校刊》《国立浙江大学日刊》等,以及学校会议、典礼演讲、总理纪念周等途径及时向校内师生公开。

三、民主科学的学生管理制度

(一) 设立训育委员会,取消军事化管理

郭任远主持浙大期间,曾实施"大学军队化"的管理方针,对学生采取军事化管理,部队军官常常独断专行,随意处罚学生,浙大管理呈现法西斯化和军国主义化。竺可桢接任校长后认为,对大学进行军事化管理,无视学校师生的个人自由和独立精神,严重违背了大学精神,这样是办不好大学的,这也是郭任远在浙大失败的一个重要原因。"盖郭任远在浙大之失败,军事管理实负其责,而所用三军事管理员皆低薪水阶级,资格甚差,不足引起学生之敬仰心,学生衔之切骨,寻常高压之下,敢怒而不敢言,一旦爆发,乃不复可抑制。"①

在竺可桢的建议下,浙大废除军事管理处,改革训育制度,以及对一年级新生实施集中军事管理的一年级主任室,建立训育委员会。训育委员会下设军训部和训育部,将军训和训育分设管理。对学生的处分必须经过训育委员会集体讨论方能通过,有效地防止了军官的个人专断行为。训育委员会制度,是竺可桢在浙大的一次重要改革,这一制度的有效实施,彻底清扫了郭任远时期的法

① 竺可桢.竺可桢全集(第 6 卷)[M].上海:上海科技教育出版社,2004:63.

西斯教育制度,从而使浙大在治校和管理上逐步形成了民主风气。训育委员会制度从竺可桢上任开始实施,并一直延续到1949年。

(二)实行导师制

在浙大实施导师制,是竺可桢在反思和总结浙大前任校长郭任远的"大学军队化"管理的教训基础上,在受到早年留美求学时欧美大学导师制影响下所作出的决定。竺可桢在哈佛大学读书期间,深刻感受到导师制所产生的教育效果,导师大多采取讨论的方式与学生进行思想互动,能够充分激发学生对知识和研究的兴趣,并达到启迪智慧的良好效果。竺可桢十分认同欧美大学的导师制,"英国大学如同剑桥、牛津均用导师制,师生之间接触极多。就是德法大学,虽是大学生极为自由,寻常连考试也极少,但是在实验室里,每个教师所收的学生,为数很少,学生有机会能与教师接近。就是在美国,最近七八年来,在几个有名的大学里,如耶鲁、哈佛,也慢慢通行导师制了。从哈佛大学历年校长报告,我们可以晓得该校实行了导师制后,学生成绩比以前优越"。① 并且,导师制还有助于训育产生良好的效果。总之,竺可桢认为导师制益处多多,已被广泛使用,不仅能够增进师生之间的学术交流和互动,有利于教师有针对性地指导学生进步,而且能够使学生在潜移默化中受到教育。

相比之下,我国传统的教育模式是"教而不训",即只注重知识的传授,而不重视品格的陶冶,如此教育培养出来的学生只能是知识和技能的负载者,而缺少人格修养的教育,却无法培养出真正的有担当、转国运、德智并重的优秀人才。即便是在教而不训的传统教育模式下,"教"也存在诸多弊病,仅仅满足于修满学分、取个文凭、保证就业,如此浅见陋习,忽视了钻研学业的初衷,缺少了独立思考的能力。比如学分制,学生仅仅满足于修满一百二十学分,即可毕业,这种模仿欧美、本末倒置的做法,遭到当时国际联盟来华视察的专家的一致批评,认为过于机械。这些弊病都与竺可桢"公忠坚毅、能担当大任、主持风气、转移国运的领导人才"的培养目标格格不入,实行导师制势在必行。

浙大开始实行导师制,并注意教训合一。导师由品学兼优的教授担任,"教授除了授课以外,还给学生补习、讨论和共同实验,⋯⋯要能使之普遍及于全校,庶几可以使教训合一"。②竺可桢认为,身为教师,最好的训导便是以身作则。教师同学生加强交流与互动,拉近师生距离,不仅能对学生进行专业上的

①② 竺可桢.竺可桢全集(第2卷)[M].上海:上海科技教育出版社,2004:351.

有效指导,同时对学生进行道德修养上的陶冶培养,从而达到教训合一的目的。

浙大最终确定由学生自由选择导师,并且进一步明确了导师制的实施方法:其一,各导师须每周至学生膳堂内与学生会餐一次,餐时及餐后留意学生生活并与之接谈;其二,全体导师每月举行会议一次;其三,各导师领导学生人数,暂以12人为原则;其四,三、四年级学生以本系教授为导师,二年级学生以本系教授或任课教员为导师;其五,各导师定时或随时与学生谈话,解答启导。后来,导师委员会决定废止导师与学生每周会餐,改由导师召集学生谈话。

在导师制的实施过程中,竺可桢以身作则,对自己指导的学生随时随处以身垂范,教诲谆谆。竺可桢还经常给毕业学生赠送亲自题写的诗句警言,寄予殷切期望。

四、拆除学科壁垒,实施通才教育

以"求是"精神为指导,以培养公忠坚毅、挽救国运的领导人才为目标,竺可桢在学科教育上,注重学有所精和文理兼通,更加关注打通学科界限,进行通才教育。

(一)重视基础,文理兼修

郭任远主持浙大时期,浙大以科系为单位分设专业课,然而对国文、中外史地等基础课却未作任何安排。竺可桢觉得郭任远的"物质主义"办学思想十分不妥。"若侧重应用的科学,而置纯粹科学、人文科学于不顾,这是谋食而不谋道的办法。"[1]1936年5月,竺可桢在浙大主持的第一次校务会议上,即提出一年级不分,设立中国文学系、史地学系,成立公共科目课程分配委员会以加强基础课等议案,并获得通过。竺可桢强调对一年级新生的基础课教育,废弃沿袭已久的不合理的专业教学设置。在对一年级新生的课程设置上,加强了数理化等理工科基础课程,中文、外文等语言文学基础课程,以及中国通史等社会科学基础课程的学习。

竺可桢强调基础课教学质量,为避免基础课教学流于草率,浙大安排了一流的知名教授担任基础课教师,以保证基础课的质量和水平,从而真正加强浙大学生的基础知识和文史素养,为实现通才教育目标打好坚实基础。

同时,文理课程的综合设置,尤其是将中国通史设为必修课的做法,与竺可

---

　　① 一丁.乱世先生[M].北京:台海出版社,2016:160.

桢培养"公忠坚毅、转移国运"的领导人才的宏伟教育目标一脉相承,更突出体现了在战乱年代民族危机重重之时,竺可桢深厚的历史使命感、沉重的民族责任感,以及对浙大学子寄予的殷切希望。

抗战胜利后,世界和中国都不得不应对战争对社会的灾难性破坏。纽曼等美国教育学者开始反思战争的深刻教训,反思单一科技人才教育的偏狭,并重新认识通才教育的意义。竺可桢对此感受颇深,并在1945年9月23日的《大公报》上发表《我国大学教育之前途》一文,再一次提出了重视通才教育的问题,主张大学教育应当兼顾通才教育与技术教育,并以通才教育为主,认为学生应有较宽的知识面和稳固的理论科学知识基础,再具备一定的专业技术知识。他批判了我国近代以降积习已久的重理轻文的偏颇现象、重技艺轻理论的实科倾向,以及谋食不谋道的恶劣风气。重理轻文、实科教育,是中国近代教育在批判传统教育重文轻理、忽视实科等弊端的基础上所做的调整,在近代中国经济与科技亟须发展之时起到了不可忽视的作用。然而教育界矫枉过正的做法,加上战争带给教育界的诸多沉痛教训,使得人们不得不对现有的教育模式重新叩问,再次反思被忽视的文史德育。竺可桢希望教育界纠正过去轻文弃道的实用主义偏激风气,实施文理并重、德智兼修的通才教育,培养真正公忠坚毅、有社会担当的通才,唯其如此,中华民族才有希望。

(二)跨系选课

竺可桢认为,学生应当有宽广的知识面、开阔的眼界,而不应单单囿于所学专业的狭隘视野,被机械的专业划分阻断了学科之间的固有联系,进而对既有的壁垒森严的专业设置提出了不同的看法,主张学生跨系选课。

竺可桢在安排知名教授为一年级学生开设基础课的同时,减少专业必修课,增加外系选修课,甚至可以根据学习需要选择专业相关的辅系,以助于学生扩展知识领域,加强各科之间的渗透。

(三)营造学术氛围

在培养学生学术修养和独立思考能力方面,竺可桢和浙大也倾力而为,通过举办学术讨论课、出版学术刊物、组织学术报告会等形式,搭建学术交流平台,为浙大学生营造浓郁的学术氛围。

抗战期间,浙大排除万难,出版了大量学术刊物以增进学术交流,学术刊物的数量也远超战前。据1937年6月统计,浙大创办学术刊物有10余种,而据抗战期间的1941年统计,浙大创办的学术刊物已近40种之多,并且随着时间的推移,刊物数量还在不断增加。浙大还设置了专门的学术讨论课。在学术讨论课上,师生轮流主讲,交流学术研究的最新动态。浙大还经常组织大中型学术报告会,竺可桢往往亲自主持并发言。

（四）社会实践

竺可桢坚信教育效果必须通过社会实践的途径得以验证和加强。在烽火连天、辗转流离的艰难时期,竺可桢乐观对待面临的困难,化被动为主动,将战时的困难看作对浙大学子难得的锻炼机会。在竺可桢的倡导和带领下,浙大师生充分利用自身所学,辅助当地学校制定教学大纲,进行教师培训;设立浙大农业推广部,向当地推广先进的农业技术;勘察地质地貌,协助地方矿业发展;帮助当地开辟垦殖场、修建防水堤;调查地方史地情况,协助编纂地方志;设立民众学校,开办补习班,积极开展民众教育;设立民众俱乐部,募集各种报刊和运动器械,丰富民众生活。

浙大在迁徙的九年中,通过丰富多样的社会实践,不仅师生得到了充分的历练,同时还借此作出了出色的社会贡献,带动了当地经济文化的多面发展。

五、采取多种途径,延揽优质生源

（一）优选生源

在竺可桢看来,教师的质量和学生的质量对于高校建设具有同样重要的意义,因此,竺可桢不仅关注聘请真才实学的教授,同时也注重选择能成为可造之才的优质生源。

浙大通过高校联考、接受保送、学校推荐等多种途径,延揽优质生源。招生过程坚持公平公正、择优录取的原则。竺可桢坚持严格的选生标准,绝不因人情关系等任何外部因素而改变标准,进行丝毫妥协,即便是对省里的高层领导或者是自己的至交,或者是本校的教职工,亦不作任何通融。竺可桢对拉关系走后门的行为深恶痛绝,他曾在日记里就一些希望浙大就招生大开方便之门的行为深感愤慨:"任何教职员子女只要中学毕业均可不考进校,我们就成为特殊阶级,安能如此办理耶?""此门一开,以后效尤者不可胜数,从此浙大学生均可将考试不及格者之学生入校矣。"①

同时,他对考生分数持有不同看法,他认为考分只能说明部分问题,而不能展现一名考生的全部,故而并不认同唯分数是从的做法。因此,浙大对生源选

---

① 竺可桢.竺可桢日记(第2册)[M].北京:人民出版社,1984:1163.

择坚持自己的认定标准,接收符合浙大标准的生源。

(二) 资助贫寒子弟

竺可桢对家境贫寒的优秀子弟格外关注。在他看来,"天才尽多生在贫寒人家,而贫困的环境又往往能孕育刻苦力学的精神,所以,如何选拔贫寒的优秀学生使能续学,实在是一国教育政策中之一种要图"。[①] 竺可桢自己年轻时的求学艰难,曾受到章镜尘先生资助而读书。相似的求学经历更令其增加了对贫寒子弟的同情和关注。

然而,近代经济低落,学校收费昂贵,使得贫寒子弟读书求学成了难题。竺可桢算过一笔账,"中学读书已非每年五十元或一百元不办,等到一进大学,每年连个人日用有需四五百元以上者,至少也得要二三百元",而根据当时江苏省经济调查,"百分之六十六的人民每年收入不到九十元,这就可见百分之三十的人家不易进中学,没有机会进大学的恐有百分之九十九以上"。[②] 这一严酷的教育现状,不仅将许多优秀的寒门青年拒之高校门外,对社会和国家更是莫大的损失。

为此,竺可桢采取公费资助、工读制度、奖学金制度等多种方式,对浙大招收的贫寒子弟进行奖励和资助,"因大学费用负担较大,贫寒好学青年,往往失去上进机会。下年度起,拟设置公费生,全部免费;并与教育厅联络,由中学免费办法,奖掖有为青年进受专门教育"。[③] 浙大在招生名额中设立公费生名额,奖励优秀的贫寒子弟。同时成立浙大工读委员会,"分调查、情报、教育、工程、垦殖、卫生等股,以办报、合作社、中小学、修理马路等数项为补救贫困学生之法",[④]《浙大日报》即是由工读学生根据国内外电台新闻而编印并在校内出售的。贫寒子弟通过参加工读活动取得报酬,维持学业。

六、注重科研立校

(一) 加强校内科研机构建设

竺可桢曾引用朱熹的名句来比喻大学的科研与教学的关系:"问渠那得清

---

① 张彬.倡言求是,培育英才——浙江大学校长竺可桢[M].济南:山东教育出版社,2004:86.

② 竺可桢.竺可桢全集(第 2 卷)[M].上海:上海科技教育出版社,2004:337.

③ 同上:331.

④ 张彬.倡言求是,培育英才——浙江大学校长竺可桢[M].济南:山东教育出版社,2004:97.

如许,为有源头活水来。"科研与教学的关系就好比源与流的关系,科研水平决定着教学质量,因此竺可桢十分注重浙大的科研建设,并通过多重管理措施加强浙大的科研建设。

其一,增设学术研究机构,为教师提供安定的学术研究场所。浙大先后设立了 11 个学术研究机构:1939 年设文科研究所史地学部和史地教育研究室,理科研究所数学部;1941 年设工科研究所化学工程学部;1942 年设理科研究所生物学部、农科研究所农业经济学部;1947 年设物理学部、化学研究所;1948 年设教育研究所和中国文学研究所;1949 年设人类学研究所。[①]

其二,加强国内外学术交流。通过召开大型学术会议,邀请英国剑桥大学生物系李约瑟博十等一批国外著名专家来校讲学,增进学术交流。通过与威斯康辛大学、华盛顿州立学院等国外著名高校交流合作,派教师到国外进修学习,提升浙大师资力量和学术水平。

其三,通过制定各种激励政策,如将科研与职称评定挂钩、科研奖金制度等,加强教师对科研工作的重视,鼓励教师多出科研成果。

在竺可桢的倡导下,以及一系列科研管理措施的引导下,浙大学术气氛浓郁,教师从事学术研究的积极性大为提高,产出了许多重要成果,而教学质量也随之水涨船高。

(二) 重视图书馆建设

明确大学图书馆建设的重要性。19 世纪英国文学家卡莱尔(Thomas Carlyle)曾说,"一个好的图书馆就是大学"。"公共图书馆尚且如此,大学图书馆自更有高尚的学术价值了"。[②] 竺可桢曾不止一次地指出图书馆建设的重要意义。上任伊始,竺可桢便分析过人才与图书设备"相辅相依、相得益彰"的关系:"一个大学必有众多超卓的学者,才能感到图书设备的重要,而且会扩充合用的图书;也唯有丰富的图书,方能吸引专家学者,而且助成他们的研究和教导事业。……'工欲善其事,必先利其器。'所以,教授学生欲利其研究,必须充实其图书仪器各项的设备。"[③]由此可见,竺可桢将图书设备建设放在了学校建设极为重要的位置。

分析浙大馆藏图书现状。竺可桢还就国内外著名大学藏书情况做了对比

---

① 竺可桢传编辑组.竺可桢传[M].北京:科学出版社,1990:91.
② 竺可桢.竺可桢全集(第 2 卷)[M].上海:上海科技教育出版社,2004:336.
③ 张彬.倡言求是,培育英才——浙江大学校长竺可桢[M].济南:山东教育出版社,2004:80.

介绍："清华大学藏书二十八万余册,中山大学、燕京大学各约二十七万册,北京大学二十三万册,已算最多。次则中央大学、金陵、岭南、南开也都在十五万册以上。"①当时浙大图书馆藏书六万册,已是捉襟见肘,与世界著名大学如哈佛大学的三百七十万册藏书、柏林大学的二百万册藏书相比,更是天壤之别。

增加图书经费。竺可桢主持浙大之初,即十分重视图书经费问题。他认为,"大学经常费,关于行政费应竭力节省,教职员薪金所占不能超过百分之七十,而图书仪器设备费应占百分之二十或至少百分之十五"②,并决定尽快谋求增加购书经费。在教育经费有限的情况下,通过尽量减少行政开支、争取英庚款委员会资助、中华教育文化基金委员会资助等多种途径,以满足增购图书的经费需求。

添置图书期刊。竺可桢通过增加图书经费,为添置浙大图书做好了经费铺垫。在选择图书期刊上,竺可桢非常关注能够反映国际学术前沿的中外书刊,并想方设法收集和购买。他充分利用出国考察和参加国际会议之契机,采集学术书刊;向重庆外国使馆寻求科技图书,托人从上海采购外文书刊,并接受邵裴子等名人和学者的赠书。虽处战争年代,几经辗转流离,但收藏工作从未中辍。

爱书护书,加强管理。竺可桢不仅在争取书刊资源、充实图书馆藏方面极尽努力,在图书管理方面也是十分重视。他聘请图书馆专家皮高品为浙大图书馆馆长,全面管理图书馆工作。抗战爆发后,浙大自 1937 年 11 月开始长达两年多、历经赣湘粤桂黔等五省的长途西迁,一路跋山涉水、枪林弹雨、奔波劳顿、颠沛流离。即便在这样艰苦卓绝的环境下,竺可桢经常亲临图书存放处,详细检查图书保护情况,并仔细嘱咐工作人员做好通风防潮工作,甚至亲自动手"为潮湿的书架垫上砖头石块,打开窗子"。在竺可桢无微不至的照顾下,浙大的馆藏书刊得到了很好的保护。

①　张彬.倡言求是,培育英才——浙江大学校长竺可桢[M].济南:山东教育出版社,2004:80.
②　竺可桢.竺可桢全集(第 2 卷)[M].上海:上海科技教育出版社,2004:336.

第八章

张伯苓「允公允能」的教育管理思想与实践

"伯苓精神"是近代中国教育发展史上重要的影响源之一。张伯苓尽其毕生之努力,怀揣"干"的热情,为北方新教育的开拓作出了卓越贡献。他丰富多彩的教育管理实践,执着坚定的教育理想,完整的教育思想体系,都促使南开成为近代教育史上私立学校领域中的奇葩。"我既无天才,又无特长,我终身努力小小的成就,无非因为我对教育有信仰有兴趣而已。"①胡适在《Chang Po-ling:Educator》一文中这样提及张伯苓先生的自我评价。正是这信仰,正是这兴趣,敦促着他脚踏实地、任劳任怨地苦干下去,终创出南开的新天地。

一、自强自立,教育先驱

张伯苓(1876—1951),原名寿春,字伯苓,1876 年出生在中国北方重要枢纽城市天津。他的家庭是一个普通的秀才家庭,家境一般,父亲张久庵淡泊功名,精通音律,尤擅琵琶,人称"琵琶张"。张伯苓出生时家道中落,父亲靠设帐授徒,教授乐器,以维持生计。② 张伯苓的幼年求学之路颇为艰辛,在接受父亲的启蒙与教导之后,先后辗转于温氏家塾、同族家馆、刘氏义塾等处学习。由于家境贫寒,求学过程中不免受到歧视,但张伯苓自幼要强,遇事从不气馁。③

由于家庭经济能力的限制,张伯苓没有能够走上中国传统读书人的科举之路,这抑或是冥冥之中的命缘。自幼好学的张伯苓报考了当时可以免费入学的北洋水师学堂,并入航海科(俗称驾驶班)。④ 就张父的期望而言,张伯苓考入北

---

① John Leighton Stuart, et al., *There is Another China*. New York:Columbia University Press,1948,p.9.

② 侯杰,秦方.张伯苓家族[M].北京:新星出版社,2018:3—5.

③ 张锡祚.先父张伯苓先生传略[M].天津:南开大学出版社,2016:17.

④ 孙彦民.张伯苓先生传[M].台北:台湾中华书局,1971:5.

洋水师学堂不是理想的选择,而北洋水师学堂优渥的"待遇"是张伯苓就读的直接原因。在此学习,除免交学杂费、住宿费之外,每月还发放赡银四两,这是一笔不小的收入。这也意味着就学期间,不仅自己衣食无忧,还可以补贴家用。① 北洋水师学堂是当时直隶总督李鸿章创办的,学校旨在培养近代海军人才,以达到"师夷长技以制夷"的目的。洋务派引进西学西艺,主要让学生学习英语和西方自然科学。当时的学堂总教习是著名留洋学者严复,他是清政府早期派往英国留学的学生之一。严复于 1877 年赴英留学,1879 年回国,历时两年多,②先就读于抱士穆德大学院,学英语、天文学和驾驶技术。后进入格林尼治皇家海军学院,攻读算术、物理、化学、海军战术、海战公法和枪炮营垒等功课。③ 留学期间,其他同去学员把大部分时间用于军舰实习,只有严复一人没有到军舰实习,而是把大量时间花在学校里,花在摸索、研究可使中国复兴的根本道路上。④ 他对于西方资本主义社会的现状有充分的了解,对其近现代政治学、哲学、自然科学、经济学等都有较为深入的研究。严复回国后一直致力于倡兴西学以开民智,坚持教育救国对于民族的重要意义。北洋水师学堂非常强调专业科学技术知识的学习,严复在该校也一直强调通过学习实用知识提升自身与民族的竞争力,以抵御外国侵略。北洋水师学堂因此形成了浓厚的学习氛围,学生们认真学习西方最先进的科学知识,课业繁重而又丰富。张伯苓在此时期,学习到了新知识新文化,也领略到了西方教育的独特魅力。严复的教育理念和教育思想对张伯苓的教育之路产生了重要的影响,直至成为著名的教育实践家,仍然不忘对严复行弟子礼,感激师恩。北洋水师的学习经历与教育体验都对其产生了持续性的影响和作用,为其今后毕生之教育生涯奠定了牢固的思想基石,促使其将西方新式教育移植到中国社会,并结合国情摸索新的教育救国道路。

近代中国社会的颠沛流离和民族危亡警醒了一批又一批的爱国志士。救亡图存成为那一时期的社会主旋律。许多知识分子面对封建统治日薄西山的局势,面对世风日下百姓困顿的现实,纷纷致力于求索救国之路。他们中的许多人都是接受过新式教育的,也有许多有着留洋经历,所以就将教育视为最有效的捷径。张伯苓由于家境窘迫,对于社会的感受更为敏锐和直接,也更强烈。

① 侯杰,秦方.张伯苓家族[M].北京:新星出版社,2018:11.
② 王栻.严复传[M].上海:上海人民出版社,1957:5.
③ 牛仰山.严复[M].天津:新蕾出版社,1993:19.
④ 王栻.严复传[M].上海:上海人民出版社,1957:7.

他从北洋水师学堂毕业之后，按计划应派往练船实习，然而甲午战争爆发，北洋海军几近全军覆没。张伯苓为此只得"赋闲在家"。"赋闲"期间，张伯苓完成婚事，娶天津世家女王氏为妻。张伯苓婚后不久，便被派往通济舰服役。在舰队服役期间，张伯苓目睹海军日益衰败，士兵士气低落、精神涣散、不务正业，顿感痛心和激愤，遂对军事救国的理想抱有深深的怀疑。随后在从日本手中接收威海卫，再移交英国的"国帜三易"，使其更加坚定地放弃了军事救国的理想。在张伯苓看来，军事救国只能改变军事落后的现状，而不能从根本上改造中国社会，并使之日益强大。经过审慎思考，张伯苓认为改变中国的首要之法，在于教育。他首推教育为国家自强之端，通过推行新式教育改造国民，抵御外国侵略。张伯苓毅然决然白海军退役，基于对国家和民族的忠诚，基于对教育的热烈情感，开启了自己的教育生涯，无私奉献于教育事业。他的妻子王氏不顾众人的反对和不解，坚决支持张伯苓此举，几十年如一日地守护着他，淡泊名利，甘于清贫，这给予了张伯苓莫大的鼓舞与动力。① 至此，张伯苓开始了重大的人生转折，投身教育事业以寄托自己的救国之梦。这样的志愿和希冀一直支撑着他在步履维艰的战争时期献身教育，一步一步向前走，艰苦勤奋地拼搏在教育一线，树立了一代教育家的风范，难以逾越。

张伯苓将自己的教育起点设在家乡天津。天津在那个时期是较为发达的通商口岸，开放度较高，城市近代化程度也较高，这为新式教育的推广提供了良好的土壤。张伯苓在这里耳濡目染，感同身受，并与一批教育家交流学习，比如严复、陈宝泉、严修等，这些爱国教育家的锐意改革深深打动了张伯苓，从他们身上他汲取到了养分和动力，也受到了严修等人的鼎力提携和指引。这为之后南开的发展打好了基础。

张伯苓作为中国封建文化和西方现代文化碰撞时期的新一代知识分子，能够接受西方新思想新文化的精华，也有着变革创新的勇气。严修则是当时著名的儒学家，具有深厚的儒学底蕴，也有着自强自立、正德笃实的高尚品格。张伯苓和严修可谓是志同道合，胡适将他们在南开的合作视为"一件美满的事件"。严修运用自身渊博而深厚的知识、蜚声直隶的崇高道德、温恭谦逊的学术态度很好地帮助了张伯苓开创南开事业。两人都有着忧国忧民的忧患意识，都有着"匹夫天下"的社会责任感，也都对教育有着情有独钟的热爱与执着，他们为了南开的成长展开了和睦无隙的合作。从 1898 年到 1929 年，他们一起共事 30

① 梁吉生.南开逸事[M].沈阳：辽海出版社，1998：19.

余年。其间,他们一起克服办学过程中的重重困难,一起见证南开的苗壮成长,共同进退,是名副其实的良师益友。事实上,张伯苓与严修的结识也是很有机缘的。严修是那个时期著名的教育家。他也对清末的教育与社会现状十分失望和愤慨,立志改变时局。1894年严修出任贵州学政,开始革新书院模式,试图引进新教育,实现中西并举。1897年严修还上书清政府,力荐开设"经济特科",开经世致用之新时代。这一系列举动都导致他无法与封建顽固派当权者共谋事,终官场失意,回到天津开设家馆,以完成自己的教育改革理想。就是这个时候,张伯苓离职于北洋海军,到严府应征任教,主讲数理化和英语。张伯苓在严氏家馆的教育与教学开展得有声有色,他创新教法,尊重学生,鼓励学生讨论和发表自己的看法,也和学生像伙伴一样共处。他还创新性地将西方近代体育纳入学馆教学范围,一种新型的校园文化在这里新兴起来。在严氏家馆,张伯苓实践了自己的教育理想,将对引入新式教育的中国教育现代化的追求体现得淋漓尽致。严氏家馆的课程设置、教授方式、师生关系、教学内容等等都是有着跨时代意义的。也正是以此为起点,张伯苓开始逐步构建自己对高等教育的想象,最终勾勒出一幅雄伟的中国大学蓝图。严氏家馆的日子,可谓是其黄金积累时期,为张伯苓此后的教育实践和教育思想开了个好头。

张伯苓经常把自己比喻成一块石头,需要在崎岖的道路上不停滚动以获得新生。这是一种不气馁不放弃不屈服的精神,是一种坚定不移的信念和多年如一日的毅力。他对教育怀有的就是这种精神、信念和毅力。这也是他能成为教育家的真正根源之所在。张伯苓的教育生涯经历了清朝末期、民国初期、北洋军阀时期、南京国民政府时期直至新中国成立。漫漫长路,张伯苓心系国家和民族,一直努力依靠自己的力量办学。他要抵制住封建传统卫道士们的怀疑和攻击,要面对动荡不安战火纷飞的社会现实,这需要相当惊人的意志力。而南开作为一所私立学校,经费的筹集自然也是最为棘手的。南开创校伊始主要依赖社会上私人和团体的捐赠,少部分来源于学生缴纳的学费和杂费等。但随着战局不断加重,社会捐赠越来越少,学校财政频频告急。张伯苓为了坚持自己的教育理念,为了保证学校教育质量,坚决不滥招生多收费。他只身奔赴各处,寻求社会帮助,就如同化缘的僧人一样,筹募资金。这种拓荒精神和对教育本真的笃定追求是难能可贵的。

1924年,张伯苓将自己的办学道路归纳为三个动力因:信、专、永变。"信"就是抱定终身不变的信仰和信念,不放弃不改变,有始有终;"专"就是要忠诚专一于一项事业,竭尽毕生之努力奉献给它,不动摇,不转移,全神贯注地努力拼搏;"永变"就是在抱定一个目标、宗旨和理想的同时,要因时因地转变具体的操作模式和实践方法。张伯苓将这三点视为自己教育改革的生命线,是不可或缺的动力因。1944年,南开大学迎来建校40周年校庆,张伯苓将学校的发展因素再次总结为三点:个人对教育之信心;同人之负责合作;社会之提携赞助。①

张伯苓一生根基系于南开系列学校,被称作"南开先生"。他在世的75年中,大部分时间为南开学校而喜而忧,殚精竭虑,从无保留。从1919年南开大学开学到1923年创办南开女子中学,1928年创办南开小学,直至1937年,南开形成了从小学、中学到大学的完整体系,他先后担任南开校长四十余年,培养出不少人才。张伯苓提倡教育救国,坚持"土货化"的办学方针,重在培养"知中国""服务中国"的现代国民。在此办学方针的统领之下,私立南开开展了一系列的教育改革,绩著南开,垂范后世。七七事变后,南开和国立北京大学、国立清华大学一起被迫南迁,最终在云南昆明组建西南联合大学,张伯苓任学校常委会委员。1936年迫于抗战形势的紧要和南开学校的生存发展,张伯苓亲自入川,在巴渝大地的嘉陵之津先后购地800余亩,创办了被世人赞誉为"人才的沃土、院士的摇篮"的重庆南开中学。1948年张伯苓出任考试院院长。国民党战败后,张伯苓没有前往台湾,而是选择留在大陆,受到周恩来的赞誉和欢迎。1951年2月,张伯苓在天津逝世。张伯苓的一生是爱国的一生,是用教育谱写大爱的一生。

二、以"知中国""服务中国"为教育目标

作为一名校长,张伯苓深刻意识到教育思想和办学理念对办学的深刻影响。不同于以牟取经济利益而开设的私人学校,南开始终致力于通过教育挽救中华民族于危难之际,致力于培养拥有饱满爱国精神、扎实知识能力的现代实用人才。这个责任是艰巨的,过程是坎坷的,也正是通过这种不断探索的过程,从未知到深知,张伯苓的教育思想得到了深化。

张伯苓一生有数次海外考察、学习的经历,教育始终是其关注的焦点。1917年张伯苓前往美国哥伦比亚大学的学习经历,对其创办私立南开大学有重要影响。在创建私立南开大学之前,张伯苓有两次创建专门科的经历。一是1915年8月,南开学校开办英语专门科;二是1916年创建高等师范专门班。遗

---

① 王文俊,梁吉生,等.张伯苓教育言论选集[M].天津:南开大学出版社,1984:254.

憾的是,最终因"经费困难,教授缺乏"①,英语专门科、高等师范专门班先后停办。专门科(班)试办失败之后,张伯苓认识到自身的不足,也因此"激发了他探索大学教育的斗志"②。在基督教青年会的帮助之下,张伯苓于1917年赴美学习、考察。在入学哥伦比亚大学期间,张伯苓与严修遍访美国各类教育机构,考察内容包括教学法、学制、管理机构设置、董事会运作以及教育经费筹措等。考察期间,张伯苓与严修尤其关注私立大学的创办与运行。

创办一所大学,自有对学校的定位和规划。其实早在南开学校创办专门科(班)之际,时任专门科主任的张伯苓胞弟张彭春就曾对未来大学部的创建有所设想和展望:将来悬想之标的,使南开大学生纵不能发明新理,为世界学问之先导,亦决不令瞠乎欧美开源之大后,必与之并驾齐驱。③ 但在张伯苓考察、学习美国私立大学创建之后,张伯苓对于办学有着自己的思考,也即创办以哥伦比亚大学为模板的大学,致力于培养"知中国""服务中国"的实用人才。

在教育宗旨的确定上,张伯苓经历了不断探索、深化的过程。从美国哥伦比亚大学归来之后,1919年创建南开大学,开设文、理、商三科。在办学早期,张伯苓在南开全力推行美式教育。教材、实验仪器、图书期刊等均来自美国。这一完全模仿美国大学的做法,显然与国情是相悖的。这引发了"轮回教育"风潮。1924年南开学生在《南大周刊》发表《轮回教育》一文,文章尖锐地指出南开大学在教育上的严重"美国化":

> 这些教员所讲的内容多是些美国政治、美国经济、美国铁路、美国商业,……美国……美国……他们赞赏美国和冬烘先生颂扬尧舜禹汤一般。一班学生也任他"姑妄言之",我们"姑妄听之"。一年、二年,直到四年,毕业了。毕业后也到美国去,混个什么M(注:指硕士),什么D(注:指博士)回来,依样葫芦,再唬后来的学生。后来的学生再出洋,按方配药。这样循环下去传之无穷,是一种高一级的轮回。这一种轮回与前一种不同的地方,就是大学毕业生教中学,是半中半英的欺哄法。留学生所用的欺哄法是完全美国法,完全用外国话来唬。这样转来转去,老是循着这两个

---

① 姚渔湘.张伯苓先生的生平[C]//郭荣生,张源编.张伯苓先生纪念集(八旬诞辰纪念册)[M].台北:台湾文海出版社,1975:11.

② 梁吉生.张伯苓教育思想研究[M].沈阳:辽宁教育出版社,1994:201.

③ 南开大学校史编写组编.南开大学校史 1919—1949[M].天津:南开大学出版社,1989:84.

圈子转是什么意见呢？学问吗？什么叫作学问？救国吗？就这样便算救国吗？①

这篇文章引发了南开大学师生对立，以致爆发风潮。为此，张伯苓一度请辞。这也引发了张伯苓及南开学校思考中国化、本土化的问题。

1928 年，张伯苓在其亲自拟定的《南开大学发展方案》一文中明确指出，南开大学的教育目标和培养任务的关键在于"知中国"和"服务中国"，在深刻了解中国国情的基础上，为解决中国积贫积弱的困境而努力，依靠科学文化和技术服务大众、服务社会、服务中国。学校要培养贴近生活、贴近社会、贴近实际的社会人才，凸显了社会应用这一办学理念。

1929 年的欧美考察之行后，张伯苓对教育宗旨又有了更进一步的认识。首先，教育和社会不是割裂的，是紧密联系在一起的，相互作用而进步的。其次，要学习欧美各国对科学和民主的推崇精神，将他们的精华汲取过来，再结合中国国情，发展中国范式的高等教育。再次，教育的发展与变革必须以社会和个体的发展需要为依据、为本要，不能自说自话地想当然地办教育。

至此，张伯苓对教育的认识有了一个重要的转变，从盲目模仿和照搬，到理智评价和吸取，从表面理解中国教育现状到深刻认识中国教育顽疾，都是一种跨越。这样的大学教育思想和理念为南开进一步的发展提供了更理性和广阔的基础，犹如一盏熠熠生光的明灯，为南开大学的发展指明了前行的道路和方向。

在 20 世纪 30 年代，张伯苓对大学的教育目标和教育宗旨的认识更加成熟和完备。他认为高等教育旨在培养全面发展、充分发展的主体，教育宗旨的拟定和明确必须以中国国情为准，要学会运用西方先进的教育思想和理论结合中国实际办教育。

总的来说，张伯苓主张学校培养出来的人才不是独善其身的"白面书生"，而是有改造国家改造社会为人民谋福利的能力之"干才"。要求受教育者爱祖国、爱人民、爱事业（具体到教育事业，即要求南开学子热爱母校，维护校风校誉——作者注）、大公无私、一心为公，在学习和工作中强调无私奉献精神。这便是成为南开校训的"允公允能"。可以说，这是张伯苓教育思想的重要亮点，是对其教育宗旨和目标的高度概括。

---

　　① 笑萍（按：宁恩承）.轮回教育［J］.南大周刊，1924(8)：37.

三、注重培养学生"现代能力"

学生培养是学校教育的终极目标,是学校教育矢志不渝的任务和职责。大学教育在培养社会人才方面更是整个教育系统的标杆。在论及南开学校的教育宗旨时,张伯苓说道:"本校教育宗旨,系造就学生将来能通力合作,互相扶持,成为活泼勤奋、自治治人之一般人才。"①然而,就大学而言,张伯苓在不同场合多次强调南开大学的培养目标在于造就具备"现代能力"之学生。

张伯苓认为,中华民族之"大病"约有五端:愚、弱、贫、散、私。② 现代大学教育必须从此处着手,根除顽疾,"造就新人才,去改造旧中国,创造新中国"。③ 他以近代知识分子开放的眼界和胸襟,看到了欧美各国教育培养的人才所具有的活泼、进取、乐观、爱国、"社会自觉心"④等优秀品质,认为南开学校培养的学生应当成为改造社会,使"中国现代化","俾我中国民族能在世界上得到适当的地位,不至受淘汰"⑤的中坚力量。

"现代能力"的培养,其着眼点被放在了德智体三育并举之上。张伯苓时常告诫学生求学期间,当以"道德,身体,知识三事为自立基础"。⑥ 德育、智育、体育三者并进,不可偏废其一,才能造就全面发展的现代学生,才能在毕业后适应社会发展的需要,为各行各业服务。

在德智体三育之中,张伯苓认为德育是各育之首。与同时代的教育家不同的是,张伯苓强调的德育更多的是根植日常生活,规范人际交往的生活德育,以引导学生走向生活实践。张伯苓主要通过两种方式开展道德教育。一是利用修身课、演讲、戏剧等方式开展生活德育。修身课所讲内容大体有两类:其一是在日常生活中,作为现代国民起码具备的道德要求,诸如"怎样改正错误""奋

---

① 张伯苓.南开学校的教育宗旨和方法(1916)[C]//王文俊,杨琦等.张伯苓教育言论选集.天津:南开大学出版社,1984:3.
② 张伯苓.四十年南开学校之回顾[C]//王文俊,杨琦等.张伯苓教育言论选集.天津:南开大学出版社,1984:243.
③ 张伯苓.造就新人才,改造旧中国[C]//王文俊,杨琦等.张伯苓教育言论选集.天津:南开大学出版社,1984:97.
④ 张伯苓.以社会之进步为教育之目的[C]//王文俊,杨琦等.张伯苓教育言论选集.天津:南开大学出版社,1984:63.
⑤ 张伯苓.以教育之力量使中国现代化[C]//王文俊,杨琦等.张伯苓教育言论选集.天津:南开大学出版社,1984:181.
⑥ 张伯苓.学生应以德智体三事为自立基础[C]//王文俊,杨琦等.张伯苓教育言论选集.天津:南开大学出版社,1984:180.

斗""诚实""务实"等；其二是规范人际交往，以提升交往能力的道德规范。诸如强调"通力合作，相助相成""自治""自律"等。除此，张伯苓及南开还广泛邀请著名学者、社会名流来校演讲，当然演讲内容不限于道德教育。南开戏剧也是开展道德教育的重要途径，通过戏剧"移风易俗"，陶冶学生情操，起到了很好的效果。二是专设机构进行指导。张伯苓特设学生指导委员会，负责学生养成良好的品格。委员会由教务长、秘书长、斋务指导员以及其他由校长指定的三名教授组成。以根植日常生活、规范人际交往为基础的道德教育，对于学生道德品质的塑造、习惯的养成起到了淘洗和提炼的作用，也是培养具备"现代能力"新国民的基本要求。①

在道德教育之外，张伯苓还强调了人格教育的重要性。人格是主体存在的最重要依据，是人的社会存在和主体自我相互碰撞产生的产物，对人格的熏陶和着染是教育的本质所在。张伯苓一直强调在学知识、学技术、学能力的同时，要时时刻刻将造就健康、健全之人格置于首位。"君子不重则不威，学则不固"，个人人格是很要紧的。② 他还进一步指出，大学教育要养成学生的完满善行：立志、敦品、勤勉、虚心、诚意。③ 张伯苓不单要求学生，其自身也严于律己，做学生们的榜样。

现代能力的内核在张伯苓看来就是要培养学生们的开拓精神和创新能力。他认为，西方各国之所以国力富强，就是因为他国公民有着强大的凝聚力、开拓力、创造力。中国要强大，必须培养群众对问题的实际解决能力。这种能力主要是指科学知识和民治精神，这两者又以开拓能力和创造能力为落脚点。只有具备解决实际问题的知识和能力，国家才有变革和复兴的可能。张伯苓教育思想中对南开精神的概括一度使用"pioneering"来定义，即开拓和创造。要从个体人格成长、团体合作领导、科学生产技术等方面综合培养学生的开拓性。

现代学生的现代能力之又一要旨是服务社会能力之锻炼。张伯苓的教育思想非常重视学生团结力、合作力、适应力的培养，重视学生学会在人与人、人与社会的关系处理中取得平衡。他通过推行学生团体组织建设等举措培养学生的这些能力，也要求学生学会自立，学会做事，学会服务社会。

① 金国.为了"服务社会能力"之养成——私立南开大学的校园文化建设(1919—1937)[J].教育学术月刊,2015(3)：35.
② 张伯苓.熏陶人格是根本[C]//王文俊，杨琦等.张伯苓教育言论选集[M].天津：南开大学出版社,1984：146.
③ 张伯苓.办大学之目的[C]//王文俊，杨琦等.张伯苓教育言论选集[M].天津：南开大学出版社,1984：96.

社会能力的培养需要牢固的思想基础,这个基础在张伯苓看来就是爱国意识和忧患意识的熏陶。爱国是最基本的社会责任与义务,而在当时动荡的社会里,这种意识容易流于形式,也缺乏相应的能力。张伯苓将"爱国"作为学校育人工作的第一要义,并且在长期的教育工作中建立了系统而又有效的爱国教育机制,比如教育演讲、紧跟局势之变化讲解国情、纪念日活动、实地参观调查、出版爱国专刊等,以理服人,以情动人,因势利导,润物无声。南开学子由此形成了强烈的爱国情怀,并立志救国救民,抵御侵略,振兴民族,锻炼自己的爱国实践能力。

具备现代能力之现代学生,是国家革新、社会革新的中坚力量。只有以此为南开的培养目标,才能真正促使南开教育站在时代精神的浪尖上,才能促使南开教育所孕育出的人才能够真正为社会变革与发展服务。

四、校务公开,民主管理

大学成功的重要基础是大学校长的管理智慧和能力。作为近代中国私立大学的典型代表,张伯苓管理学校的风格广受赞誉。私立大学不同于国立大学,其资金、师资、校舍、生源等一切办学条件都需要办学者自我筹备,作为管理者校长的压力是巨大的。

(一)学校改革——多样化管理

一所大学的管理范式必定是多样化的,才能够维持日常办学。张伯苓在管理南开的过程中,采取了多样化的方式和举措。

首先,他坚持民主管理的思想,将其运用到治校过程当中去。在南开,教师和学生是两支独立又相容的队伍,是学校的精神支柱。张伯苓非常重视师生共同参与管理南开,以集思广益,增强对学校的归属感和主人翁意识。也能在这个管理过程中调节师生之间的关系,形成合作精神和平等意识。南开定期举行师生校务研究会,针对学校各项具体管理事宜作出讨论和决议。

其次,张伯苓在学校管理中强调"法治原则"。他倡导在南开要建成全面、系统的规章管理制度,在保障学校纪律的同时发挥教育的育人作用。师生员工在日常学习、生活当中都依照规章制度办事,形成和谐、稳定的校园环境和秩序。在具体推进过程中,他提出学校管理人员和教师要做好榜样,严肃对待并自觉遵守学校各项规章制度。身为校长,张伯苓以身作则,即使是对自己家的孩子也是十分严格的,该罚就罚,绝不包庇。

再者,张伯苓强调学校管理要与时俱进,根据当时当地的环境和背景确定具体的管理方案。他在南开多次开展管理改革活动,吸取各国高校管理的精华,联系南开的现实情况,制订发展办法。张伯苓在 20 世纪初进行过多次的学校教育管理体制改革,他倡导全校协同一致,师生共同参与学校管理,合作治校。每一次的改革都不是盲目的,而是因时制宜、因事制宜,争取通过改革祛除现有教育管理的弊病,充分调动全校人员的热情。他曾就南开学生规模扩大的现状改革管理机制,实施"责任分担,校务分掌,健全制度,定时做事"的管理制度。①

南开的学校管理在张伯苓的统筹之下,民主气氛浓厚,科学意味浓重,逐步走上了规范化的健全轨道。

(二) 经费管理——多方筹措

私立大学的建立与发展很大程度上依赖于办学经费的筹措。这是私立学校共同面临的管理问题。可以说,张伯苓在南开一日,就要为经费担忧一日、奔走一日。他不辞辛苦,舟车劳顿,到全国各处"化缘",募集办学经费。相对于国立知名学府的校长们,张伯苓却要劳累许多,而且不时要放下"尊严"到社会各界中谋求学校发展的资金。

从 20 世纪 30 年代初南开大学向教育部呈报的资料中可知,学校经费来源共有十项:学生缴费、公债利息、基金利息、房租地租、罗氏基金团补助费、中华教育文化基金委员会补助费、太平洋国际学会专题研究补助费、校田进款、财政部河北财政特派员公署补助费、特别捐款。② 从款项数额来说,南开办学资金来源主要是学生、政府和社会,其中政府和社会捐助占了很大部分,而学生缴费和校产租金虽然不是太多,但却是学校最稳定的收入来源。张伯苓本想借助社会民间力量支撑南开学校的发展,期冀以此获得充分的办学自由和自主,但是战火纷飞的时代社会募集是相当困难的,最终不得不投向政府补助,以筹措到维持办学的资资。然而,求得政府补助的过程也并非一帆风顺,且政府补助往往数额不多,且带有明确的指向性,不利于学校的发展。

为了学校的生存与发展,张伯苓四方求募,自己更是省吃俭用,开创了近代中国私立大学校长的典范。由于学校经费来之不易,张伯苓对每一笔经费

---

① 梁吉生.允公允能,日新月异——南开大学校长张伯苓[M].济南:山东教育出版社,2003:275.

② 同上:308.

的规划都是相当仔细和再三斟酌的。他坚持节俭治校的原则，争取把钱花在刀刃上，勤俭节约，并对学生们开展艰苦奋斗、勤劳勤恳的教育。他在强调节俭的同时，对发展学校教育事业则是十分慷慨大方，他甚至认为教育就该赤字办学，这样才能将经费充分运用到办学中去，也逼迫着他不断地募集资金。在南开，学校财务无论是收费还是支出，始终是公开透明的，接受师生们的评议和监督。

五、倡导体育精神

体育一向是教育体系中容易被忽视的一个维度，然而，张伯苓在近代中国教育史上振聋发聩地竖起了一面注重体育的旗帜。大学校长能够重视体育者很少，南开也由此成为中国大学中难得的体育事业开展得有声有色的学校。张伯苓是中国近代史上体育革新运动的积极倡导者和践行者，他对体育的热爱成为中国近代体育事业发展的原动力。他在华北地区乃至全国积极倡导体育运动，时刻关注国际奥林匹克运动的开展，并尽其所能架起中国与世界体育的桥梁，领导并指引着中国体育事业的发展。

张伯苓的体育思想是相当具体和深刻的。他将一个国家和民族的体育水平视为国家和民族未来命运的基础和关键。"强国必先强种，强种必先强身"，身体是社会发展、国家和民族进步的"本钱"。而体育作为教育的一分子，却经常受到忽略。张伯苓从学生个体发展的角度提出体育必须作为教育的重要组成部分，德智体三育共进，以培养完整发展之人才。作为一名合格称职的大学校长，更应该认识到体育对学生与学校发展的重要性，并且应采取有力措施贯彻体育精神。张伯苓更是从国家开放和交流的角度出发，提出要发展中国的奥林匹克运动，以与他国建立一个可以对话的平台。可以说，张伯苓是近代中国体育的先行者。

身为一名教育家和大学校长，张伯苓在南开践行自己的体育思想。南开大学从创始之初就有着重视体育的优良传统，以达成学生人人体魄强健、精神饱满的教育。学校体育的硬件设施在当时各大学中还是比较完备的，也经常组织学生开展竞技体育运动，学生体育素养水平很高，在参加各个层级的运动会时表现也很好。在南开，形成了全民体育的学校风尚。张伯苓更是将体育的教育意义提升到了一定的高度。他认为，教育精神应是体育精神的折射，而体育精神的首要作用在于促进学生在学习的同时保证身体的健康和强硕。更重要的是,体育可以起到培养学生团结力、凝聚力、合作力的作用,尤其是团体型的体育活动,能有效克服部分学生自私、自我、孤僻、散漫的缺点,让整个大学融为一个和谐和睦且讲纪律的团体。

为了实现他的体育精神,张伯苓在南开设计了一整套完备的体育课程,配置了丰富多样的体育设施,选定了科学合理的体育教材,以期促进学校体育地位的提高和学生体育水平的提高。在南开,体育课是和其他课程同样正式和重要的课程,学生穿着统一的运动服,按学期计划分别分布训练步法、柔软操、器械操、球类运动和田径运动。整个大学体育课程为期三年之久,并且必须合格才可以毕业。这样一来,学生就不得不重视体育,不得不锻炼自我,水平自然就上去了。为了进一步提高学生们的参与积极性,南开学校设有制度化的各个项目和综合体育比赛,分布在数月举办,并且辅以奖励措施。春秋两个季度举办的全校运动会更是学校重大的节日性活动,除了本校学生,天津当地的老百姓亦来参观。

张伯苓还很热衷于发展我国的奥林匹克运动事业。他曾建议国家组建奥林匹克运动会代表队,以参加世界之交流,促进国内体育运动之发展。1910 年 10 月 18 日至 22 日,张伯苓与北京青年会总干事格林、上海青年会体育干事埃克斯纳在南京玄武门周围举办了"全国学校区分队第一次体育同盟会",该会促进了近代中国体育竞技制度的成型,掀起了社会体育的热潮。

六、思想自由,自治高效

教师是每一所学校存在的基石。梅贻琦就曾说过,大学的关键是大师而不是大楼。这一著名论断是有其充分的合法性与合理性的。从远古至今,教师都是人类精神阶梯的引领者,是用知识、能力、人格、情感去影响、感染、推进个体和社会发展的动力因。从根本上看,教师也确实是一所大学的教育水平和办学风格的决定性因素和支撑性力量。而大学校长作为一校之长,则拥有着对教师队伍建构的基本发言权。校长的教师观直接作用于该校教师队伍的培育和构建过程。

张伯苓本身就是一位素养优秀的教师,这使得他对教师这一职业的体验和理解更加深刻和真实。在他看来,新式教育需要新式教师,所以南开创办之初,就重视教师队伍的延聘和培养。南开每年都会出台相应的教师发展规划,对各学科领域的教师队伍作出综合的评估和预算,并向相关高校发出招聘函。张伯苓非常重视教师选聘,并且亲自考察教师。一般新任教师有一年的试用期,合格后留校任教五年自动转为常规师资。在此师资延聘的指导思想下,南开逐步形成了稳定且高水平的教师队伍。

张伯苓还强调建立新的师生关系。教师不仅是传道授业解惑,还要成为学生道德人格成长的促进者,要做到学行并重,既学知识,又学做人。教师是教书育人的职业,教书是基本职能,育人则是重中之重,是教育的灵魂所在。教师不是呆板拘束的高高在上者,而是要关心和爱护学生。在南开,为了让教师和学生打成一片,教师们除了担任课程教师外,还要指导学生团体开展课外活动和社团活动。

南开的教师队伍在张伯苓的管理和统筹下,得到了很好的建设与发展。他亲自选聘和考察教师,为教师们创造良好的研究氛围和生活条件;他提倡学术研究和思想自由,开展国际交流访学,帮助教师和学生举办各式各类的学术讲演和活动;他以身作则,鞠躬尽瘁,树立教师们的榜样,明确对南开教师责任和权利的规定,实施规范化管理。这一系列举措是南开不断发展壮大的前提和基础。

张伯苓的教育实践充分体现了大学管理的内在精神——自治与高效。对于私立大学的校长而言,拥有办学自主权是办学者的"题中应有之义"。在军阀混战、内外夹战的时代,教育与政治的关系变得非常敏感,办学自主权更易招致政治的无端侵扰。为应对来自外界的无端侵扰,他通过加强与社会各界的往来互动,争取办学资源,并以此抵御来自政府或政治对于办学的过分干扰,极力争取办学自主权。

后来张伯苓也顺应时代之潮流,响应学界之呼吁,提出"学术独立"的主张。由于当时西学逐渐渗入,国人受西方思想和文化的影响愈来愈大。为了防止国学式微以及国人的盲目"追捧",张伯苓提出学术本土化(或称"土货化")的办学原则。南开大学强调学术独立,开展与中国国情相适应的学术研究,并结合天津一带社会经济发展的特点,在经济学、化学工程等学科领域作出了系统化的研究探索。当然,南开也非常重视在自我发展的同时实施对外开放,积极汲取国外养分以发展自身。

在自治的同时,高效也是张伯苓追求的一个管理目标。南开大学的管理系统十分明晰,校董会是其最高管理机构,由实业界人士、政府官员、学者等组成。学校实行校长负责制,建立既统一又民主的行政管理体制,致力于提高学校管理效率,剔除繁文缛节、人员庞大的旧式管理顽疾,精简机构,锻炼人员。学校的管理系统井然有序,层级分明,权责明晰,分工分级负责。

在张伯苓的有效管理下,南开走上了一条快速发展的道路,和众多知名国立高等学府并驾齐驱,在中国近代教育史上留下了光辉的一笔。

第九章

陶行知乡土化教育管理思想研究

陶行知(1891—1946),中国现代教育史上一位伟大的教育家,毕生致力于救国事业、教育事业和民主事业,以普及人民大众的教育为终生奋斗目标。1923年他辞去东南大学职务,举家迁居农村,专心从事乡村教育的改革与实践,创办了晓庄师范学校、山海工学团、育才学校等,既有颇为丰富的学校创办经验,也有丰富的学校管理经验。陶行知在多年办学治校经验中,累积和形成了颇具乡村特色并自成体系的教育管理经验和管理思想。基于此,本文拟从陶行知为何进入乡村兴办教育,以及如何进行乡土化教育管理的这一具体探索入手,试图还原与归纳出陶行知在乡土社会中所进行的教育管理试验及其具体思想。

一、为何要到乡村兴办教育

作为美国著名教育家杜威的高徒,陶行知放弃了大学教授的精英知识分子地位,转而携带妻儿到乡村创办学校,甘愿和普通乡民一起吃住和学习,被誉为"挑粪教授"。在民国众多知识分子当中,他成为一名个性鲜明、特立独行的人。陶行知为何要放弃高薪进入乡村兴办教育呢?

首先,这跟陶行知自学生时代就开始培养起来的对教育正义的追寻的情感诉求关系非常密切。在陶行知的道德认知与情感里,从来都是将"民主与平等"置于第一位的。正是因为对传统教育造成的等级制度、阶层分离等现象深恶痛绝,而又深知人民的生活窘况和弱势地位,陶行知才会认定要服从自己内心对教育正义的诉求,在情感上趋向于"同情民间",并逐渐"心系民间"。也就是说,朴素的对教育正义的追求是促使陶行知进入乡村进行教育的原动力。

其次,民国时期国家特殊的危急时刻和现实境况激发陶行知认识到中国乡村和乡村教育的重要性,使他认识到普通民众才是中国社会阶层中真正的大众,只有他们才能成为救国的主体。正如他在致加拿大世界教育会议的报告中所写:"据最普通的估计,中国农民占全国人口总数的百分之八十五,这就是说,全国有三万万四千万的人民住在乡村里,所以乡村教育是远东一种伟大之现象。"也因此,"中国的乡村教育关系全世界五分之一的人民"。① 所以,要拯救中国的国家与社会,首要的是要拯救中国乡村,而要拯救中国乡村,首要的是要拯救乡村教育。

然而,中国"乡村教育走错了路! 他教人离开乡下向城里跑,他教人吃饭不种稻,穿衣不种棉,做房子不造林;他教人羡慕奢华,看不起务农;他教人分利不生利;他教农夫子弟变成书呆子……。"②现在的乡村学校,"给儿童唯一的东西是书本知识,从来不知道注意农人的真正的需要。这样的教育,使农村社会减少生产量,使农人富的变穷,穷的变得格外穷"。③ 正是因为乡村教育与乡村生活相脱离的现状,乡村教育到了要改造的时候了,它必须先要适应中国乡村社会与乡村生活的需要,要"建设适合乡村实际生活的活教育",④然后才能为中国乡村社会作出应有的教育贡献。也因此,当时乡村教育不能适应乡村生活的现实弊端成了陶行知前往乡村进行教育的动机。

拯救中国乡村社会的方式诸多,为何陶行知独独认为必须乡村兴办学校开展教育最为重要? 除了乡村教育到了必须改革的地步这一个原因,另一个原因是,陶行知认为"学校的唯一功效,就是能使全数村民都能安居乐业,爱乡救国"。⑤ 也就是说,陶行知最终的办学落脚点还是在"国家"之上,是为了挽救摇摇欲坠的国家。简言之,在陶行知看来,在乡间兴办学校的原因有三:其一,要为中华民国培养中华国民;其二,要使儿童们的手、足、口、鼻得其所;其三,要办成人教育,使成人也能懂得道理。⑥ 陶行知始终认为,社会是由个人结合所成的。改造了个人便改造了社会,改造了社会便也改造了个人。办学和改造社会是一件事。改造社会而不从办学入手,便不能改造人的内心;不能改造人的内心,便不是彻骨地改造社会。反过来说,办学而不包含社会改造的使命,便是没有目的,没有意义,没有生气。所以教育就是社会改造,教师就是社会改造的领

---

① 陶行知.陶行知全集(第2卷)[M].成都:四川教育出版社,1991:358.
② 陶行知.陶行知全集(第1卷)[M].成都:四川教育出版社,1991:100.
③ 陶行知.陶行知全集(第2卷)[M].成都:四川教育出版社,1991:359.
④ 陶行知.陶行知全集(第1卷)[M].成都:四川教育出版社,1991:100.
⑤ 陶行知.陶行知全集(第2卷)[M].成都:四川教育出版社,1991:361.
⑥ 同上:389—390.

导者。在教师的手里操着幼年人的命运,便操着民族和人类的命运。①

于是,陶行知身体力行,进入农村,"抱着研究的态度、科学的精神,以实际乡村生活,做他们探险的指南针。他们下了决心不再墨守旧法或抄袭舶来货,去重演削足适履的把戏"。② 不过,正是在"进入民众"这一过程中,陶行知体会到了蕴含于普通人民群众之间的草根智慧和缄默知识,反过来,他认为真正的知识其实在民间,从而号召知识分子和众多学生转而向农民学习,拜农民为师。也由此,他将教育管理融入具体的生活中,在劳动生活中开展"教学做合一",既开创了符合中国社会特色的"生活教育"理论,也将其贯彻落实到了具体的教育管理实践中。

二、乡土化教育管理思想的内涵与特征

陶行知在乡村进行乡土化教育管理,主要是以乡村作为教育管理行为开展的背景场域,依托在各个乡村建立的乡村师范学校和乡村(中心)小学,以乡村中的弱势群体(儿童、妇女、普通农民)作为教育对象进行教育管理。这样的教育管理蕴含于教育活动当中,并且在他的教育管理实践中,"教育管理并不只是作为教育活动展开的基础存在,而是本身就作为一种教育内容和方式存在的"。③ 陶行知的乡土化教育管理具有以下几个特征:乡土性、精神性、生活性和陶冶性。

(一) 重乡土经验而非城市生活

中国传统教育向来教授的就是城市中的"劳心者",即权贵阶级与有产阶级,与之相对的就是在乡村生活的"劳力者",即辛苦耕作的农夫们。正是现行教育在教育培养目标上造成了城市"劳心者"与乡村"劳力者"的分割,因此我国教育只能造成"少数人的力,空谈的力,散漫的力,被动的力,头脑的力"。④ 陶行知乡村教育管理的目标,则是建立在乡村生活和乡村经验上进行教育管理,将"少数人的力,变成多数人的力;空谈的力,变成行动的力;散漫的力,变成组织的力;被动的力,变成自动的力;仅用脑和仅用手的力,变成脑手并用的

---

① 陶行知.陶行知全集(第 2 卷)[M].成都:四川教育出版社,1991:436.
② 同上:359.
③ 陈学军.教育学立场的教育管理学——论陶行知的教育管理思想[J].南京晓庄学院学报,2009(2).
④ 陶行知.陶行知全集(第 3 卷)[M].成都:四川教育出版社,1991:502.

力"。① 于是,将教育的主场地由城市转向乡村,就等于是从少数人的教育转向多数人的教育,从"小众"转向"大众",使教育普及于大众,使受教育者都能实践力行,从行动上去求得真知识,并使大众组织起来,自动去做他们的事,而仅用脑的知识分子,要使他们变成兼用手的工人,仅用手的工人、农人等都变成兼用脑的知识分子。这也是为何陶行知将晓庄的教育真相归纳为"从野人生活出发,向极乐世界探寻"。因为"乡村教育虽是为农民谋幸福,但从农民生活出发,能否达到目的是很可怀疑的",所以"我们鼓起勇气把乡村教育的摆子使劲摆到野人生活上去"。② 何谓"野人生活"? 野人生活其实就是脱离了都市现代化的生活,是和农民在一起共同经历的生活。野人生活中,人面对大自然的一切实际问题,思想怎样解决。比如山上有狼,必须学习打猎;地上有蛇,必须学习治毒。衣食住行各方面的问题,都是野人生活中所必须要了解和面对的问题。也因此,陶行知在晓庄学校招生的条件列表上,就要求教师和学生都要会农活,而晓庄的招生考试中也有农活这一项目。也就是说,在乡土生活中进行教育管理,既需要有乡土经验,同时也需要有乡土意识,要融入乡土生活中,而这样的教育管理,本质上就与城市教育管理正式割裂开了。

乡土性是陶行知乡土化教育管理思想的一个本质特征。这使得其教育管理行为区别于正规的城市学校教育管理行为,从而区别于城市教育管理的"正规性"和"制度性",反而带着"随意性"和"民主性",蕴含着"可变性"和"创造性"。正是将"乡土性"作为其教育管理思想的核心要点,陶行知诸多教育管理行为都开创了乡土化特色。

(二)精神创造重于物质条件

陶行知在创办乡村学校和管理乡村学校的时候,将物质条件放在了最低的位置,而将精神和信仰放到了最高处。他首先要求进行乡村教育的同志要有"把一颗心都奉献给乡村"的精神准备和灵魂净化。他说:"乡村教育之能否改造,最要紧的是要问我们肯不肯把整个的心献给乡村儿童。"③在精神熏染上,他首先提倡必须要有爱。以晓庄为例,他说:"晓庄是从爱里产生出来的。没有爱便没有晓庄。……晓庄三年来的历史,就是这颗爱心之历史——这颗爱心要求实现之历史。"④

---

① 陶行知.陶行知全集(第3卷)[M].成都:四川教育出版社,1991:502.
② 陶行知.陶行知全集(第1卷)[M].成都:四川教育出版社,1991:112.
③ 陶行知.陶行知全集(第2卷)[M].成都:四川教育出版社,1991:384.
④ 同上:556—557.

在进行乡村学校创建和管理的过程中,要养成吃苦的精神。还是以晓庄为例,实行第一次开学礼的时候,晓庄还一无校舍,二无教员。因为陶行知"准备了田园二百亩供师生耕种,荒山十里供师生造林,以最少数经费供师生自造茅草屋居住"。① 为何要如此?因为陶行知认为,"要知道我们的校舍上面盖的是青天,下面踏的是大地,我们的精神一样地要充溢于天地间。所造的草屋,不过避风躲雨之所",②"学校是不限定要有房子的。那些有四十二套桌椅一个大讲台的场所,未必是真学校"。③ 从精神上来入手进行教育管理,实际上就是将人的信仰和精神这种虚无的东西"具体化""有力化",并作为一个教育管理元素进行利用,最终达到管理实效。

本着对物质条件的相对模糊对待,陶行知在论及普及教育时提到,在乡村完全可以利用现成设备,比如说"祠堂、庙宇、会馆、公所、散学后之学校,以及其他空闲房屋都运用来做教育场所",至于学生需要的桌椅板凳,亦"以运用人民自己所有的为原则",即自带。同时,在"天气温和晴朗的时候,应充分施行露天指导"。④ 陶行知此种建议,既充分考虑到了乡村学校的特殊性,又能兼及学校的设备和物质组成等。在当时乡村教育物资缺乏的现实窘况中,不失为一种良好的管理方法。

当然,陶行知并不是不看重物质条件,因为"物质环境在教育上之影响,尽人皆知。要有良好的教育,必须有相当的物质环境。校舍、设备、图书、仪器和校外之种种环境,都与教育有密切的关系。空谈自动、自治,自学、自强,是没多用处。有相当之设备,才能发相当之精神。即以校舍论,宜如何构造,才能使它合乎卫生、美术、经济、教育的原理"。⑤ 不过,在当时物质条件缺乏的乡村,若过于看重物质条件,则没有办法举办教育了。陶行知正是深明此点,才极力提倡教育管理以精神为先导的。

(三) 重生活体验,轻书本知识

陶行知将其教育活动融入乡村生活中,教育管理行为也不例外。也就是说,他是在活的教育里进行以生活为中心的教育,而在乡村生活里即是以乡村生活为中心,这种生活体验,即是乡土生活体验,并由此而向四周延伸开去进行

---

① 陶行知.陶行知全集(第 2 卷)[M].成都:四川教育出版社,1991:338.
② 同上:344.
③ 同上:381.
④ 陶行知.陶行知全集(第 3 卷)[M].成都:四川教育出版社,1991:289.
⑤ 陶行知.陶行知全集(第 1 卷)[M].成都:四川教育出版社,1991:356.

教育管理,由此,他的教育管理活动也不仅仅局限于乡村学校和书本。

他口中的"生活主义包含万状,凡人生一切所需皆属之。其范围之广,实与教育等",①所以乡村"学校以生活为中心。一天之内,从早到晚莫非生活,即莫非教育之所在。一人之身,从心到手莫非生活,即莫非教育之所在。一校之内,从厨房到厕所莫非生活,即莫非教育之所在"。② 陶行知提出,生活教育的目标在乡村小学里应当包含五种:一是康健的体魄;二是农人的身手;三是科学的头脑;四是艺术的兴趣;五是改造社会的精神。他主张以国术(即武术)来培养康健的体魄,以园艺来培养农人的身手,以生物学来培养科学的头脑,以戏剧来培养艺术的兴趣,以团体自治来培养改造社会的精神。③ 这就是他的生活教育理论在乡土教育管理中的具体运用和实践。

还是以他创办的晓庄学校为例,可以撷拾一天来看他们的乡土生活及其教育管理行为。"我们的实际生活,就是我们全部的课程;我们的课程,就是我们的实际生活。我们每天早晨五时有一个十分钟至十五分钟的寅会,筹划每天应进行的工作,是取一日之计在于寅的意义。寅会毕,即武术。本校无体操课,即以武术代。上午大部分时间阅书。所阅之书,一为学校规定者;一为随各个人自己性之所好者。下午工作有农事及简单仪器制造、到民间去等。晚上有平民夜校及做笔记、日记等。这是本校全部大概的生活。"④然而,光是以乡村生活为中心还不行,还必须"对于教育与人生有共同的信仰。以乡村生活为学校生活的重心,同时以学校为改造乡村的中心,并为小的村庄与大的世界沟通的中心"。⑤

对于书本知识,陶行知始终强调:"书籍不过是人生工具的一种,不是人生唯一的工具。"⑥而在乡村学校中,必须要教人发明工具,制造工具,运用工具,这才是真正的教育。生活教育因为以生活为中心,与传统的文化教育、教训分家、教育等于读书、学校自学校以及社会自社会、漠视切身的政治经济问题这几种传统思想相冲突。⑦ 这在乡村教育管理中,都是必须避免和消除的。

在陶行知为《教育大辞书》编写的词条中,他这样说道:"生活历是一种生活

---

① 陶行知.陶行知全集(第1卷)[M].成都:四川教育出版社,1991:12.
② 陶行知.陶行知全集(第2卷)[M].成都:四川教育出版社,1991:307.
③ 同上:444.
④ 同上:356.
⑤⑥ 同上:360.
⑦ 同上:559—560.

日程,亦即实施生活教育之切要工具。……现在一般学校所通用之学校历,只是何时招考,何时开学,何时考试,何时毕业,何时放假,为办学者一种备忘录而已,不足以当生活历之名。学校历之出发点,是学校行政,而非学生生活。……此种学校之课程、教材、方法、设备,皆与生活疏隔,有时竟与生活矛盾。"①实质上,可以看出陶行知的管理是"活"的管理,而不是将规章制度放置在首要位置的管理。在这种管理理念下,将学生生活、学校的生活置为重点。

(四) 重陶冶融合,轻有声管理

在乡村生活中进行教育管理,既要不违背科学的教育管理理念和教育管理规律,同时又要切合乡民们和学生们的实际乡土生活。陶行知在具体管理实践中就将教育管理行为融入了乡村教育生活的每一个环节当中,而在此过程中,主要是重视教师的以身作则榜样作用,从而在潜移默化中对于学生进行管理,由此而与中国传统教育中的呵斥式教育和棍棒教育有着本质区别。

在乡村学校里,学校是师生共同生活的处所。在城市和在以前的学校里,教师是教师,学生是学生,校工是校工,三者互相独立成三个阶级,相互间有各自的生活意义系统。由此,尽管教员虽好,但是不与学生共同生活,也就不知道学生的问题,不能随时帮助他们解决。但是在安徽公学、在晓庄,"不但是师生共生活,连校工也是和大家共同生活的"。②比如说,乡村学生来校第一件事情就是整理学校,教师和学生同做,一边劳动一边进行潜移默化的教育管理行为。由此,既无阶级可言,也无阶级隔阂问题可言。而共同生活是"必须大家把人格拿出来互相摩擦,各人肯以灵魂相见才算是真正的共生活"。③陶行知特别提倡教师应当和小孩子一起玩,而且应当引导小孩子一同玩。④

陶行知将"陶冶"置于教育管理的首位,在乡村生活中,这就要求教师和学生必须共甘苦。因为甘苦共尝才能得到精神的沟通、感情的融洽。……学校里师生应当相依为命,不能生隔阂,更不能分阶级。人格要互相感化,习惯要互相锻炼。人只晓得先生感化学生,锻炼学生,而不知学生彼此感化锻炼和感化锻炼先生力量之大。先生与青年相处,不知不觉地,精神要年轻几岁,这是先生受学生的感化。学生质疑问难,先生学业片刻不能懈怠,是先生受学生的锻炼。这是不可避免的,也是好现象。……办学如治水,我们必须以导河的办法把学

---

① 陶行知.陶行知全集(第2卷)[M].成都:四川教育出版社,1991:584.
② 同上:381.
③ 同上:382.
④ 陶行知.陶行知全集(第3卷)[M].成都:四川教育出版社,1991:486.

生的精神宣导出去,使他们能在有益人生的事上去活动。倘不能因势利导,反而强势压制,那么决堤泛滥之祸就不能幸免了。① 也即是说,教育管理重在疏导,而师生重在互动、平等、民主。

三、乡土化教育管理的方法论

(一)"以管人者管己"

陶行知提出,"以教人者教己""以管人者管己"是学校教育管理的根本方法之一。"为学而学",不如"为教而学"。"为教而学"必须设身处地,努力使人明白;既要努力使人明白,自己便自然而然地格外明白了。实际上,这不仅是教学上面的"人己"之间的逻辑关系,实际上这也是管理上的"人己"之间的关系。要教育学生,教师首先要自我教育,要管理学生,教师首先必须学会自我管理。

所以陶行知屡次对教师们说,你要教你的学生教你怎样去教他。如果你不肯向你的学生虚心请教,你便不知道他的环境,不知道他的能力,不知道他的需要,那么,你就有天大的本事也不能教导他。……只需你甘心情愿跟你的学生做学生,他们便能把你的"思想的青春"留住,他们能为你保险,使你永远不落伍。②

(二)"在劳力上劳心"

孟子"劳心者治人,劳力者治于人"的二元论思想,在中国传统思想界很有源头很有力量。在教育上的影响是:教劳心者不劳力;不教劳力者劳心。结果把中华民族化成两个阶级:统治阶级和被统治阶级。也就是说,劳力和劳心在某种程度上是分开的。陶行知于是将"教学做合一"理论运用于乡村试验学校,其中的"做"在晓庄有特别定义。这定义便是在劳力上劳心,也就是要打破"劳力"与"劳心"之间的隔阂。"在劳力上劳心",另外的说法就是"手到心到",也就是说,要以实际的工作为教学的中心。陶行知说:"单纯的劳力,只是蛮干,不能算做;单纯的劳心,只是空想,也不能算做;真正的做只是在劳力上劳心。"③进而,陶行知将如何在劳力上劳心通过通俗易懂的话将其逻辑表达了出来。

将"做"与"教""学"联合起来,最终达到统一,这是"教学做"的目的之一,也

---

① 陶行知.陶行知全集(第2卷)[M].成都:四川教育出版社,1991:308.
② 陶行知.陶行知全集(第3卷)[M].成都:四川教育出版社,1991:451.
③ 陶行知.陶行知全集(第2卷)[M].成都:四川教育出版社,1991:18.

是陶行知在乡村这一特定场域中将农民与学生勾连起来的思维武器。正是在乡村生活中，需要做农活，需要自己动手，但是，做的过程中并不是简单的机械的活动，而是融入了思想，并用发展、联系的思维来进行指导，从而将"做"的内涵扩大至想，至归纳总结，最终从经验上升到书本，上升到知识。

（三）"用先进管新进"

先进管后进，在乡土化的学校管理中，有特殊的几层含义。第一层含义是指年纪大的教师和高年级学生来管理年纪小的学生；第二层含义是指经验丰富的农工人员来管理经验浅的学生；第三层含义是学生群体中的高年级学生，或者是先进来读书的学长，即掌握了知识和劳动经验的学生来管理新进学生，也即新生。

这实际上就是"小先生制"的引申含义，也即是指运用先进学生去引导和管理新进学生，这也是陶行知管理法则的一个重要法门。陶行知认为，烧煤是一个煤炭去引着另一个煤炭来燃烧。所以，教育的使命是什么？就是"要依着烧煤的过程点着生命之火焰，放出生命之光明"。[①]

（四）"在平等中提责任"

平等与责任是陶行知喜欢谈的语词。他在介绍晓庄管理经验时这样强调："在晓庄，凡是同志一律平等。共同立法的时候，师生工友都只有一权。违法时处分也不因人而异。我们以为，在同一的团体里要人共同守法，必须共同立法。但同志的法律地位虽平等，而责任则因职务而不同。职务按行政系统分配，各有各的职务，即各有各的责任。责任在指挥，当行指挥之权；责任在受指挥，应负受指挥之义务。"[②]比如，育才学校是不进行体罚的，因为陶行知认为体罚是最伤害学生的做法。但是他主张"教训合一"，也即教师有引导儿童对于纪律自觉地需要、自觉地遵守，多引起儿童对于学习自觉地需要、自动地追求的责任，而儿童也有自己意识到自己错误的责任。

这些管理手段可以从他创办的育才学校的集体生活之组织的原则就可以看出来。组织原则是民主集中制。民主集中制的运用，一方面可以健全当前的集体生活，另一方面是要培养儿童参与未来民主政治之基础。育才学校着重自我批评。因为陶行知认为自我批评是发展民主的有效手段，自我批评是促进自觉性启发的利器。

---

① 陶行知.陶行知全集(第2卷)[M].成都：四川教育出版社，1991：200.
② 同上：562—563.

四、乡土化教育管理的具体探索

陶行知始终秉持这样一种信念：一切乡村建设都必须为农民谋福利。他认为中国的乡村教育走错了路，因此需要另找生路。而"生路是什么？就是建设适合乡村实际生活的活教育"。① 如何进行乡村生活的活教育？他进行了以下几个方面的具体探索。

（一）将乡村教育与乡土社会联系起来

陶行知认为："中国乡村教育之所以没有实效，是因为教育与农业都是各干各的，不相闻问。教育没有农业，便成为空洞的教育，分利的教育，消耗的教育。农业没有教育，就失去了促进的媒介。"②所以，乡村教育必须与乡土社会联系起来，换言之，乡村教育必须要置于乡土社会中，成为"农民化"和"化农民"的核心。因为"乡村学校是今日中国改造乡村生活之唯一可能的中心"。③

首先，就是"教育与农业携手"。④ 而要改变农民的观念，"要想教农民执工业上之牛耳，就得教农民实行把民权操在手中，运用国家权力来出头"。⑤ 如何改变农民的观念，这就是乡村教育的事情了。第一要靠舆论来鼓吹和启迪，第二要靠乡村教师来培养小农民。

其次，要"化农民"，首先必须"农民化"，进入农民内部，在乡村建立教育的"根据地"。比如需要将乡村试验学校培养出来的儿童一个个都使其有"尊崇劳作及服务社会之精神"，⑥而对于进入乡村的知识分子而言，就是深入民间与他们同工。例如你同十人同工，走后还有九人能继续下去，不然工作要停顿。所以唯有加入他们的队伍，才能把地狱变成合理的人间。⑦ 也即是说，来到乡村工作的人，须放下天使、士大夫、少爷、小姐的架子，脱掉书呆子的蛇壳，站在农人的队伍里，共生活，共甘苦，共休息。⑧ 这样的理念也贯通在陶行知从大学教授转为乡村教师的生活经历中，比如陶行知在晓庄试验乡村师范建校一周年的纪

① 陶行知.陶行知全集（第1卷）[M].成都：四川教育出版社,1991：100.
② 同上：101.
③ 同上：101—102.
④ 陶行知.陶行知全集（第2卷）[M].成都：四川教育出版社,1991：336—337.
⑤ 陶行知.陶行知全集（第1卷）[M].成都：四川教育出版社,1991：118.
⑥ 陶行知.陶行知全集（第2卷）[M].成都：四川教育出版社,1991：313.
⑦ 陶行知.陶行知全集（第3卷）[M].成都：四川教育出版社,1991：504.
⑧ 同上：564.

念会上,谈到了下农村理念的改变:起初叫作到民间去,后来改为会朋友去。①

最后,创造乡民协力机会,并与乡民交朋友并拜他们为老师。比如创办平民学校,以教育本乡不识字之成人,以及将"每学生和乡村儿童、人民数人,结交为朋友"作为毕业重要条件之一。② 在 1927 年燕子矶小学的招生应试简章上,陶行知说:"本校誓与村民共休戚。村民既须在枪林弹雨之下耕种,吾校断不因时局不靖而辍学……"③"本校只有指导员而无教师。我们相信没有专能教的老师,只有比较经验稍深或学识稍好的指导,所以农夫、村妇、渔人、樵夫都可做我们的指导员,因为我们很有不及他们之处。"④

因为乡村建设的主人是真农人,一切乡村建设须以真农人之福利做根据。所谓真农人,即是靠自己动手种田吃饭的人。⑤ 所以第一要紧的,是直接认识自食其力的真农人,唯有如此才能使组织生出力量。⑥ 他提出来教员到了乡下,首先必须找到真农人,并向其学习。因为乡村虽小,必定可以找得着几位黄泥腿的领袖和我们合作。只需找着一两位,进行起来便能事半功倍。⑦ 我们自从跳进实际生活中去工作,便觉得真正的教育,必须使学者和人民万物亲近。与人民亲近是"做人"的第一步,与万物亲近是"格物"的大门口。⑧ 也由此,生活教育理论要求拆墙,拆去学校与社会中间之围墙,使我们可以达到亲民亲物的境界。所以他指出,在教育的立场上说,我们所负的使命:一是教民造富;二是教民均富;三是教民用富;四是教民知富;五是教民拿民权以遂民生而保民族。⑨

(二)创办乡村师范学校以培养教育管理人才

正如陶行知所焦虑的,中国的师范学校多半设在城市,对于农村儿童的需要苦于不能适应。所以师范学校虽多,乡村学校的教员依然缺乏。然而因为中国有一百万个乡村,所以需要有一百万所学校,而这一百万所学校,至少需要一百万位教师。这些教师就可以深入到各个乡村去创办乡村小学,甚至可以一个人充当校长、教师和辅导员等角色。然而,这些教师从何而来?就必须从乡村师范学校里来,故"乡村师范学校是依据乡村实际生活,造就乡村学校教师、校

---

① 陶行知.陶行知全集(第 2 卷)[M].成都:四川教育出版社,1991:384.
② 同上:394.
③ 同上:343.
④ 同上:344.
⑤ 陶行知.陶行知全集(第 3 卷)[M].成都:四川教育出版社,1991:563.
⑥ 同上:503.
⑦ 陶行知.陶行知全集(第 2 卷)[M].成都:四川教育出版社,1991:436.
⑧ 同上:443.
⑨ 同上:561.

长、辅导员的地方"。① 陶行知不止一次强调过乡村师范学校的定位,他有一句精辟的话来概括:"中心小学是太阳,师范学校是行星。"也就是说,"师范学校的使命是要传布中心学校的精神、方法和因地制宜的本领"。② 师范学校负有训练乡村教师、改造乡村生活的使命。③ 也就是说,首先就要使还没有毕业的师范生运用各种学识去作改造乡村之实习。这个实习的场所,就是眼面前的乡村,师范所在地的乡村。④"师范学校应选定中心村庄,为学生练习村自治之根据。师范学校应设中心茶园、民众学校或其他机关,使师范生练习实施成人教育"。⑤

这些乡村教师怎样才算好教师呢?"第一有农夫的身手,第二有科学的头脑,第三有改造社会的精神。他足迹所到的地方,一年能使学校气象生动,二年能使社会信仰教育,三年能使科学农业著效,四年能使村自治告成,五年能使活的教育普及,十年能使荒山成林,废人生利。这种教师就是改造乡村生活的灵魂"。而有了这样的好教师,"就算是好的乡村学校;就是改造乡村生活的中心"。⑥ 陶行知不仅要求乡村学校的教师有农人的身手,能够做农人的工作,同时还要求他们要成为"学校和乡村的灵魂"。⑦ 因为前者能使乡村教师们了解农民的一切疾苦和一切问题,从而与他们交朋友,帮助他们。后者能使教师的人格感化于乡民,从而达到学校与乡村一体化。正是在这样"共进退"的过程中,乡村教师带领学生既在科学农业上会有新发明,同时也会在实践过程中将这些科学常识介绍给农人,如此,又会改革乡农社会的守旧性,同时又达到了学生的动手动脑能力的训练之功效。由此,"每个学生都是活的电线,把学校和社会连接起来了"。⑧

在《中华教育改进社改造全国乡村教育宣言书》中,陶行知又着重强调:"本社的乡村教育政策是要乡村学校做改造乡村生活的中心,乡村教师做改造乡村生活的灵魂。我们主张由乡村实际生活产生乡村中心学校,由乡村中心学校产生乡村师范。乡村师范之主旨在造就有农夫身手、科学头脑、改造社会精神的教师。这种教师必能用最少的金钱,办最好的学校,培植最有生活力的农民。"因此,"我们已经下了决心,要筹募一百万元基金,征集一百万位同志,提倡一百

---

① 陶行知.陶行知全集(第 1 卷)[M].成都:四川教育出版社,1991:103.
② 同上:105.
③④ 陶行知.陶行知全集(第 2 卷)[M].成都:四川教育出版社,1991:296.
⑤ 同上:394.
⑥ 陶行知.陶行知全集(第 1 卷)[M].成都:四川教育出版社,1991:104.
⑦⑧ 陶行知.陶行知全集(第 2 卷)[M].成都:四川教育出版社,1991:361.

万所学校,改造一百万个乡村"。①

(三)学生的自治问题

陶行知认为,乡村学校里的学生自治,就是"学生学做职员,教务、文牍、会计、庶务等等都由学生担任"。② 学生自治有三个要点:第一,学生指全校的同学,有团体的意思;第二,自治指自己管理自己,有自己立法、执法、司法的意思;第三,学生自治与别的自治稍有不同,因为学生还在求学时代,就有一种练习自治的意思。把这三点合起来,我们可以下一个定义:"学生自治是学生结起团体来,大家学习自己管理自己的手续。"从学校这方面说,就是"为学生预备种种机会,使学生能够大家组织起来,养成他们自己管理自己的能力"。所以他又说,依这个定义来说,学生自治,不是自由行动,乃是共同治理;不是打消规则,乃是大家立法守法;不是放任,不是和学校宣布独立,乃是练习自治的道理。③ 因为养成共和的人民,必须用自治的方法。④

对于乡村学生来说,陶行知不愿意他们成为"守知奴",将父母的血汗钱当作学费用光后却四体不勤五谷不分,而是要做一个开放的工学生,即将自己在学校里学到的知识和技能"贩来就卖",作为现代知识与传统农民的一个沟通的桥梁。"其实是要把他做得到的学问立时贡献给社会。他是与社会、家庭共同长进"。⑤ 学生自治可以组建"工学团"。陶行知在1934年对"工学团"的意义进行讲解的时候,说:"什么叫作工学团? 工是工作,学是科学,团是团体。说得清楚些是,工以养生,学以明生,团以保生。说得更清楚些是,以大众的工作,养活大众的生命,以大众的科学,明了大众的生命,以大众的团体的力量,保护大众的生命。工学团是一个小工场,一个小学校,一个小社会。在这里面是包含着生产的意义,长进的意义,平等互助、自卫卫人的意义。它是将工场、学校、社会打成一片,产生一个富有生活力的新细胞。……团不是一个机关,不是一个工学的机关。……团是团体,是力的凝结,力的组织,力的集中,力的共同发挥。"⑥

陶行知多次坦言,当时"学校里的训育管理变成官僚化。学生只是被治而

---

① 陶行知.陶行知全集(第1卷)[M].成都:四川教育出版社,1991:98—99.
② 陶行知.陶行知全集(第2卷)[M].成都:四川教育出版社,1991:383.
③ 陶行知.陶行知全集(第1卷)[M].成都:四川教育出版社,1991:29.
④ 同上:30.
⑤ 陶行知.陶行知全集(第3卷)[M].成都:四川教育出版社,1991:120.
⑥ 同上:126—127.

失去了自治。我们要把文化从模范监牢里解放出来，使它跑进大社会里去"。① 社会即学校。也就是说，教师与学生间、学生与大众间的围墙都要打通，这样大众的文化才能充分传达发展。

（四）对地方教育行政职责的要求

地方包含都市和乡村，故地方教育行政有都市和乡村教育行政两种。② 陶行知认为，县教育局应设立一处，以为训练乡村教育行政人员之中心；③教育行政当局从中央以下直到校长，该给教员们以试验或选择书本之自由；现在行政方面之趋势是太一律、太呆板。若不改弦更张，实无创造之可能。④ 比如烧水，冷水重而往下沉，热水轻而往上浮，这叫作对流。经过一段时间的对流，水就自然地沸起来了。解决国难教育的方案是必须容许上层下层的对流。领导的人总想由上而下，但是纯粹由上而下的教育，只能造成被动的群众。被动的群众是发挥不出力量来担负救亡的责任的，我们必须愿意被群众领导才能领导群众，故群众对于教育必须有由下而上的自动的机会，才能把自己和领导者造成救亡的战士，而完成救亡的使命。我们应当打通领导者与被领导者中间的隔板，使他们可以对流而互相教育，若把教育分成两部分，一部分专门培养领导者，另一部分专门培养被领导者，结果必定是教领导的人脱离群众的要求，致使国难教育变成一个麻木不仁的东西。

陶行知乡土化教育管理的思想，实际上就是想探索出一条乡村教育的生路："我们要从乡村实际生活产生活的中心学校，从活的中心学校产生活的乡村师范，从活的乡村师范产生活的教师，从活的教师产生活的学生、活的国民。"⑤具体而言，他做了以下几个努力：第一，将教育场所从学校移向了生活场域；第二，将教学内容从书本移向了个人生活；第三，将教育区域从城市移向了农村；第四，极力打通学生、教师、农民、社会之间的关系。

总之，陶行知乡土化教育管理思想其实是要打通几千年来以儒家文化为主体的中国传统文化所构建的等级制度，将劳心者与劳力者的界限消除掉，使这两个群体完全融合起来；同时也将"上"与"下"、管理者与被管理者、教育者与被

---

① 陶行知.陶行知全集（第3卷）[M].成都：四川教育出版社,1991：463—464.
② 陶行知.陶行知全集（第1卷）[M].成都：四川教育出版社,1991：353.
③ 陶行知.陶行知全集（第2卷）[M].成都：四川教育出版社,1991：414.
④ 同上：664.
⑤ 同上：339.

教育者等这些群体的界限都模糊和消除掉,从而真正做到民主之风在中国大地上畅通无阻。

客观评价,陶行知的这种思想代表了中国知识分子的一种理想境界与理想类型。然而,在封建等级制根深蒂固的中国社会,要实现这种改变是多么艰难!

第十章

廖世承教育管理科学化探索

我国近现代教育舞台上诞生过众多思想独树一帜、实践丰富深厚的教育大家,可谓繁若星辰。廖世承(1892—1970)便是其中之一,他是中国近现代教育史上成绩显著的教育心理学家、中等教育管理家。他将自己的一生投入到钟爱的教育事业中,并始终坚持通过实践来说话,坚持将教育理论的探索和教育实践的贯彻紧紧相连,勇于探究,勇于创造,勇于行动。

一、积极推进教育科学化实验

廖世承 1892 年 6 月 14 日出生在江苏嘉定县(今属上海),生长在动荡变幻的转折时期。廖世承的家族是当地有名的书香门第,父亲在一所高等学府里执教,知识渊博,品行淳厚。但在当时,教师的待遇并不高,廖世承的父亲只能依靠束脩来维持全家人的日常生活,朴素而节俭。虽然生计仅仅能够勉强过去,其父母对于家中子女们的教育却是相当严格的,对他们寄予了读书修身从而光耀门楣的崇高期冀。这对于廖世承求知若渴的好学精神是很有影响的。

廖世承自幼记忆力超强,虽然并不是特别聪慧,但是勤奋好学。他曾在《我的少年时代》中写到,自己 3 岁时,《荡寇志》中的图像,他就可以一一叫出名字;座椅靠背上的小字全都能够认识。① 在廖世承进入私塾念书后,他发现自己比很多同龄人要聪明,因为他在 9 岁时就能够读懂"四书五经"的许多内容,并且也开始阅读《礼记》。只是那时他还是比较调皮的一个孩子。他的同胞姐姐廖骊珠不断地给他以正确的引导和积极的鼓励,而他的父亲也经常有声有色地给廖世承讲述一些有激励作用的历史故事以此陶冶他顽皮放逐的心灵,最终造就了廖世承勤奋好学、执着不懈的学术灵魂。由此也可以见得,

① 汤才伯.廖世承教育思想论稿[M].北京:人民教育出版社,1997:2.

家庭的氛围和素养对于儿童的成长具有重大而又持久的意义,廖世承正是因为童年时期得到了家庭重做人重学识的文化场域的影响,才造就了自我的光辉人生。

12岁那年,廖世承怀揣着家人的希望进入嘉定的一所高等学堂学习。13岁,他又转到嘉定县立高小的毕业班,直至15岁从学校毕业期间,他都成绩优异,好学踏实。毕业时学业也未遇到间断,投考了当时著名的南洋公学中院,并顺利考取。进校一个月左右他遇到了国文会试(即作文竞赛),南洋公学大中院(即中学部)好几百人报名参加,廖世承并未因为自己只是一名一年级的新生就放弃,也报了名。令他鼓舞备至的是,他还考入了前四十名,属于上游水平,获得了嘉奖。这一次参加国文会试的成功成了廖世承学习生涯中的重要转折点,他由此对自己从事学术研习产生了兴趣和决心,开始大量阅读知识性强的书籍报刊,学习视野得到了很广很深的开拓。他对黄宗羲的《明儒学案》等书籍十分感兴趣,对新兴的资产阶级革命派的激进精神也很受感染,对宋教仁的文章很有兴趣,受到了许多启迪。他的新思想萌芽也呼之欲出,对封建王朝的君主专制很是反感与痛恨,希望能够尽己之力改变国家的前途和命运。

辛亥革命彻底推翻了中国两千多年的封建君主专制制度,建立了新型的国家体制,中华民国宣告成立。随之,中国社会的政治、经济、教育等各个领域都发生了改革。廖世承就读的南洋公学将学校中院学制由五年改为四年,廖世承得以提前毕业。他又顺利考入了远在北京的清华学校,在清华学习了三年多时间,其间一直为出国进一步深造做充分的准备,1915年赴美国布朗大学插入该校二年级攻读教育学和心理学。其间,廖世承更加刻苦地汲取西方文化的精髓和知识的精华,相继获得了学士和硕士学位,并在1919年回国,之后两年将博士学位论文寄至美国,获得博士学位。廖世承是我国现代最早获得哲学博士学位的留学生之一,成绩优异,一度获得荣誉学会理事会的金钥匙,成为荣誉会员。廖世承的求学生涯相对而言是比较顺利的,而其付出的努力也是相当辛苦的,可谓是孜孜以求。但是即便如此,由于国家和民族的衰弱,廖世承在国外求学的过程中也经常遇到不公平的待遇,这令他对改革国家更加坚持。他对中国教育改革和建构的不懈求索和探寻,正是他为挽救中国付出的努力。廖世承回国后,从事教育足足有五十余年,其道路之漫长与艰辛,非常人所能体会。教育是立国之本,只有改造了旧教育,才能培养新国民,才能缔造新社会。

廖世承在1919年回国后,当年8月受邀在南京高等师范学校教育科执教,任教育科教授,主要教授教育心理学、中学教育等新式课程。① 其讲课风度翩翩,内容丰富深刻,受到学生的广泛欢迎和喜爱。在进校不久,他担任师范附属中学主任,由此他的教育关注点开始投向了中国新式中等教育。他一边主持学校的行政管理工作,一边潜心研究教育教学理论,成绩颇丰。1924 年,他出版了《教育心理学》和《中学教育》,影响颇大,是我国当时首现的高等师范学校正规教科书。

与此同时,廖世承也参加了南高师心理实验室的创建,率先运用现代科学的智力测验法对考生进行公平、科学的测试和评价,并于 1921 年和同在南高师执教的著名教育家陈鹤琴合作编著出版了《智力测验法》一书,这也是我国当时最早出版的有关智力测验的专门著作,并创了一种新的教育理念和时代,教育的科学性得到了论证和维护。廖世承秉持着精益求精的学术精神,和多所学校、教育科研机构开展合作,编制了对初等教育和中等教育各层级有针对性的各科测验,并一丝不苟地在多处开展试验。1925 年,廖世承又和陈鹤琴合著了《测验概要》这本专著,内容具体而又简练,学术性、专业性、操作性俱佳。廖世承编制的测验法覆盖了学生个体和群体,蕴含了学生发展的道德、知识、社会化等多方面,内容十分科学和全面,被西方教育界誉为"廖氏之团体测验",开创了中国教育学和教育心理学的新纪元。

中学教育是廖世承致力的另一个重要领域。他力主在全国实行中小学"六三三"学制,在各地演讲时都主张推行此制度。1922 年改行新学制,他是中小学"六三三"学制的重要起草者。② 他指出,"六三三"学制是适合个性的,顺应时代潮流的,既可以保持各个教育阶段的衔接,也可以兼顾职业与升学。③ 在东大附中,他坚决贯彻"六三三"学制,运用选科制、分科制,推进新式教育在中等教育领域的推广。

廖世承的另一个重要举措就是大力推行教育实验。他坚信只有经过实验的推敲和验证,才能对一种教育理念、方法、模式等作出清晰明确的判断和选择。廖世承曾在东大附中试验过道尔顿制,并于 1924 年对实验结果进行分析和阐释,写下《东南大学附中道尔顿制实验报告》,将道尔顿制在东大附中实验的前期过程、执行过程、实验结果等一一进行详细的阐述和解释,并指出,重在

---

① 汤才伯.廖世承教育论著选(前言)[M].北京:人民教育出版社,1992:2.
② 同上:3.
③ 廖世承.关于新学制一个紧急的问题[J].新教育,1922,5(4).

自由和合作的道尔顿制在中国缺乏营养的土壤,难以推广。[1]

廖世承在南京的这段时间里,对教育测验、教育实验、中学教育管理等都作出了深刻持久的探讨,对教育理论和实践都作出了很大的贡献。1927年,廖世承离开了南京,前往上海,担任光华大学副校长、教育系主任和光华附中主任,面临着新的环境和问题。1931年,他为了更好地解决中国教育的根本问题,辞去了光华大学副校长一职,专心致力于中等教育的理论构建和管理实践,扎根光华大学附中,以此为教育改造的阵地,开展围绕中等教育这一论题的全面、系统、详尽的研究,终成我国教育史上著名的中等教育学家。他开展了中等教育历史的研究,试图理清中等教育在中国发生、发展的历史脉络,以求得事实、获得启示。继而,他针对自己总结出的中等教育问题,开始探寻解决的路径。其研究范围包含了学制设立、教师培养、课程教学、中等学校与职业教育等问题域,浩大而充实。

特别需要指出的是,廖世承在关注学术化教育的同时,也很重视职业教育和平民教育的发展。他指出现代国家人人皆应有职业,教育应当陶冶学生的职业技能,深入城市和乡村,全面普及文化和职业技能的教育。并且,他也很重视学校师资的教育与培养,认为教师是教育落实的根本保障,必须谋师资之改进,学校要择优师以教导学生,树立榜样。

1938年,廖世承应世事之需要,任教育部独立师范学院筹设委员会主任,并于当年11月国立师范学院成立时担任院长,学校位于偏僻不便的湖南安化兰田镇西。廖世承主持管理学校创建的点滴工作,艰苦俭朴,事必躬亲,带领全院师生克服重重困难,团结一致,培养出了一批批优秀学生。廖世承也在教育管理实践的过程中,不断总结和分析,形成了颇有特色的师范教育理论。

1947年,抗日战争胜利在望,廖世承回到上海,担任光华大学副校长兼附中校长。1949年新中国成立后,他担任光华大学校长,直至1951年7月。1951年夏天,光华、大夏等院校合并成立华东师范大学,廖世承担任副校长。1956年起,他还担任上海第一师范学院院长、上海师范学院院长,直至辞世。[2]

二、注重中等教育的科学化改革

廖世承的教育生涯是相当漫长而多元的,他关注的教育焦点十分丰富,并

---

① 廖世承.中学实施道尔顿制的批评[J].中华教育界,1926,15(5).
② 汤才伯.廖世承教育论著选(前言)[M].北京:人民教育出版社,1992:10.

且在每一项上都有着独特而科学的见解。他立志不盲从于西方现代教育理论，立足于中国的大众国情，通过一丝不苟的教育科学实验来探究中国教育的本真状态，并据此构建中国特色的教育思想理论体系，将教育实践和教育理论有机联系在一起，成就卓著。尤其是在中国中等教育、教育心理学、高等师范教育研究方面，他基于实际而勾勒了美好的蓝图，并身体力行，取得了丰硕的成绩。

廖世承对中学教育给予的关心大大超过当时许多教育名人。他认为中学教育具有承上启下的关键作用，对国民素养的形成有很大帮助。他在执掌南高师附中以及后来的东大附中，还有上海光华附中时，多次实施教育试验，力图摸索出中学教育的最优化思路，提高我国中等教育水平。他将中等教育的目的视为充分发展每一个学生的潜能，帮助学生成长为最快乐和最有用的人。这样的人有着强健的体魄，高尚的人格，有用的知识，即"敦品、力学、强身"。走入社会后，这样的学生能够服务社会，将社会进步、国家富强、民族振兴视为己任，贡献一己之力。这样就是养成了具有爱国精神的新国人，就能通过教育达成爱国救亡的目的。

廖世承对中等学校的强烈关注，影响了民国时期我国中等教育的发展定位。1922年，他在《教育与职业》杂志的第3卷第9期发表了《中学校与职业教育》一文，文中提出将普通中学教育与职业教育相融合，初级中学定位有职业预备的性质，高级中学也应推行选科和分科制度。对于学制的这一思考，是建立在廖世承全面考察中学教育现状的基础之上的，具有很强的实践性。

他提出中等学校实行"三三"学制，认为此学制符合学生身心发展的规律和阶段水平，能够提高学校教育教学的效率和质量，帮助学生得到全面、适宜的发展；而按照学科为单位进行升学判定的，则又可以促进中学学科课程的进一步改造和拓宽，能够最大限度地照顾到学生的个性特点和发展程度，做到因材施教，从而推动中等教育的普及推广，提高升学水平。

廖世承指出，一国的中学教育制度必须做到适合中国国情和地方的需要。① 他建议在当地教育确有必要建立实验学校，防止改革的不适应性，造成不必要的人力物力财力的浪费。如果试行收到效果，再逐步加以普及推广，最终彻底改革。

中学阶段是学生发展最为活跃和主动的时候，廖世承认为在这一阶段应帮助学生完成普通文化教育，并开始专门化教育的启蒙和指导，以帮助每一个学

---

① 廖世承.中学教育改造的基本原则[J].教育杂志，1948，33(8).

生在进一步的升学和就业中作出明智的抉择。由此,职业指导在他的思想里就应运而生了。职业指导不仅要教会学生判断和选择人生的能力,还要具体进行职业技能的训练,养成良好的职业道德和素质。他还动员学生的家庭和社会共同关注学生的职业指导与发展。

廖世承的中学课程观延续了他关注当下和实际的风格,强调课程的时代性和民族性,要与我国的时代背景和国民水平等相联系,立足本土,适应国民成长和国家改革的需要。国家必须编制出最利于青少年发展的课程教本,将最适应本国的课程和教材、最能普及全部学生的知识、最能映射学生兴趣和能力的知识放在最重要的地位。中学课程应设有普通科和职业科,采用分科制和选科制,学生修习相关学科课程后以学科为单位升学,修习年限也有弹性,渗透多种职业课程,推行职业陶冶的理念。

三、重视师范教育专业化建设

师范教育是很多教育家视为关键的教育领域,因为教师是学生学习成长的重要伙伴,影响力很强,所以教师的素质素养必须得到提高。教师肩负着将人类文明传递给下一代的重要职责,并且在教育过程中通过自己的言行举止有意识或无意识地影响学生的人格养成。廖世承特别重视学校教师的选拔、评估和深造,立志办好国家师范教育事业,以培养优秀的教师。在崇山峻岭的湖南安化兰田,他开创了我国独立师范学院的先河,通过独立合理的学校管理和科学严格的教育训练培养道德高尚、知识渊博的健全师资。

师范学院是一种专门化的高等学校,它的教育目的和培养目标是有着独特的专业化倾向的。创办师范学院,首先就能够在全社会引起对师范教育和教师职业的重视与尊敬。师范学院旨在培育充满爱心、同情力,又具有现代教育职业素养的新教师。

新教师的培育不是一蹴而就的事业,需要严格、系统、细致的教育和培训。所研习的专业学科知识是必需的,除此之外,廖世承提出了另外几点。首先,要培养教师的意志力,勇于尝试,勇于担当,坚持对教育事业的信心和恒心。其次,教师在指导学生的过程中,对其人格的形塑是有着潜移默化的效用的,所以教师自身必须砥砺人格,将自己养成理想崇高、人格健全、热爱劳动、忠于民族的人,从而去熏陶学生,继而促进优良的社会风气的形成。再者,就是教学与生活能力的综合培养,不能将师范生培育成只会教书的书呆子,还要具备实际操作和劳动生活的能力。教师还要有纪律意识,也要有健康的身体,要有审美的感受力。因为只有教师具备了这些基本的素养和能力,才能去引导和教育学生。

在《我国中等学校教师的概况》一文里,廖世承说道:"一个学校,无论宗旨怎样明定,课程怎样有系统,训育怎样研究有素,校风怎样良善,要是教师不得人,成功还没有把握,最后的成功还靠着教师。所以先进的中等学校学生不单要择校,并且要择师。"①由此可以看出廖世承对于教师的重要性是非常明确的。只有理想的教师,才能教育出理想的孩子。那么,什么是理想的教师呢?廖世承进一步总结出,理想教师的印象模型是这样的:热爱儿童,热爱教育事业,忠于教育事业,能够对学生的成长负责,且能在自己的职业中自我愉悦和满足;有专业化的知识体系和教育理论体系,且能够可持续地从实践中研究摸索;有强烈的社会责任感和民族复兴意识,爱国爱社会,立志于通过自己的教育工作为国家的崛起贡献力量;爱戴校长,服从团体的一致取向和意见,帮助学校管理者推进学校各项教学和管理工作,有团体合作的意识与能力。他还特别提出,教师应该具有操作教育实验的意识和素养,防止盲目行动,综合、真实地反映学生的情况。这些教育思想,直至今日,都是能够发人深省的,对现代教师如何提升自我有着很好的指导意义。

对于教师的职能,廖世承认为有以下几个重要内容:第一,教师要通过以团体训练和陶冶为核心内容的训育培养学生良好的道德意识、情感与能力,积极引导学生,加以认真与严格的协调管理,并将训育和学校智育、体育、美育等相结合,相互渗透,互为手段;第二,教师的基本职能就是教会学生学习,因材施教,在学生的知识获得过程中加以及时、有效的点拨和指引,要教会既能持久又能应用于生活实际的"真实的知识",并且要让学生热爱学习、学会解决问题;第三,教师应当将自己的职责从校园释放出去,辐射到所在的社会,通过自己的言行举止为人师表,养成健康活泼、科学文明的生活态度和方式,潜移默化地影响学生和周围的人群,打破旧社会的一些顽固思想和陋习,比如推广女子教育、性教育、职业素养教育等。②

总之,教师是社会文化的重要传递者,高素质和高能力并存是教师的最高境界。只有成为这样的教师,才能为民众、社会、民族服务,才能真正发挥知识

---

① 汤才伯.廖世承教育思想论稿[M].北京:人民教育出版社,1997:135.
② 同上:150—151.

和道德的作用。

四、以心理测验为依据因材施教

每个人看问题都有自己独特的视角,会看到不同的视域,这是基于个人生活史、学习经验、思维特质等因素的。廖世承对教育的认识是相当全面的,提出了许多独特的真知灼见。

廖世承力推职业教育的普及。职业教育在当时百姓生计难以维持的局势下,被提出是顺应潮流的,也是很多教育家关注的重要方面。廖世承对职业教育的深入探讨是很显著的。他笔下的职业教育,并不仅仅是要在中国办职业学校,还要在普通学校里增设专门的职业化课程,以期达到全民职业教育的水平。他认为,只有全面的职业指导和训练才能让学生明确自己的兴趣点和职业倾向,才能有的放矢地养成他们能用到的技能,真正达到学以致用的教育目标。那么,应该如何办职业教育呢? 廖世承指出,应当让青少年在学校里面系统学习职业所需的知识和技能,形成职业训练的机制,并且一定要从社会的真正需要和学生的真正兴趣出发才行。他的另一独到之处就是明确指出普通教育可以兼办职业教育,不要人为地将学理性教育和职业性教育割裂,而是要致力于将两者融合与渗透,从而培养出全面发展的人才,以服务社会和大众。

廖世承还主张通过教育心理学实验和测验,了解学生个性和特点,从差异切入,发挥每个学生的特长。19 世纪末 20 世纪初,西方教育学界和心理学界对学生的个别差异发生了兴趣,并进行了一系列科学的探索,试图为教育与教学开辟新的领域,创设新的合法性依据。廖世承在美国读书期间,深受这种对教育的科学性追求的影响,回国后一直在教育心理学上追求突破,并获得了颇丰的成果。他十分重视对学生个体和群体特点的探究与剖析,进而看到学生的差异,并根据差异因材施教,这一系列举措使得廖世承在教育心理学领域取得了很大的成就。

那么,什么才是学生的差异? 为什么会产生这种差异? 如何根据差异来培养学生? 这才是廖世承着重回答的问题。

我们承认,学生群体在总体发展上是有着许多共同、共通之处的。但是,人是多样性的,每一个个体都有自己独特的一面。学生的智力、情感、思维、意志力、兴趣、能力等诸多人性的基本构成方面,都是有千差万别的差异的。这些差异既可能是双亲遗传造成的,也可能是家庭环境造成的,又可能是学校教育造成的,还有可能是所处的社会文化环境造成的,总之,因素多多。这些因素的共同作用整合出了每一个不同的学生个体,教育必须根据他们的独特之处加以引导。而纵观整个差异教育的过程,廖世承认为寻找出差异这一步是最关键的,他自己就在这一点上倾注了大量的心血,开展了多项研究、测验、试验。从 20 世纪 20 年代初开始,他在南京高师创建了心理学实验室,开始教育心理方面的实验研究,试图提升我国教育的科学性和严密性。他相继完成了《智力测验法》《测验概要》《教育心理学》《教育测验与统计》等著作,完成了《读法测验》《常识测验报告》《智力测验报告》等多篇论文。并且,他还编制了初中、高中各自相应的学科测验。[①] 依据这些科学实验成果,可以对学生进行很好的甄别与判断,继而充实学校课程,改革学科教法,井展个别指导,保护好特殊学生。

五、科学实施人本管理

廖世承多年从事教育管理实践,形成了一套有自己教育理念的教育管理理论。学校是育人的场域,是文明传播和再创造的场域,聚集了学生、教师、行政职员等各有特征的角色群体。要管理好一所学校,需要管理者有着充分的智慧和才能来协调各方,尤其是要对教育有自己的理解和阐释,才能够形成独特的学校管理风格。廖世承在这一点上,取得的成绩也是十分卓越的。

廖世承在他所管理过的学校里一直采用刚柔并济的艺术手法。他认为,学校既然是培养人的地方,就需要建立严格的规章制度;但是人又是灵活的,所以需要民主活泼的校园文化气息来滋养师生。这样一种有刚有柔的管理理念,帮助他很好地把握了学校的发展方向,成为优秀的学校舵手。

传统的学堂总是将学生看作被管理的对象,很容易造成压制的倾向,会使学生在学习的同时变得呆板、依赖,丧失自我,缺乏创造力,没有实践力。这样的教育传统是廖世承所摒弃的。他认为,管理者要给学生创造一个合适温度的场所,既不会压制个性,又能给予指导,是最合适的。按照现代教育管理的理念来看,确是这样。管理绝不是按照一套行为准则或者制度硬生生地执行和推广,管理本身也是动态生成的,是需要根据现状不断调节的。

廖世承认为,学校管理的起点就是了解学生的个性,"学校内因管训不得当

---

　　① 　汤才伯.廖世承教育思想论稿[M].北京:人民教育出版社,1997:71.

而引起问题,大部分是因为不能了解青年个性"。① 一般管理不当,都是因为教师和管理者不了解对象的特点和差异。要基于学生的特点,仔细观察和把握学生的成长动态,然后才能提供帮助和指导。在学生遇到问题时,管理者和教师要循循善诱地教导他们,给予关爱和指导,帮助他们树立信心;要在实际生活中潜移默化地影响学生,以人格感化为主要方式,建立和睦良好的管理关系,让学生信赖自己,慢慢地加以引导,帮助其内化,养成高尚的且可持续性的道德品性。

在以"柔"训育的同时,必须加以"刚"性管理。"管理的方法虽系消极的,然其目的与成效,仍为积极的。训练的方法虽系形式的,然其目的与成效,仍为精神的。"② 那时候,很多人都认为要彻底颠覆旧式传统,要反对管理和训练,廖世承认为这是不可取的。管理是为了保证自由,是为了给自由发展创设稳定有序的情境。所以要将管理与教育相结合,做到教管结合、教管互动。廖世承在着手管理之时,就会与师生协商讨论,制定具体全面的行为准则。比如在东大附中时,就有《模范学生》(后简缩改为《十大信条》)这一形象的学生守则。在光华大学附中时,廖世承也坚持公平、严格、灵活的管理原则,大力加强学校的日常管理。他坚决破除欺骗舞弊等不良行为,不允许未经同意私自离校,不允许随意迟到早退和缺课,一旦发现,都会对违反校规的学生加以惩处,以示警诫。光华附中的学生在当时也被要求穿着统一的校服,养成整齐、庄严的团体风气,养成学生的纪律性和归属感。

这样的管理方式是非常有效的,因为有明确而细致的目标来规范学生的言行举止,学生就会逐步认同并且严格要求自己,不会迷失自我,也不会任意妄为。在这样的管理之下,日复一日地积淀下来,自然会形成积极的学校风气和学习风气,自然就能培育出优秀的学生。

廖世承还坚持民主管理的风格。学校就像一个大家庭,学校里的事情是校长、主任、教师、学生、行政人员等群体共同的事情。校长不能简单地挥一挥指挥棒,而是要用民主的精神管理学校。凡事要尽量取得学校人员的共识,从而强化决策的执行力。管理者一定要谦虚地深入师生当中去,了解一线教育教学的真实情况,要依靠教师,发扬民主,多开展自由、宽松的学术讨论和管理协商;管理者也一定要做到自我审视,严于律己,为全校人员作出表率。

为了作出科学的教育评估,廖世承还专门编写了易操作、全面的管理评价

---

① ② 廖世承.中等学校的训育问题[J].中等教育,1923,3(2).

体系,如《中学校长度量自己成绩的标准》《中学教师自省自强的标准》等一系列考核体制和依据,涉及管理者、教师工作的方方面面,从理念到实践,无所不包。这成了当时很多中学教师和校长的参照物,开创了教育领域科学评价的新时代。

廖世承一直致力于学校文化的构建,因为校园文化是师生赖以生存的环境,是一所学校区别于他者的最显著标志。

旧式学校是十分枯燥和无趣的,学生在学校里只是读书的机器,全然没有自己的生活,极易形成沉闷、没落、毫无生机的气氛。这些既不利于师生的自我发展,也不利于学校的维护。为了避免新学校也进入这样的怪圈,廖世承力倡构建民主、自由、生动、活泼的校园文化氛围,为师生的进步提供良好的校园环境。

东大附中和光华附中的校园文化建设都做得很好,师生业余生活积极而充实。各种学科的比赛时常举行,体育竞赛也经常举办,力争做到学生德智体全面发展。学校还专门成立体育委员会、编辑委员会等专门性的委员会,平时自我管理和活动,学校需要时就紧密合作。学术性的研究会也很多,文学、音乐、戏曲等都有各自的研究会,开展研究和学习活动。学校还有自己的校刊,为学生提供百家争鸣的阵地,鼓励学生讲出自己的观点,勇于创新。光华附中还成立过话剧社和消费合作社,各有特色和功能。

师生、生生在这样一系列的组织和活动中,不断磨合,互相学习和促进,师生情谊也更深厚了,教师和学生都能得到充分发展自我的空间和时间。

六、学校管理者应具教育素养和研究精神

学校管理有自身的规律和规则,不是人人都可以做的工作。那么,什么样的人才能够胜任这一工作?学校管理者究竟应该具备什么样的素养和能力?廖世承作出了具体的回答。

首先,学校管理者身处教育场域,必须具备优秀的教育学素养。教育是一项相当复杂和冗繁的人类活动。学校管理者不仅仅要面对学生,更要面对教师等工作群体。如果自己不懂教育,谈何管理?瞎指挥是带不出好队伍、好学校来的。所以,廖世承指出,学校管理者首先要精通教育原理,掌握教育的科学规律,并将其与学校实际联系起来作出决策。这个过程本身就是不断生成的,管

理者要在自己的理论基础上,通过自己的管理实践,不断摸索教育规律,加以总

结和调整。管理者要不断学习教育学、心理学、社会学、管理学等相关学科的最新知识,不断充实自己的知识储备,以便随时用于教育实践,指导实践。正是这样的学习过程,大大提高了廖世承的学校管理水平。比如,"六三三"学制的合法性得到公认之前,廖世承就已在当时所在的东大附中加以研究,分析各学年阶段学生的特点和水平,建立分科制和选科制,将职业教育等渗透进普通教育课程。再比如,廖世承对学校训育与管理也有自己的系统认识。他指出,训育是全校师生集体的生活,是渗透在学校教育、教学、管理的各个工作方面的。

其次,学校管理者要有作为一名教育者的忠诚和热情。教育和人是紧密相关的,是一项长期工程,不是立竿见影的。因此,作为从事教育职业的人,必须要有持久的毅力和恒心,必须要对学生有博爱和热情,才能从一而终地献身教育事业。廖世承在自己的教育管理生涯中,就生动地体现了这些素养。他立志为国家培养栋梁之材,所以一直将学生的个人成长置于自己的终极关怀。他认为,管理者应当成为师生的伙伴和朋友,给予学生最大限度的关注和关怀,真诚地和学生交往,深入了解他们的问题和困惑,帮助他们解决问题,教会他们自立。他还总结出了中学生应注意的十个问题:主宰、体格、体验、消遣、读书、用钱、婚姻、交友、择师、升学。他指出,青年学生只要认清自我,按照十点来努力,定能作出明智的选择,获得成功的未来。① 廖世承还不断学习和研究中学教育的诸多思想理论,并在办学实践中摸索、探究,改革学制、课程,注重教育测验和试验,科学办学、科学管理。1931 年,他辞去光华大学副校长一职的目的就是要一心一意办好光华附中。由此可见他对中等教育的强烈责任心和关注度。

再者,学校管理者不仅要进行日常行政管理,还要有教育研究的精神,要勇于开展教育实验。廖世承在办学过程中一直秉承了科学严谨的学术作风,力倡教育实践者进行教育实验,以期为教育教学管理找到科学的依据。要办好一所中学,必须进行严密细致的教育实验,因为只有这样,才能因时因地制宜,才能不断推动教育事业的改革和创新。学校是处于不断变化的社会环境里的,学校里的学生也是各有特点。只有加强教育测试和测验,才能不断把握他们的发展动向,根据具体情境作出管理决策,避免冲动和盲从。而开展教育实验,必须要在学理上首先进行推敲和论证,继而和教师等工作人员商量讨论,运用充足先进的设备或工具开展实验。② 比如,廖世承的《施行新学制后之东大附中》就是

---

① 汤才伯.廖世承教育思想论稿[M].北京:人民教育出版社,1997:166—167.

② 同上:157.

他基于东大附中全面、细致的新学制试行实验而写成的。这本书内容翔实,里面理论和实践结果兼备,每一项实验都有具体、充分的阐述,包含了大量的实证研究的成果。再比如,《东南大学附中道尔顿制实验报告》《中学实施道尔顿制的批评》也是廖世承为了验证西方道尔顿制是否真正能够在中国的土壤上成长起来的成果。他坚持要发展适合本土的教育体系,反对盲目照搬,精神可嘉。

廖世承一生成就卓著。他立足中国本土之民情、国情,运用西方教育学科学知识,结合两者,开创了诸多领域的先河,形成了一套独特、系统的教育理论体系。他深入教育一线,广泛接触教育实际,揭示事实,并进一步提供教育事业的规范体系,形成了一套科学、实用的教育管理思想体系,值得后人不断学习和汲取。

第十一章

经亨颐人格教育思想与管理实践

在国势危亡的晚清之际,涌现了许多志在民族之崛起的仁人志士。经亨颐是当时教育界举足轻重的人物之一,他怀揣着通过教育救亡图存的理想,实践自身的一套教育逻辑。他年轻时就深受维新思想的影响,立志于挽救民族与国家的命运,东渡日本攻读教育与数理。后又承担了浙江省两级师范(后改名为浙江第一师范)的教育与管理工作,励精图治,勤恳治校,促使后来的浙江第一师范成为南方的革新重地。而在家乡上虞办起春晖中学后,更是将毕生对于民族之未来的梦想寄托于此,倾尽全部身心之劳顿,广采博引国内外之精粹,力图将春晖中学打造成我国现代教育的典范。

一、与时俱进推动民主教育管理改革

经亨颐(1877—1938),字子渊,号石禅,晚号颐渊。经亨颐是我国近现代著名的教育实践家。他出生在浙江省上虞(今绍兴市上虞区)驿亭。浙江素来人杰地灵,文儒之气浓重。经亨颐在此受到良好的熏陶。父亲经元培授五品衔,祖父经庆桂则是名闻沪上的绅商。经亨颐从小就聪慧好学,对事物怀着浓厚的好奇心,性格喜动活跃,经常产生独特的见地。18 岁时,伯父经元善因身体不佳邀请他赴沪做侍从秘书。当时清王朝已处于风雨飘摇之中,甲午战争的消耗与失败,《马关条约》的丧权辱国,让整个中国社会开始沸腾。年轻的经亨颐经常受到伯父及其友人们议论政事的熏染,经常读报了解国内形势,愈发感受到封建王朝的腐朽与黑暗,也就在那个时候他心底里的爱国热情开始涌动,试图找到一种可行的途径来改造旧中国之时弊。随之以变法图强为宗旨的维新变法运动掀开救亡图存的变革浪潮,经亨颐身临其境般地愈发感受到强烈的救国冲动,他开始努力将这种爱国理想转化为实质性的行动。1903 年,在家人变卖资产鼎力相助下,经亨颐远赴日本留学,进入东京高等师范学校攻读教育学和数理学等。留学日本期间,经亨颐刻苦读书,谦虚求知,视野得到了很好的开拓,其教育观也在逐渐形成。他对法国思想家卢梭的《爱弥尔》产生了浓厚的兴趣,深受其教育思想的影响,在回国后也立志于将《爱弥尔》中的教育精粹运用到改造中国之旧教育的实践活动中去,将其看作破除封建思想之痼弊的有力武器。与此同时,1905 年清政府新政宣布废科举、兴学校。浙江省开始筹建两级师范学堂,监督王廷扬出于慎重,两次东赴日本考察学校学务的人选,最终看中了正在东京高师求学的经亨颐,诚心礼聘。经亨颐为了国家教育之振兴,决然停止自己的学业,回国担当重任,参加浙江师范学堂的筹建工作,并自此开始了献身中国教育改革的漫漫长征。

回国后,经亨颐踏实肯干,利用自己对教育的见解,致力于建设一座现代化的师范学校。在筹建学校的过程中,经亨颐设计了一系列周详而又远大的理想,对学校的发展目标、路线、规模等都做了细致入微的精心设计。人们将经亨颐称作浙江创行新教育时期筚路蓝缕以开辟先程的一位志士。在浙江两级师范学堂开校后一年,经亨颐为了完成东京高师的课程再度远赴日本完成学业,在顺利毕业后重回浙江两级师范学堂担任教务长。随后不久,辛亥革命爆发,国内政治形势日趋严峻,社会动荡不安,学校被迫停课。经亨颐被推为校务主持者,在学校开展学生军的日常训练,支持并开展爱国运动,积极参加民主斗争。后来革命取得成功,杭州光复,浙江教育体制也开始改革。经亨颐受命主持浙江省教育行政事务与两级师范学堂管理。为了专注于师范教育的革新与发展,经亨颐后来辞去了行政职务,专心担任改革后的浙江第一师范校长,同时兼任浙江省教育会会长一职,潜心治校,专注治学。

浙江省教育会是浙江省教育界的民间组织,章炳麟原任会长,1913 年经亨颐接任,并于此后连任了八九年之久。在其任职会长期间,经亨颐秉承了改革旧教育的宗旨,坚决地贯彻了当时教育界领袖蔡元培的民国民主教育方针,推行种种教育事业改革理念与举措,有效促进了浙江省的教育革新事业。浙江省教育会将宣传和推广新教育作为己任,创办《教育周报》等相关报纸杂志,在学校开展规模性的演讲会,广泛传播新的教育理念与进步科学技术,并指出要因地制宜、因时制宜。浙江省教育会在经亨颐的领导下,坚持独立自主办会,不依附于任何政府,秉承教育独立之精神与艰苦之传统,勤恳治会,成绩斐然。直至五四运动,经亨颐及其所主持的浙江省教育会和浙江一师成为浙江新文化运动的中心。经亨颐支持学生们开展的一系列反帝反封建运动,认为其有着"扫腐摧坚之势力,除旧布新之功用"。与学生们的革命运动遥相呼应,经亨颐开展了一系列革命性的教育改革实践,如白话文教学、民主治校、教师专任制、学科选修制等。然而正是这一系列的教育改革措施以及保护学生支持革命的举措,使得经亨颐被反动派列入了贬斥名单。一师学生施存统旨在批判旧社会家庭制度的《非孝》一文,则成为当局贬斥经亨颐的直接由头。反动派将浙江一师乃至整个杭州学生革命风潮的核心力量归于经亨颐的离经叛道,弹劾经亨颐。经亨颐坚决拒绝要求其辞退一师校长之职的命令,并且得到了全体学生和教师们的维护。反动当局便将其调为教育厅视学,并对一师采取了高压手段,以致遭到了师生们的极力反抗,遂引发了著名的"挽经护校"的"一师风潮",并由此发端,形成了杭州整个中等学校以上院校学生的民主革命运动。后在经亨颐的委婉调停和蔡谷卿等社会名流的协调下,反动当局收回了解散一师的成命,学生们接受了敬重经校长的姜伯韩任一师校长,学生风潮才得以平息。

1920年经亨颐在离开浙江一师后回到了故乡上虞。他将自己关于改革教育的梦想又带到了这里,并得到了有识之士陈春澜的鼎力资助,历经两年多的磨炼与积累,在风光无限好的白马湖畔建立了一座依山傍水的学校,即闻名遐迩的春晖中学。1922年的秋天,这所蕴藏着新教育理念的新学校开始面向社会招生,新文化的精神又有了一片前途大好的阵地。经亨颐将春晖视为毕生的事业,将全部的梦想寄托在这所学校的成长上,力行了一整套教育改革的制度与举措。由于经亨颐的人格魅力和教育理念的感召,朱自清、陈望道、刘大白、夏丏尊等都随之而来,进步学生杨贤江、丰子恺等也来校任教。一时,春晖中学这所新生的学校人才济济、生机勃勃,浙一师的改革精神也随之在这里重新萌芽与成长。经亨颐著名的"春晖计划书"即是这所学校成长的蓝图,蕴含着深刻的现代教育思想,经先生的人格教育、师范理念、学校社会观等教育观念都得到了实实在在的践行。而一批富有才学的教师汇聚于此,也为学校的自然风光添上了充满文化气息的浓墨重彩的一笔,更为中国现当代的文艺土壤播下了灿烂的种子。春晖中学力推男女同校之风气,实行必修与选修学科制,广泛开展各类专题讲座,重视学生德智体美的全面发展,学校一度呈现出完全不同于旧式学堂的一种生命力无限彰显的发展态势,促使春晖中学成为中国近现代教育史上的奇葩,与天津南开齐名,享有"南有春晖,北有南开"的美誉。

1923年,经亨颐开始兼任浙江四中校长。他将学校的学制改为初中两年、公共高中两年、分科高中两年,并规定初中课程均为必修课程,而公共高中则是必修为主、选修课为辅,再到分科高中则是以选修课程为主。在学校里与共产主义相关的一系列学生团体活动都得到了校长的许可和支持，马列主义得到了广泛的解析与传播。教育和爱国在经先生那里得到了很和谐的统一。可以说，教育救国正是经亨颐爱国热情的表达方式，并且从始而终都努力将其付诸现实。只是，在这过程中，经亨颐逐渐感到在动荡飘摇的社会中要办好教育，实在缺乏根基。反动政府对于新教育的压制更让他意识到政治基础不破除，新教育根本无法长久立足，因为教育是不可能完全摆脱政治环境的影响与干预的。

经亨颐逐渐放弃了自己通过教育改良挽救民族危亡的事业，开始直接投身于民主革命运动，反对军阀政权和国民党右派的统治，参加了国民革命。他先后担任了国民党浙江临时省党部常委、教育行政委员会委员、浙江省政务委员、中山大学代理校长等职。其间波折不断，却一直拥护孙中山先生的三民主义方针，旨在民主和平地解放民族与国家，反对专制独裁的统一方式。可以说，无论成败，经亨颐的革命抱负和教育理想都是值得后世称颂与缅怀的。

日本侵华战争全面爆发后，经亨颐和何香凝、宋庆龄、柳亚子等爱国志士一起积极投入到了抗日救亡运动中。他们专门举办了救国书画义卖活动，旨在筹集善款以支援抗战一线。经亨颐也一再响应中国共产党全民团结一致抗日的号召。淞沪抗战后，经亨颐忧愤至极，抱负无处施展，于1938年辞世。

经亨颐的教育理念与实践在近代中国产生了深远影响。他对于中等教育和师范教育的深刻见解对教育的革新发挥着重要作用。其民主管理、人格熏陶、师资为基、全面发展的教育观、教师观、管理观都为中国新教育改革树立了优秀的典范，其教育思想与教育实践值得后辈学习与借鉴。

二、教师是塑造儿童人格的艺术家

每位教育家的教育实践活动都蕴含着深刻的教育思想，而非悬置于空中的亭台楼阁。经亨颐身处中国近代社会转型与变革的巅峰时期，面临的是一系列面目一新的思想与学说，新旧、中外思想的碰撞催促着他必须对中国之现状及其与教育的联系作出新的思考与定位。在广采博引的基础之上，经先生对于中国的师范教育、中等教育等领域作出了全方位的崭新思考。

教师是学校发展所依托的主体力量。各级各类教育系统都必须有良好的师资队伍作为前行的马达。那么，什么样的人能成为教师？应该成为什么样的教师？国家应该办什么样的教师学校？这一系列相关的问题都决定着整个社会的教师教育理念与教师培养水平。经亨颐对教师的资质与培养极为看重。他在日本留学期间，就为了筹建浙江两级师范学堂，毅然停学回国贡献力量。直至浙江两级师范更名为浙江省立第一师范学校，他还承担着校务的管理工作，并且，他一直未曾中断对师范教育改革与发展的理论研究，多次发表公开性学说，探讨中国师范教育的发展路径与前景。

首先，经亨颐明确指出，教师是一名艺术家，教育教学是一项令人尊敬的高尚的艺术性活动。这一观点有力地驳斥了中国自古以来肤浅供奉师道尊严的教师观，将教师的角色进行了新的解释，将师生关系进行了新的定位。在他看来，教师与学生之间的关系应该存在于感情和信仰之上，是一种平等可亲的关系。"教师之任务，与其为冷的科学的法则施行者，毋宁为以有血有泪，自己之人格移之于儿童、营造儿童之人格之艺术家。自己之人格与儿童之人格至微至妙之间，即教育效力之所在也。"①教育于教师而言，就是用自己的人格魅力感召儿童，与儿童的灵魂进行可亲近的对话甚至博弈，在这过程中，儿童对教师之人格耳濡目染，其高尚人格便可陶冶而成。这不同于旧式教育的注入观，即教师一味地将自己所拥有的知识、理念、品质灌输给儿童。现代教育之教师必须将自己的主观感受、意识与儿童的主观感受、意识相衔接，形成互动的交际关系。这已经表达出了经亨颐所重之人格教育的精髓。

其次，既然明确了教育首要的就是教师与儿童之间的人格对话，那么作为影响学生的权威动力源，教师的人格则应该是高尚的、值得儿童尊敬与汲取的。正如花儿的成长需要充足的养分，儿童的人格成长也需要从教师那里汲取人格的养分。那么，教师应当具有什么样的人格精神呢？经亨颐认为师范生作为未来社会的教师，应该具备三种精神：甘为基石的奉献精神、为社会做马牛的服务精神、吃苦耐劳的屈就精神。当然，这三种人格精神首先是以一名教师的全面发展为基础的。他将教育看作社会的基础事业，教师是儿童成长的扶梯，"以大厦喻国家，以人才喻栋梁，柱石常闻之，然构成大厦最要之关节，则为此凸彼凹相接合之斗。榫若无斗榫，虽栋梁之材不足用也。且既有栋梁之凸，榫若无柱头之凹，榫虽栋梁之材亦不足用也。今中国栋梁之材不患不多，所缺者凹榫之柱石耳，倘柱头亦是凸榫，大厦其何以构成耶？政治家也，元勋伟人也，皆为凸榫之栋梁。教育，立于社会基础上之事业，教育者相当于柱石之材，彼凸我凹，

---

① 张彬.经亨颐教育论著选[M].北京：人民教育出版社,1993：101.

与世无争,始无不合,否则即失其柱石之资格。凸榫者何? 权利而已"。① 作为教师,就要有着低调谦和的品质,不计较个人名利得失,为国家和社会培养人才。这就如同父母亲为了自己的孩子甘愿付出所有,教师也正是为了服务于社会的进步而无私地奉献自我。在这种奉献的过程中,由于国家当时的处境内外交困,物质条件非常恶劣,教师们要甘于贫苦哀乐,凭借自己坚韧不拔的意志力过简单而辛苦的生活,这也就是经先生所说的"屈就"精神。具备这三种精神的教师,必会拥有高尚无私的人格,是儿童学习的榜样,也必能够从师范毕业的小学教员日积月累地成长为"教育家"。

再次,师范学校是师范生成长的摇篮,其办学资质和水平对一个人成为一名合格且优秀的教师有着至关重要的影响力。那么如何办好一所师范学校就是教育家必须解决的问题。经亨颐一直致力于将浙江一师建设成一所洋溢着现代教育精神的师范学校,大刀阔斧地采取了一系列的改革措施,努力将其推上现代化、科学化、本土化的发展道路。在《改革现行师范教育制私议》一文中,他指出现行的师范教育制度与中等学校联系过于紧密,完全依照普通中学课程教法而行,受其牵制过多,缺乏独立办学的意识。随后很长一段时间内,他都在自己的教育教学管理实践中摸索师范教育成长的应有之义。例如:经亨颐建议将师范学校学制提炼成为一个独立系统,根据学习者的学业程度划分为三期,分别称之为第一期、第二期、第三期师范学校。第一期师范学校即是原来的讲习所,教育目标定位在培养国民学校教育教员,学业期限 3 年。第二期师范学校即是原先的普通师范学校,教育目标定位在培养高等小学教员,学业期限 3 年。第三期师范学校即是高等师范学校,教育目标定位在培养中学教员,学制设有两年预科、三年专修科、研究科,每个省份应设有一所这样的学校,以提升师范教育水平。他还提出国立综合大学也应当设置教育科,以此三期师范学校连成一体,在学生服务于社会教育事业若干年后可通过公平考试自下而上根据学业成绩晋升。这有利于促使师范教育系统的完整性发展,兼顾理论与实践,通过不断晋升形成螺旋式上升的良好态势,对于师范生个体职业成长和教育系统整体科学化发展都有很好的推进作用。同时,经亨颐对师范学校的课程也作出了一番规划。师范学校的课程首先就是立足于培养教员的,那么"师范性"就是其最基本的属性。教育、国文、数学是师范性课程最基本的学科教学内容,而教育这一科则应当有所加强。对教育本身的研习决定着师范生的教育观,应当

① 张彬.经亨颐教育论著选[M].北京:人民教育出版社,1993:73.

循序渐进地加以指导,从理论到方法再到具体化的各科教学法,都要充分学习和认识。而对于国文教学他则力倡白话文的推广与运用。他坚持国文为教育服务,而非教育被国文支配的原则,认为国文教学如果不改用白话文是不利于教育普及的。经亨颐将这一想法运用到浙江一师的发展上,全部使用白话文教学,采用注音字母,倡导文学革命,国文教材在选择部分优秀古典文章的同时基本选用白话文章,以推广白话文。这一系列针对课程设置和教学的改革都有效推进了师范教育的革新。

在浙江第一师范,经亨颐推出了一系列与其教师观相协同的改革举措,在培养目标、学科制度、教学方法、课程设置、教员考任等学校教育管理方面作出了很多打破旧传统的改革。浙江一师也因为他的改革精神和力度在当时享誉教育界,成为中等学校教育改革的典范。

三、以人格陶冶和意志磨炼为教育的根本价值取向

经亨颐的教育管理思想中又一闪光点就是他对人格教育的极力推崇。人格教育主张以人的精神与理性为根本,发扬人性的本体价值,养成主体高尚的人格情操,以抵御物质世界带来的对人性本身价值追求的迷惑与侵蚀。这一教育思想观照下的教育以人格的陶冶和意志的磨炼为教育的根本价值取向,着重于人本体的完满成长,以儿童的发展为中心。经亨颐对传统的旧式教育持批判的态度,试图改造封建等级社会结构下不平等、不尊重、不独立的教育体制,努力争取打破对儿童人性的压迫与个性的桎梏,因此人格教育成为他所坚持的教育理念。他将个体的人生比喻成一碗清水,教育的作用就在于顺势培养儿童良好的主体性人格,以让这碗清水能够更好地发挥其所应有的作用。经亨颐在自己的教育实践过程中不断摸索人格教育的范型,时常撰文以表达自己对于人格教育之要义的理解。

"人格教育以狭义言之,即德育、知育","以人格教育维持生活,其主要之点:一、公共心;二、责任心"。① 经亨颐笔下的人格教育旨在通过思想道德的培育和文化知识的传递开展学生公共意识和责任意识的培养。这样的人格教育进一步拓展的目的就是孕育良好的社会,"人格者,一方面为自立的、个人的,他方面为协同的、社会的;相互实现,渐渐发展者也。为人格而有社会,为社会

---

① 经亨颐.全国师范校长会议答复教育部咨询第一案[J].教育周报,1915(7).

而有人格,犹非中肯之谈","无人格之社会,决非良好之社会"。① 社会是由每一个个体构成的,教育养成具有完美人格的个体,就是在构建良好的公民社会。整个社会需要养成崇尚道德的风气,将个人主义与团体主义融为一体,保障个体良好发展的同时,融汇而成为良好发展的集体社会。人格教育对于个人和社会两者的功用就能得到实现。

在经亨颐看来,学校不是贩卖知识的商店,不是以向学生强制灌输各种知识就万事大吉,而应当以陶冶学生的人格与情操为根本任务。现代社会的学校应该办现代的教育,反对固守封建旧道德的传统,要培养适应现代社会发展潮流的人才。在浙江第一师范,"勤、慎、诚、恕"是学校引以为要的校训,"勤"就是要养成不厌不倦的勤勉态度,"慎"就是为人处世要慎言慎行,"诚"就是要待人真心真意,"恕"就是要学会包容和体谅。其中,"诚"是四点之要。这四点就是人格教育所致力于的为人的标准,能够构成积极向上的健康人格,激励学生朝着完善自我的方向努力。

培养学生的完美人格要通过实施一定的教育来实现。经亨颐强调从知识学习的狭隘视角走出来,现代教育要试图从德、智、体、美多维度出发促使学生的全面、均衡发展。传统教育在科举制度的变形与催化下逐渐走向了死读书、读死书的胡同,现代教育则一定要从这个胡同里走出来,打破知识灌输的教育模式,扭转呆板、保守、单一的教学倾向,将情感的陶冶和人格的培育同知识和技能的训练放置到同等高度,而艺术教育在其中有着独特的作用。经亨颐一直认为西方上流社会重视艺术教育的原因就在于试图弥补科学万能主义之缺憾,通过艺术教育培养主体对真善美的鉴赏能力和追求愿望。鉴于此,中国社会要改变自身的命运也要吸取这些经验和教训,必须及时意识到艺术和人格之间的相通性,将艺术的教育进行普及,以此熏陶国民性。

经亨颐认为提倡并推广"自动、自由、自治、自律"是人格训练的主要目标。他在自己管理学校的过程中踏踏实实地实践着这样的人格教育。"自动"就是要求学生养成自发活动的意识和能力;"自由"就是允许学生有独立的想法和需求;"自治"就是要养成学生自我管理和协调的能力;"自律"就是学生要学会自我控制与约束。在学校成立学生自治机构就是最好的实施办法,让学生自己管理好自身和团体,培养自我安排、组织、管理的能力,而与此同时教师和学校的作用就在于指导学生的自治活动,在他们遇到无法解决的问题时给予一定的引

---

① 张彬.经亨颐教育论著选[M].北京:人民教育出版社,1993:99.

导和帮助。

经亨颐对开展人格教育的具体方法也总结出了几个要点：一是感情之法，即取艺术的方法，利用感动之方法，让学生的精神世界和外在产生和鸣；二是综合之法，即要培养能将零碎无头绪的知识综合理解和运用的能力，不能停留在只是习得精确知识的机械层面；三是自动之法，即培养学生独立自主的控制力和自觉意识，养成良好的个性与能力；四是直观之法，即是完全地呈现具体的事物或情境，给予学生直接的感官与情意的刺激，让其精神层面得到自然感应后的体悟与提升。无论哪一个方法，都应当紧密围绕"人格"二字，生动开展人格教育。

另有，在 20 世纪初的中国，教育界也掀起了一股职业教育的浪潮。经亨颐主持浙江省教育会的工作时主要推行人格教育，以其为方针指导工作。而当时另一位著名教育家黄炎培先生主持江苏省教育会的主要纲要则是职业教育，旨在养成国民基本的生计能力。对于这两种看似明显对立的教育价值取向，经亨颐一再加以解释。他认为职业是社会机制构成并运行的必要因素，而人格则是社会秩序维持和协调的必要条件，这两者并不冲突，也绝不能厚此薄彼。但是，相对于整个社会的进步来说，人格的陶冶还是更加根本的，职业教育只是某一方面的陶冶，是教育的一种途径，不能过于狭隘地看待两者之间的关系。

人格教育是经亨颐教育思想的核心，是在那个新旧碰撞的动荡年代的社会环境中生成的。他将人格教育与艺术教育、公民教育、生活教育、职业教育等教育思想的关系进行了细致的梳理与阐述。经先生也明确指出过女性人格教育的重要性，认为男女人格平等，提出要塑造女性的完全人格，逐步改善其独立性。而在实践中，无论在浙江一师还是春晖中学，经亨颐都将人格教育和文化知识教育、文艺体育活动等融合起来，逐步形成了名校之风气。

四、以充分的管理自主权办"心向往之"的理想学校

1919 年，在上虞富商陈春澜先生的竭力捐助下，春晖中学开始筹建。该校位于浙江上虞白马湖畔，1922 年秋正式开始办学。经亨颐任校长。自春晖中学开始筹划和建设起，经亨颐一直积极投身其中，致力于建设一所以新教育为办学理念的中等学校。该校环境优美、师资雄厚、管理有道，在经亨颐的主持下不断进步，发展成为一所闻名于世的中等私立学校。

(一) 教育独立,与时俱进

1913 年,经亨颐开始承担浙江省教育会的管理工作。这可以说是其学校外教育管理实践的重要阵地。浙江省教育会是一个民间教育组织,1912 年最终确立后,由章炳麟任会长,1913 年经亨颐被推举为正会长。也正是从此以后,在经亨颐的主持下,浙江省教育会的事业日益发展,推进了民国初年浙江地区的新文化与新教育的发展。

浙江省教育会在发展过程中一直秉承独立自主的精神。经亨颐认为,要办好教育会,必须不依附于官府,必须与政治保持一定的距离,保有教育之独立精神。但是,教育要想和政治、政府完全摆脱联系,无论是从经费还是推广来讲,都是相当困难的。经亨颐认为要有"屈就"精神,以自身的能力克服困难。浙江省教育会很大程度上就是依靠民间爱国开明人士的捐助维持活动的。这样才能够最大程度上本着教育本真之目的与宗旨推广新教育,避免政治意味的偏倚。

浙江省教育会经常开展学习新教育的活动,注重在全省范围内推广新式教育,也注重在全国范围内学习与交流,积极参与全国教育会联合会的活动,经常去教育先进的邻省江苏实地参观学习。

教育现代化的实现,最基本的是要确立先进的现代教育理念。浙江省教育会将宣传新教育作为自己的根本任务。经亨颐任会长后,就主持创办《教育周报》,以其作为文字宣传的主要阵地,将一系列有关教育科学化、现代化的思想付诸笔端,向民众宣传。另外,经亨颐充分运用演讲这一感染力很强的表现手法向民众宣传新教育思想,康有为、梁启超、蔡元培、章炳麟、赵厚生等人都来此作过演讲,内容涉猎哲学、历史、文化等众多领域的新发展。

此外,浙江省教育会在经亨颐的领导下,一直践行着人格教育和全面发展的教育理念。每学年的 10、11 月和翌年的 4、5 月会举行省会中等学校联合会的会操,此后还有全省范围内的运动会,积极开展体育活动,提高学生的身体素质。而经先生历来重视师范教育,浙江省教育会也就非常重视教师的培养和继续教育,经常举办消夏会、日文讲习会、国语讲习会、注音字母讲习会等教师进修和培训活动,以提高教师队伍的质量,为新教育的推行培养主力军。

总之,在经亨颐的有效管理和主持下,浙江省教育会蒸蒸日上,为近代教育转型注入了新的文化内涵和教育意蕴,推进了浙江教育近代化的进程。

(二) 梦萦春晖,恳实践行

一所学校从创办到成长再到进一步发展,需要依照一定的教育理念展开成长计划,这就如同培育一个孩子一样。经亨颐在参与春晖中学的筹建过程中后,就着手制定了该校的发展规划——《春晖中学校计划书》。这一计划书融汇了经亨颐多年的教育改革与管理的经验,是对学校教育前景的一种展望和描绘,而后来春晖中学的建设基本也是照此进行的。在经亨颐的心中,春晖中学的未来就是浙江地域内最新式最完备的一所中学:"余为倡人格教育、英才教育、动的教育之一人。"①

在办学宗旨上,经亨颐力倡推行"动的教育"。什么是"动的教育"? 就是要"一洗从来铸型教育之积弊",打破旧式教育的机械思维定式,开展新式的现代教育,实施个体"机能的差别的发展的教育"。这种教育范式旨在践行个性化的灵活的教育,以促进每　个个体以最适合自身的轨道成长。传统的教育是静止的、呆板的、机械的教育,缺乏明晰而远大的目标,也没有着实辅之以个别化针对性的教育。在那种教育范式下,教育者就如同工厂里的工人,学生就是整齐划一的工作对象。"动的教育"认为儿童之间存在着各个能力维度上的差异,所以不应当将学生看成一模一样的教育对象,应该因材施教,根据学生自身的能力和兴趣实施教育与教学,"以能力别编制学级,为动的教育之要件"。② 这样才能真正做到尊重和爱惜每个孩子的成长岁月,保证他们得到最适合自身发展需求的教育。

在春晖中学,选聘教师的标准也依照"动的教育"这一教育管理理念。教师要有高尚的品行和人格,学高为师,身正为范。教师是学生们学习的榜样,要能够以身作则,作出表率。在春晖,人人都有劳动和研究的双重责任。每位教师都要参加学校劳动,带领学生劳动。而教师的论资排辈也被打破,以教师的研究意识和能力为更高标准。春晖中学鼓励教员们在自己的教育与教学过程中不断生成新的教育经验和思想,教师的职业生涯也正是教师不断学习和改进的动态过程。春晖中学在当时正是凭借其积极先进的教育理念和教师选聘标准引进了一大批优秀人才前来执教,如夏丏尊、丰子恺、叶天底、朱光潜、朱自清、王任叔等。另外还有蔡元培、杨贤江、舒新城、黎锦辉、郭任远、黄炎培、陈望道等著名学者来此作过演讲。这些教师和演讲都很有效地拓宽了学生的知识视野,提升了学生的文化境界。

经亨颐还在春晖中学践行全员育人的教育管理理念,大力推行教员专任

---

① 张彬.经亨颐教育论著选[M].北京:人民教育出版社,1993:99.
② 同上:178.

制。"管理何莫非教,事务何莫非教"。"校长与各专任教员,不但应与学生同寝同食,且须实行以身作则"。① 这样一来,就打破了过去学校教员只对教课负责、教育与教学割裂的状态,将育人的责任推而广之,每个学校成员都担负着教育的义务,不再对号挂钩。

经亨颐还对学校中的主要教育空间——教室作出了具体的改革规定。他试图扭转在传统中学依据年级安排普通教室的现状,建立多学科的特别教室。他强调教育与教学应当从学生的受教育需求出发,以学生发展为本。在春晖中学的计划书里,他预设了七间特别教室,分别为理化、博物、历史地理、图画、数学、手工和音乐。另外还专门设置图书室、学生实验室、礼堂、合级教室等。

春晖中学将学科分为必修和选修两大门类,在数量上高中的选修课比例高于必修课。学生在必修课修习的同时,可以根据自己的学习能力和学习兴趣选择科目学习。而所有的学科设置都以实施基础训练,发展学生的独立个性,为进一步深入学习打基础,为适应社会生活做准备为根本宗旨。尤其要指出的是,春晖中学的课程设置在当时具有很高的先进性。例如高中部必修课有外国语、数学、文化史、人文地理、生物学、伦理学、心理学、人生哲学、化学、物理、经济概论、法学概论、美术及用器画、体育,选修课程为哲学概论、文学概论、史学概论、科学概论、政治概论、高等化学、高等物理、微积分大意等。②

这些课程的视野之广阔、思想之深邃,非一般学校所能企及,为春晖学子创设了浓郁的文化氛围。

此外,经亨颐还非常重视学生的全面发展。在春晖中学,文娱和体育活动丰富多彩,给学生提供了非常轻松活泼的成长环境。音乐课和体育课都是必修课程,同时还会举行月光晚会、运动会、话剧表演等一系列文体活动,在当时的中学界,实有开风气之先的口碑。春晖的学生还需要不断培养自己的自治能力。在经亨颐的坚持下,春晖中学也成立了学生会,开展学生的自我管理与协调。学生会旨在尊重学生的个体人格,发展学生互相扶持的能力,培养合作精神与和谐感情。这样一来,学生离开学校后也能够更好更快地融入真正的社会生活,学校教育很好地与社会联系起来。

经亨颐为我国 20 世纪初的教育转型与改革事业默默奉献了毕生之精力,成绩斐然。他在自己的教育管理实践中不断吸收国内外最先进的教育理念与

---

① 张彬.经亨颐教育论著选[M].北京:人民教育出版社,1993:178—179.
② 董郁奎.一代师表——经亨颐传[M].杭州:浙江人民出版社,2007:238.

学说,多次撰文探讨教育之本质。而与此同时,他能够从书海走入教育一线,用实际行动践行并检验着自己的思想成果,其师范教育、"动的教育"、人格教育等教育思想与观点为其教育管理实践开辟了光明大道。他确是我国中等教育改革的先驱,为后世留下了丰厚的精神财富。

第十二章

汪懋祖学术化治校理念与改革

自清末废科举、兴新学始,经民国政府的变革与发展,近代学校制度逐渐在中国确立,与此相应的是各级各类学校的不断创立,系统的学校体系日益形成。此时正值国家危难、社会动荡之际,有志于推动教育事业发展的仁人志士,如蔡元培、陶行知、陈鹤琴、汪懋祖、梁漱溟等,积极投身教书育人的工作,寻求教育改革之良方,以期望实现教育强国之愿望。其中,近代教育家汪懋祖学成归国后,将毕生精力投入到中等学校教育的改革与实践中,主持苏州中学,创办大理、丽江师范学校,推动中国近代中等学校教育的进步。

汪懋祖(1891—1949),字典存,江苏吴县(今苏州)人。早年学习刻苦,1905年考取秀才,1916年留学美国哥伦比亚大学,师承杜威,获教育学硕士学位,并被哈佛大学聘为研究员。1920年回国,先后任教于国立北京师范大学、北京女子师范大学、东南大学,并任江苏省督学。1927年,蔡元培积极推行大学区制,提出以专家学者来领导改革教育事业,在此背景下,汪懋祖为实现其"学术化"办学理念,辞去大学教授及督学职位,回到家乡,担任苏州中学的首任校长。在主持苏州中学的四年中,汪懋祖以"教育源于生活,又要改变生活"的理念为指导,以其对当时中国中等教育状况的研究为基础,通过对校长职责的思考、师资队伍的建设、学生的有效管理、课程与教学的高水平、学术化的校风建设等方面的创新改革之举,以实现创办"学术化"中学的目标。由此,汪懋祖时代的苏州中学名师云集、校风严谨、人才济济,一时名声大噪,为当时中学之楷模。

一、"学术化"办学目标的确立

汪懋祖"学术化"中学的办学目标,并不是昙花一现的灵感,而是有其深刻的个人见解与时代背景。汪懋祖留学美国,师承教育家杜威,接受教育学的专业训练,不仅在教育理念上受到杜威的影响,萌生创办类似"实验学校"的想法,而且深谙欧美国家名校之道,对美国学校教育制度有分析见解。1922年,中国的新学制模仿美国"六三三"制,因而在中学阶段同样面临中学与大学的衔接问题,汪懋祖研究批判了当时中国中等教育制度的弊病,尤其是高中阶段的学校教育,他提出地方狂热办理高中,却"不量经济如何?设备如何?教员资格如何?驯至学校内容,空无所有,教学程度,未尝提高"。[①] 对此,汪懋祖所持有的创办"学术化"中学的理念,正是提高中学办学质量,促进中学与大学紧密联系的良策。另外,汪懋祖担任校长的苏州中学,是在试行"大学区制"的背景下建立的。1927年,蔡元培多次提倡的"大学区制"在北平、江苏、浙江试行。"大学区制"主张以各学区的大学管理中小学教育,教授学者支持教育工作,改教育的"官僚化"为"学术化"。由此,苏州的省立一师、省立二中、工专高中部与补学科三校合并,建立苏州中学,隶属于第四中山大学区,其教学管理思想亦是遵循"大学区制"的教育主张。因此,汪懋祖在首任苏州中学校长期间,大力推行"学术化"的办学思想,通过对履行校长职责、教师选聘、学生教学管理、学风建设等方面的努力,以实现其"学术化"的办学目标,正如其所言"不佞莅校之始,本纪律化、团体化、革命化、科学化之精神,为治校之准则,欲以移易三吴文弱媮逸之习尚,上追范文正、胡安定之学风,旁采欧美中等教育之精华"。[②] 在这样的办学理念的指导下,在全体师生的共同努力下,"四方负笈来此,远自陕、滇。毕业生考升国立大学者,岁有增加。就业服务,无一人向隅。校舍校地,较前增拓一倍。师生之间,情趣欢跃。尽心教学,研讨至勤。……于是,声名鹊起,满国中矣",[③]迅速成为当时国立中学之榜样。

二、校长之职责

汪懋祖学成归国后,先后担任多所高校教师,并兼任北京师范大学代理校长,对学校教学管理工作颇有心得。在蔡元培"大学区制"教育理念的号召下,为实现创办"实验学校"的理想,汪懋祖担任苏州中学首任校长,直至1931年,由于其外部环境难以实现其教育理念,因此辞去校长之职。在担任苏州中学校长的四年中,汪懋祖广招贤士、加强学校管理与校风建设,鼓励师生开展学术研

---

①　汪懋祖.中学改行四三制商榷[J].河南教育,1930,2(19—20).

②　苏州中学编.苏州中学校一览(叙言部分)[M].苏州:苏州中学出版,1928.

③　汪懋祖.三周年纪念专号弁言[J].苏中校刊,1930(48,49,50),转引自金德门.苏州中学校史[M].苏州:苏州大学出版社,1999:73.

究,著书立说,以实现其学术化的办学主张。作为一校之长,汪懋祖强调校长在学校管理中"负着领导的使命",作为学校的最高管理者,要严于律己,即便不能做到孔圣人的"君子九思"之境界,也要以教育家的标准要求自身,力求"热心负责、操守严谨、态度诚恳、处事公平、虚心研究"①。但是,汪懋祖也承认办学并非一人之功,"完全倚仗全体同人的努力"。因此,汪懋祖在主持苏州中学期间,虽然在教学与学术研究中并无太大成就,但是他积极鼓励师生进行学术研究、编写教材,并乐意为教师的著作作序立言,如汪懋祖为沈同洽、吕叔湘等合编的《高中英文选》作弁言。这种甘于奉献的服务精神,也是难能可贵的。据吕叔湘老师回忆,汪懋祖"跟一般校长不同,没有官气,有的是书生气"。苏中教师中间谈到汪校长总是说他谦虚诚恳,还有就是爱护教师②。汪懋祖对于学生的关心爱护之情,对于教师的谦虚真诚之意,让当时苏州中学的学生终生难忘。另一方面,汪懋祖认为中学校长不仅是一校之长,决定学校教学成就、影响学生前途,同时也是一方"祭酒",应承担扶翼地方文化、帮助改革地方习惯的重责,而非简单界定为学校行政领导,沉迷于权术交流、博取名利,而"办学校只要敷衍公令",以社会不良风气影响学校的教学工作。

三、"学术性"师资队伍的创建

汪懋祖认为除了作为学校领导者之外,校长的首要职责即是秉持人才主义的立场,聘选合适的教职员。"校长第一件任务,在选用健全的教职员,加以健全组织,那学校就已安置在健全的基础上。"③汪懋祖强调青年乃国家未来之中坚力量,对其教育引导具有重要意义,然而中学生处于身体与精神急遽变化阶段,是其人格形成的关键时期,而教师作为其学术研究的指引者及人生的导师,其重要性不言而喻,因此对于教师的选择需慎重。汪懋祖依据中学生身心发育的特征,对教师提出严格的要求,"第一是笃信三民主义,具有正确的政治见解;第二是肯体贴青年情绪的;第三是教授功课,能获得学生信仰,常能以良好的暗示及正确的理解,开悟学生的;第四总之要能以身作则,不惮烦琐,而态度诚恳,热情能感的。以上四项,如能全备,可说是全国最上等的教师了"。④ 合格的教职员要在思想修养、教学素养、学术研究能力等方面皆有造诣。因此在苏州中

---

①③　汪懋祖.我的教育经验谈[J].服务月刊,1940,3(1).

②　金德门.苏州中学校史[M].苏州:苏州大学出版社,1999:72.

④　汪懋祖.中学生生活指导[J].浙江教育,1940,2(11).

学教职员的选聘上,汪懋祖实行高标准、高要求,力求能满足上述之条件,他不辞辛劳,"凡德高望重之名师,辄远道亲往敦聘",为苏州中学组建了高水平的学者型师资队伍,其中不乏专家学者、知名大学教授,如国文科有沈颖若、钱穆两位国学专家及陈去病、吴梅等大学教授;历史科有曾任教东吴大学的陈旦教授,英语、图画、教育等科亦是名师掌教。他们不仅能够将课程内容深入浅出地让学生理解,教学生动、活泼,同时注重启发、引导学生独立思考,激发学生的学习兴趣,使之能够自觉、主动学习。

虽有优异的师资力量,但教师之间若不相往来,各自为政,则教学秩序必将混乱,教学水平也势必不高,而教导主任虽负责教学管理工作,然势力单薄、能力有限,必不能全面了解各科的教学情况。对此,汪懋祖提出应将中学各科划分设组,每组由学历资历较高的教员任首席,领导教员共同探讨教材、课程、教学方法的改进,负责教学进度的考核。他将苏州中学科目分为国文、英文、自然学科、社会学科、体育卫生等几组,各组设首席教员。最初定国文首席为沈颖若,英文首席为王士侃,自然学科首席为吴元涤,社会学科首席为胡喆①。据苏州中学制定的《苏州中学行政总则》规定,各科首席教员有"会同各教员编定该科各学程教学进度注意必修与选修学程之联接;指导初中教学及其与高中教材连接之方法;鼓励学生修学兴趣并指导修习之方法;研究关于实验室仪器室成绩室及展览室之设计;指导学生选科及升学事项;组织学科研究会并指导其工作"②的职责,并赋予其参加校务会议、讨论决定教学相关事宜、主持学科会议等权利及义务,以促进各科教学的交流与进步。

一支优秀的教师队伍若要发展壮大,必须不断注入新生力量,以保持其活力与进步性,因此新教师的训练尤为重要。汪懋祖认为:"对于这辈新进教员,校长着实要留意,常常要接谈,无形中加以训练。"③因为大学毕业生,离中学阶段不远,缺乏教学经验,只能安排在初中低年级任教,然而初中生身心变化较大、来源复杂,且新教师比较幼稚、目空一切、不够成熟,在教学过程中容易出现问题,因此需要对新教师多加指点、提醒,各组首席也承担起训练新教师的重任。在教师管理上,苏州中学制订有"聘请教职员规约",详细规定了教职员的职责与工作细则,如"凡受聘之教职员皆须热心教育、协助校长,以谋学校之发展","凡职员无论职务之繁简,待遇之多寡,概为专任,非经校长同意,不得兼外

① 金德门.苏州中学校史[M].苏州:苏州大学出版社,1999:73.
② 苏州中学编.江苏省立苏州中学行政总则,1932.
③ 汪懋祖.我的教育经验谈[J].服务月刊,1940,3(1).

169

职务"等①,要求教职员应遵守学校各部所订与自身职务规定之各项细则,保证教学任务高效有序地完成。

无论是从教师自身发展而言,还是就提高教学水平要求论,教师不仅需有良好的学科教学能力,也要有教学研究之能力。正如蔡元培所倡导的"名校"理念,强调要以教师之教学水平与学术研究能力来成就学校之"名",而非仅以学生的学业成绩来标榜学校之优劣。汪懋祖在办学之初即提出"一所优良学校成绩的表现,不仅在毕业生多数能考取大学,或中学会考能得到锦标。而在入学后能独立研究学术,崇高人格,出大学复能发展其能力,以各得其用"。② 学生研究能力的培养必然是以提高教师学术研究水平为前提:一方面,汪懋祖重视学术,倡导"学术化"办学宗旨,而发展学术型教师是其应有之义。汪懋祖提出对教师的总的期望,认为教师有三项重要使命,"一曰民族团结的使命,……二曰社会改进的使命,……三曰是实验研究的使命。现代教育理论均有科学根据,前几章所述教育方法,前人得诸经验者,须经科学研究证明其价值或修正其缺点,或发扬其真理,并由实验而创造,增进教育的效率"③,从而强调教师在教学研究中的重要职责。另一方面,教师学术研究能力的提高更有助于其自身专业发展。苏州中学的教师,不仅是各科教学工作的佼佼者,更是各科教学研究的学术人才。苏州中学各学科组成立学科研究会,由首席教员负责,领导教员讨论教学、课程、学程纲要、教材选择、教学方法、学生选课等问题;跟踪了解各科教学研究之国内外最新前沿,探讨学习本学科教学研究之进展,制定本学科的课程标准及编制教科书等,如1929年该校自主制定出版的《苏州中学学程纲要》,"苏州中学历年教学上之改进及设施,之所以能开国内各中等学校风气之先,即因各学科研究会对研究工作之要求极高"④。此外,为满足新的课程标准及教学需求,各科教师自编教材,例如吕叔湘等编写的《高中英文选》、吴元涤的《高中生物学》、杨人楩的《高中外国史》等,出版后即受国内学术界之肯定,并多次出版,为其他中学选用,这也成为当时苏州中学闻名遐迩的重要原因。

在学术研究领域,苏州中学的教师亦占有重要席位,其中以国学大师钱穆表现最为突出,先后发表了《先秦诸子系年》《刘向、刘歆父子年谱》等著作,震动

---

① 金德门.苏州中学校史[M].苏州:苏州大学出版社,1999:85.
② 汪懋祖.苏中事业之回顾展望[J].苏中校刊,1933(86),转引自金德门.苏州中学校史[M].苏州:苏州大学出版社,1999:165.
③ 汪懋祖.教育学[M].南京:正中书局,1942:98.
④ 金德门.苏州中学校史[M].苏州:苏州大学出版社,1999:166.

学术界,其他教师亦是潜心钻研学术研究,在汪懋祖时代的苏州中学内教师乐于研究学术、著书立说,蔚然成风,涌现并培养了一批学者,如英文科教师吕叔湘后成为语言学家,历史科教师杨人楩、胡哲敷成为史学家,教师不仅实现了自身专业上的进步,提高了教学研究水平,同时也为苏州中学赢得良好的口碑。苏州中学注重教师学术研究能力发展的举措,不仅提高了苏州中学在学术界的地位,同时也有利于教师自身的专业发展,教师投身学术研究的热情也带动、鼓舞了学生的研究兴趣,为学生研究能力的培养创造了学术化的环境。

四、"训教结合"的学生管理方法

一所学校的成功,不仅依靠优秀的师资力量,更重要的是学生的发展。汪懋祖主持苏州中学时期,正是中国社会动荡、民心混乱的年代,同时中学生因是"青春发动时期",心思浮躁不定,面对办学的双重困难,汪懋祖在分析了解中学生的心理发育特征的基础上,采取"训教结合"方式,指导、勉励学生潜心向学,在有序的校园环境下培养学生主动学习、独立思考研究的良好习惯。

首先在学校招生过程中,要求极为严格。新生入学须经入学考试录取,但在严格招生的原则下,同时强调重视学生的特长,如"本校实验小学毕业生升入初中者须经考试,但由实验小学校长保送者得免考试;本校初中部毕业生升入高中者须经考试,但学业成绩与操行均优等者得免考试"。据钱伟长回忆,他虽然考试总分很差,但国文的文章写得很好,经汪懋祖校长调查后,以殿军录取进了苏州高中部①。另外,新生在入学时须填写誓约书,需要寻觅保证人,填写保证书,从而才能顺利进入苏州中学学习。

在学生管理工作上,汪懋祖尤为关注学生的身心状况。在谈及中学生的教育时,他总要强调中学生的身心发育特征。他认为中学生存在感情至上、缺乏理性、理想活跃、容易拉帮结派,甚至有犯罪的倾向等问题,对其教育管理则必须要考虑中学生的心理特点,采取行之有效的方法,否则只能事倍功半,甚至激化学生的厌学情绪,造成恶果。

依据中学生的身心发育特征,汪懋祖提出了"训教结合"的教导方法,采取导师制、军事管理、学生自治三种方式相结合。导师制即是选聘良师,对学生进行人格感化,注重培养学生的思想品性。汪懋祖对导师的责任也有着明确的界

---

① 胡铁军.百年苏中(序言)[M].苏州:苏州大学出版社,2005.

定,要"对于学生之思想行为学业及身心摄卫,均应体察个性,施以严密之训导,使得正当之发展,以养成健全的人格"。[①] 导师制作为教训合一的重心,要求导师以身作则,注意言传身教,不仅在生活思想上对学生施加影响,更是以自身严谨、好学的品性,引导学生自觉、主动地学习、研究。同时,注重对学生进行军事管理,在此社会动荡时期,养成团体协作、整齐服从之习惯,以纠正学生懒散、松懈之恶习。为维护学校良好秩序,创造有利学习的环境,苏州中学制定了《苏州中学组织大纲》《教务规程》《训育规程》等管理制度规定,让学生管理有章可循、有规可依,从而养成良好的学习、生活习惯。在论及导师制与军事管理两种方式的关系时,汪懋祖认为各有利弊,主张应以导师制为中心,引导学生自觉自发的活动,并以军事管理为辅佐,以形成团队协作意识,创建有序的校园环境。

此外,为锻炼学生组织领导能力、培养服务奉献的精神、顺应民主之潮流,汪懋祖提倡建立学生自治组织,"培养学生健全的舆论,培养团体裁制的力量",[②]然而中学生尚缺乏自治的素养,因此建议教师担任指导,加以引导,以免学校秩序之混乱。在此理念指导下,苏州中学成立了初、高中部学生自治组织,初中部学生自治组织名为五三市,高中部名为紫阳市,每个自治组织下设各级行政组织,负责为学生组织施行服务、游艺、餐食、宣传以及学术研究等领域的工作及服务,丰富学生的课余生活,同时让学生接触了解社会组织的体系结构,锻炼学生的领导组织才能,并且也成为学生管理的一种重要方式。

另外,汪懋祖对学生的进步与发展也较为关注,尤其是成绩的进步。为提高课堂教学之效果,强调培养学生之自学的能力,苏州中学教务处要求每一个学生在课堂上都要有听课笔记、问题解答簿、纲要摘录簿、调查报告、测验、摘记、评论等八项,教师须按时评阅记分,教务处汇总后定期开展成绩展览会,以资学习、观摩与交流,也利于鼓励学生的进步,奖励优秀学生。对于成绩较差的学生,苏州中学开设差生补习班,帮助主科不及格的学生补习功课,以此提高学生的总体水平。

汪懋祖主持苏州中学时,不仅关注学生学业进步,也始终重视学生的教导工作,直到弥留之际,仍不忘嘱咐后人关注学生人格教育。汪懋祖对学生教导工作提出十项要求,即"一、锻炼体格,期能刻苦耐劳,战胜困难。二、意志训练,期能刚健笃实,见义勇为。三、陶冶情趣,期能和乐向上,发扬踔厉。四、启

① 汪懋祖.教育学[M].南京:正中书局,1942:134.
② 汪懋祖.中等学校训育问题[J].云南教育通讯,1939(34—36).

发思想,期能遇事反省,破除盲从。五、练习自知,期能善用权能,服从纪律。六、鼓励劳动,期能创作生产,由行致知。七、讲求卫生,注意美观,养成爱美整洁之习惯。八、注意社交,娴习辞令,养成活泼善群之态度。九、爱护公物,善用钱财,养成节俭尚公之德行。十、指导服务,提倡竞赛,养成和平合作之精神"。① 此十项要求涉及中学生体能、生活、学习、人格等诸多方面,通过对学生行之有效的教导,促进学生养成良好之习惯、形成健全之人格,才能发展其学术研究能力,以达到上述之目标,实现学生的全面发展。

五、教学课程上之进步

为实现"学术化"的办学目标,在汪懋祖领导下的苏州中学为培养学术性研究人才,在满足国家颁布的《中学校课程标准》中提出的要求的基础上,结合苏州中学自身特色,斟酌教学之实际情况,在各科教师的建议与修改下,制定出《苏州中学学程纲要》,对中学各科课程提出更高和更为具体详细的要求。例如,高中国文科的目标中包括"使学生了解中国学术思想变迁之大概,并培养学生自动研究国学之能力",英文学科要求"能研究关于各种科学及时事之书报",力求培养与大学教育相衔接的学术性人才,而非简单的应试考生。在课程设置上,汪懋祖坚持"教育源于生活,又要改变生活"的理念,认为学校课程代表生活的需要,课程内容从性质上可以分为四类:公民的、职业的、健身的、修养的。课程也是源于生活的需要而设置的②。因此,苏州中学的课程在基于国家制定课程标准的基础上,结合学校实际状况,制定较为合理、具体、系统的课程体系。为实现学生的全面发展,增进学生的研究兴趣,汪懋祖在苏州中学推行选修课,如高中部普通科必修课中有公民与三民主义、国文、英文、高等代数、历史、地理等,而在选修课设置上,主要依据学生的兴趣,分为文史地组、自然学科组、艺术组等,在教师的指导下由学生自主选择,不仅能有效保障学生基础课程与知识的系统学习,同时也能拓宽学生视野、增进学生的学习研究兴趣与潜能,另外也为不能升学者提供基本的职业训练。

汪懋祖在担任苏州中学校长的同时,也兼任教务长,对于教学工作亦有深刻的见解,并在教学工作上实施一系列措施,保证教学工作的高效有序进行。

---

① 汪懋祖.中学训育问题[J].苏中校刊,1933(25).
② 胡铁军.百年苏中[M].苏州:苏州大学出版社,2005:55.

首先,为整齐学生之程度、谋取教学之便利,实行能力分组制,如高中普通科英文每一年级分为四组,新生依据入学考试成绩由教务处支配分组,并随着考试成绩的变化进行调整,从而满足不同程度学生的发展需求。其次,苏州中学制定的各科学程纲要,对于课堂教学和课外活动都有着较为详细的规定,具体包括教学目标的制定、教材的选择、教学方法的选择、教学进程安排等。如国文科的教学方法既包括课内教学之单篇精读、校外教学之名著阅读,也包括作文与考试,并对每一种教学方法有着详细的操作要求,其他学科依据学科特征亦有着具体的规定。汪懋祖主持下的苏州中学,课堂教学秩序井然有序,课外教学实践活动丰富多样,从而取得较为优良的教学效果,教学质量不断提升。

六、"学术化"的校风建设

在办学之初,汪懋祖就怀揣着创办"学术化"中学的目标,组建学术性的教师队伍、鼓励教师钻研学术、提高教学研究水平、制定高难度课程标准、引导培养学生的学术研究能力,无不彰显其"学术化"的办学初衷。因此,在校风建设上,汪懋祖秉承"学术化"的办学理念,形成学风严谨、研究风气浓厚的校园文化环境。

苏州中学选址在苏州三元坊,旧有宋朝范仲淹、胡瑗在此兴学,近有江苏师范学堂的创立,可谓教育圣地,苏州中学也不免延续追求学术与重视人才的教育传统。另外,苏州中学的英文名称定为 Soochow Academy,汪懋祖摒弃当时惯用的"Middle School"或是"High School",而是选择了柏拉图学园的名称"Academy",有高等学校之意,正如苏州中学学生虞兆中所言,"由这命名可见汪先生的视野和重视学术的情怀,当然亦表示他办此校的向往之所在"。[①] 从苏州中学的校址、校名皆可以窥视出汪懋祖的学术化办学初衷。

在课堂外,汪懋祖通过创办校刊、设壁报走廊、开展课外研究活动、邀请名人演讲等途径形成浓郁的研究风气,创建学术性的校园文化。1928 年 3 月,汪懋祖创办《苏中校刊》,旨在公开学校教学行政状况、发表师生们的学术研究成果,以供交流,正如他所言,"不可无流通消息之具,本校内容不可不公诸社会,而本校同人研究学术之所得,尤不可无发表之机会,此本刊之所以创也"。《苏

---

① 虞兆中.不一样的苏州中学[A]//选自胡铁军.百年苏中[M].苏州:苏州大学出版社,2005.

中校刊》内容包括名人演讲、学术研究、各科经验、本校大事、各部消息等,其中包括汪懋祖、钱穆等名师的佳作,如钱穆的《述清初诸儒之学》《易》《墨》等研究心得都在《苏中校刊》上发表,亦有优秀学生之研究成果,《苏中校刊》曾设《生物学研究专号》,刊登学生有关生物学的研究文章,不仅增强了学生的学术研究积极性,同时形成了浓郁的学术气氛,提高了学生研究兴趣。

在校园文化建设上,除刊物创办外,苏州中学校园内设有一条壁报长廊,张贴国文、英语、历史、生物等各科内容,稿件主要来源于学生,成为学生交流学习的重要平台。学生的课外活动丰富多彩,创办各种学术研究会,由高中部学生自治组织紫阳市主管,设有国学研究会、英文研究会、数学研究会、史地研究会等,开展各式学术研究探讨活动、举办学科竞赛、发表研究成果论文,不仅加深了学生的研究兴趣,增强了学术研究积极性,同时也提高了学生的学术研究能力,为实现"学术性"人才的培养目标打下了良好的基础。

名人演讲在苏州中学的教学活动中占据重要地位,成为苏州中学课堂外的重要教学活动。在汪懋祖主持下的四年间,共有 40 多位名人学者来校进行演讲,其中包括蔡元培、胡适、孟宪承、顾颉刚等学术界、教育界名流,涉及的内容也是包罗万象,既有关于人生哲学的、心理学的,也有关于文学、史学等理论学说。这些名家大师的演讲,分享人生、求学或研究的经验,让学生受益匪浅,不仅鼓舞了学生们的学习积极性,同时激励了他们的学术研究兴趣与热情。

在校园文化建设中,无论是民国时期的名校抑或是当下的中学,都极为重视图书馆的规划。汪懋祖主持下的苏州中学,对于图书馆的设置也是较为关注的。当时的苏州中学有两处图书馆,一为三元坊的高中图书馆,一为草桥的初中图书馆,而高中图书馆藏书量较为丰富,学生借书阅览的积极性也较高。图书馆的设立,不仅有助于教师学术研究资料的查用,有利于课外名著阅读等教学方法的有效实行,也有利于提高学生的学习研究兴趣,增强学校的学术研究氛围。

通过学校选址、校名选择、创办校刊、设立壁报走廊及图书馆、邀请名人讲座等举措,营造了浓郁的学术研究的风气,创建了学术化的校园文化环境,让师生在此环境能够寻求学术研究上的进步与成就。

纵观近现代我国中学教育,大多为应试教育所牢笼,追求学生成绩及升学率,对教师优劣之评价仅依赖于教学效果,对其学术研究兴趣与热情抱以漠视的态度,对学生的教育也以升学为唯一目标,更遑论学生独立研究能力的培养。研究汪懋祖的"学术化"的办学理念及其在苏州中学的教学管理措施,不仅有利于研究汪懋祖的办学理念与举措、总结借鉴苏州中学成功办学经验及教训,对于当下的中学教育改革亦具有重要意义。

一方面,现代教师观尤为强调教师的专业发展,重视教师的教育研究能力的培养,因此,当代中学应总结并承袭汪懋祖的人才主义观,广纳人才,在注重教师教学能力的同时,关注教师个人的专业发展,重视教师学术研究能力的提高,以"名师效应"带动学生的学习、研究热情;另一方面,根据课程改革的要求,重视国家课程、地方课程、校本课程的三级课程体系,尤其是校本课程的研究与制订,形成独具地方与学校特色的课程体系。汪懋祖在主持苏州中学期间,依据国家颁布的课程标准,结合苏州中学的地方与学校特色,经过多方协商与论证,制定出具有苏州中学特色的《苏州中学学程纲要》,对教学及课程进行更为详细、具体的规定。在大力提倡素质教育的今天,汪懋祖秉承的人格教育和培养学术性学生的理念具有现实意义。现代中学应在满足学生升学之需的基础上,提供多样化的课程,丰富其课外活动,以培养学生独立研究的兴趣与能力,同时关注学生人格教育,促进其全面而个性地发展,从而培养真正意义上的社会主义事业的建设者与接班人。

第十三章

林砺儒「全人格」的中等教育管理思想

林砺儒（1889—1977）是我国现代著名的教育家，他于1922—1930年兼任北京高等师范大学附属中学主任，有着管理中学的丰富经验，形成了颇具特色的"全人格"中等教育管理思想。其中包括明确中学教育培养"全人格"的使命，"三三制"学制改革，明晰校长的职责与工作方法，重视保障教师的待遇和地位以及要求教师要有教育爱，强调学生的主体地位、鼓励学生自治等内容，在此基础上初步探求林砺儒中学教育管理思想的价值，对于我们当前改进中小学学校管理、提高学校领导效能等均具有重要的意义。

林砺儒终其一生的历程，展现了教育家的风范。他不仅不改初衷，将教育事业作为一生的志向，勤奋治学，随着时代的变化提升自己的思想，积累了丰厚的教育理论素养，还积极投身教育改革事业，励精图治，既不畏惧世俗，针砭时弊，是非分明，又勇于承担教育重任，坚持创新，锐意改革，在此过程中，不仅了解自己的学生、爱护自己的学生，还引导他们学会学习、学会生活，集"智、勇、仁"等品质于一身，成为教育史上不可或缺的一笔，在思想、精神、实践层面为教育史增添了亮丽的风采。在当时，人们认为林砺儒"在教育界中，要算一位服务最有恒心的人了"，[①]在当代，林砺儒的名字和许多著名人士，比如钱学森、张岱年等联系在一起，他们都在林砺儒管理的北京高等师范大学附属中学成长过，都对这段学习生活充满感激之情。林砺儒"全人格"的中学教育管理思想以及在这一思想指导下的北高师附中，对他们人生关键阶段的生活和成长产生了重大影响，他们怀念林砺儒先生的课堂，他们喜欢林砺儒先生为他们营造的校园环境与文化，他们受到林砺儒先生的鼓励，他们为林砺儒先生的人格品质所折服。林砺儒对"全人格"教育价值的追求，体现了他对"教育即生活"这一本质的把握。本文对林砺儒中学教育管理思想进行研究，在把握林砺儒中学教育管理

---

　　① 　编者.我们的特约撰述[J].教育杂志，1934，24(4).

思想内容的基础上,挖掘其中饱含教育意义和价值的观点和经验,以期对我们现有的中等学校教育管理有所借鉴和启发。

一、理想的中等教育是"全人格"的教育

林砺儒从东京高等师范学校毕业后回国,1919 年任北京高等师范学校教授,开启了他的教育生涯。随后,他于 1922—1930 年兼任北京高等师范学校附属中学主任(即校长),积累了丰富的管理中学的经验。林砺儒对教育事业不仅投注了满腔的热情,而且他还对中国当时教育有着独到的见解,详细地阐释了对中等教育的价值的认识,并提出了自己理想的教育目标和开展中等教育的原则。林砺儒在这种思想的指导下在中等教育领域开始了教育管理工作,这就为他的中等教育管理工作带来了理念的支撑。

林砺儒是一位思想深邃的教育家,他从哲学、心理学、伦理学等层面来思考教育的本质,探析教育与社会、教育与个人的关系,从中外教育发展史的角度来明确中等教育的地位和使命。林砺儒认为"教育是社会的也是幼少者的生长",[1]他以一种教育成长观来认识中等教育的地位和使命,就像"一株树,成长到某程度,就自然而然地分枝,决非预定到某尺高非分枝不可才长到某尺高的"[2],中等教育的起点是初等教育的自然结果,中等教育的自然结果则是大学教育的起点,他在此处特别强调中等教育不是为某种专门的准备,而是学生的生活教育,这成为中等教育的使命所在。可见,林砺儒这种以教育本身为目的的思想是和当时杜威的教育思想相契合的,这也是他通晓中外教育思想,并融会贯通而来的真知灼见。

那么完成这一教育使命获得教育意义的途径是什么呢? 林砺儒寻找到了"全人格的教育"这一途径。林砺儒在"教育家要培养进步的人格以适应进步的社会"这一教育理念的指引下,认定"理想的中等教育,是全人格的教育"。[3] 林砺儒详细阐释了他的"全人格的教育"的内涵,他在此处的"全人格"主要是指将学生的整个生活纳入学生这一主体内的观点,是对当时将学生与生活割裂、把学生当作社会谋生机器的看法的一种批判与反驳。在此处,他明确了"全人格教育"与"生活"的关系,"生活是全人格的活动,人类天生有一副活动能力,时时

①　北京师范大学校史研究室编.林砺儒文集[M].广州:广东教育出版社,1994:158.
②　同上:556.
③　同上:557.

要向外扩张,与周围发生关系,人格的活力扩张所及之范围,就是生活范围".① 中等教育的作用则是在生活范围内引导学生的人格的发展。这一作用的发挥需要依靠"陶冶"的方法。德国教育家纳托尔普在《哲学与教育学》中提出的"陶冶"这一基本概念对林砺儒的这一教育做法产生了影响,成为它的理论支撑,他明确主张"教育要陶冶健全有用的公民"。② 至于陶冶的内容和方法,"文学的陶冶,并非要把少年立刻造成一位名家,也不是准备将来卖文讨饭,乃是要引导他的人格的活力往文学方面去。科学的陶冶也不是要养成科学家或准备做农工,乃是要引导人格的活力往科学方面去。艺术的陶冶也是一样的理由"。③他希望学生经过实地经验各种高尚有价值的生活,包括道德的生活、科学的生活、艺术生活、宗教生活等,就是"真、善、美、圣"的生活,将学生身上天真烂漫的精神发散出来。林砺儒的这种思想是在阐释"陶冶"的本意在于让自然的存在达到理想的状态,"陶冶不是传达现成物,乃是导入连绵不断的精神构成之事业,安置个人于参与此事业之地位,使之参加此工作,而获得此构成力。就精神世界之共同性观之,叫作文化。就个人之参与观之,就叫陶冶",④他由理念出发,考察向着理念发展的精神作用的形式,认识各种文化对陶冶的意义,在生生不息发展的历程中,实现理想世界的成长,即是"全人格教育"的构想。

二、在北高师附中的"三三制"学制改革

林砺儒深刻了解自己管理的中学的性质所在,他认为"师范与附属学校之关系,有点像骨和肉。若师范没有附属学校,就等于没有筋肉的枯骨,而附属学校若离开师范,就等于无骨的一块肉,已失掉其效用",⑤因此他对中学进行管理的思想与做法是离不开这种辩证关系的引导的。研究教育就成为附属中学的使命之一。作为师范学校的附属中学,林砺儒认为就应该勇于担当教育试验的责任,在摸索中推进学校教育改革。林砺儒秉持"全人格教育"的信念,运用"陶冶"的方法和内容,对中等教育进行改革。这是因为他认识到学生人格活动的范围就是学生的生活,在学校教育里,则是称为"环境"。他为了给附中的学生

---

①③　北京师范大学校史研究室编.林砺儒文集[M].广州:广东教育出版社,1994:557.

②　陈景磐.中国近现代教育家传[M].北京:北京师范大学出版社,1987:304.

④　林砺儒.现代教育价值论[J].师大教育丛刊,1930,1(2):62.

⑤　北京师范大学校史研究室编.林砺儒文集[M].广州:广东教育出版社,1994:590.

提供良好的教育环境、适宜学生的组织形式,在认清当时旧学制的弊端的基础上,分析和比较各国教育学制的组织与结构后,经过与诸多教育工作者研究讨论,采取了与外国中等教育"一至六年级"有别的模式,在国内大胆地进行了将中学分为初中与高中各三年的"三三制"的改革,这一学制与中国当时旧学制"小学七年初中四年"相比,年限减少,增加高中一段,使中学教育极具灵活性,这一试行办法后来被教育部通过,成为 1922 年新学制的蓝本,并在全国范围内实施。

林砺儒认识到,"真正有益的新方法,必系从深刻的经验、精密的研究产出来",[①]也就是说,真正的教育不必时时换招牌、改颜色。他知道对学制来说,完备的内容和实施方法是决定其成败的关键,如果只是改改形式而没有内容的充实、方法的可行,这种改革是不会长久的。林砺儒在学制的拟定和试行过程中,采用研究讨论会的形式,经过不断地商议、修改,逐步将其完善。在其刚上任的前几年,附属中学是新旧学制并存的学校,在林砺儒的领导下,两制下的学生都完成了学业,很好地完成了旧学制向新学制的过渡,1925 年后学校全部实行新学制。林砺儒逐步制定了《北京师范大学附属中学三三制学则》,明确了新学制下学校要以"培养健康身体,发展基本知能,培植高尚品格,养成善良公民并增进社会效率,预备升学,养成善用余暇之习惯,实验中等教学新法"[②]为宗旨。学校选用分级、分科组织形式,分为初级中学、高级中学,高级中学暂设普通科,分为"第一部和第二部",并没有使用"文理"分科,采用"必修、专修、选修"学科制,各学科使用学分制,还制定了配套的学生成绩考察办法。我们可以看出,在中学学则制定时,透露着林砺儒等人对"文化教育与职业教育"和"文科与理科"问题的思考与处理办法,这两个问题被林砺儒称为"中等教育的两个问题",[③]这是他中等教育管理思想中着重关注的问题,"就教育全历程看来,当先谋全人的陶冶,后顺个性的分化,方算是正轨。故为发挥人格特权计,为增进社会文化计,皆应先普通而后职业。中等教育,恰位于全教育历程之中段,其职分应在完成全人的陶冶,以厚其个性发挥之根基",[④]有鉴于以上认识,他认为文化对学生具有较大的陶冶作用,这对学生人格的圆满有着至关重要的作用,在初级中学阶段进行普通教育就是为了完善这一作用,他不赞成过早对学生进行职业定型,

---

① 北京师范大学校史研究室编.林砺儒文集[M].广州:广东教育出版社,1994:594.
② 钱学森.北京师大附中六年[N].光明日报,2007-11-28.
③ 中央教育科学研究所.林砺儒教育文选[M].北京:北京师范大学出版社,1984:216.
④ 刘沪主编.北京师大附中[M].北京:人民教育出版社,2000:32.

学生如果有了完满的人格自然会出现个性的分化,进而选定职业。面对"文理"分科问题,他纵观以前教育实验的结果,认为中学生程度的高低优劣和文理分科无大关系,进行专门教育是大学的职责所在,中学不能"越俎代庖",文理分科不利于中等教育的大众化。从一定意义上来说,林砺儒在中等领域进行管理改革的真知灼见和做法是对教育理论和实际深入研究和思考的结果。

林砺儒是一个善于倾听他人建议的管理者,他听从了经亨颐"改革学制非先讨论教材不可,既承联合会议决了这个草案,征求意见,赶紧把教材对照研究,切不可专从'制'字着想的建议",[①]加强对教授内容和分量的研究,1923年制定了各科课程标准,内容详细具体,包括教学目的、学时分配、教材大纲、教学要点,支撑了附中的学制改革。课程设计既考虑普通教育的满足,也考虑学生的个性,提出了"环境为中心的课程改造"主张,围绕"全人格"发展的宗旨来组织教学。其中,林砺儒还组织有经验的教师编写了初一到高中的全套教材,教材编写照顾到学生的接受能力和身心发展水平,循序渐进,形成了一套具有特色的教材,并被全国各地学校采用。至此,林砺儒对北高师附中有了整体的结构管理。

三、治事如治学

林砺儒于1922年到北高师附中任职,当时称为"主任",他逐步建立了系统的学校行政组织管理系统:在主任领导下,通过各级各类会议来实现联系和运作,包括由招生委员会、财务委员会、食事委员会、体育委员会、各种临时委员会主持的校务会议和职教员会议,学级主任和教员召开的级务会议,学科主任和教员召开的各研究部的会议,下设教务课和训育课以及庶务课,由各自主任主持工作。林砺儒不仅治学严谨勤奋,在行政管理这一块也体现出精悍与严肃的特色,这一特点体现他自身对"校长"角色的认识和扮演上。

林砺儒认为"做校长的目的不是升官发财,也不是统治学校逞威风,而是教育青年,改造社会"[②],只有依赖学识去指导,靠能力去实践,需要修养而来,这一途径则是"治事如治学,治学如治事",因为治事和治学的对象都是环境的现象,此处指的则是做好校长这件事,林砺儒指出校长要用治学的态度,治学的心理

---

① 林砺儒.本校试办三三制初级中学与各国中学修业年限及教授时数之比较[J].北京高师周刊,1922:169.

② 北京师范大学校史研究室,编.林砺儒文集[M].广州:广东教育出版社,1994:502.

和方法,对待校长所要应对的各种事项,一面研究,一面处理,既有趣味,也会增长见识。理想对于校长是必要的但不是他的避难所,校长不能成为口号宣传者和"道德的自信狂",要妥善处理现实。林砺儒在修养方面给出了自己多年对校长角色的体悟,具有深刻的意义,充满着人生的智慧。

具体到校长的地位和工作事项,林砺儒认为校长处在领导监督的地位,为便于研究,他将工作事项分为两类,即对人和对事。其中,对人包括对教员和学生及社会各界,对事主要包括指导教学、领导训育和处理事务。应对这两类对象及相关问题,成为校长学校管理的重要内容,也是林砺儒的主要工作,在这一过程中显现出他许多中等教育管理思想的闪光点和智慧所在。

他认为中学校长首先要能领导学校教员们,指导教员教学是重要的职务所在,校长不仅要对中学各学科的内容和方法都有相当的把握,以辨别教员教学的优劣,进而给予他们妥当的引导,把新来教员当作教生一样,辅佐他们成才。这一点从另外一个侧面说明了校长不仅要有学识,同样也要善于观察,有能力去引导教员们适应新的角色。林砺儒基于各学科之间知识的关联性,提倡校长要时常开会,为同科、异科的教员们提供一个场所和平台,来互相交换意见,互相关照,加强教学的联络。鉴于教育领域随着时代和社会变化及自身研究的深化,校长应该以身作则,鼓励教员们不断进修,研究教学方法,编写新的教材。在此处,林砺儒特别给教员们指出,多了解劣等生的个性,找到他们的原因,关心他们并给出合理的指导。可见,林砺儒在对学校教员管理时,从教育学的角度,对教员们充满了关切和引导的心思,爱护他们,关心他们的职业成长,有着为教员和教学服务的意味。

校长对学生如何进行管理呢? 在当时主要通过开展"训育"工作。林砺儒熟谙学生的身心发展水平和个性心理,他认为"管制着全校环境,使学生了解生活规则的意义,而得环境的好影响,这点应为校长训育工作的中心",[1]希望学生在好的环境下得到潜移默化的影响,在环境的陶冶下完善自己的人格,这种期盼在几十年后得以实现,"母校的校风严肃活泼,校园整洁美丽,学生们在这样的环境中日日熏陶,不知不觉养成了知书达理,勤奋好学的风气"。[2] 与此同时,对学生进行管理时,不论是在个人事件还是团体事件时,要明了真相,因势利导,训话要贴近学生实际,"言之有物",在运用奖惩手段时,"要留有改良的余

①　北京师范大学校史研究室,编.林砺儒文集[M].广州:广东教育出版社,1994:408.
②　同上:594.

地,鼓励改良的勇气"。① 同样,还可以通过慎重选择训育人员、研究训育步骤和方法、训育人员互相讨论、校长先树信后树威等途径间接对学生进行管理。在处理其他事务时,林砺儒强调教育效果是衡量事务处理的基本原则,召开各类会议前要有充分的准备,要适时作出判断和结论,要在与社会各界进行交流时,打通和他们的关系,重要的是要保持学校的相对独立性,实现学校的自由发展。

校长对于一个学校来说,就像轮船的舵手,也像指明灯,好的校长能将学校带到别样的发展空间。有人回忆说:"大家可以想想,从1923年到1929年,当时的旧中国是个什么样子。在那样一种艰难困苦的年代办校真不是一件易事。但是北京师大附中校长林砺儒先生却把师大附中办成了一流学校,真是了不起。"这种成就得益于林砺儒"刚柔相济"地做校长的艺术中,既能在社会中为学校寻求发展自由,也能在校内领导教员团队合作;既能贤明独断地运用会议,也能娴熟地指导教员和学生;既能在治事的过程中体现人的存在,也能在治人的过程中显现对事的专业,林砺儒校长给了附中理智的爱,同时这种理智的爱也泛着暖暖之情。

四、教师要有"教育爱"

钱学森回忆北京师大附中时提到其中的老师是他值得留恋和赞颂的。他说:"林砺儒先生是我尊敬的老师,我非常感激他自己和他所主持的北京师范大学附属中学给我的教育,这是我一辈子也忘不了的。"②文学家塞先艾觉得在他人生路上成长最重要的时段则是遇到了"当时给我较大影响的老师是教国文的夏宇众先生和教英文的赵海天先生。……没有他们的传授和启发,我根本不会走上文学的道路"③。深圳大学首任校长张维则认为:"在教师中则有徐铭鸿、石评梅等思想进步的老师。从我个人的成长过程看,使我受益最大,影响最深远的是我的恩师们。"颜一烟是在浓厚的师生友谊中成长起来的,开启她人生道路的重要人物则是她的老师,在她看来:"石评梅先生是位文武双全的人。她对学生也是'智、仁、勇'全面施教的。她是在文学上、政治思想上以及体育上等多方

① 北京师范大学校史研究室,编.林砺儒文集[M].广州:广东教育出版社,1994:407.

② 麻兴甫.林砺儒主持北京师大附中片段[C]//纪念《教育史》研究创刊二十周年论文集,2009.

③ 刘沪主编.北京师大附中[M].北京:人民教育出版社,2000:133.

面给了我很深的影响的好老师。"①我们可以深深地感受到在教育的世界里岁月流逝后沉淀下来的持久的东西,这是一种流动在师生之间的教育爱。"教师要有教育爱"是林砺儒对教师选取时重要的指导原则,教师的素质是促进学生全面发展的关键所在。林砺儒认为"教育是人格与人格之间的感应","一切教育方法都要经由教育工作者的人格来施行"。也就是说,教师的人格对学生的人格有着一定的作用。因此选用教师不仅要注重专业技能,也要看人格修养,像被追忆的夏宇众先生、赵海天先生、徐铭鸿先生还有石评梅先生,都是有学识、有进步思想、了解学生、热爱学生的有着丰厚教育修养的老师。林砺儒选择教师的条件是"德行、技术、才干三项并重"。② 他对石评梅先生的选聘正是依据这一条件而来,后来她在附中受到广大师生的喜爱,并对学生产生了深刻的影响,"她对待学生常秉持一种诚爱的态度,务持大体,不拘小节,规则之所在,她一点也不肯模糊,然而自己没有半点先生架子,很自然,很和蔼,视学生如自己的兄弟姐妹一样,教训责备毫不客气,然而未尝有偏私的爱憎,学生多受她的人格感化"。③在此氛围里,北高师附中形成了平等融洽的氛围,教员不仅强调自己的教研能力,编写适合学生的教材,还形成了各有特色的教学风格,给学生留下了深刻的印象。为联络师生之间的感情,加强师生彼此的了解,林砺儒指导成立了校友会。可见,作为校长,注重教员的选择,为他们提供一个表现的舞台,形成一个具有优秀师资的教育团队对学生的成长和学校的发展至关重要。

"教师要有教育爱"是基于学生的立场对教员的要求,他认为教员们需要有了相当的保障才有能力付出这种"教育爱",教员们同样需要受到社会和学生的爱戴。林砺儒对教员这一群体进行了研究,关心他们的待遇,提倡保障教员的权利,明确教员的职责,为教员们在社会和生活上寻求保障,这也是他爱护教员的表现之一。林砺儒从国家的角度认识教师的地位,指出"一个国家要维持自身的生命,至少要对两种人要特别待遇,一种是军官,为国家防卫生命的,又一种是教员,为国家发展生命的",④鉴于教员为国家所负的责任,国家要有一定的法律来保障授职教员的地位,通过赠勋给章来体现他们的荣誉,由低至高按年功(现在我们所说的"教龄")、按职务繁简分等级地发放俸给,并要提供各种费

---

① 杨扬.石评梅作品集:戏剧、游记、书信[M].北京:书目文献出版社,1985:19.

②③ 林砺儒.评梅的一生[C]//转引自杨扬.石评梅作品集:戏剧、游记、书信[M].北京:书目文献出版社,1985:373.

④ 北京师范大学校史研究室编.林砺儒文集[M].广州:广东教育出版社,1994:577.

用如退隐费、遗族扶助费、医药费、住宅费以及参观旅行费,此外要给教员提供修养向上的机会等。与此相对应,教员的责任主要有尽本职、限制营业、若有品格不正者要惩戒处分;教师聘用要符合资格,学力最重要;教员需满成年才能任职,才能尽陶冶未成年之责。林砺儒在明确教员对于国家、对于教育的意义后,希望通过法律等手段维护教员的权利与规定教员的义务,这在当时很具有先进性,是对教员队伍加强管理和整顿的一个措施,也是对当时教员"索薪运动"的一个思考。其实这也很具有预见性,林砺儒的这种想法为以后我国教师法的制定和颁布具有指导意义。

五、推动学生自治

林砺儒认为中学教育是少年成长的关键阶段,中学管理与教学的目标在于"发挥少年天真烂漫,为趣味而活动之精神",①这种精神的焕发既要有秩序井然活泼有爱的校园环境,又要有教员们的引导和陶冶,更重要的是学生要有学习自觉性、活动自主性、自我的管理,也就是他们活用人格的活动力经历各种有价值的生活,实现"全人格的教育"的体现。

林砺儒不仅给学生们提供整洁美丽的校园环境,而且还通过严格招生、学籍管理、体检管理、操行管理、成绩管理等方面的措施,让学生们在公平、安全、健康的人文环境里不断增长知识、完美人格。北高师附中的招生工作先登报发通告,进行考试、体检等,最后将录取名单登报,在这过程中,存在很多请托的行为,林砺儒撰文对这一行为进行了披露,指出"假使一个学校招生,是按情面势利定去取的,那么,这便是极腐败的学校,便不堪付托子弟。假使这是一个良好的学校,我们相信可以托子弟给它教育,那么,里面办事就应有条理,断不会为情面所动",林砺儒还从落榜学生的心理来指责这一行为,学生会质疑自己的学力,或者会出现借父兄权势在学校作威作福的情形,这不利于学校环境的建设也不利于学生的成长。林砺儒在管理学生时采用案牍造册的方法,采用各种各样的表格来整理和保存学生信息,这种学籍管理一目了然,提高了行政效率。"第一他们得到够标准的营养,这一点如做不到,则其余一切卫生讲究都会变成无源之水。其次,要有合适的卫生环境及相当的卫生常识,而尤其重要的是要

① 北京师范大学校史研究室编.林砺儒文集[M].广州:广东教育出版社,1994:559.

他们得到自然活泼而愉快的生活"。① 俗话说,身体是革命的本钱,林砺儒深刻地认识到这一点,并在每个学期都安排给学生体检,安排卫生课,努力让学生在健康的环境里健康成长。林砺儒在北高师附中建立了一套考试制度,但这种考试制度并没有给学生套上枷锁成为学生们的桎梏,"考试的目的应该是为下一步教学工作图有所改进,考试若无益于今后的学习,便是毫无意义的游戏,甚至于可能成为一种学校的'苛政'",②林砺儒有着正确科学的目的来指导学校开展考试工作,他还明确指出"是否符合学生生活实践上之所必需,这是衡量考试是否适当的标准"③。当然这不是林砺儒的管理空想,在当时附中"学生临考是不做准备的,从不因为明天要考什么而加班背诵课本,大家都重在理解不在记忆。考试结果,一般学生都是七十多分,优秀学生八十多分,就是说对这样的学生,不论什么时候考,怎么考,都能得七八十分"④,逐步形成的考试风气成为了学校教学的特点,这样不仅夯实了所学基础,同样给了学生培养兴趣发展个性的空间和时间,有利于学生的全面发展。除通过考试成绩管理学生,林砺儒还注重学生操行的考察,关注学生的思想、行为状况,积极引导他们取得更大的进步。林砺儒以上的这种努力为学生们体验有价值的生活提供了特别优良的学校环境。

林砺儒认为学生自治不仅能共同维持学校秩序,而且还能促使学生积极养成公民德行。为了扩充学生的团体生活,增添学校生活的趣味,学生可以自由讲学游艺,成立了"校友会",会下设有各部,组织各种各样的活动。全校还设有学生会,各班设立自治会,丰富多彩的校园活动在北高师附中展开:既有各种社团,比如由塞先艾和同学创办的文学社"曦社",办理《爝火》杂志,还有戏剧社、演讲会、体育运动会、与外校举行体育比赛,还有自由的实验室,学生可以进行试验研究等。林砺儒指出学生的这种课外活动以学生的生活范围为根,能够在日常生活中练习学生的团体合作意识,也能增长学生的兴趣,唤醒他们的学习自觉性、学习主体性,寻求学习、实践与创造的自由和欢乐的机会,走向自我管理、自我教育,主动去体验高尚有价值的生活,增强他们人格的活动力,这是"全人格"教育的目的所在。这样充满生气与活力的北高师附中,陶冶了一位位为我们熟知的知识分子,如钱学森、何兆武、塞先艾、李健吾、张岱年、黄仁宇、马大

---

① 林砺儒.略谈中学生健康问题[J].中学生,1948(195):5.
② 北京师范大学校史研究室编.林砺儒文集[M].广州:广东教育出版社,1994:969.
③ 同上:970.
④ 同上:594.

猷等,他们既是当时进步教育理念的受益者,也是当时进步教育思想的见证者。

　　尽管林砺儒后来离开了北高师附中任大学教授,但他仍关心中等教育的出路。总结中国中等教育四十年的历程,谈学制改革问题,谈中学生的健康问题、科学问题,和他们畅谈学习和思考的方法、人生观等问题,讲述自己做校长的经验等,林砺儒所做的这一切丰富了我们对中等教育管理和教学的认识,他的"全人格"的中等教育管理理念是对生存、生活、生命深刻把握的体现,具有较深的哲学和教育意味,他为实现这一理念在北高师附中进行的"三三制"学制改革、治学般努力做校长、爱护学生般爱护教员、唤醒学生自治的实践,充满了对教育的热情、对人性的信任、对教育真理的执着,他在用自己的"人格"陶冶教员和学生们的人格。教育是需要理想的,林砺儒凭借着自己的学识和智慧,让他管理下的教育得到了进一步的妥善,离他的教育理想更近,并实现了他的理想。林砺儒和他的"全人格"的中等教育管理思想给了我们一种理智的温情。

第十四章

俞子夷「学生本位」的教育管理思想与实践

俞子夷(1886—1970),江苏吴县(今苏州)人,我国近现代小学教育界著名教育家。尤以算术教学与课程管理等闻名,曾任教于上海新民学堂、芜湖安徽公学、上海广明学堂、爱国女学、江苏省第一师范(附小)、南高师(附小)、浙江大学等,从教经验丰富。同时代的教育家"程今吾认为'俞子夷氏的各科教学法,……包含不少科学的教育法则。我们也应当仔细地学习研究加以提炼、改造和发扬'。郑宗海叹服'俞先生是具有教育的天才,他是一个教育的艺术家,他是小学教育界的一个老大哥'。毛泽东的老师徐特立赞扬'他在中国教育界有极大的贡献'。孟宪承说他'从教育实际出发,深入实际问题进行研究,思想是见之于行动的,是真正的教育家'"。[①] 他曾说:"将此身心奉教育,是我终生的愿望啊!"[②]

"学生本位"教育管理思想是贯穿俞子夷近六十年小学教育教学研究、教育管理实践与改革的核心理念。如果说"学生本位"既是近现代众多教育家内心的一种迫切呼唤,也是时人在学西方的过程中所推衍出来的一种思想必然,那么,身处其中的俞子夷最为特别之处就是,他终其一生都在教育教学与管理实践中一以贯之、不遗余力地践行这一理念,并从国情出发,进行符合中国式教育的课程教学与学生管理方法的改革,从而进一步发展与完善这一理论。正因如此,他的教育管理经验与改革实践经验,至今仍值得我们重视和借鉴。

一、学生生涯及早期从教述略

一位教育家教育思想的形成与发展,与他在特定的社会背景、政治环境下

---

① 俞子夷,朱最旸.新小学教材和教学法"前言"[M].福州:福建教育出版社,2006:1.
② 董远骞.俞子夷教育思想研究[M].沈阳:辽宁教育出版社,1993:11.

的生活经历不无相关。俞子夷的一生，即为明证。俞子夷生活在政权更替的年代，他的一生，更是经历了清末、民国、新中国。

在俞子夷出生的前一年，中法战争结束，俞子夷9岁那年，甲午战争爆发，俞子夷的童年生活是在中华民族风雨飘摇之中度过的。其父虽为一名店员，但对孩子的教育问题有独到的认识，他认定这种纷乱的时局不可能在短期内结束，政局的动荡对于小民百姓的启示就是找一份像样的职业为生，安贫乐道，安分守己最好，因此，他决定不让孩子走读经取士的仕宦之路。当时的私塾已渐现新意，课程设置中除了读经还有别的诸如古籍阅读等，故俞子夷虽6岁入私塾读书，父亲却不让其读经，转而教他读《幼学琼林》《古文观止》等书，课余还教他学习珠算。推想起来，这一段学习经历，对他后来避难日本时谋得算术教员的职位十分有助。

12岁时，俞子夷入五亩园中西学堂读书，适逢百日维新，戊戌政变。俞子夷父亲也顺应思想潮流，适时改变了对子女的教育计划，俞子夷曾回忆道："百日维新改变了家里小书房的面目，墙壁上的名人书画，换了地图和天文挂图。《蒙学报》《地理韵言》，蒙学课本，《格致须知》等代替了书桌上的善书。"①这些改变对童年俞子夷产生深刻的影响，使他模模糊糊地感觉到了"国家"与"社会"的存在。这也让我们看到，国家离个人并不是那么遥远，社会与个人的沟壑也不是那么宽阔，仅仅是桌上的一张《蒙学报》便可以将他与社会、与国家勾连起来。他年老时对此记忆犹新，因为对儿时的他来说，"狐狸请仙鹤喝汤，比孝感动天更容易懂"。②

16岁那年的夏季，因父亲重病，俞子夷在姑母资助下前往南洋公学就读。次年10月，南洋公学爆发了废科举后中国近代教育史上著名的学生罢课风潮——"墨水瓶风潮"，只是因为一位同学将一只空墨水瓶误置于教师座椅上的一件小事，校方竟然借题发挥，开除了两名学生，这一无理决定使得包括俞子夷在内的200余名学生集体退学抗议，教师蔡元培也愤而辞职。退学后，留沪的同学和中国教育会筹设了爱国学社。俞子夷与父亲商量，想去爱国学社读书，但遭到父亲的反对。这是俞子夷和父亲之间有过的一场他"该何去何从"的抗争。"父亲为人规矩，不愿子女有非礼举动。"③俞子夷抗争无效，只好偷偷地离开家门前往爱国学社。

---

①② 俞子夷.戊己庚辛[A]//俞子夷.山村续梦：客窗梦话.南平：天行社总社，1944：10.
③ 俞子夷.困学琐记[M].南平：天行社总社，1944：14.

第十四章　俞子夷"学生本位"的教育管理思想与实践

191

在爱国学社，教师有章炳麟、蔡元培、蒋维乔、黄宗仰等，课程设置偏重社会政治。章炳麟主讲政治学，吴稚晖教日文。正因为在这样的集体中生活，俞子夷逐渐加深了对个人与社会以及与国家之间关系的认识。这时爱国学社的同学们，"差不多人人都有了一种比较清楚的认识，就是爱国必先救国，救国必先革命"。① 而在该校学习的岁月里，俞子夷深深地被蔡元培的师德吸引，被各位教师的学识引导，他深深地陶醉于知识的海洋之中，同时也为国立志，愿意为祖国奉献出自己的一切。然而，1903 年，因苏报案起，章炳麟入狱，爱国学社解散，18 岁的俞子夷随同学逃亡日本。自此，他的学生生活正式结束了。在避难日本时他受聘于日本横滨中华学堂，成为一名算术教师，从此作为一名教育工作者，一干便是六十年。俞子夷没有参加过正式的教师培训，步入教育的殿堂纯是偶然。对于此事，他一直"耿耿于怀"，及至老年，仍然在回忆录中自责自己是在"贸然教学"。

1904 年，俞子夷从日本回国，经蔡元培介绍进入上海新民学堂教算术。其时，蔡氏正热衷于采用俄国虚无党的革命手段来进行救国，也就是利用炸药和毒药等来暗杀敌人。俞子夷因为从小父亲对其教育也是着重于理科的，在化学制药等方面比较在行，故深得蔡氏器重，在蔡氏悉心引领下，他加入了光复会，后又加入了同盟会，成为蔡氏的得力助手与追随者之一，一边教书育人，一边从事革命活动，成为一名"爱国必先救国，救国必先革命"的实际践行者。此后他辗转于芜湖安徽公学、上海广明学堂和爱国女学，从未忘记将革命与教学联系起来，直到 1906 年蔡元培出国以及爱国女学办学性质的改变，因为缺少引导者与革命阵地，他开始专心于纯粹的教学工作了。

1909 年，恰逢江苏省教育会大力提倡义务教育，想把教育办到穷乡僻壤中去，但又因师资不够，需要进行单级（复式）教学法②，让一个教师同时管理不同年龄程度和不同知识水平的学生群。当时这一教学法流行于日本教育界。因此，省教育会决定派遣三人，东渡日本学习与研究单级教法。俞子夷便是其中之一。三个月后他们回国。三十年后，俞子夷在回忆这次出国经历时是这样描

---

① 俞子夷.困学琐记[M].南平：天行社总社，1944：16.

② 单级（复式）教学法：教师在同一教室、同一课时内，用不同教材（或同教材异程度），将直接教学与自动作业配合，对两个年级或两个年级以上的学生进行教学，称复式教学。全校各年级的学生合并在一个教室里实行复式教学，称单级教学。简单来讲，单级，就是把一个学校的学生编排到一个班上来上课，又因为他们是不同程度的，所以叫作复式，由一个教师来进行教学。见董远骞.俞子夷教育思想研究[M].沈阳：辽宁教育出版社，1993：13.

述的:"宣统元年,我突然被派,跟杨保恒、周维城两位出国考察,专研究单级复式的教法。杨是龙门师范附小的主任,周是南通师范的高才生。他们专攻教育,叫我乡村角落里的瞎摸瞎教的人跟着同去,实在是我生平最可宝贵的机会。"①实际上当时还去了一位自费参加的苏州小学教师胡宝书,等于是四人考察团了。

在日本,他们以东京高师附小第三部之单级为主要对象,从学年开始第一天起连续参观了四五个星期,了解单级复式教学的实际情况。该校是日本最早从德国移植、实施单级教授的学校,其单级创始于日本明治二十年(1888 年),有较丰富的经验。后又"去某乡村参观了一所父女二人包办的单级小学。父主持,女协助。家住在学校旁边。白发老师,看来乍进六十。教六学年单级亦井井有条。特别注意整齐,课间休息,指导高级学生用绳子检查课桌椅行列,并加整理"。② 同时,他们还购置和研究有关的著作,访问了一些教育家、教师,考察了东京女高师附小、东京高师附中、青山师范、金泽师范等处,使理论与实际互相印证。历时三个月的考察,四人满载而归。仅俞子夷一人考察所得的材料,就记满了厚厚的四五本笔记。

归国之后,杨保恒、俞子夷、周维城三人在江苏教育总会组织召开的演讲会上,各以一方面作为重点,报告考察所得。接着,举办单级教授练习所,做移植实验和开展推广工作。吴研因、徐特立等曾是学员。俞子夷说:"省教育会用了不少经费,四人考察团,好比抬一乘绿呢官轿,接来了单级教法,并大张旗鼓,演了两台庙戏。"③这就是练习所的始末。1910 年秋,练习所培训结束,他重返浦东教高小算术、理科、英文。两年后他任江苏省第一师范教师,兼任附小教师,他将在日本参观所得的整套教学法进行实验。自此以后,俞子夷的教育和生活便更加紧密地联系在一起。

二、"学生本位"教育管理理念的核心观点

从教育管理学的目标上来讲,如何培养社会所需要的人,这是核心。民主是俞子夷教育管理思想最重要的特色,主要是要以学生的发展作为出发点,所

---

① 董远骞,施毓英.俞子夷教育论著选[M].北京:人民教育出版社,1991:272.
② 俞子夷.现代我国小学教学法演变一斑——一个回忆简录(一)(二)[J].华东师范大学学报(教科版),1987(4).
③ 董远骞,施毓英.俞子夷教育论著选[M].北京:人民教育出版社,1991:470.

以在其管理观的核心理念上就是要把学生当作一切教育实施的原点来对待。实际上,这一管理观,与美国实用主义教育家杜威的"儿童中心主义"有着莫大的关联。

杜威认为,在传统教育那里,"学校的重心在学生之外,在教师,在教科书以及你所高兴的任何地方,唯独不在儿童自己即时的本能和活动之中",①于是,儿童只能受到"训练""指导和控制"以及"残暴的专制压制",②去除这种弊病的出路是使教育实现重心的转移,认为"这是一种变革,这是一种革命,这是和哥白尼把天文学的中心从地球转到太阳一样的那种革命。这里,儿童变成了太阳,而教育的一切措施则围绕着他们转动;儿童是中心,教育措施便围绕着他们而组织起来"。③ 这便是杜威"儿童中心"教育思想,这种思想被称为"儿童中心论"或"儿童中心主义"。

杜威的"儿童中心主义"于20世纪20年代前后传入中国后,推动了我国现代教育的发展,同时也为我国教育界,乃至现代知识分子关注学生提供了一个新的视角。这样,中国众多学者就学到了杜威的"儿童中心论",并开始运用到中国实际中来。但是,因为"儿童中心主义"的思想容易滑向另一个放纵学生的极端,因此,即使在西方教育思想界,杜威的"儿童中心主义"也容易因为其过分强调以学生为中心而广为诟病。如此,"儿童中心主义"随着中国实际情况逐渐转化为"儿童本位论"了,而俞子夷在这中间也和其他学者一样,做了诸多努力。但是,使他在这场教育管理观念改革浪潮中脱颖而出的是,他不仅为"儿童本位论"鼓掌欢呼,更为重要的是他对此进行了锲而不舍的理论探讨和实践改革,同时将其归结为"学生本位"理论术语,强调儿童的主体性、核心性和有作为性,但是又不忽略教师的主导性。这样身体力行而又全面地推行这一教育思想的过程,贯穿了他自从接触到这一思想以后的一生,而这恰恰是其他众多学者所不曾达到的高度。

俞子夷重视儿童本位,强调儿童经验,但反对放任儿童随性而为。他认为:"凡所教育之法则,皆使自己经验之谓也。然则必使之自己经验,则任其自己经验可耳,又何必多此学校之机关为? ……学校教育之作用,非拘留儿童也,非传授字典百科也,当精选多方可经验之材料,以其善良之本能为基础,使儿童自己

---

① 赵祥麟,王承绪.杜威教育论著选[M].上海:华东师范大学出版社,1981:31.
② 同上:119.
③ 同上:32.

——经验之;其不良之本能,则利导之,使代以有价值之经验。"①经验仅仅是教育的第一步,而教育的终极目的则是以经验为基础,而促进自觉意识的进化。故此,他认为培养与管理学生,最终要达到以下的目标:"身体方面,使能营自己之生活外,须有保卫社会、改良种族之实力;智能方面,使能谋自身之衣食住外,须有为后代谋文明进步之实力;道德方面,使能与公众相处安宁外,须有尽人生最高义务而能永生不死之实力。然此数者,非辅助之使自发则不能。若用讲义问答,灌输而传授之,吾未见其可也。"②

具体而言,他的"学生本位"管理观有以下几个核心出发点。

(一) 学生的身体素质是一切教育实施的基点

俞子夷认为,学生就像园地上的生物一样,生长有一定的程序,教育管理者要学会创造条件顺应自然让其发展,揠苗助长,反而会葬送了脆弱的幼芽。学生的身体状况在其一生的发展上处于基础地位。因此,作为教育管理者,首先最应关注的应该是学生的身体素质。由此出发,他认为学生的身体发展因素中,有两个最为重要:一个是在学校的伙食,还有一个就是他们的睡眠。

从营养学角度讲,伙食和睡眠确实是学生身体发展最为重要的因素。俞子夷强烈反对学生因各种社会活动而影响休息和身体素质。因为当时军国民主义流行,学生一般都要做各式操练,但是学校的伙食营养跟不上,然而学校教师为了抓成绩,又严格要求学生进行学习,作业交得太多,导致小孩子很晚了还在做作业。俞子夷提出疑问:"学生吃的饭食,究竟能产生多少能力? 这是我们应当注意的。""食物粗劣,滋养不足,已经足以使他们虚弱,再加严格的考试,多种多样的操练,新陈代谢,永远在出超地位,怎能不变成神经衰弱?"③另外,俞子夷认为学生学习的脑力劳动应该和农民一样"日出而作,日落而息",无须再利用晚上的时间在油灯下自修,这样影响了他们的睡眠,因为他们第二天要养成早起的习惯。同时他也提出,教师所布置的作业不要太多,可以给学生适时减负,最好取消晚自修,让学生多有时间休闲和休息,保持好的体力来迎接第二天的学习,这样才会高效。

俞子夷从学生身体发展出发,提出教育者要注重学生身体素质的成长,无疑是正确的。这也符合当时教育部所提出的"教育教学要适应学生身心发展的

①② 俞子夷.余之教育观[J].小学校,1915(5).
③ 俞子夷.两个严重的教育问题——家长的财力学生的体力精力[J].教育杂志,1937,27(1).

特点"①的要求。

（二）学生的道德发展是其成为社会人的关键因素

俞子夷坚持认为，学生在校学习，除了要学习课本知识之外，还要注重品格操守以及身体健康等。他提出，学生的身体为第一，道德为第二，学习当然也重要，但是不应该成为教育管理者最主要的关注点。他这样的观念无疑是正确的，但在当时还是有很多教师不能明白，或者明白了却碍于形势无法做到，如他所言，"我们做教师的，常有一种牢不可破的成见，好像学校教育总是各学科做主体，成绩报告单记载操行（即品德）的地位，决不能超过各学科的分数"。② 俞子夷坚决反对这样的教育，认为要对学生真正地负责。他要求在校的教师要在每一年终了的时候，自己问自己，对学生的人格训练怎样。他始终认为仅仅是考卷上的几个分数，决不能算作教师一年辛苦工作的答卷。而为社会培养了怎样的人才，才是教师最应该关注的。③ 教师"行的教育是教人。课堂中的上课，只不过教了些课罢了。教课固然重要，教人更加重要。教会教课，只可算是教匠。能教人，才是教师"。④ 俞子夷提倡，社会上需要的是道德人格发展健全的人，而并不是学习成绩优异但人格有缺陷的人。因此，他提出全人格教育思想，要从学生的方方面面来进行教育和管理。

（三）教育管理者应尊重和维护学生的心理发展

俞子夷认为："常态的儿童，没有不好动的；对于动作的经过，没有不注意的。"⑤他认为，只图眼前快乐，是小孩子的通性，但是一旦受过相当的教育之后，小孩子就会能忍耐目前的困苦，以便将来比较永久的快乐。所以就这一点论，教育是要养成学生远视的眼光。他也曾不止一次地提出教育要拿学生的本能作出发点，而教育的方法，要拿学生本身的利益做主体。他说："只要取材由近而及远，出发点不离学生的本能，我们无论什么都可以教，境遇有都市和乡村的区别，人的心理是没有大区别的。"⑥

基于学生的心理基本相似这样一个基础，俞子夷强调，要允许学生有幼稚和不成熟的心理。他说："人的心理是随着年龄进展的，教师已到成熟时期，硬

---

① 李才栋，谭佛佑，等.中国教育管理制度史[M].南昌：江西教育出版社，1996：573.
② 俞子夷.操行考察——小学实际问题[J].教育杂志，1939，29(12).
③ 俞子夷.又话一年[M].上海：学生书局，1935：2.
④ 俞子夷.困学琐记[M].南平：天行社总社，1944：35.
⑤ 俞子夷.教算一得[M].上海：正中书局，1945：34.
⑥ 俞子夷.读了舒新城小学教育问题杂谈以后[J].新教育，1926，10(1).

要叫学生心理也和自己一样,这无有不失败的。"①因此,有的时候成年人替学生设想的编排法,未必一定适合小孩子的学习心理。"从孩子试用的结果,得到的方式,才能合孩子的用。在做中学,是最好的学。但是要在正确目的上做,才能切合。"②这一点倒是与陶行知的观点相似。所以俞子夷强调要跟着学生来学,这样才能明白学生的学法。俞子夷不仅提出要关注学生心理发展,同时在科学测量儿童心理这一理论从西洋传入中国以后,他就身体力行地学习和实践着。比如陈青之就曾经记录到:"儿童心理和教育心理的研究,以南、北两高等师范为中心,在南高方面,有俞子夷、廖世承、陈鹤琴等人。……他们从事心理和测验的研究,始于民国七、八年间,中国之有正式的科学研究恐怕只在此时开始了。"③

(四) 教育管理者要一视同仁、因材施教

俞子夷认为在教育管理中应该公平对待学生,不管是何种学生,都应该受到管理者一视同仁的对待。尽管作为教师,爱聪明、漂亮、顺从的学生,差不多是人之常情。但是,他认为,不负教育责任的平常人,尽可以有着选择所爱的自由。然而,"教师是为笨学生设的,是为脏孩子设的,是为倔强无理的顽童设的。聪明的不必多教,稍稍指点,他们自己会得去找进展的途径,而且大体不会错的。笨的,自己找不出路来,正需要教师的助力",④教育的大忌莫过于教师对学生区别对待。"若教师只拣聪明而不必多教的去教,把正需要多教的反丢开不教,可以算是公平的吗? 有时笨而努力的学生,自己很用心地来请求教师去教,反而受教师的冷淡斥责呢。学生间往往要说教师不公平"。⑤所以俞子夷提出,做教师应该一视同仁。

此外,俞子夷认为"同是一本书,用法不同,用者不同,结果与批评也就各个不同"。⑥ 这话放到管理一个学生身上也特别见效。同样的一个学生,也许不同的教育管理者用不同的方法对其进行教育,那么,教育的结果,教育管理者对其的评价,也就各有不同。因此,俞子夷既提议教材要有针对性,必须要针对不同水平的学生来进行教学,教材不应该一刀切。同样,他也认为教师在进行教学的时候,要针对不同的学生,进行不同的教育。不仅仅是在学习上,就是思想道

---

① 俞子夷.怎样做教师[M].上海:中华书局,1945:16.
② 俞子夷.困学琐记[M].南平:天行社总社,1944:9.
③ 陈青之.中国教育史[M].北京:东方出版社,2008:584.
④⑤ 俞子夷.怎样做教师[M].上海:中华书局,1945:24.
⑥ 俞子夷.教算一得[M].上海:正中书局,1945:2.

德上,也要因材施教。一定程度上,俞子夷的这种做法既是他自己民主教育思想的一个显示,同时也是与当时兴起的民主革命教育思潮的影响分不开的。

不过,"学生本位"并不是俞子夷最终的教育目的。俞子夷提出,尽管要顺应儿童的性情来进行教育,但提倡儿童本位应该有一个度,不能让儿童完全放纵。既要尊重儿童,也要顾及与儿童相关的一切教育资源。所以俞子夷强调"我们一方面固然不应该忘却学生,但同时对于全国一致的以社会为中心的教育目标,也不能不处处顾及"。① 他的"学生本位"教育不仅是为了培养学生的个体,而且还要利用这一个体来为社会和世界作出自己应有的贡献。俞子夷是一个教育的社会论者,他不止一次说:"教育是为了社会的需要而办的。"② 他既强调学生的本位地位,同时也回应了当时的"教育本位"与"社会本位"的思想,从而使得"学生本位"的理念更具有包容性。由是观之,俞子夷的"学生本位"思想是辩证统一的,而不是形而上的。俞子夷深刻把握了杜威"儿童中心主义"理论的精髓,这也符合当时的社会现实。

俞子夷"学生本位"的教育理念的核心观点,概要而言,即是在教育管理中既强调以儿童作为主体,同时又注意教师的引导作用,从而为社会培养健全国民。然而,这一理念在中国国情的实践中能否行得通呢? 正是抱着这样的疑问,俞子夷主持开展了一系列实验。

三、"学生本位"教育管理理念的具体实践

学生本位既然是以学生为教育第一要素,就得将教育场域中一切除学生外的因素都淡化,从而突出学生的地位和要求。本节择要介绍俞子夷关于课堂教学实验的实践、学生自治实验的实践。

(一)课程教学实验的开展

1913 年,俞子夷被江苏省都督府教育司派遣前往美国哥伦比亚大学师范学院会同正在那里求学的郭秉文、陈容一起,进行欧美师范和小学教育的考察。在美国,俞子夷目睹了一场哥白尼式的教育理念上的革命,他亲身经历了设计教学法在哥伦比亚大学师范学院附小的全部经过,废寝忘食地在哥大图书馆查阅了相关资料。他无疑受到了杜威的思想方法和实用主义教育思想的影响。

---

① 俞子夷,朱翊晹.新小学教材和教学法[M].福州:福建教育出版社,2006:9.
② 俞子夷.园丁野话[M].上海:学生书局,1934:14.

归国后,他便逐渐在苏州一师和江苏省第一师范附小主持了教育教学改革——1915 年至 1918 年的"联络教材法"(又称"联络教学法")的教学试验。

1."联络教材法"的教学实验

俞子夷主要从三个层面进行尝试:一是不打破学科的界限,把性质有关的教材编在接近的时间教学;二是打破学科的界限,把相关的教材组织在一起;三是完全打破科目的界限,把各个学科完全组织在一个中心问题中(即后来的设计教学法)。这三个层面理论上是循序渐进的,程度上也是逐级递增的。例如从其最开始在苏州一师进行的局部实验:"(把)音乐、游戏相结合,一年级做些幼儿园用的小积木供儿童玩,手工联络他科并多作沙箱装排,以及自然角养些鱼虫蝌蚪供观察之类。时间仍每节 45 分钟,但一节里可上两科,如 30 分钟读书,15 分钟音乐。就是这些,但已足够吸引各地小教界纷纷来参观。有些参观者把这些小变革统称曰'联络教材',我们即遵用之。"①

举低年级生上课一例来说,如果学生们提出来下一周上课的内容是关于小猫钓鱼,那么教师们就会开始集体备课,国文教师就准备小猫钓鱼的讲故事会;算术教师就准备问会有几只小猫,钓了几条小鱼呢。同时教师们会请儿童自己通过想象画出小猫钓鱼的场景,学小猫的叫法,在课堂上游戏。要是主题是"花",那就更好办了,教师就会带学生去花园里走一遭,欣赏各式各样的花,细数某种花朵的数量,然后回来聊各种有关花的话题,并用布艺把这些花制作出来,教师教授"花"的字义和写法等,再唱和"花"有关的歌曲,讲和"花"有关的故事。"联络教材法"推行到后来,课程设置就从国文转移到社会课上去了,到后来还开展了恳亲会和园艺会,以及远足课等,以上都是为着学生的兴趣而开设的。

实际上,"联络教材法"实验仅是俞子夷后来大张旗鼓开展的"不彻底的设计教学法"实验的前奏,但在当时仍然引起了小学教育界的重视,产生了很大的影响。

2.从完全的"设计教学法"实验到"不彻底的设计教学法"实验的推进

从 1919 年秋天起,由俞子夷主持的南京高师附小正式试行设计教学法,这个实验一开始是实践美国教育家克伯屈所提倡的彻底的设计教学法。设计教学法本来是由克伯屈"将杜威的思维术和桑代克的练习律捏起来的",②要求以

---

① 董远骞,施毓英.俞子夷教育论著选[M].北京:人民教育出版社,1991:489—490.
② 同上:493.

儿童的兴趣和需要为出发点设计课程，废除课堂授课形式，以儿童有目的的活动作为所设计的学习单元来组织教学活动，使学生按照自行设计的活动获得有关的知识和形成解决实际问题的能力。

在俞子夷的指导下，教师们秉持着把旧教学法中的"记忆、知识、先原理、人工的"理念相应改为"思考、行为、先有问题、自然的"的理念，打破学科界限，"学生所学功课，由他们自己决定与选择，自由支配上课时间"，①之后又在该校推行"联络教材法"和"分系设计法"（"系"是将学科性质相同的几门学科融合起来的活动编制），将儿童的个人兴趣作为课程设置和课堂管理的第一标准。按照当时任职于江苏省第一师范附小的教师沈百英的话说，就是一切都是"上课时学生要上什么，教师就讲什么"，教师也无法设计课程，只能在课堂上随机应变。这使俞子夷成为我国设计教学法教育实验的开创者，而小学课堂教学法的改革也因此而展开。

但是，正因为完全由儿童自己来决定上课的时间、科目、内容、方法等，俞子夷一开始的设计教学法实验并不成功。因为在此过程中，教师仅仅充当了观察者和记录者，儿童的自主性虽得到了极端的发挥，教师却"无所作为"，也"无法作为"。由此可知，尽管传统的课程教学确实忽视了儿童的心理，然而完全将课程交给儿童自己来负责，却容易导致另一种困境。俞子夷发现了这一问题，继而提出"不彻底的设计教学法"，主要是加强了教师的课堂参与度：一是在开展课堂活动之前，教师要做下次课的课程内容预定工作；二是在儿童参与课堂活动时，教师不能仅仅只是记载和研究，而是要有效地引导和指导儿童。继续保留课程，但是可以打破课程之间的设置，虽然是由儿童自行设计教学内容，但还是在教师的指导下进行。如此以周为单位，教师和儿童一起来设计和执行。很明显，这样的实验要比前面的实验更科学，于是尝试得以推行，取得成功。南高师附小也因此出名，一时间，参观者络绎不绝，教育类杂志上也发表了不少有关该校设计教学法实验的文章。而在此期间，美国著名实用主义教育家杜威来华讲学，参观了附小，并表示比较满意。俞子夷进行教学管理实践是如此成功，以至于同时代的陈青之这样评价这一轰轰烈烈的实验："中国最先试行（设计教学法）的，始于南京、苏州、南通一带，而以南高附小俞子夷提倡最有力，在他著的《一个小学十年努力记》可以看出。"②这一设计教学法实验，延续了十余年，于

---

① 沈百英.参观南高附小杜威院、维城院记略[J].教育杂志,1923,15(11).
② 陈青之.中国教育史[M].北京：东方出版社,2008：582.

1926—1927 年达到高潮。

如果说仅是课堂教学还不足以让儿童的天性及其个性得到彻底发挥与发展,那么俞子夷在学校生活中所进行的学生自治实验,应该可以算作另一场颠覆传统的改革。在这里,学生自治几乎就是按照社会上成年人的生活来布置的。

(二) 学生自治实验的实践

在当时,教育界很多人还秉承着这样的理论:"学生像黏土,教育者像做黏土的人。"俞子夷反驳道:"教育不像造纸花,像种真正的花,学生像种子,不像黏土。"他认为"学生是正在发展时代的人"。[①] 所以针对当时教育界反对学生自治的言论,俞子夷感叹道:"何以教育者对于学生偏有该不该自治的怀疑,学生已经发展到了可以自治的地步还要多方干涉呢?"[②] 他认为,教育者真正该做的,不是去探讨学生该不该自治的问题,而是要研究学生发展到什么程度了,该怎样自治的问题。当时还有人提出:"对学生进行管理,可谓有两种手段:一是直接法,就是教师直接作用于学生,当面进行批评教育等,而学校亦有专为训育的设施;二是间接法,就是一切管理都在日常生活里无形中施行。"[③]也就是说,直接法是不需要学生自治的,学生只要听从教师的指导,而间接法就是教师可以不专门地进行管理,让学生在生活中自然接受管理。俞子夷部分地批评了这样的管理两分法,他认为,教育家要体会到家庭间子女自然长大的情形,因为"我们在家庭里得到父母的感化,从师求学时,得到师长的感化,都是间接的。然后影响却很大,效力可以及于一生"。[④] 但是同时,在学校的学生管理上,应该"集中师生的注意,共同努力在行为习惯上谋发展。间接法应当和直接法相辅相成"。[⑤]也就是说,管理者既要放手让学生进行一定程度上的自我管理,即让其自治。管理者自身却还是要高瞻远瞩地监督和指导学生,不能完全放手。这种观点与他的学生本位理念的内核是一致的,意即教育管理者应该始终辩证地看待教育教学中的各种问题,而不是极端地偏向哪一方。

从俞子夷开始推行学生自治的历史来看,要追溯到其在江苏省一师附小担任教师的时候。那时该校提倡课间课后活动,特开辟运动场,置备多种运动游戏用具。本来是安排教师轮流值日进行监护的,但是因为教师课中要开口讲

---

① ②　俞子夷.学生自治[J].新教育,1923,6(3).
③　俞子夷.新中华小学行政[M].上海:中华书局,1931:118.
④ ⑤　同上:119.

课,课后疲于奔走,"于是设巡查团,年长学生分班分段(岗)协助监护。这就是学生自治的开头"。① 之后,俞子夷在接办南高附小的时候,又将寄宿生的膳食独立,用师生合股办法,名"膳食公司",学生推代表参加管理。后来学习用品设商店经营,零用钱设银行存储,均由学生管理、服务,而以一职员任指导。后来又组织公仆会,由高(年)级学生负责自治,处理宿舍杂务、全校环境卫生等问题,派一教师任指导,但会议时只有发言权而无表决权。② 这样推行的学生自治,确实是学生自己做主,而教师只起到监督配合指导之作用。

俞子夷在学生自治实验中既探索了怎样管理寄宿生的生活,同时也研究了通学生的生活管理。他说:"目的是用顶简便的方法,在有目的的情境中,训练学生品性,使他们的日常生活、感情、道德、信仰等有确实改进的效果。"③其中,管理计划的内容共有五大纲:组织、信条、设计、指导、成绩的记载。在这之中,前三纲都要求学生作为实行的主体,如组织就是学生自治的团体,由学生自行管理;信条是由教师和学生共同拟定;设计也由学生自己设计,必要时请教师指导;而后两条主要是由教师作为主体,旨在研究教育管理经验,看是否有无推广价值。同时,记录不同学生群体自治的情况,为将来的教育管理做参考。

具体而言,笔者拟从教师与学生两个角度进行初步探讨。

1. 教师的作为——教育训导的设立

民国前,小学校的学生生活管理大约是学监制。"清代学堂章程规定:有寄宿学生者,设学监(或称舍监)负管理之责。其他教师则只管教课,学监则只管不教,此时教与训完全分立。"④但是后来,由学监制改用级任制,级任每为该级教课较多者,兼负训导之责。到了1923年左右,级任制已经是通行的了。不过到了俞子夷接管东大附小的时候,因为学生太多,训导问题渐渐凸显出来。以他为主的教师们觉得级任制是徒有虚名没得实效,因为学生往往只是对级任有所信任,但是对其他任课教师并不容易接受管理,所以他们在职员会议里讨论了好几回。后来经过大家公决,暂时仿行中等以上学校用的指导制,改称训导——"训导是训育指导的简称"。⑤ 经过商定,他们决定"采取化整为零的方法,使每一教师至多负十人左右的训导责任,这就是导师制。导师和学生共同

---

①②④ 俞子夷.学生自治与学校管理——回忆简录[J].华东师大学报(教科版),1989(1).

③ 俞子夷.新中华小学行政[M].上海:中华书局,1932:119.

⑤ 俞子夷.读李步青贡沛诚两先生讨论中学级任制并且报告小学校试行指导制的一个经验[J].新教育,1923,6(1).

生活,同住一卧室,早晚相见"。① 按照寄宿与通学两类学生的不同,教育训导的主要内容择要来说有如下两点。

第一,设立寄宿训导。寄宿舍男女分开,男教员和大的男学生同卧室,女教员和女生及小的男学生同卧室。这种寄宿的教员,叫作"寄宿训导"。寄宿训导的责任,就是寄宿生父兄的代理人,学生在校,无论什么都由他负责任,对于家庭也由他负责任,有的连学生零用钱都要管。每一个宿舍作为一个单位,称为团。每一个团就仿佛是一户人家。寄宿训导和学生同卧室,朝夕相见,和学生共同生活,可以随时看出学生的性情,也可以随时指导他们。到星期六和节日,各团可以开各种娱乐会,星期日也可以同出去游玩。利用种种非正式的时间和机会,教员和学生的精神相吸而不相拒,不相拒,就有话可说,有话说,训育的门就开了。

第二,对于通学生来说,就设立通学训导。通学生的高等各级由不寄宿的教员做训导,每团约二十人。国四以下还是用原来的级任制。级任制的缺点,是人数太多,时间和机会太少,所以教员有了可以收训育效果的能力,也没处发挥。通学训导每星期至少有一次和通学生的集会,主要是以娱乐、交际、郊游、讲故事等形式开展。

每一位训导,在每个月会有组织者召开训导会一次,讨论各学生的缺点和优点,要特别注意的就用纸条记出。这样,训导对于学生的训育有了具体的责任,当然也可以自己想法着手实行。"训育学生顶重要的,在乎习惯的养成。要养成习惯,宜有具体的标准。"当时附小试行的有两种:一种叫作"好国民",是注重平常的习惯,一种叫作"卫生规条",是注重个人卫生的。② 这样一来,教师与学生之间感情拉近了,教师来管理学生也要相对容易一些,特别是在一起生活,学生展示的是自己的本能活动和习惯,而教师可以趁机帮助他们改正坏毛病、坏习惯,一起来创造一个更好的生活和学习环境。不过,在最开始设立训导之时,"训导的职责,大概是关于学生身心方面,对于学业方面,另有作业指导负责"。③ 后来为了便利起见,一个学生团的训导,在一定程度上就是该团学生的作业指导,等于说,训导负全部的指导责任。然而,在实施主体上看,学生自身的自我管理,也是做得非常不错。

① 俞子夷.困学琐记[M].南平:天行社总社,1944:34—35.
② 俞子夷.读李步青贡沛诚两先生讨论中学级任制并且报告小学校试行指导制的一个经验[J].新教育,1923,6(1).
③ 俞子夷.一个小学十年努力记[M].上海:中华书局,1930:290.

2. 学生的自治——公仆会的成立

前面在追忆俞子夷推行学生自治的历史时说道,他在东大附小组建学生自治性质的公仆会一事。"公仆会的取义,是为公众服务,因为学生自治在教育上的价值,是利用学生热心公众服务的精神,训练他们的自治能力,和社会服务的习惯。"①公仆会初成立时,分级务、舍务、膳食、招待、成绩、图书、新闻、体育、巡查团、童子军、卫生行政、商社、华乐十三个部门。公仆会的部门名称和实施内容主要是立足于学生将来进入社会成为社会人的目标,即"要合学生的心理,以适应他日常的需要;要发挥学生的本能,以养成他自动的能力;要养成学生健全的人格,做完善的公民"。②

在学生自己进行组织管理的时候,教师是不能命令他们做任何工作的。这是当时公仆会实行时该校裁定的一个标准。如果学生管理出现了问题,教师可在旁提醒,或者由学生自行发现问题,但是整个过程中,教师被限定不能给予学生解决问题的办法,换言之,学生得自己解决问题。俞子夷说:"公仆会不但为议事机关,也为执行机关。"③公仆会主要的各级委员为年龄稍大的高年级学生,是由学生们公平投票竞选出来的,因此主事能力相对较强,分析和解决问题的能力亦可。从学生实际管理的经验上来看,有几点是值得重视的。其一,公仆会自成立以来,不断地结合社会实际与学校的实际情况进行变通;其二,幼稚园和低年级学生不能自主其事时,由高年级学生帮助其执行,尚不需教师直接施以援手;其三,学生的生活和学习的自主,实际上都是与当时该校正在开展的设计教学法试验结合在一起的,是典型的各科联络型管理法则。

诚如俞子夷自己所说:"以我们成人的眼光去看,公仆会当然不值一笑,可是在小孩子看来,那也算是他们的事业了。"④即使是在今天,以现代成年人的眼光看来,也许大家会觉得确实仍然不值一提。然而,对于 20 世纪 20 年代的中国凋敝、禁锢的教育环境来说,此举不亚于惊天响雷,在现代教育发展历程中留下了浓墨书写的一笔,尤其是它并不是以教师作为管理主体,而是我们的受教育者,学生自身作为教育管理的主体。

此后,教育界推行学生自治已经蔚然成风。俞子夷就曾经指出,同时代的教育家中,比如吴研因在主持一师附小时,就曾经创办"三尚市"(尚公、尚武、尚

---

① 俞子夷.一个小学十年努力记[M].上海:中华书局,1930:299.

② 同上:297.

③ 同上:300.

④ 同上:303.

实),完全模仿地方自治三权鼎立制,用以培养学生民主思想。再比如晓庄的自治最彻底,教师生活亦为学生所治。他举了一个例子,某次开会,陶行知也在会场,会议进行中,陶先生频频看表,不及终会先退,谓校内规定几点钟必回校,迟返者罚坐暗室云。于是俞子夷感叹道:"从教师管学生而学生自管,到学生反过来管教师,诚一个大翻身也。"[1]当然,俞子夷也清醒地知道"学生自治是一种学习,绝对不是真正把学校交给学生去管。……关于学生自身的问题却不必完全由教员代管,尽可由学生练习自治。所以学生自治,是在自身问题范围之内、教员监督指导之下进行的"。[2]对于这一实验的评价,俞子夷自己在回忆时反思"提倡学生自治,可以说是一种民主思想的强烈反映。将责任内阁制,军民分治等渴望而不能实现的理想,寄托于下一代。教育救国的空想如此,固不可讽之为画饼充饥也"。[3]

总体来说,俞子夷的学生自治观是其"学生本位"教育管理思想的重要组成部分。从俞子夷的学生自治观的基本内容和具体实践来看,这种思想是其"学生本位观"的比较清晰的实践形式。从中,我们既可以看出俞子夷着力强调学生自治自立,同时也可以看到教师在其中应该起的作用,特别是教育训导制度的设立既发挥了学生的自主性,即以学生为本位,同时又不至于使学生失控,从而成为放任状态。俞子夷的学生本位观显然是将学生与教师辩证地作为一个整体来看待,两者是相辅相成、有机统一的。这种思想既能够吸纳"儿童中心主义"中合理的一面,又可以照顾到中国的具体国情,从而使得"学生本位"的思想在具体的实践过程中能够发挥其最大的效益。

俞子夷的"学生本位"实际上就是一种民主教育管理思想。他认为,尊重学生,主要体现在学校的课程设置和教学围绕学生的生活经验和心理发展来进行,给学生以理智的自由和活动的自由,也即生长的自由和发展的自由。这些都是与当前的人本管理的精神实质相一致的。

很明显,民国成立以后,政治、经济、社会、文化均发生剧烈的转变,教育思想自然跟着迅速变化。所有这些方面的变化都与一个时代命题相关,这个时代命题就是肇始于中国近代,一直延续至今的中国要怎样走向现代化这一艰难历程。而这些变化,对俞子夷的一生影响都颇大。

正如俞子夷说的,当时感觉爱国就要先救国,要救国就要先革命。实际上,

---

① ③　俞子夷.学生自治与学校管理——回忆简录[J].华东师大学报(教科版),1989(1).

②　俞子夷.新中华小学行政[M].上海:中华书局,1931:122.

救国与通过什么来救国都是当时要回应具体的时代命题的方式。在众多的方式中,教育救国是其中重要的一支。处在这一时代剧烈变迁的过程中,任何一个人都逃脱不了被这一逻辑所裹挟的命运。因此,我们可以清晰地看到,俞子夷的整个生命史实际上就是处于这样一条逻辑线条下的实践样态。他在幼年时期,虽然还不懂事,但"懂事"的父亲以及老师们在他们自己回应这一时代命题的同时,不知不觉中将这一逻辑笼罩在幼年的俞子夷身上,这就是他父亲考虑不让他读经和让他进新式学堂学习的原因,尽管身处其中的人并不自知其背后的命题但却在具体实践着。

与我们前述讨论俞子夷自身对他所处时代的响应相同的是,整个时代也在形塑着俞子夷个人。我们基本可以管窥那个时代在俞子夷个人身上的倒影。在俞子夷的生命历程中,有几个焦点事件(story-focused)对他个人的影响与形塑尤其重要。第一个焦点事件是中日甲午战争,正是这个事件的爆发,让关心时事的俞子夷的父亲认为时局难定,从而作出决策让俞子夷仅找一份像样的职业为生。然而正是让俞子夷父亲本以为可以使其子尽量避免将来卷入时局的决策恰恰使得俞子夷后来的整个生命历程随着时局的变幻而变换。第二个焦点事件是戊戌维新运动,这个事件对童年俞子夷的影响是使他模模糊糊地感觉到了"国家"与"社会"的存在。第三个焦点事件是俞子夷加入爱国学社,这对于俞子夷的一生可以算是一个关键历程。正是因为在爱国学社受革命教育家的影响才会使得他负笈东瀛,从而有了第一次出国经历。第四个焦点事件当属他第二次东渡日本考察单级复式教学法,这一关键历程使他从也许可能成为一个杰出的革命家或社会活动家彻底转变成了潜心教育的教育家。如果我们宽泛地理解个人生活史研究中焦点事件对个人生命历程的重要性的话,也许我们可以将蔡元培在俞子夷一生中的出现算作一个焦点事件,俞子夷的一生,无论是早期的热血澎湃的革命青年还是后期的教育家都是与蔡元培的培养、引荐、帮助分不开的。

与社会变迁对个人的形塑以及个人对社会变迁的响应相对照的是,俞子夷的一生也是整个中国近现代教育史在个人身上的折射和投影。南洋公学的学习与生活经历实际上可以看作洋务教育思潮实践的结果,戊戌维新运动中的维新教育思潮对童年俞子夷产生了重要影响,爱国学社的学习则是民主革命教育思潮在俞子夷个人身上的写照。俞子夷负笈美国的考察与学习则反映了后来风靡整个中国教育界的实用主义教育思潮的滥觞。因此,我们完全可以说,俞子夷的教育思想既是整个中国近现代教育史上各种教育思潮塑造的产物,他后来的一系列教育思想也理所当然地构成整个中国近现代教育思潮的一部分。正是因此,我们才会在俞子夷的教育管理实践中看到一系列教育思潮的影子,比如强调学生自治就典型地反映了民主革命教育思潮的影响,强调"学生本位"以及设计教学法的推广和使用反映了实用主义教育思潮的滥觞等。在中国近现代教育史上,俞子夷既是那个时代教育思想的被生产者,同时又是那个时代部分教育思想的再生产者。也正因如此,他的教育管理思想应该在民初教育史上占有一席之地。

第十五章

刘百川的小学管理思想与实践

　　刘百川(1903—1971),原名刘于左,江苏阜宁人。幼年求学于私塾,学习"四书五经",奠定了扎实的国学基础。1921年高小未毕业即考入江苏省立第八师范学校(江苏省海州师范学校前身),在此结识一批志同道合的学友创办"丙寅学社",谈论文学、教育问题,其中就有朱智贤、徐阶平等人。朱智贤后来在《我与教育》一文中写道:"说起研究教育,自己不知是怎么会那么起劲。大概也是朋友的影响。记得朋友当中刘百川、徐阶平、郝如彬几个人,那时都快要毕业,他们不再常谈文学了,一天到晚,却是'儿童'啦,'训育'啦,'教师'啦,'赫尔巴特'啦,'杜威'啊。不住地谈,不停地写,我记得我也就在此时和教育发生一点好感。"①读书期间的刘百川勤奋钻研教育问题,博览群书,并在谢鸣九老师指导下,写成人生第一本著作《小学教学法通论》。1926年刘百川参加南京东南大学开办的小学教师暑期讲习会,选修儿童心理、小学教学法、小学行政等科目,师从陈鹤琴、俞子夷。

　　中师毕业后,刘百川任教于第三女师附小,因成绩卓著,教学新颖,短短三年即被破格提拔为东海中学附属实验小学校长。刘百川在《一个小学校长的日记》里详细记述了自己担任校长后每天所做的"琐事",并于"琐事"中体现其实际的教育教学思想。1935年刘百川出任江苏省教育厅主办的镇江大港乡村教育试验区主任,在实践过程中探索出以"乡村学校社会化"为办学理念,以语文教育、生计教育、公民教育、康乐教育为内容的独特乡村教育模式。在他领导下,大港教育实验区成为当时著名的乡村教育实验区之一。

　　1940年应教育家傅葆琛邀请,刘百川任华西大学专职副教授,讲授国民教育、师范教育、儿童教育、教育行政等课程。后又任教于四川大学、金陵大学。1946年他回江苏省教育厅工作,担任国民教育科科长兼职无锡教育学院教育系

　　① 林崇德.朱智贤教育文集[M].南京:江苏教育出版社,2011:348.

主任。1949 年后奉命筹建江苏师专（今江苏师范大学前身）。怀着对教育的热情，刘百川笔耕不辍，以"教育不已，阖棺乃止"的赤诚之心，一生著作百余部。他虽然没有大学文凭，亦没有留洋经历，只凭省中等师范学历，在教育实践中探索出独具特色的学校管理模式，心理学家朱智贤在给《小学校长与教师》一书作序时这样评价："百川曾经做过小学校长、小学教师，主持过地方教育行政，襄办过省教育行政，实地接触并指导过无数的乡村小学校长与教师。……他写过不少教育论著与儿童读物，在小学教育界已有他相当的地位。"①

一、学校管理的核心理念

"教育行政学术化"是刘百川学校管理核心理念，早在《一个小学校长的日记》一书中，刘百川便提到校长要做学术领袖，研究各项事务，将校务细化为具体的标准，作为学校行政的科学依据。在后来的《国民教育行政问题》中正式提出"教育行政学术化"理念，并认为是教育行政的有效途径。"教育行政最高理想，是要做到行政学术化，希望将一切教育行政的问题，都变成了教育学术方面的问题，随时加以研究改进，而教育行政人员，更要具有学者虚心研究的态度"。② 纵观刘百川的作品，无不显现他对学校管理的研究，然而其思想并没有太多的理论阐释，更多的是他担任校长、主持地方行政积累的经验而提供给世人的方法论启示。

二、学校管理中的"人"

（一）校长是学校的学术领袖

作为学校的领导者，校长每天要做的可谓事无巨细：处理学校行政事务，训练儿童，指导教师，联络学生家庭等，那么该如何从这些繁杂事务中脱身？刘百川认为："一个校长有一个校长应做的事，校长应做的事，是要设计、研究、做计划、定办法、指导教职员工作的方法、领导教职员进修、联络社会与家庭等，这样便是学术上的一个领袖。"③校长要起到学术领袖的作用，便要以自己的研究态度和方式实施管理行为，对学校每一项行政事务进行研究而后制定相应的计划

① 刘百川.小学校长与教师[M].上海：商务印书馆，1935：2.
② 刘百川，沈慰霞.教育行政[M].上海：中国教育研究社，1942：2.
③ 刘百川.一个小学校长的日记[M].北京：华文出版社，2012：4.

和标准,使学校事务都规范化,如此才能有条理地管理学校。刘百川心中所理想的校长必须具备几个条件:"一、要有终身从事教育的信心;二、要有健全的体格;三、要有良好的品性;四、要有丰富的学识和应用技能;五、要注意儿童的研究;六、要注意社会的考察。"①校长是一个学校的灵魂,校长自身素质关系到整个学校的发展,因此也就提出校长必须德才兼备。校长对内要负责领导和管理学校事务,对外要负责与社会各方面发生联系,作为学校灵魂的校长,还要不断继续深造学习,涵养自身职业素养。进修目的是要增进自己的知识以胜任校长工作,注意教育理论探讨,研究切合实际管理中的问题需要,提高问题研究能力,通过按时阅读书报、定期外出参观、参与各种教育研究会、记载每日工作日记、通信研究教育问题等途径来发现研究问题,不断提升校长自身涵养。

(二) 校长是教师的领袖、教师的教师

作为"师者之师"的校长有着聘请教员和指导教师教学的责任。对于教师的选取,刘百川认为,教师的经验和资历都不成问题,最主要的是教师对教育是否有兴趣,能否肯虚心去研究。为此,他采取人才主义,罗致优秀人才来校教学,在任东海中学附属实验小学校长时,就曾将我国著名心理学家朱智贤聘为教员。校长分配教师任务时要根据个人能力、兴趣和过往经验。此外还要指导教师教学,教师能否获得良好成绩,与校长的指导有很大关系,这种指导是多方面的,刘百川重点谈到校长对教师的教学视察,认为教学视察是校长最重要的任务,对教师是一种善意的指导。首先校长对于视察对象和科目要有通盘计划,在视察前要征得教师们同意,视察时多方比较教师的上课情形,如对教学计划、教学程序、教学结果、课堂管理、教学过程中特殊问题的处理等综合比较,全方位考查教师教学情况,加以分析指导。校长在指导时要注意态度的温和,表示同情的态度,优点固宜加以奖励,缺点亦不可过于责备,处处为教师进步着想,如此才能令教师信服。

(三)"教师是最重要最有趣的职业"

教师作为大众文化知识的普及者,授业传道是其服务于社会的主要职责,因此教师是"人"的职业,教师的对象是儿童,"儿童有活泼的身手,儿童有敏锐的头脑,儿童有纯洁的情感,儿童有天生的本能",②这一能动的个体对教师教学的好坏会作出反应。此外,儿童是社会的未来,欲改良社会,自然要从教育儿童

---

① 刘百川.小学校长与教师[M].上海:商务印书馆,1935:14—17.
② 刘百川.一个小学校长的日记[M].北京:华文出版社,2012:42.

入手,所以说教师的职业是最重要、最有趣味的职业。教师的职业不是一种单纯的技艺,他和工程师一样也需要聪明的头脑、广博的学识、丰富的经验,再加上精密的设计,才能胜任愉快。他要求教师树立做一个好教师,永久做一个好教师的人生观。

一位好教师应具备哪些要件? 刘百川从知识和技能两个必备要件出发,认为教师在知识方面要具备"明了中国现今社会经济政治结构及实况;明了现代世界教育新潮及原理;有丰富的常识,留心社会现象,对于复杂的境遇,及困难的事实要能适应;有一种专长,所具的知识越丰富,才越能脱离书本而独立"。① 在技能方面,《勉益斋偶存稿》中有一则话:"为师者先能端其身范,致其诚敬,以为施教之本。至于施教,尤不可无术以妙之。"古人施教亦强调教术的重要性,作为教师在教学、训育方面都要有适当的专门技能,此外还应有适应普通生活的技能、勤于操劳的习惯。总的来说,学术与德行兼备是他拟定的理想教师标准,在《小学教师箴言》一书中,他对理想的小学教师做了一个生动的比方:"做教师的要像园丁一样地辛苦勤劳,拿培花顺其自然的方法去培养儿童;做教师的要像母亲一样地慈爱,拿爱护自己子女的心肠去爱护儿童;做教师的要像医生一样地精明,拿诊断病人的眼光去诊断儿童;做教师要像说书演戏一样有精神,拿说书演戏的方法把教学的材料提示给儿童;做教师的要像法官一样的严明,对于自己对于儿童的行为,不能有一次的苟且,处理儿童的问题,尤要大公无私。"②

(四)寻求教师专业发展自主性

怎样做一位好教师? 刘百川主张要向研究型教师的角色转换,"独学而无友,则孤陋而寡闻也",教师自身不断地研究进修,通过主动的阅读、和同事交流等方式来提高专业水平,这种研究进修的核心是教师自动地学习、研究、反思。1935 年刘百川接办大港乡村教育实验区时,在"乡村学校社会化"办学理念的指导下,教师所选用的教材要适合乡村社会的需要,编制乡土教材,同时在教法上要运用"在做上学"的方法。这就要求教师要从知识的传授者转向活动的指导者。如何转变? 这需要教师在活动、生活中去研究、去反思。"教师工作很忙,怎样抓紧时间进修,而且能持之以恒,的确是个值得研究的问题",③结合自己之前做教师的经验,他提出了很多创造性措施,如教师工作日记、教育经验交流

① 刘百川.初等教育研究集[M].上海:大华书局,1934:60.
② 刘百川.小学教师箴言[M].上海:大华书局,1934:6.
③ 陈侠.开展教育经验交流活动[J].师范教育,1987(3).

会、调查研究、星期研究会、教学批判会等。教师通过发掘工作或是生活中的教育问题，并在工作中通过这些途径研究，谋求改进和解决。

做一位好教师要时刻接受教育行政机关和校长的辅导与考查，以改进自身水平。对于如何辅导考查，刘百川认为：一是考查人员要注意教师平时成绩的研究，切忌偏重形式主义；二是要有客观的标准，不要用诸如"某某欠佳"这样的含糊其词的语句去评判；三是辅导考查的目的在于了解教师服务状况，当采用积极的指导方法；四是要多友谊的谈话，增进交流。此外，还有诸如注重校与校之间的比较，辅导机会的普遍，以及注重实际问题的研究等。① 五是实行分期分科辅导或考查。刘百川在《乡村教育经验》一书中提到了一种通讯辅导教员法，这是他在大港教育实验区创造出来的方法，以书信为载体，校长通过与教师研究各种教育问题，而达到辅导教师的目的。实施过程是先由教师把自己一个月来的生活情感、工作心得或者是教学上的一些困惑，通过书信方式传达给刘百川。通讯辅导法实施受到教师们的欢迎，教师们甚至感慨"在他们来信当中，往往以不能直接共事和我当面研究为憾，他们表示很羡慕与我直接共事的教师们，以为可以直接受到我的指导"。② 校长和教师通过书信方式讨论各种教育问题，辅导教师改善教学水平。

（五）提高待遇，保持教师人才队伍

教师待遇高低影响着教师队伍的稳定，小学教师特别是乡村小学教师待遇太低，致使许多教师不安其位，甚至中途改业另谋出路，一些有能力的人更是薄教师而不为。然而政府和社会人士认为教师的职业是清高的，教师应然是"谋道不谋食"的君子。而事实上教师却本着"安贫乐道"的精神无限制地忍受着清贫，过着"食无求饱，居无求安"的自嘲生活。基于教师这种微薄甚至难以维持个人生活的工资，刘百川提出亟须提高教师待遇以吸收更多"学而优则师"的优秀人才。他主张教师薪资的发放应合于三个标准：一是合于生活的标准，这也是最低限度的标准，工资最低额度应建立在能满足教师及其家庭基本生活费用。二是合于储蓄的标准，除了维持生活以外，还能有结余供储备，以备不时之需。三是合于修养的标准，所供给的工资还能用来提高自己的修养，以丰富教师的学识，这属于理想的标准。在钱不虚费、注重效率的基础上还按照教师的经验、教学效果、教师的学识、工作的繁重等标准来逐年增加一定的薪给。此

① 刘百川.小学校长与教师[M].上海：商务印书馆，1935：112—115.
② 刘百川.乡村教育实施记（第2辑）[M].上海：中国教育研究社，1936：78.

外,还设立"优良教员的奖励",教员在教学方法、进修成绩、著作价值、训导方法等方面有特殊成绩,会给予一定的奖金、升迁等方面的嘉奖,建立教师一系列晋升嘉奖制度以此来保留学校优秀教师。

(六) 学生自治,民主训育

自 20 世纪初期以杜威为代表的实用主义教育思想传入中国后,以儿童为本位的学生观便开始在各学校传播开来,强调生活与教育之间的联系,诸如陶行知的"生活即教育,社会即学校"的主张。在对儿童的问题上,传统教育束缚了学生的头脑,新教育提倡解放儿童的大脑,解放儿童的双手,提倡通过各种活动来培养学生的自治能力。一时间几乎所有的学校都开始提倡学生自治,不管是真正意义上的抑或是口号化的。刘百川感叹差不多每个学校都有自治组织,可是都把社会化的意思歪曲了,"把整个社会的活动,都照样搬到儿童面前,这简直不是社会化,是成人化了"。[①] 学生自治不是自流,抑或是脱离教师与学校的管理对立。学生自治作为训育的重要方式,它需要教师的指导,"教师虽不能替代儿童去做,但是教师却不能离开儿童,让儿童莽撞"。[②] 教师在指导过程中需要转变教育观念,传统教育中教师具有无上的权威,和学生几乎是两个阶级的人。教师要指导儿童自治,首先要打破两者间的界限,在师生共同生活中,教师以身作则,为学生树立榜样,在"由做而学"原则的指导下注意引起学生动机和兴趣,寓学生自治于教学和训育中,注意儿童团体协作能力的培养。值得一提的是,刘百川认为,儿童自治过程中教师要注意培养儿童使用政权的能力、为社会培养领袖人才,可窥见教育与政治的联系,抒发那一时期知识分子特有的爱国情怀,秉持培养新兴人才理念,通过教育来挽救亡国的命运。

孟子云:"君子之所以教者五,有如时雨化之者,有成德者,有达财者,有答问者,有私淑艾者。"训育作为学校管理学生的手段,它采取各种活动如时雨化之浸染学生的道德,熏陶学生人格,养成良好的习惯。训育的问题,实比教学复杂,而且难以收效,每个学校需要从学生中心出发,制定相应实施方案。刘百川担任东海实验小学校长时,对于学校训育从原则、标准、制度到实施方法都有着系统的制定。从训育原则来看,他认为训育的实施要遵从间接暗示、积极指导、以善代恶、师生合作、反复练习、指示希望、奖励优良、社会制裁八个原则。刘百川特别反对教师对学生施以简单粗暴的消极惩罚,惩罚不仅无助于儿童心灵的

---

① 刘百川.一个小学校长的日记[M].北京:华文出版社,2012:71.
② 同上:72.

滋养,反而会使学生养成怯弱的心理,伤害师生之间感情。新教育中教师不再是权威的象征,而是在与学生的共同生活中扮演指导者角色,在训育中也是如此,刘百川强调师生的共同生活和活动,并在合作中发挥教师的指导和模范作用。训育标准是学校训练儿童的依据,刘百川认为应由教育部统一制定颁布,而后令全国通行。标准的制定要"根据儿童生活教育的原理,搜求须加以训练的事实,编为训练的条文;根据家庭、学校、社会的实际生活,提出有价值的习惯,编为训练的条文;分析人生习惯、态度、理想的种类,汇集须训练的事实,编为训练的条文"。[①] 训育标准也可叫作"好学生信条",公布施行时要注意儿童的年龄差异和理解程度,在幼稚园和小学低年级采用口头讲解,逐日考查。小学中高年级宜将训育标准条文刊印成小卡片,分发给每位儿童,或者公布在每间教室和走廊。在践行训育标准时,儿童可通过相互的活动以自省,亦可由教师讲解条文意义和实践的方法,让儿童自己去反复练习以养成习惯。

民国前期,小学校学生管理采用学监制,后改为级任制,训育的责任由每级各科教师担任,再到后来因改革级任制而兴起的训导团制度。每一制度各有优劣,刘百川综合了级任制和训导团制优点,独创"学级训导制",即在每一年级设训导员一至二人,以年级为训导单位,训导员负责年级事务;科任教师为课外活动训导员,指导儿童的活动,包括自治活动;每日的课外活动时间,由全体教师轮流负责监护;训育主任负责召开训育会议,报告训育实施的情况,及时交换训育意见。训育的实施,有团体训练和个别训练之分,团体训练由学校每周提出一个训练中心,以晨会、夕会、周会、总理纪念会等形式展开。同时为了适应儿童间不同之个性,使儿童对于自己行为有充分的反省,间以个别训练补团体训练之不足,个别训练要注意分析特殊儿童如顽劣、个性孤僻、优良儿童的个性,分别加以特殊的训练。

三、学校管理中的"事"

(一) 合于学校自身条件的校务分掌

学校事务纷繁复杂,非校长一人之力所能及,需要分部进行。刘百川在考察其他小学组织系统的基础上,认为一些学校组织过于复杂、系统,不严明,各部分职权常互相冲突,订立组织系统没有因地制宜,完全照搬他校模式,没有表

---

① 刘百川.一个小学校长的日记[M].北京:华文出版社,2012:64.

现出一个学校特有的精神。为此他认为行政人员要制定合于自身学校条件的校务分掌制度。校务分掌要注意因事择人,每人所任职务不宜过多,劳逸均等。同时要分工合作,学校事务由全体教师分掌,分配任务要集教职员之所长,充分发挥其才能,如喜欢撰文的人以担任编辑为宜。在这些原则的指导下,他将校务分成了校务股、训导股、体育股、事务股、会计股、文书股等部门,为了避免行政功能重复的弊病,各部分职权必须明确规定,如校务股应做的事:"制定各科教学分量及各级教学时间表;编订各科课程纲要、教材细目、最低限度等;选择教科书,及主持审查自编教材;公布开课、休课、调课及教员请假等;主持成绩考查及调级调组等。"①事务虽然分别担任,但学校各部门间应随时联络,以确保学校整体精神的统一。

为了使学校校务做到经济、便利、划一,提高行政效率,规程的厘定是有效手段之一。所谓规程,就是处理学校行政事务的条文,也是行政实施的实际工具。"组织的规定、事权的划分、各种工作进行的顺序、各部分相互之关系,自然要在规程上定明白,工作才便利"。② 规程制定以"繁简适中,因地制宜"为准则,根据事实需要而制定,事实有什么需要,规程便怎么确定,所以每一学校的规程因其实际需要不同而形式多样,但至少都应包含:规程制定的根据及重要目的;规定各种组织及职权;规定事务范围及负责的人员;执行事务之时期及执行之方法。就规程的种类,刘百川认为一个学校规程的制定应包含组织规程、教职员任用及待遇规程、训育纲要及教学纲要、儿童自治指导规程、会议规程、学生学业成绩考查规程等。如此厘定,学校事务便有了准绳。

(二)集众家之所长的学级编制

"将若干学生编为一班,由教师来统一教学,谓之学级",③也就是现代意义上所称道的班级。班级授课制作为重要的教学组织形式自19世纪末传入中国后,在经济效率原则下,教师在同一时间教授多个学生,采用团体生活砥砺儿童培养互助合作之精神,对于文化事业推广和义务教育普及有很大的助力,遂在中国流行起来。然而班级授课制渐显流弊,如难以适应儿童不同的能力和个性。基于此,刘百川认为,班级制度不可废除,但在班级制度基础上可采用分组教学、学期升级制、复式和单级编制以补其不足。他在任东海中学附属实验小学校长时将学校九个学级编为六个单式学级,都是秋季开学;另外编春季初级

---

① 刘百川.一个小学校长的日记[M].北京:华文出版社,2012:23.
② 同上:58.
③ 李日刚.中学之学级编制问题[J].陕西教育,1936,2(2).

单级一级、春季高级复式一级，另一级仍为幼稚班。可看出具体在实践中采用何种学级编制，不是校长的主观偏好，而是要研究学校的情况，根据学校的班级数量和学生人数而定。进行分班或分组时还要以学生的学习能力、智力、身体发育状况、年龄、性别等方面因素为参考依据。对于已编制好的班级，校长和教师在教育教学中还要详加考查，出现问题需要及时采取措施补救。

（三）课程编制要以适应学生个人生活和社会生活为依据

学校课程是学生获得经验的一种媒介，"学校里所以要编制课程，就是要使学生所得的经验更经济更有效用，更能满足社会及生活的需要"。[①] 这里其实强调学生所学课程与个人、社会生活的连续性。在此基础上，刘百川认为课程编制应符合六个原则："一、课程的编制，应注意使学生获得整个的而且有系统的经验，切忌支离破碎；二、课程内所罗列的各种教材，应尽量采用心理排列的方法，以期合于学生生活的方式和需要；三、课程的内容，应将知识与行为并重，希望学生能行以求知，知而后行，达到知行合一的目的；四、课程的内容，应特别注重各种实际问题的解决，以期养成学生的思考能力，免除片段记忆的弊端；五、课程的内容，要合于学生的自然倾向，免除矫揉造作之弊；六、课程的编制，先要有一定的目的，可以引起学生浓厚的兴趣及最高的努力。"[②] 在上述原则的指导下，编制课程时注意研究学生生活、社会生活、教育目标，选择其中有价值且能为儿童所了解的内容列为课程要目。

（四）教材选择和排列要科学

刘百川提出教材选择在合于教育目标总原则指导下，还应符合几个原则：第一，是合于时代的要求。教材万不可一成不变，应随着时代的变化而随时更新内容。第二，教材要适应地方的需要。每个地方需求不一样，所选教材也是不一样，鼓励每个地方根据实地情况编制乡土教材。第三，教材要适合社会的需要。选择的教材要以致用于社会为原则，否则将失去其社会意义。第四，教材要适合学生的需要。学生作为教材的学习者，教材的好坏直接可从学生身上反馈，所选教材要能符合学生的发展顺序，能够激发他们的学习兴趣。

关于教材的具体排列方法，刘百川认为，"教材排列通常分为心理的顺序与论理的顺序两种"。[③] 前者照顾到学生学习兴趣，但往往会造成对所学材料缺乏系统整体的概念。后者重视教材的系统，但也忽视了学生的学习心理与兴趣。

---

①②　刘百川.国民教育[M].重庆：商务印书馆，1944：223.
③　同上：235.

教材排列应按照由学生旧经验到新材料,由近到远,由具体到抽象,由简单到复杂等顺序来组织。刘百川列举了三种教材排列法:一是直进法,将所有教材按照某一顺序从前往后呈现。二是循环法,就是将"同一种教材自始至终编成几个圆周,在某时期内教第一圆周,以后再教第二圆周,第二圆周的内容较第一圆周略深"。① 从心理学上看,这种由浅入深的排列方法是合乎学生练习原理的。三是中心统合法,这种方法以问题为中心,将知识分为几个大单元来组织教材。这实际上就是借鉴了设计教学法的教材罗列方式。

(五)乡土教材的编制方法

值得一提的是,刘百川对于学校中的乡土教材也相当重视。乡土教材是以当地历史、地理、经济等自然和人文文化为依据,编写成教材供学生学习,是一种"地方性知识"。它一方面满足当地生活需要,另一方面亦可增进人们热爱本地的意识。其编制原则,首先是要能激发民族意识和适应民族需要;其次要像编制其他科目教材一样,内容与现代生活有关,以能适应时代需要;此外,组织乡土教材时还要能够指导学生实践、学习生产的方法。关于乡土教材编辑方法:"一是取材的方法应完全适应学生的经验,把学生经验中的疑问作为决定教材内容的根据。二是凡容易观察实验的材料可先指导学生观察实验,至于教学完成时再令学生做研究报告,教师选择做得好的加以修订补充然后印发,如不易观察实验,并缺乏相当的书报供学生参考,便由教师先行编印分发应用。三是教材的体裁,如由学生编辑,以用问答式为便,如由教师编,可视教材性质决定用故事体、说明体或其他方式。四是教材内容,须学生能完全了解,遇有新发生的事物,尤须详为考查。"②

四、学校管理中的"物"

(一)致力于学生健康发展的卫生管理

教育目标是要造就健全的国民,强健身体的锻炼是培养健全国民的最基本工作。学校卫生不仅关乎学生健康发展,而且与学生知识学习、德行熏陶都有很大关系,刘百川认为中国传统私塾教育不注意卫生,近视眼、驼背的都是私塾出身,然而现今很多新式学校依然如此。基于此现状,他特别注意卫生管理的

---

① 刘百川.国民教育[M].重庆:商务印书馆,1944:235.
② 同上:239.

研究,将学校卫生分成环境卫生、个人卫生、运动游戏、公共卫生四个部分。具体说来,学校各种建筑作为环境卫生的一部分,为了合于学生健康,建筑物内的房间光线要充足,空气要流通。食堂和水井作为学生平时饮食的地方,教育管理人员要特别严把卫生质量;个人卫生方面,管理人员要时刻关注学生的营养状况,帮助家长设计改善饮食和营养的方法,同时帮助学生养成良好的卫生习惯,定期对儿童进行体检,明了儿童身体发育之状况,注意研究统计以作学校卫生实施参考,矫治学生身体缺点;此外,还提倡通过体育课上的运动游戏来强身健体;学校公共卫生与清洁有很大的关系,清洁的保持需有专门事务员来管理,每天检查全校的卫生,定期举行清洁运动。学校每周举行一次小规模的清洁活动,每月举行一次大扫除。

(二) 学校设施面向社会开放

发展学校事业是全社会人士共同参与的过程,学校设施的配备及改进要使所在地的社会人士来共同筹划,使学校成为社会中心,这样人人都知道爱护学校,对于学校事业也可有协助之精神,学校的设施也就容易推进。针对当时存在"教育注重精神,不宜徒事形式"的偏见,致使学校设施方面的研究无人问津。刘百川认为校舍校具的设施是教育推行的最基本要素。学校是社会的中心,那么校舍的配置除供教师学生使用外,体育场、大会堂、游戏室、图书馆等设施都要向民众开放。此外,学校建筑应因地制宜,充分利用当地建筑材料,新建校舍要合于简单、坚实、实用的原则,建筑物要通气采光。校具设备在经济原则下,务求经久耐用,购买本国货,并尽可能要教师和学生自制校具。学生课桌椅采用双人坐长方桌,单人坐椅子,教室所用黑板最好选择若干小黑板合成一大块黑板,取其灵活方便之用。

(三) 教室布置以满足儿童心理、生理需要而展开

教室是儿童日常生活的场所,教师教学的重要阵地,其布置科学合理与否,关系到学生的学习与健康状况好坏。良好的教室环境对学生有着潜在的教育影响,"有了良好的环境,由多方的暗示,即可引起多方的模仿与实践,儿童精神觉得愉快,自然活泼而有生气"。[①] 教室环境作为一种"默默说话、默默育人"的真实存在,时刻与学生存在着双向互动,亦即一方面环境所承载的教育影响对学生个体具有熏陶作用,另一方面是儿童个体指向环境。刘百川认为教室环境布置:首先,要照顾到儿童的心理需要,空旷单调的教室与小小的孩童不调和,

---

　　① 刘百川.一个小学校长的日记[M].北京:华文出版社,2012:86.

需要为教室设计一个整体而有意义的环境,空中可悬挂学生在美术劳作课上创造出来的作品;墙壁装饰宜选用浅淡色彩,张贴与训育、教学有关的标语;教室走廊内可放置各种盆栽。简而言之,教室环境布置要力求简单清楚而不失教育意味,由教师和学生共同创造,以彰显每个班级的特色和个性。其次,教室布置要适合学生生理需要,在教室设备方面要力求科学,刘百川在对普通小学校学生身高作出统计的基础上,认为黑板悬挂高度宜以儿童能在黑板上自由书写为原则,幼稚园与一年级教室黑板与地板之间的距离是八十厘米,二、三、四年级略高,五、六年级是一米。在桌椅的排列上,应按照桌椅高矮顺序纵向排列,儿童的桌位与黑板距离以八尺为准。

五、学校管理中的"财"

船无水不行。学校经费匮乏,校长亦将难为无米之炊,但身处动乱年代,政府更新换代速度快,政策朝令夕改,经费更是无法得到保障,每个学校校长只能各显身手,求助地方士绅募集,抑或是开源节流,勤俭办学,发展学校产业以自足。作为小学校长的刘百川,亦常为学校经费短缺而苦恼,为此他提出学校经费管理的目的是要以少量的经费举办更多的事业,勤俭办学。在此基础上考究学校经费筹划要遵循"化无益为有益,化无用为有用"的原则,提高经费利用率,所筹划的经费能确保归公,使用在学校发展事业的正途上。

学校经费管理第一步便是编制预算制度,刘百川将学校经费划拨为两类:学校经常费和临时费。学校经常费是维持学校事业的日常经费,是学校每月都要照规定数目来开支,如教师薪水、办公费、事业费等。临时费则是按照事实需要临时规定的,如校舍建筑费、校具购买费等。按照这两类经费用处,刘百川将学校经费预算分配一定比例,如教职工薪金占百分之八十,行政费和杂费占百分之十,预备费占百分之五。预算既经成立,动支款项按照预算执行,预算未列入的款项,通过会议商议而后执行。经费管理人员每月计算一次,实施经济公开,大家便知每月预算实施情况。

刘百川一生跨越了民国、新中国两个时段,他在六十余年的教育生涯中始终奋斗在教育教学一线,坚持办学实践和学术研究。他的学校管理思想正是实践和研究相结合的典范。他要求学校行政者用科学态度去研究学校管理中的实际问题。学校管理问题复杂多变,教师学生管理、学校行政系统组织、学校设备等工作的制定,既要有学理依据,也要根据事实需要,力求"行政学术化"。在此基础上,他要求学校管理人员,无论是校长、教师,抑或是其他行政人员,最重要的是要有教育学、心理学、教育测量等各方面理论知识,严格选聘罗致优秀人才来参与管理,强调校长教师通过研究进修来提升素养,提高问题研究能力。

第十六章

董渭川「学校社会化」的教育管理思想

董渭川(1901—1968),名淮,字渭川,以字行。中国近现代著名教育家。一生主要从事民众教育、社会教育、中小学教育以及高等师范教育的理论研究和管理实践。

一、积极投身社会服务

董渭川出生在山东邹县一个地主兼小工商业者家庭,父亲董锡嘏以教书为业。他6岁起便得父亲亲授识字和读"五经",13岁进入邹县县立高等小学。三年后考入济宁的山东省立第七中学。五四运动爆发时,时为中学四年级学生的董渭川被推举为校学生会演说团团长兼编辑员,积极参与查禁日货活动。中学毕业后进入私立中国大学法科学习,但受祖父、父亲以教书为业的影响,加之进入中学后见许多同学毕业回乡办小学,认为办学是学生的唯一出路。于是,第二年转投考北京高等师范学校,并在1921年9月进入北高师国文部学习。

进入大学后,董渭川依然保持着参与社会服务的热情,在入学两个月后,便经同学介绍到北京高等师范学校附设的平民学校任教,自认"非常有趣味"。当时大学、社会机构、个人等开办"暑期学校"较为流行,董渭川也与同学一起,在暑期组织了一个"暑期补习社",专门为预备升入中学的青年提供辅导,他主要担任初级国文的教学工作。与此同时,他还同时兼任了平民学校、文科补习学校的课程讲授,每周合计上课时数达到了25节,身体消耗较大,但他仍然感觉"十分有兴味"。

1923年,北京高等师范学校更名为北京师范大学。董渭川一方面继续在本校国文部学习,另一方面在本校的平民学校、北京志成中学(为解决平民子弟入学困难,而由北高师校友会举办的私立学校)、京北高级中学兼任教员。这种兼课的社会服务生活,一直持续了数年,甚至在他进入本校国文研究科学习后依然没有放弃。

1927 年 7 月，董渭川从北京师范大学国文部研究科毕业，获文学士学位。不久，任教于天津南开中学国文教员。次年，他担任中央大学区立东海中学首任校长，并创办了东海中学附属实验小学，供中学师范科学生的教育见习与实习。在任职东海中学期间，他积极联合一些进步教师，在校内传播新思想、新道理。

1929 年上半年，董渭川辞去校长一职，来到南京，担任省立民众教育馆编辑主任，编辑民众读物。下半年，他又前往安庆，担任安徽省教育厅督学兼第一科科长。次年下半年，被聘为河北大学教授。此后，他又在山东济南等多地工作，曾先后担任山东教育厅督学、山东省立民众教育馆馆长，兼任山东省立第一女子师范等校教员、齐鲁大学讲师等。尤其是在民众教育馆馆长位上，工作了六年。

1932 年，董渭川应邀加入俞庆棠、梁漱溟等人发起组织的中国社会教育社，为特聘理事。1934 年，受山东教育厅委派，前往意大利、瑞士、法国、英国、瑞典、丹麦、德国、捷克、波兰、苏联等欧洲十国考察民众教育状况，写下了数百万字的游历心得笔记，且还利用在丹麦的几个月时间旁听了大学成人教育方面的课程。次年，受命兼任第一民众教育辅导区（覆盖鲁北 15 县）主任，对于今后的辅导工作，当时董渭川计划除将民众教育向乡村扩展外，更是"想让乡村的学校教育与民众教育合一"。

1937 年抗战全面爆发后，他随机构西迁四川，担任四川省立南充民众教育馆主任。不久，又被任命为教育部第一社会教育工作团团长，这是一项类似流动民众教育馆的工作。

1939 年，董渭川来到桂林，担任广西省教育厅顾问、江苏省立教育学院教授兼民众教育系主任，开始与广西教育厅长、著名社会教育家雷沛鸿一同探讨国民中学教育问题，并受教育厅委托参与国民中学课程设计和教材编写工作。同时，他在江苏省立教育学院开设了"社会教育设计""比较教育""教育概论""中国教育改造问题""比较成人教育"等课程，开始致力于国民中学教育问题研究。1941 年下半年，因为江苏省立教育学院停办，又被聘为广西大学教授、校长室秘书长。

1942 年，董渭川来到了湖南安化县（今湖南娄底市涟源）蓝田镇，被聘为国立师范学院教育系教授。他在此先后工作了三个年头，曾开设了"社会教育""中等教育""教育行政"等课程。在此期间，他曾为设在湖南靖县的"军政部湖南省荣誉军人生产事务处"代拟教育计划。

1944年董渭川离开蓝田来到四川璧山县(今重庆璧山区),担任国立社会教育学院社会教育行政学系教授,开设了"民众教育馆""中等教育"等课,不久又兼任私立乡村建设学院教授,开始研究教育民主化问题。

抗战胜利后,大批院校在原址复校,董渭川离开璧山来到苏州,担任江苏省立教育学院教授兼教育系主任,后又兼任国立社会教育学院社会教育行政学系教授,开始将自己的研究兴趣放在扫除文盲问题上。1948年初,董渭川来到北平,受聘担任国立北平师范学院教育系教授,同时被北京大学聘为讲师。在这一年,他加入新民主主义文化建设协会和九三学社,并被私立山东中学董事会推举为董事长。

1949年北平解放后,董渭川被军管会委任为北平师范大学校务委员兼代教育学院院长,旋即被聘为华北高等教育委员会文法学院学制课程改革研究委员会教育组委员。50年代初院系调整后,董渭川先后担任北京师范大学教育系教授兼校实习指导委员会主任委员、校实习指导委员会副主任,后又担任校副教务长。

董渭川在其整个教育生涯中,并不满足于书斋生活,更多地关心民众疾苦和社会发展。解放后,他在教育教学工作之余,还积极从事社会服务,担任了九三学社中央理事会理事、九三学社中央委员会常务委员会委员,中国人民政治协商会议第二、三、四届委员等。

二、消除学校与社会之间的隔阂:实现教育民主化的路径

教育民主化是中国教育界大多数人士的共同追求,尤其是抗战胜利之后,一度成为知识界的强烈呼声。董渭川在这个时期也积极投身其中,发表了近10篇相关论文,从教育政策、教育制度、教育路径等方面对教育民主化的实现进行了较为详尽的阐述。特别值得一提的是,他依据其在学校教育和社会教育的丰富经历,尤其是在民众教育馆岗位上的教育和管理工作阅历,使其对学校教育、民众教育与教育民主化之间的关系有着较常人更深刻的理解,这一切都直接影响着他的具有民主化色彩的教育管理观的形成和发展。

自1905年清廷学部将本为一体化的教育划分为家庭教育、学校教育和社会教育三类教育后,不仅从根本上颠覆了中国社会几千年来形成的家庭、学校、社会三位一体的传统教育模式,而且在学校与社会之间树起了一堵有形和无形

的高墙。恰是由于采取"围城造校"的模式,导致从国外移植来的"新式学堂"一直难以真正落地生根,中国化的努力始终"走在路上"。陶行知、董渭川提倡的"生活即教育""社会即学校"等教育改革主张,便是对与社会隔离的学校教育的批判。我国中小学校百余年来存在的与社会隔离的痼疾,其危害早已为有识之士所抨击。

董渭川特别从教育民主化的立场阐述了在中国打破学校与社会之间隔离的必要性。董渭川认为,教育与社会诸因素之间存在着密切的关联,中国教育要彻底民主化,应该具备几个社会条件:

首先是政治的民主化。所谓政治的民主化,并不仅仅只是在形式上用武力推翻帝王制度建立民国,用文字制定出一套一套宪章宪法,"民主是要全国四万万五千万人民真正过民主的生活"。① 对于官员而言,应该切实过以民为主的生活,不再当统治者。然而在现实的中国社会,无论是官还是绅,普遍都把民众视为扶不起的刘阿斗,自然想不到用教育去唤醒民众觉悟。因此,"在一个没有民主化的政治的国家中,要想教育单独走向民主化,恐怕是不可能","只有民主化的政治才需要民主化的教育","只有民众普遍受了教育才是民主政治最稳固的靠山"。②

其次是经济的民主化。董渭川指出,西方国家教育普及的背景是生产力发展后,国家富了,人民也富了,国家有钱多设学校,人民有钱有闲进学校,尽管穷人子女接受的是最低限度的义务教育,但毕竟其义务教育是普及了。反观中国社会,他以亲身体验和研究明确指出,当时中国教育是有钱、有闲、有势人的教育,这其中虽然有政治因素,但更主要是经济原因。所以"没有民主化的经济,休想看见民主化的教育"。③

其三是社会的民主化。董渭川认为,中国社会依旧分为治人者和被治者两个阶级,"劳心"与"劳力"分家,"士"依然掌握四民之首的特权。简言之,中国社会当时依旧是一个不民主的社会,而学校教育也是为这种社会服务,教育的作用是给予本来有钱有闲的人以"人上人"的资格,而社会衡量"人才"的标准便是文凭。如此,在教育以学校为主体的背景下,不进学校而在家自学者自然便被排除在人才之外了。社会不平等现象阻碍着教育的普及和教育的民主化。

为了推进教育民主化,除了应有的外部环境外,他还发表长文论述了教育制度应有的变革。其核心思想有三点:第一,打破教育行政的集权化和国家化

---

①②③　董渭川.中国教育民主化之条件[J].教育杂志,1948,33(6).

的管理模式,分散教育的权责,充分赋予人民受教育和办教育的权利。他说:"既然教育是为国民而有,则应该放开手让人民自己去办;政府只是处于从旁协助辅导的地位。"①在遵守国家教育规章制度的前提下,人民有开办各类性质学校及教育机关的权利,并允许各行政机关附设各类学校。同时,对于公办学校的管理,提倡引入社会力量参与其中,如在组织上设立董事会和家长会,让人民参与其事;教育行政机关的行政计划,除按期提交给各级民意机关(如参政会、参议会等)审议外,还应有专司其事的民意组织(如教育委员会)主持教育上的立法、司法与监察。

第二,舍弃现行的学制系统,重新建立一个适合建国需要的教育体系,特别是在学制上辟出成人教育系统,这是教育民主化的要求,也是沟通学校与社会之间联系的重要举措。董渭川认为,中国近代学制是抄袭早已实现普及义务教育国家的学制,它们没有扫盲问题,受教育者年龄自然主要限于儿童和青年,但在中国,文盲占比相当高,虽然晚清以还已有成人教育的提倡,但多止步于扫盲而已,是"无计划无理想的"。为此,董渭川提出借鉴苏联在学制改革方面的成功经验,根据中国的实际国情,为成人构建起由国民教育而中等教育而专科教育的系统,同时在教育方式方法、教材编写、教学时间与组织形式等方面充分考虑成人特点。以扫盲教育而言,"不当再如过去之从文字教育入手,只有就其实际生活的需要,制为若干单元,在政治、经济、自卫、卫生、文化各方面的现实生活上施教受教。以两年为期。……此两年,在国民教育所采用的是'社会式'。两年过去,完成了应达到的标准之后,始可采用'班级式',分批分期入班上课"。②在董渭川看来,成人教育不仅仅是培养技术人才之必需,也是抗战胜利后为地方造就各级建设的干部的必然指向。

第三,改革课程,沟通学校与社会之间的联系。董渭川认为,我国现行教育制度抄袭自西方国家,内容课程脱落社会生活实际,完全为升学服务,这在中等教育方面体现得尤为明显。他认为,中等教育的一个重大问题就是教育脱离社会需要,学生毕业即失业。大部分中国青年在中学毕业后,除少数升入大学外,其他的因学了些"洋东西"变得脱离社会、脱离农村、盲目崇外。又如:我国课程是从外国整套移植来的,外国的课程是适应工业化社会的需要而产生的,随社会的进步而不断变革。由于工业革命的需要,近现代的课程分科越来越细,但其弊端是学生容易钻"牛角尖",只见树木不见森林,所以又

①②　董渭川.我国教育制度如何民主化?[J].地方自治(上海),1947,1(5,6,7).

有些国家开始要求课程综合化。我们在引进课程和编写教材时,要考虑到我们的实际需要。他曾在《中学教育实际问题的探讨》一文中对课程的编订提出了诸条原则:中学课程的编订每年各有其重心;应协调好社会的需要与青年本身的需要;科目尽量简单,同时又不失其综合性;课程的标准注意地方的需要与实践的配合;依据各地经济差异,缩短年限,分节多,舍弃课程的长远价值等。① 具体言之,在课程和教材改革方面:首先,从生活出发,设置体现社会和学生需要的课程。他提出新编课程在乡土化、偏重地方建设、适应生活需要、配合实践、兼顾升学需要上的五大特点。其次,实现教材本土化,灵活编制和运用教材。要想将"洋八股"改造成对我们有用的教材,董渭川总结了三种教材编制的方法:混合式、单元式、螺旋式。董渭川关于课程设置、教材编写等思想虽然有着较为强烈的实用主义色彩,但其强调加强学校与社会之间的关联,拆除两者之间有形和无形的高墙,既是学校服务社会的要求,也是促进学生更好发展的必然选择。

三、学校职能重新审视:学校应成为地方社会的文化中心

"学校社会化"是指真正沟通学校与社会之间的联系,不仅是学校对于社会其他要素的引入,还包括学校文化对社会的辐射、引领。在绝大多数的教育学教科书中,以及在普通人的眼中,学校教育的职能主要定位在升学、在培养年轻一代上。在 20 世纪三四十年代,出于抗战救国等需要,董渭川明确提出应重新审视学校教育的职能,将学校作为传播新文化、新思想和新观念的光源,使学校成为地方社会的文化中心的主张。这是他教育思想中最有价值的论点之一,也是其思想对今日拓展学校教育功能的重要启示之处。所谓地方社会的文化中心,是指学校应成为"推进基层建设的中心、民众精神生活寄托的中心、改造社会的中心"。② 董渭川认为,学校成为推行建设事业的中心,是就基层政治、经济、军事三种建设而言。由于中国社会总体文化水平低、民众生活散漫,唯有"用教育态度以启发其兴趣,用教育方法以增进其认识,用教育功夫以诱导其合作,用教育力量以促使其前进",③即学校承担起社会教育的职能,用教育的力量唤起民众的自觉自发自动,以促进基层各项建设事业的发展。所谓学校成为

---

① 董渭川.中学教育实际问题的探讨[J].教育通讯(周刊),1941,4(11).
② 董乃强.董渭川教育文存[M].北京:人民教育出版社,2007:131.
③ 同上:128.

"精神生活寄托的中心",是针对当时我国文盲数量庞大的现实而言的。在董渭川的设计中,理想的"国民学校"既是教育的机构,也是公共活动的场所,"有了余暇去大家谈谈,听听新闻;有了困难去找人商量,求人解决;有了烦闷去散散心,玩耍玩耍,或者和人研究研究,则这个场所定为大家所需要",①学校真正成为公共的事业,成为当地的民众精神生活寄托的中心。如此,广大民众必然重视、信仰、爱护学校,那么无形中增强了民众的团结,提高了他们的文化认知,烧香拜佛、求神问卦的人自然减少。学校成为"改造当地社会的中心",是指打破以前"认定学校是以学生为对象,教育是教书本"的谬见,进一步扩大学校教育的任务,即"致力于教育当地的社会",认为"学校要充分发挥其效能,非同时把家庭和社会都看作教育的对象不可,学校有开辟风气改变风气的力量"。②其实重新审视学校职能,发挥学校对社会的辐射影响作用,西方发达国家曾有过类似的研究和尝试。以法国为例,虽然在19世纪时赋予学校的职能主要是对未成年人的教化,但二战后,"学校被赋予的另一项任务是在整个社会体制中传播新技术和新的城市文明价值"。③因为真实的学校置身于现实的地方空间,而"学校在地方空间和国家空间之间编织着某种联系"。时至今日,学校所担负的这种任务依然存在,尤其是在偏远的乡村。

中国传统的教育机构尤其是私塾和书院,其教育内容和方法等以今日眼光看固然保守、落后,但其之所以普遍受人欢迎,成为地方的主要"文化源",与其广接地气有着密切的关系。但新式学堂在创办之时便将自身包裹起来成为特异之物,不仅其设置不被欢迎,甚至捣毁学堂事件频频发生,而且导致农村地区文化荒漠化情形日显严重。熊十力、梁漱溟等人对新式学堂与农村文化建设相脱离的"非典型"性批评并非无实可稽。百余年后,此类情形依然如故,学校拒绝成为社会文化中心的重要显性标志——围墙依然高筑,"学校重地,闲人免进","我的地盘我做主"几乎成为所有"单位制"学校管理者的共识。一方面,社会上诸如图书馆、博物馆、艺术馆、纪念馆、体育馆、少年宫等具有教育意义的场所虽然不乏悬挂"爱国主义教育基地"的铜牌,但似乎并不为学校教育者特别关注和利用;另一方面,围墙之内从教室到图书馆、从室外球场到室内各种体育设施等教育资源拒绝向社会开放,尽管这些财产的经费均源自公民缴纳的税费。

---

① 董乃强.董渭川教育文存[M].北京:人民教育出版社,2007:129.
② 同上:130.
③ [法]玛丽·杜里·柏拉,阿涅斯·冯·让丹.学校社会学[M].汪凌,译.上海:华东师范大学出版社,2003:85.

将学校教育的职能局限于培养青少年,这种自娱自乐式的封闭式办学模式,不仅严重影响着学校效能的提升,也影响着学校教育培养人才作用的发挥,同时还造成了一些资源的浪费和人员的臃肿,影响着整个社会文化建设的推进。例如:城乡家庭教育、社会教育缺乏有经验的教师进行有针对性的指导;城市社区文化建设与学校教育脱节,社区与学校之间的资源难以共享;农村地区之前设立的属于成人教育性质的"农民校"名存实亡;农村地区文化建设缺乏,文化"空心化"的形势十分严峻,等等。

学校管理者坚定固守"围城"中的文化建设而不愿开放,固然有着安全、经济等因素的考虑,但更多的是其囿于观念态度、制度规章等惯习使然。要改变这种现状,尤其是在偏远、经济欠发达的农村地区,充分发挥学校在现代文化/文明传播中的核心作用,一如董渭川所言,需要教育者改变观念、端正态度、增强信念和陶铸热情。[①]

四、教师角色重新定位:从儿童之师到社会之师

长期以来,人们称呼教师为"教书匠",虽然后来韩愈提出了"师者,所以传道、授业、解惑也"的主张,但由于人们习惯将教师的任务定位于教书,因而传道、授业、解惑也主要是就书本学问知识而言,师生之间的关系亦只是学问知识的传授,而其中以书本为媒介。因中国的现代教育制度是从资本主义国家搬来的,故教师常又被人讥讽为知识商品的贩卖者。抗战之后,教育当局已发现教育中存在的此类弊端,强调要将教师的责任从教书扩大为教人,教书只是教人的一个方面而已。不过,在董渭川看来,这远远不够,因为这只注意到能入校的极少数人,而没有顾及整个社会,其效力非常有限。为此,他提出应该进一步将教师的任务扩大为教社会,教社会的含义"不是单纯的以教师一己的学问人格影响社会,而是要教师们领导起学生来,运用集体的力量与方式,于改造社会、组训民众、推进建设中,作社会的导师"。[②]当我们承认中小学校亦具有文化传播功能,学校应成为地方(尤其是乡村地区)的文化中心时,教师角色的重新定位乃势所必然。董渭川认为,中学教师需"一方面以可塑性最大、生命力特强的青年为对象,另一方面以半封建性的广大社会和大多数愚昧散漫的民众为对象,

---

① 董乃强.董渭川教育文存[M].北京:人民教育出版社,2007:140—141.
② 董渭川.中学教师之社会任务[J].广西教育研究,1941,1(2).

两者同时施教,而联系为一体"。① 具体而言,一方面,教师要从教书转变为育人,让青年学生知道"怎样做人,如何服务"。教师要具有在实践服务中教导青年,在配合学生与社会双方需要这一前提下,谋求课内外学习生活一元化的能力,②尽量激发并加强学生自动自发自律的学习精神,指导学生充分运用集体学习的方式,将知识与生活切实结合起来,在教学中重视生产教育,矫正教育与生活脱节的弊端。另一方面,教师应成为推动教育民主化、社会民主化的重要力量。他赞赏在昔日的书院教育中,大师的言行影响当地社会、推动良好社会风气形成的风尚。他主张现代中小学教师亦应以全体民众为对象,以生活上的一切事物现象为教材,注重训练国民如何做人、办事。由此,教师也应"社会化",教师的教育活动不仅是单纯的书本教育,也不仅是校内的各种实践活动,而且应特别注重为社会服务,综合运用各科知识在实践中教导广大的文盲民众,提高他们的生产生活能力,从而提高国民素质。教师应成为地方教育与地方建设联结的"桥梁",使得整个建设以教育为脉络,达到国民中学真正成为地方文化中心的目的。简而言之,董渭川赋予教师以"社会之师"的角色,主要是建立在将学校作为社会改造的动力源、思想传播的文化源认识的基础上。对教师"社会之师"角色的呼吁,彰显了他对教育社会功能的坚信,对教师应志存高远的期盼。现今,教师似乎回到了董渭川极力反对的"教书匠"角色,教师普遍认为本职工作就是教好书、上好课;教师的教学成为了日复一日的机械劳动,最终不能体验到教学的真正乐趣,从而产生职业倦怠,脱离了教师教书育人、培养社会建设者、提高民族素质的角色。教师天天进课堂,天天面对学生,却没能成为学生心灵的导师。教师应认识到自身担负的崇高使命,克服职业倦怠,拾回教师"教书育人"的真正乐趣,从思想观念上改变自己,重新定位自己的角色。

①② 董渭川.中学教师之社会任务[J].广西教育研究,1941,1(2).

第十七章

雷沛鸿「教育为公」的国民教育管理实践

雷沛鸿(1888—1967),字宾南。中国教育家。作为广西教育的代表人物,他倾尽一生心血撒播教育的种子在这片热土上,他不仅构建了广西教育的整体框架,而且亲身投入教育实践,践行教育理想,展现了"教育为公、学术为公、天下为公""为穷而失教的劳苦大众教育事业而奋斗"的教育胸怀。

一、借他山之石推动教育改革

(一)童稚初始 国学启蒙

1888 年 2 月 11 日(光绪十三年除夕子时),雷沛鸿出生在广西南宁津头乡。他的父亲名超瀛,字季元,做小本生意,卖糖豆杂货之类,后来开名为"同盛号"的经纪行。父亲性格很豪爽,敢作敢为,头脑灵活,生意也做得很顺当。由于在社会的历练中感到知识重要,父亲很重视孩子的教育,很舍得在孩子的教育上投资。在雷沛鸿 4 岁的时候,他的大哥沛浩(秀才)就开始启蒙他识字。8 岁那年,父亲为他请了当地比较出名的人莫炳奎为师,学习的内容主要是"四书五经",学做八股文之类。12 岁时,他开始读《纲鉴易知录》《资治通鉴》、"二十四史"等,对孔、孟、墨、庄等中国古人的思想也研习颇多。特别是对《学记》中的"建国君民,教学为先"印象很深刻。又由于当时维新风气甚浓,鼓励学子突破传统书籍的阅读范围,多读进步书籍,于是雷沛鸿"上自周秦诸子,下至三教九流,稗官野史,杂书禁书,无所不读"。①

雷沛鸿的母亲何氏吃苦耐劳、勤俭持家,同时很乐意接受新事物。她同意男女在一个学校上课,还同意他的儿子剪掉辫子。生活在这样一个家庭,童年

---

① 雷沛鸿.辛亥革命的回忆[A]//中国人民政治协商会议广西壮族自治区委员会文史资料研究委员会编.辛亥革命在广西(上集).南宁:广西人民出版社,1961:65.

的雷沛鸿在接受了国学熏染的同时，也具备了学习更多新知识的能力。

雷沛鸿 14 岁那年，参加了省城的科举考试，当时要求以"天下有道，则庶民不议"为题作文，由于看进步书籍较多，雷沛鸿写了恰恰相反的"天下有道，则庶民必议"的题目。当时的广西学政汪贻书很是赏识，让雷沛鸿做了秀才。但雷沛鸿这时已经对科举没有了好感，于是又去考了两广简易师范，在那里学习文科，之后又考入了两广高等实验学堂预科，学习化学。在广州求学期间，雷沛鸿加入了同盟会，并参加了广州的新军起义（担任联络、宣传工作）和黄花岗起义（守卫秘密机关军械弹药）。"二次革命"失败后，雷沛鸿满腔义愤，为寻求救国救民的真理，踏上了海外留学的道路。

（二）国外求学　中西结合

雷沛鸿 1913 年 2 月在桂林参加的公费留学考试，获得了去英国克理福学校学习应用化学的机会。由于第一次世界大战的爆发，广西停止了学费的发放，雷沛鸿在知名人士吴稚晖的帮助下，离开英国来到了美国学习。在美国他先后在密歇根大学（学习社会学和心理学）、欧柏林大学（以政治为主修，教育为副修）、哈佛大学（政治学、教育行政学及法律哲学）学习。先后获得了文科学士学位和文科硕士学位。并在读书期间开始翻译戴雪的《英宪精义》、罗斯科·庞德的《法学肄言》以及《社会科学大纲》等重要的名著。

海外学习的近 10 年里，雷沛鸿在半工半读的生活中看到了国外的社会经济与教育的强大。同时，他还阅读了大量的外国书籍，对社会学有了系统的认识，了解到一个国家的教育应是整个社会的一种运动。他关注丹麦的庶民大学、瑞典的劳动大学等，并且十分推崇格维龙、何勒殿等一些躬亲实践教育的改革家，认为这种"从民间来，到民间去"的教育模式，可以真正实现教育与社会的结合，并且开始充分认识到发起教育的社会力量，可以成为救国的一条道路。

童年所学习的中国传统的治学之道与大丈夫之责任，以及在外国的所见所闻，激起了雷沛鸿满腔热情，自身认识得到了飞跃性发展，进而找到了救国救民的道路。对于英国、丹麦、苏联三国成人教育运动的启示，结合中国的实际情况，雷沛鸿感悟到：中国革命要成功，必须促进教育的大众化，让人人都能进学校学习；穷国要想普及教育，只有采取"穷"办法；教育改造运动还必须与社会改造相结合才能成功。这些都成为他以后教育实践的思想基础。

（三）学归故里　投身教育

1921 年，雷沛鸿学成归来，回到了阔别已久的家乡。最初担任了广西省公署的教育科长,然后在暨南大学(先后任高中科、师范科、文理科主任)、南京中央大学、上海政法大学、江苏教育学院、浙江大学、中山大学工作过。从 1929 年到 1932 年,在江苏教育学院任教授,上课时曾为学生系统讲授了"成人教育"这一门学科,他的学生杨汝熊回忆说:"每一课的内容都成一个逻辑段落,每一学期讲课的内容又自然形成一本完整的系统的学术著作。……他的讲话铿锵有力,声似洪钟。面部表情也由和蔼变为严肃。高潮过后,声调又逐渐缓和下来,不需要多少时间就结束了,也就到了下课时间。"①

在 1933 年到 1936 年间,雷沛鸿在广西掀起了轰轰烈烈的教育改革运动,推行他的民族教育体系,创建了国民基础教育学校、国民中学、广西教育研究院、广西教育研究所等教育革新场所,践行他的教育构想。1945 年他创设的高等教育机构——西江学院,也被纳入了他的国民教育体系之中。同时,雷沛鸿在广西还进行了扫盲教育、少数民族教育、爱国主义教育、成人教育等一系列活动。

雷沛鸿一生的教育生涯,是与他的行政生涯挂钩的,他充分利用他的行政职位为教育找到可以支撑的力量。他与桂系军阀有过三次合作,特别是第二次雷沛鸿的教育理想与李宗仁的"建设广西,复兴中国"的想法有内在的共通性,于是两人达成一致,掀起广西的教育改革运动,并取得了巨大的成就。雷沛鸿还担任过广西教育厅厅长 4 次,还曾任广西普及国民基础教育研究院院长(1933 年),广东高等甲种工业学校校长(1922 年),广西省立音乐戏剧馆附设艺术师资训练班校长(1939 年 8 月),桂林科学实验馆委员(1939 年),广西大学校长(1940 年一年)等。

雷沛鸿在积极进行教育改革实践的同时,还注意出外考察国外教育,曾三次(1922 年、1927 年、1933 年)前往菲律宾、南洋群岛考察教育,还在 1927 年底到丹麦、瑞典进行了考察。1949 年参加哈佛大学校庆的同时,也在美国进行了游学。从对国外学校的考察中,他汲取了许多有益的经验,如剑桥、牛津的导师制,哈佛的博通教育,苏联的生产教育,菲律宾的"地方文化教育"等。出国考察的经历,让雷沛鸿的教育思维不再局限在中国这块土地上,他的每一个教育理念的诞生、完善,每一个教育行动的开展都时刻与国际上的其他国家保持着紧密的联系。

---

① 政协广西壮族自治区委员会文史资料研究委员会,致公党广西壮族自治区委员会,编.雷沛鸿纪念文集[M].广西文史资料选辑(内部资料),第 26 辑,1988:97.

在第二次世界大战爆发后，中国面临抗日救亡的使命。雷沛鸿用自己的所有能力，积极投身抗战。他组织了收容班，接收抗战失学、流亡的学生；还有开办收音员讲习班，收听、翻译外国最新新闻，为抗战提供讯息；还有组织电影队，进行战地宣传；在撤到大后方的高校（如江苏教育学院）担任职务，继续维持教育的正常运转。这些战时教育活动充分展现了雷沛鸿热爱祖国的深厚感情。

新中国成立后，雷沛鸿历任中国致公党中央常委，广西省壮族自治区人民政府委员、自治区监察委员会主任、全国政协委员、自治区政协副主席、自治区侨联主席等。1950年，已经62岁的他还在西江学院为学生讲授"社会发展史"。

二、建构完整的民族教育体系

雷沛鸿的国民教育，又可以叫作民族教育，是"全体、全面、和谐"的，是结构紧密、上下连贯、自成教育系统的，下自基础教育中的托儿所，上至高等教育的西江学院，构成整个教育体系。这是我国首次在一个省建立如此宏大的教育结构，并付诸实践。

（一）国民基础教育

这个阶段的教育主要注重"做人的基础教育"①。雷沛鸿将其划分为学龄前教育、国民基础学校教育两个阶段。学龄前教育包括托儿所，以招收2个月到4岁的婴儿为主，主要进行抚育哺养，然后是幼稚园，招收4到6岁的儿童，教给一些儿歌及培养道德行为习惯，最后是蒙养班，招收6至8岁的儿童，进行读写算初步知识的教育。与蒙养班相衔接的是国民基础学校，国民基础教育学校招收的学生就不仅是未成人了，还包括了未受过教育的成人，不仅包括男子，还包括妇女，授给这些学生施以人生必需的一些知识、技能的教育。

国民基础学校教育的学制为4年，分为两期进行，每期2年。其中第一期为基础教育阶段，主要是在村（街）设国民基础学校，招收8—12岁的儿童，学习四年；在乡（镇）设中心国民基础学校，为高级班，招收四年期修满的学生或具有同等程度学习基础的人。

同时，国民基础教育还担当起全省的扫盲工作。儿童教育，要求8—12岁

---

① 韦善美.雷沛鸿文集（下册）[M].南宁：广西教育出版社，1989：15.

的强迫接受两年的国民基础教育；12 岁以上 18 岁以下未接受过教育的男女强迫接受一年的国民基础教育；失学的成人，18 岁以上的失学者进行 6 个月的国民基础教育；13—18 岁的失学青年进行一年的国民基础教育；8—12 岁的失学儿童进行两年的国民基础教育。①

1940 年，广西国民基础教育六年计划期满。全省应入学人数 41 203 人，已毕业和已具有国民基础教育知识的有 1 754 098 人，在学者 1 578 265 人，两项合计 3 332 363 人，占应就学人数的 80.87%。② 而同一时期，全国经济、文化基础最好的江苏省，儿童入学率也只有 13%，全国平均不到 10%。可见，当时广西的儿童入学率和成人教育普及率，已经远远赶在了全国的前面。

(二) 国民中学教育

国民中学的教育秉持着"有教无类，一视同仁"的原则，主要任务是满足国民基础学校毕业生的升学需要，为地方建设培养人才、干部，提高国民的文化水平。让学习的学生"不只教育青年能升学，而且能就业；不只能治学，而且能治生；不只能之所以做事，而且知所以做人"。③

国民中学的修业年限为 4 年，前期实行"二二制"，后期实行"三一制"。"二二制"的前期招收 13—18 岁的人，学习 2 年，主要学习一些基础知识后结业，经一年以上服务或职业经验后，得升入国民中学后期继续学习。"二二制"的后期也学习 2 年，招收 18—30 岁的人，为专业教育，开设农、工、商、师范各科。经过四年修业得以毕业，可为公务人员或投考高一级的学校。前后两期构成国民中学的整体。1942 年下半年，国民中学实行"三一制"，前三年学习打基础的文化知识，第四年将学生分为农业推广、合作事业、地方自治和国民教育四组，使学生受到职前教育、习得实用本领。毕业的学生可以在国民基础学校担任教师、村上任职、担当公务员。有一年的服务和工作经验后，还可以考团干部学校和各种技术学校等。

国民中学打破了僵化的教学模式，教学形式和教学方法独特、新颖、灵活多样。它相比"六三三"学制，缩短了教育年限，减轻了学生和家庭的负担。在教育内容上，不仅让学生掌握了中等教育的基本知识，而且还使学生获得了一些职业技能的培训，改变了教育与社会、生活脱节的弊病；教学上采用的集体化、生活化、劳动化、社会化、自我教育、互教共学等方法，打破了传统的教师教、学

---

① 吴桂就.雷沛鸿与民族教育体系[M].桂林：广西师范大学出版社，2002：43.
② 雷坚.雷沛鸿传[M].南宁：广西人民出版社，1997：129.
③ 韦善美.雷沛鸿文集(下册)[M].南宁：广西教育出版社，1989：414.

生听得死气沉沉的课堂气氛,活跃了学生的思维。这些有益的经验,对于今天我们的教育仍大有裨益。

(三)国民大学教育

关于国民大学教育,雷沛鸿认为"大学是民族的灵魂,也是人类文明的渊源",作为国民教育体系的最后一环,具有十分高的学术价值和理想追求。1945年2月,由雷沛鸿设计并创立的,作为国民教育体系中的高等教育的西江学院,正式向社会公布成立于百色。

西江学院的教育目标分为三个层次,"其一为地方建设之参与,其二为国家建设之参与,其三为世界建设之参与"。① 换句话说,雷沛鸿创建的西江学院肩负培养学术研究和地方建设人才的重任,肩负创建现代民主、和平、文明的新社会所需新文化的重任,肩负培育民众的民族意识和责任心的重任,培养"意志坚强而又智勇双全的民族战士和具有专门知识、思维能力、审美能力、同情心的学者以及能为民前锋、卓然有所树立的人物"。②

西江学院设置了大学本科、大学专科和大学预科三个层次,主要学习内容有中文、数学、农业、土木工程、外语、化学、哲学、社会科学等科目,可谓"包罗万象""具有复杂而又有完整性的"大学。招生对象主要是高级中学毕业生,国民中学毕业服务期满、成绩优秀的人,修业年限约为四年;还有就是招收初级中学毕业生,并收国民中学前期结业的成绩优秀者。

1945年,抗日战争胜利,西江学院从百色迁到了南宁,并将南宁专科学校并入。1946年,增设了英文系、生物系、法律等专业,学生人数398人,教职员65人。1950年,雷沛鸿把西江学院交给南宁军管会文教部。1952年,西江学院并入了广西人民革命大学。西江学院的历史宣告结束。

西江学院开我国高等教育之新风,在物质条件极度匮乏的年代、地方建立起来,不仅为我国解放初期培养了大量的急需而实用的人才,还培养了一大批的爱国热血分子,积极投身革命,保卫祖国。西江学院采取的灵活多样的教育方式,"活用学分制,辅以学年制"的措施,让教育与生产实践相结合的大胆尝试与创新都是我国高等教育史上珍贵的教育遗产。雷沛鸿以极大的热情参加到了西江学院的建设,不仅为学院募集资金,还为学院聘请教师,倡导学术自由、追求真理、研究学问、博通文理、批判精神,这些都是我们现代大

---

① 韦善美.雷沛鸿文集(下册)[M].南宁:广西教育出版社,1989:385.
② 同上:444.

学建设中应该发扬的。

三、"三位一体"实施教育"土化"

什么叫"土化"？就是地方化、具体化，真正做到为发挥教育的最大功能，清理一切阻碍教育发展的障碍。雷沛鸿倡导的教育，不是空中楼阁，不能进行实践检验的教育理论。早年的海外留学经验，让他看到了英国、丹麦、苏联等国教育的先进。回到祖国以后，他充分利用自己学到的知识，并结合广西当地的具体实际，在一系列教育活动中不断改进教育具体措施、具体环节的执行，让教育真真正正成为促进广西政治、经济、文化、军事发展的动力，让教育成为人民心中崇尚、支持的事业。他的教育与广西的整个社会现实产生了深刻融合。

教育与爱国。在国民教育的体系中，雷沛鸿看到了有很多人读的学校层次越高，越不愿意回到家乡，往往都寻找更好的工作、更好的城市栖居。这样造成的人才外流是无法弥补的，把教育搞好的同时，还应更加注重学生的爱国精神的培养。还有加之当时的中国正处在水深火热之中，战火纷飞，要教育学生热爱祖国、报效国家、投身战斗显得尤其重要。所以，爱国和教育是紧密联系在一起的，引导人们养成一种向上的、服务的精神显得特别重要。

教育与生产。众所周知，广西是穷省，不是家家户户都有条件送孩子读书，当轰轰烈烈发起免费的国民基础教育的同时，也应考虑到学校传送的知识对学生的实用性有多大。还有就是来读书的学生不是人人都为升学而来，他们有人只想学一些生活中必需的知识、技能。于是雷沛鸿根据这个事实，在学校建立试验场、农场、工场，要学生实习、见习。以南宁津头村为中心，就划了10平方公里为试验中心区，有实验工场、科学馆、车缝、织袜、养鱼等生产组织，让学生在学习知识的同时也学习技术，为以后的职业生涯提供更多的路子。

教育与地方建设。教育很大程度上要靠地方的支持，而地方的发展要靠教育，两者是相辅相成的、互相促进的。所以在雷沛鸿设计的从低至高的教育学校系统的内容中，都能找到地方的影子。教育的内容有关于地方风俗文化的，为配合基层经济建设、兴修水利、创办合作事业，极大地发挥了调整与创造功能。[1] 教育成为侧重地方教育人才的培养，改造地方和发展地方服务的动力。

---

[1] 韦善美，程刚.雷沛鸿教育思想研究[M].沈阳：辽宁教育出版社，1994：121.

教育的普及与推广。雷沛鸿的教育具体实施也充满着灵活性,充分地与当地的实际相融合。广西与东部地区相比是一个多少数民族的省份。因此注重当地的少数民族教育是十分重要的,从国民基础教育的实施开始,雷沛鸿即关注少数民族,如《广西特种教育实施方案》就是有关少数民族教育的法案,它规定了少数民族教育的教材、师资的培养、教育经费的划拨等一系列的有关少数民族地区进行教育的具体办法。这是具有深远意义的,对提升广西全省的文化水准具有举足轻重的作用。还有就是在国民教育体系中的国民基础教育"三位一体"的组织形式。国民基础学校既是学校,也是乡村自治中心,还是文化活动中心、民团训练中心("一所三用"),乡(镇)长既是校长,也是民团大(中)队长("一人三长")。这样有利于高度集中责任权,便于推行政教合一,还可以节省开支,符合广西的实际。此外,国民教育需要充分考虑学生实际的家庭条件,基础教育的前期和后期、国民教育的前期和后期,都允许学生分开来读,不一定要连续读下去,因为大多数学生来自农村,家庭经济收入不稳定,也许读完了前期,家里要求他去务农或经商,以补充家用,待经济条件好转之后再回学校继续读书。这些措施是照顾了学生和家庭的需求的,十分地人性化。他还认为从欧美移植过来的"六三三"学制只注重升学,而不顾学生生活技能的培养,于是充分发挥学分制的优点,并辅以学年制教材与教育内容,从而达到教育的最大功效。

这一切措施都可以看到雷沛鸿对广西教育的探索之深。唯有如此,才能使他这样清晰地看到广大人民群众需要的是什么,感到困难的是什么。由此可见,他具备了成为一个优秀教育家必须具备的品质。

四、社会教育先于学校教育

雷沛鸿的成人教育思想是我国教育史上又一大贡献,使我国的教育结构体系趋于完善,对现在的继续教育、终身化教育思想都有很好的启示。雷沛鸿宣言:教育机会人人平等,"贫穷人要受教育,壮丁老人要受教育,女子亦同样要受教育,一切人都应受教育",[①]"成人教育不能被看作一种奢侈品,专为几个聪明失学的少数人物而设,……成人教育是永恒的民族需要,又是公民教育的不可

---

① 韦善美.雷沛鸿文集(下册)[M].南宁:广西教育出版社,1989:4.

分离的部分;所以,应该具有普遍与生长性"。①

雷沛鸿在进行成人教育阐述之前,先辨明学校教育和社会教育、正式教育和非正式教育这两个问题。他认为社会教育先于学校教育,学校教育只是社会教育中的一种形式;而正式教育和非正式教育也是人们错误的分法,教育没有正式和非正式之分,社会教育不应该被人为地划分为非正式教育,而忽略社会教育的价值。所以,教育=社会教育+学校教育,教育=正式教育+非正式教育;教育是广泛的、大众化的,不仅包括男人,也包括女人,不仅包括儿童,也包括成人。

在海外求学的经历中,他了解到英国工人运动、美国成人教育的发展,还有英国成人教育家何勒殿的成人教育主张、丹麦格维龙平民民族教育思想都给雷沛鸿很大的震动,认为中国的强大必须要把中国这一成人大群体教化之,才能迸发出更多的力量进行国家、地方的建设。此外,当时社会上流行的工读主义运动,也切合了雷沛鸿成人教育理念的成形。

江苏教育学院开启了雷沛鸿把成人教育由理论引向实践的探索征程。最先开设了"成人教育概论""比较成人教育学"课程,后来进行了成人教育的研究实验工作,认为要以公民教育、生计教育、文字教育、健康教育、家事教育和艺术教育为乡村民众生活的教育内容。随着国民教育的蓬勃建设,把成人教育也纳入了国民基础教育的轨道中,实行儿童教育和成人教育合办。

雷沛鸿谈到了成人教育的优点,即成人教育没有一定的宗旨、一定的方法,没有系统,没有标准化。这让成人教育具有了很大的灵活性,可以随时代的不同而不断改变,用富有实验的精神和方法来摆脱束缚,给以更大的活力。他开办了很多类型的适合成人学习的学校,如:民众学校、夜校、民众教育馆、国民基础学校成人班、妇女识字班等,学习有关生计常识、工艺技术识字等内容。教材编写简单适用、贴近生活。教育内容可以根据地方和个人的需求随时调整。

为了提高成人上学的热情,他把1939年确定为"成人教育年";建立了广西成人教育年推进委员会;创办刊物《成人教育周刊》;调查了全省有多少需要学习的成人,以建立班级;不分地区实行强迫、分期抽签入学的办法;对散户由专门教师进行巡回教学,到了学习结束还要进行考核,不能结业者还要补受教育。这一系列措施带来了广西成人教育的高涨热情,从而形成一种自觉的运动。当

① 韦善美,程刚.雷沛鸿教育思想研究[M].沈阳:辽宁教育出版社,1994:252.

时抱着襁褓中的小孩来上学的妇女多不胜数,晚上大家忙完农活打着火把在山里行走去上课成了一个壮观的景象。

根据 1936 年 11 月 19 日上海《申报》的报道,广西社会教育经费为 731 770 元,占教育经费的 22.3%,江苏是 742 462 元,占 17.07%,天津为 14%,湖北为 13.81%,浙江为 12.55%,广西居全国之冠。①

五、重视国民基础教育立法

从 1921 年海外留学回国,投身教育,到退隐教育舞台,近三十年的教育实践,让雷沛鸿的教育思想不断沉淀、升华,留给后人思考的都是那些让我们感觉那个年代清新活力并在今天生命力犹存的教育理念。雷沛鸿不仅是教育家,而且是教育管理的能手,否则他那大民族教育体系怎么能风风火火那么多年,至今还让人们觉得余热犹在。宏大的教育框架,不做到事无巨细、亲自躬行,不断调整他的教育方针与具体计划,怎么能让他把握住教育的实践与理论的距离?作为教育管理者,我们能从雷沛鸿身上吸收到很多有益的经验。

活动在那个战争纷扰年代的雷沛鸿早就具有了高瞻远瞩的眼光,即看到了教育立法对教育实行的绝对保障。前面提到过,雷沛鸿的教育事业是和他的行政职位并行的,与桂系的合作让他得到了政治上的一定庇护。推行教育改革,实行教育立法,这是他教育成功的保证。那么,今天的教育管理者要进行好的教育,也许没有能力实行教育立法的颁布,但也能在力所能及的范围内做到有关教育的组织、规程、考核等规则的有效管理。

雷沛鸿把教育赋予法律神圣的地位,来保证教育具有稳定性、连续性和权威性。从管理角度来看,用法律实施管理是一种科学管理,法律规范使管理活动有条不紊地按程序进行,并使管理者有章可循,使管理产生自我调节功能,从而保持管理的稳定性、连续性,使其不受领导人更迭和个人影响。因此,教育行政以法律为依据,标志着教育事业走上了正常发展的轨道。②

在雷沛鸿的教育实践中,颁布了很多教育法律、教育规程。从 1933 年到 1936 年,雷沛鸿主持颁布的法规有 82 件。比如有关国民基础教育的三个重要文件,即《广西普及国民基础教育五年》(1934 年改为六年)、《广西普及国民基础

---

① 韦善美,程刚.雷沛鸿教育思想研究[M].沈阳:辽宁教育出版社,1994:68.
② 王建梁,全红.雷沛鸿与广西教育的现代化——一个教育立法的视角[J].广西师范大学学报(哲学社会科学版),2001,23(S1).

教育研究院开办计划》《广西普及国民基础教育试办区规程》,规划了基础教育的结构、学制、招生对象、教师来源等,还有设立基础教育研究院来"学术劳作",进行师资培训、教材编写、社会调查研究等,并提出了国民教育的进行步骤,即由调查而假设,由实验而推广,由乡村而城市,由成人而儿童。这些都是基础教育在后来顺利开展的前提条件。

有关中等教育的立法有《广西全省中等教育改造方案》《广西国民中学办法大纲》《广西国民中学组织规程》,有关职业技术教育的立法《广西推进农工职业教育实施办法》等,有关成人教育的立法《广西省成人教育年实施方案》《广西省成人教育师资训练班办法大纲》,还有有关少数民族教育的立法《广西特种教育实施方案》(有关特种教育的师资提供,训导员的任务,特种教育经费的划拨等)、《特种教育师资训练办法》《特种教育区域设校补助金办法》。这些关系到教育各个领域的立法工作,雷沛鸿都考虑到了,并做到事无巨细,一一纳入法规,给教育工作、实践者提供了依据和很好的指导。

广西国民基础教育的立法工作不仅缜密,而且相互配套。如六年计划大纲颁行之后,才有《国民基础学校办学通则》和《强迫教育法》的公布。法规内容具体、明白、易于执行、易于督导、易于考核。这些有效的教育立法工作作为教育管理的一个重要部分起到了举足轻重的作用。

六、开源节流,因地制宜办教育

要在广西这样一个又大、又穷的省办教育不容易,而且办成功了那就更不简单。据统计,广西的农业人口占总人口 88%,1939 年为丰年,广西仍缺谷798.7 万担;而且工业体系薄弱,全省工厂 88 家,云南、贵州工厂的数量都是广西的 3 倍。雷沛鸿作为这样一个省份的教育总舵手,把握、指挥着广西教育的前进,并取得全国省份的关注,他是用什么办法做到的? 我们认为,这是雷沛鸿积极关注广西具体现实的基础上,用心思考,在实践中不断想出的办法。下面简单介绍雷沛鸿因地制宜的教育管理路径。

首先,广西穷,教育资源缺乏,充分的"开源",调动各方面的积极性就显得特别重要。教育经费的来源是多种多样的,主要是官方拨给,还有发动社会力量的资金募集,如商界的赞助,按财产多少的派捐,省、县、乡村共同筹集,拨用农仓收入,移原来学款、庙产、公款及其他公共产业都充作教育经费;再有是学校自力更生,如借用土地,利用荒山荒地,垦荒造林,学校配套的农场、畜牧场、实验中心区实现科研、生产为一体，大大扩充了学校的利用资金。这几个方面的资金总收入构成了雷沛鸿教育体系的运作经费。

其次，学校的建立，尽量节约经费的使用，充分利用祠堂、庙堂、民房等设施，做到建立的校舍和入学受教育的人数相匹配，在硬件设施上达到了开办教育的要求。然后，就是学会"节流"，合理地配置，利用教育资源，实现教育资源的最大利用。比如"三位一体制"的创设，乡（村）长不仅是当地的行政首领，还是教育带头人、军事训练指挥员，而学校不仅是教育的场所，还成为了当地的文化交流活动中心和民团组织训练中心。这大大提升了人财物的充分利用。还有学校成人教育的推广并不会影响人们的生产活动，都是利用农闲时间，组织成人进行教育，不是不顾实际地让成人进行脱产学习。白天让儿童受教育，到了晚上，农民收工，就对他们进行教育，这样校舍也得到了充分利用。教育师资的问题，雷沛鸿立足于当地问题、当地解决，尽可能地培养当地的教师队伍，通过举办讲习班、短期培训班，开展互教工学活动，采用传习制、小先生制、流动教习等形式，通过"大家教、大家学，大家不断地教、不断地学"，[①]培养了无数的教育者。

最后，教育内容多种类型，不仅包括基本文化知识的学习，还有与生活息息相关的生产技术的培训，如农艺、林艺、园艺、纺织、陶瓷、机械、电工、土木等，培养各行各业的职业者，进行本地的生产建设；还有战争时期的保卫教育、野战演习、抗战讲话、时事报告等；还有关于妇女培训的婴幼儿保育、民族营养学科都是根据人民的生活需要，注重实际开设的课程。这些措施得到了人民热情的支持，民众入学受教育十分积极。

七、民众、师生是教育的盟友

雷沛鸿的教育理念得到人民群众的支持，除了他教育理论的合理和其教育举措给人民带来实际好处外，雷沛鸿作为教育管理者的人格魅力得到人民的尊重与认同。这是教育要做到持续不断发展所必需的，教育管理者自身品质的高低在很大程度上决定了教育的成功与否。

雷沛鸿儿时学习的民众观念，"大丈夫"之志，后来又追随孙中山先生的遗志，立志要报效祖国，救人民于水深火热之中，并要为"为穷而失教的劳苦大众

---

① 韦善美.雷沛鸿文集(上册)[M].南宁：广西教育出版社,1989：204.

教育事业而奋斗"终身。同时,在海外学习经历中,历尽艰难困苦,白天在学校读书,晚上还要到餐馆做清洁洗涤工,周末还到农场做临时工。后来公费停发,广西省又提供了半个公费费用给他。雷沛鸿时常提起,他是用广西老百姓的血汗钱学习出来的,他要回报广西的父老乡亲。他作为教育改革的领导者,没有那种高高在上的优越感,认为要先"民众化",才能真正与人民打成一片。他认真倾听民众的教育心声,要开什么课程,什么时间上课,都是做好了十足的社会民意调查才实行的,不是"拍脑袋"的事情。教育是高于生活的,但不是脱离生活的。人民群众可以为自己的教育措施的改进提供无限的源泉。

作为管理者,雷沛鸿与学生、教师的关系是十分和谐、融洽的。教育不仅传授知识,更肩负引导学生做人、做事和治学的责任。因此,雷沛鸿也以身作则,严格要求自己,树立典范。他认为"学校的校长导师,随时随地都是学生的良师,又是他们的益友"。① 教育者与学生不是绝对的权威与驯服,教育者与学生还应是互教共学的,"养成彼此共学,彼此互教,大家以做为学、行以求知、做到老、学到老的学问风气"。② 不管是正在学校受教育的学生,还是休学的学生、已经毕业的学生,他都十分关心,对他们进行学习中、生活上的指点。

雷沛鸿与教师的关系不仅是上下级,还是同事,是战友,是教育改革中的盟友。他是挥舞着教育战斗的勇士,那教师就是冲锋的士兵。他重视教师的培养,要组建一支数量足够、质量合格的教师队伍,给教师成长的足够空间,设立教育研究机构培养教育骨干。他关注教师的生活状况,提倡提高教师的待遇,"甚愿全省上下一致努力,设法提高教师待遇,以安定教师生活",③"规定村街基础学校教师月薪最少不得低于国币十元,中心基础学校教师月薪最低不得低于国币十六元"。④ 这些举措使他得到了教师足够的信任与尊重。

雷沛鸿的人格魅力还吸引了很多外校的教师来广西讲课,这为他的教育改革添辉增彩,这其中有来自江苏省立教育学院、南京晓庄师范、中华职业教育社、河北定县平民教育社、山东邹平乡村建设研究院等单位的教师,晏阳初、陶行知等也到广西作《关于河北定县的平民教育》《小先生制》《生活教育》等报告。此外,理工学院院长李四光、英文教授李一剑、外籍汤姆斯女士等都在广西教育岗位上工作过。

---

① 韦善美.雷沛鸿文集(上册)[M].南宁:广西教育出版社,1989:197.
② 韦善美.雷沛鸿文集(下册)[M].南宁:广西教育出版社,1989:207—208.
③ 陈友松.雷沛鸿教育论著选[M].北京:人民教育出版社,1992:228.
④ 韦善美.雷沛鸿文集(下册)[M].南宁:广西教育出版社,1989:260.

第十八章

夏承枫教育行政思想研究

　　夏承枫(1897—1935)，江苏南京人，民国时期著名的教育行政学家，我国教育行政学科的开拓者之一。他终生致力于教育行政研究与实践，取得了令人瞩目的成就，影响深远。在理论研究上，夏承枫长期担任中央大学等高校教授职务，从事教科研工作，积极引进西方先进的教育行政理论，介绍西方教育行政管理方法和技术，翻译许多重要的教育行政学著作和文章，对于深化近代教育行政学研究，拓宽教育行政研究的视野，构建现代教育行政学学科体系发挥了重要的作用。在教育行政实践中，他多次出任教育行政职务，曾任江苏省督学、南京市教育局科长等职务，实地调查和了解我国地方教育情形，并以此为基础开展本土化教育行政研究，积累了大量教育行政实践知识，总结了许多教育行政工作经验。理论联系实践，形成了具有自身鲜明特色的教育行政思想，在构建教育行政组织、彰显教育视导作用、筹措教育经费、强化师范教育品性以及描绘地方教育事业愿景等方面提出了极具价值的见解。夏承枫的教育行政思想对于我国当下教育行政研究和教育行政实践都有着重要的价值与意义。

一、完善教育行政职能，构建理想的教育行政组织

　　民国时期，教育事业普遍落后，在夏承枫看来，教育普及率过低是近代中国最严重的社会问题。因此，在他看来，谈及教育改造，除了要对教育本质进行研究之外，还应当以普及为立场、以迅速为立场、以效率为立场。教育行政组织应当能促进教育事业迅速、有效地普及。为此，他详细论述了自己的设想：

　　首先，设立省督学，会同县长一起执行地方教育行政事务。民国时期，各县的督学均隶属于县教育局，教育局长对督学有直线领导关系，致使督学地位低下，职责不明，形同虚设。因此，夏承枫主张督学应该脱离县教育局，自成体系。应由省方选拔出资格、经验合格的教师作为督学人选，加以考试，合格者分别委派充任。

任期为两到三年,任期一到就互相迁调,以防其徇私回护。夏承枫指出,省督学每县设一人,对该县的教育事业进行督促和协助,但不加以干涉,其任务为推进该省的教育行政政策,而县长则对于人事、经费等事宜进行具体规划。他认为若实施得当,这种做法可使地方教育行政的责权相等,各级教育行政的连锁关系也能得以保持。

其次,坚持专家治教,将教育局改为教育辅导局。地方教育需要行政管理,不仅是在教育开始和结束之时,更体现在教育过程之中。夏承枫认为现代教育行政已渐渐趋向于以辅导为中心,因为教育内容的管理、效率的考察、改进的指导,皆有赖于专门的负责人员。以往我国县教育局常为事务所困,为行政问题所阻,无暇顾及教育本质的管理,也难以应用专家治教的原则。因此,如果前面所设想的机关能顺利运行,将行政事务都交由省督学和县长担任,那么可将现有的教育局改为教育辅导局,以现有的教育局经费,委托专门的人才负责。这样,教育局的唯一目的就应为辅导。夏承枫指出,理想的教育局应该是教育研究的枢纽、地方教师的保姆、一切教育资料的源泉。在这个组织中,所有人都各尽一部分辅导责任,各有一部分辅导工作。无论是局内的研究还是就地指导,这一机关和教育进步的关系都最为密切。因为,教师如果未能完全成熟,即便经验再丰富,也很容易落伍,所以,必须有常设的中心辅导机关,地方教育的辅导,才有安稳的基础,教育也才能日有新机。

再次,倡导教育行政民主,应充分发挥教育参议机关的作用。在夏承枫看来,中国教育行政组织中一个重大缺陷在于未能听取民意。因为教育事业发展所应遵循的原则是"取之于民用之于民"。被教育者终究还是人民的子女,民权主义还是要有所适应,否则就无从利用民力来推进教育发展了。因此,他主张应当尽快完善教育参议机关。此种机构应该集合民众以及教师代表于一堂,对本地教育负绝对责任,教育局则作为它的执行机关。这样,民意有了正当的出路,而专家也有施展才华的机会。

同时,他还提出,教育行政机构组织建设应该坚持科学化、标准化与规范化。他认为,每县的教育机关应当为网状组织,组织的每一部分应该有详细的功用,每县设一个总枢纽,再分设若干中心,明定中心与枢纽的关系。每个中心之下又设若干支部,明定支部与中心之间的关系。这样各级之间都有确切的责任与范围,以便事权有确定性质,治事有确定程序,则组织的作用才可实现。

最后,在教育行政体制上,当保持地方自治组织与地方教育行政组织的联络。地方教育事业要实现国家政策,所以必须集中管理,列入行政任务之一。但地方教育也需要地方力量的维护与支持,才可延续悠久。因此,不能完全推卸地方教育之责于政府。夏承枫指出，地方自治应如何与地方教育行政联络，是清末民初所未能圆满解决的问题。如果各级地方自治机关都取得教育行政权，教育事业势必支离破碎；如地方自治机关毫无地方教育的责任，教育局亦孤掌难鸣。因此，在教育行政组织中，地方自治机关应取得义务者责任者的地位，而不当列于施行权威者的地位。不管是一县还是一区一乡镇，要使他们的自治机关为教育出力而又避免越权，唯有在组织中求得合作的机会，限制职权的范围，进行合理的联络。即教育行政系统掌握行政权，但地方自治系统须承担地方教育义务。教育宗旨、政策、制度、计划等的制定由教育行政组织负责，而在执行这些任务时，如果教育行政组织力量不足，地方自治组织应进行协助。这样，地方自治机关在地方行政组织中能有一部分功用，有一部分地位，也不至于在地方教育出现问题的时候采取隔岸观火的态度。

夏承枫指出，以上为主要的理想，至于如何根据该理想构成一个组织系统图，则各省都有其背景。他随后又列出了间接有关组织问题的几个方面，以求增进上述原则及理想理论的解释。第一，省县教育事业划界不宜太严，充分发挥省教育行政组织之功用。中国地方教育之效率低微，固然由于组织之不良，而省教育行政者未能尽到其应尽之责也是重要原因。当移用省教育行政者所用之经费时间人力于地方，使省教育行政者有直接负地方教育责任之可能。第二，省教育行政机关应负责统治全省教育经费及人事问题。人才经济之参差，以地方教育表现最为严重。就教育人才言，录用无标准，待遇无标准，任务无标准，升迁无标准，生活无保障，实已渐沉沦于社会最低级之职业。就教育经费言，人民负担不均，使用俭奢不一，稽核精粗不同，规划得失各殊，几乎使社会将教育局视为便于贪污的衙门，哪里谈得上教育效率？因此省教育行政者不能以应付省立教育机关为手段，而应直接统治全省的经费与人才。地方教育之整理，惟有待于省方的努力。第三，废局为科为应付目前困难非永久之计。夏承枫指出，废局为科得失无用较量。因为当时简陋无力之教育局等于虚设，其问题在责重权轻。若移其重责于较有权之县长，虽可增加行政之便利，但却将教育本质之管理权移于兼办教育的县长之手，不利于教育发展。他指出，若不根本改造地方教育行政，则局科之相差有限。

二、凸显教育视导，视察指导齐头并进

1925 年，夏承枫出任江苏省教育厅督学。夏承枫任督学期间，不辞劳苦，足

迹几乎遍布了整个江苏省,视察过众多县教育局以及近百所中小学。他喜欢探究各地教育得失成败的原因,并用自己所学的知识去佐证。①

　　根据自己的督学经验,他认为教育行政如果要对教师负责,对教育事业负责,就必须将教育视导制作为教育行政的核心,其中尤以各县市教育行政组织最为需要精密的视导制。因为在当时,教育事业发展迅速,教育行政尤其是地方教育行政的本质也应随之发生根本改变。他指出,教育事业的变更具体表现有三方面:第一,教师骤增,学历经验不齐,任职勤惰有待督策,教育行政者应多接近教师以便指示,这就是辅导制的由来。第二,教育内容之时变,教育行政者应对教师加以启迪诱导,这就是视导并用的由来。第三,教育之统一化,教育行政者应当力使教育事业成为一个有组织的事业,要特别关心各个教育机关的教育过程与效率。因为各项事业均有专门问题,这就是视导趋于分工的由来。

　　基于此,夏承枫指出,视导必须要有相当的组织和地位才能实现其功能,但是当时各种教育视察制度都不健全。在当时,中央督学最多六人,省市督学虽然中央定有规程,但十分简单。县督学标准听各省自由规定,至于教育委员亦有一部分视察责任,但人选标准过低,责任也太复杂。各级视导人员,漠不相闻。任务方面,亦未能各有专责。因此他提出了有待改革的几个方面:第一,在视导过程中,地方宜偏重指导,中央宜偏重督察,指导重在从容不迫继续不断,中央分派少数人员赴全国专力指导,为事实所不可能。但地方教育,若无指导,效率自减。第二,视导人员至少要受中央特别检定。视导人员,必须学识兼优,具备专门的才能。当时高等或普通教育行政人员考试标准,并不能满足视导人才所需要的条件。因此视导资格的取得,应限制较严。第三,各级视导应有系统的组织。各级视导人员,仅对本级长官负责,对上级指导人员即使是联络机会都很少。因此标准各异,任务重复。而本级长官又往往视其为雇员,任意差遣。结果视学仅为供奔走的属员。若视察人员对上级长官及视察人员负责,对本级长官处于协助地位,应足以改革向来的积习。第四,视导应有所分工。分科视导为现代进步的制度,若视学分为普通、学科、事务、地方教育行政各类,所得结果,应当较正确。

　　据此,夏承枫提出视导中心理论。他认识到,就当时视学制度而言,视导对教育行政只起到辅助作用,并随着教育行政活动而转移,教育规章并不因视导结果而定。虽然视导活动负有为教育行政机关推行法令的责任,但视导人员的

① 卢前.夏湛初别传[A]//夏承枫教授公葬筹备处.夏承枫教授公葬纪念册[M].1935:10.

活动方式,也常受制于行政领导的命令,几乎成为机械性的外勤人员。因此视导的作用不能超越公文法规表册之上,其价值也得不到体现。由此夏承枫提出了视导中心论:一切教育行政的出发点应该以视导为转移,视导人员应该成为教育行政机关的主角。机关中每个人都有视导的责任,一切规章命令计划均以视导结果为中心。[①] 根据该理论,他提出了改进视导制的建议。

首先,他强调要形成各级视导功用之联盟。要确保视导活动的客观性,应该先统一视导的标准,但要增进视导活动的效果,尤其应当使视导本身具有严密的组织。民国政府沿用了清末的视学制度,并有所发展,建立起了中央、省、县三级视学网络。因此,如何使中央、省、县三级的视导制度合为一体,以明确责任、统一方向、确定程序,是改造视导制度的先决条件。[②]

其次,他认为要将视导作为教育行政的中心,就要变更县教育行政任务,使其专门负责视导。视导虽然在地方教育行政组织中的作用重大,但也往往正是在这一级中最难行使健全的视导。各县的督学往往因协助处理教育局其他公务而耽误了自己的本职工作。所以,他提倡应该将县教育行政的任务变更为专门负责视导,恢复教育局长为督学长的制度。日常的筹款、应付公文方面的事务,由省集中办理,或让县长另设简单的组织负责。相应地,地方行政经费也悉数移作视导费,行政人员的名额也酌情改为视导员额。他认为,这样地方教育行政才可渐渐具有视导意味。

再次,他坚持要视察与指导并用。我国的视察制与各级教育行政制度的建立年期相同,但其地位、效能与技术数十年来未曾有显著的进步。并且因为种种原因,视察制在实施上流于形式,因此有人主张将视察改为指导。夏承枫对这种论调提出了反驳,认为在当时的情况下,视察制确实有其存在的理由:第一,教育行政任务尚为笼统的而非分析的,因为笼统,故只需为形式上的管理,不必体察个别需要,客观精密的科学方法不易引进且无引进的必要。第二,教育行政的行使尚为独断的而非合作的,因为独断,只需态度上的虚心容纳已足以投合民治,故无须极端科学化。第三,教育行政的作用尚偏于消极的而非积极的,因为消极故只求纠正水平线下的状态以达到相安无事的境界,不必将教育行政渗透于整个教育事业中以求精进不已。因此,他指出,就指导而言,视察实际上是指导的开始,是指导过程中的一个段落,且实地观察比书面文件要更真实。所以问题在于如何改进视察本身的技术,确保所观察到的是真相。在他

①② 夏承枫.中国教育视导制之改造[J].江苏教育,1933(6).

看来,视察如果不和指导同时并用,而仅仅进行和平指导,那么指导者纵然苦口婆心,可能也不能达到有的放矢的效果。再者以中国教育事业紊乱的状况,骤然取消其监督之权代以和平指导,可能适得其反。

最后,他提出了选拔视导人员的标准和方法。夏承枫认为,视导人选至少有三个条件:学力、经验、技术。学力可以通过考试来测验,但光有学力,而没有从事教育事业的经验,也不足以成为教师的教师。因此,他指出视导人员最重要的条件之一就是有经验有技术的优良教师。县市的视导人员,应该由各省先举行考试进行选拔,再由省教育厅规定具体的资格标准作为各项视导人员投放的标准。为了发挥他们的积极性,夏承枫认为视导人员应该由省集中任用,其待遇不能因为各地经济情况而有显著差异,若地方教育行政经费不足,可由省补助。如此才能使视导人员和视导机关合为一体,达到步骤不乱、动作迅速的效果。

三、积极筹措地方教育经费,改善教育经费分配

民国时期,教育经费十分困难。教育经费的筹措与使用是教育行政工作的一项重要内容,对此,夏承枫也非常重视。他认为,经费短缺是制约民国教育发展的瓶颈,而造成教育经费短缺的主要原因有社会整体经济水平低下,巨额军费开支,中央政府的教育政策以及各级政府的侵吞挪用等。面对这一现实,他提出了自己对于教育经费管理的看法:首先要宽筹教育经费,提出筹措经费的标准和途径;其次,要改革教育经费,除了对经费来源进行整理之外,还应该重视分配政策。在民生凋敝的时候,不应只寄希望于开源,同时还应迅速清理固有经费,从改善分配制度中谋出路。

关于宽筹地方教育经费,夏承枫指出,地方教育经费的困难,全国各省县大致相同,其间只有程度的差异,绝无能够满足普及教育的需要的。原来地方教育经费惯用募化政策,无标准,无计划,无力量以致徒劳无功或所得不偿所失。为了解决今后的地方教育经费问题,不能仅凭教育局长的奔走,而教育局的努力亦须有正确的方向。[①] 因此,他列出宽筹教育经费的几条标准:一是有永久存在的可能。教育事业永久存在于社会,所需的经费亦当具有永久性。如遗产税、所得税等具有永久性的捐税宜指定为教育经费。二是有继续发展的可能。

---

① 夏承枫.地方教育行政[M].南京:正中书局,1935:105.

教育事业前途无限,用费亦与年俱增。经费来源如能同速率地进展,便无须时时开辟新源。如在实业未发达的国家以产业税为教育经费,在开发产业的同时,教费便一劳永逸了。三是有普遍负担的可能。教育是全民的,用费的负担亦应属全民。但因贫富的差异负担的程度也应有区别,甚至无须负担。如一部分民众纳税,另一部分民众享受便不合理了。如所得税制定为教育经费,最能符合这一条标准。四是有独立存在的可能。为让民众明白用途,教育经费来源宜不和其他财政收入混合。附加税为教育经费固然不妥当,既经指定的教育特税亦不得附加为其他事业用途的附税,或举办类似性质的捐税。至于教育产业基金,亦应以独立为原则。五是无违反教育的意味。凡含有强立名目接近欺诈的捐税,妨害民生阻遏社会进步的捐税,不宜指定为教育经费。教育的宗旨在发展国民生计,如果教育的经费在摧残国民的生计,则教育将不能取信于民众。

在夏承枫看来,以上五点不过是抽象的原则,而教育行政人员遇有筹款需要时,宜仔细地考虑。同时他又提出了宽筹教育经费的三条途径:首先是置产,以产业所得维持事业的前进。在清末废科举兴学校以后,地方固有学产都作为兴办学校之用,各地自动地划拨公产由劝学所或公产管理机关保管作为兴学的基础。所以地方学产如若进行详细清理,未尝不能作为教费的一种来源。同有产业能加以整理利用,至少可以解决一部分经费需要。而未来学产的开发,就我国情形论,仍甚重要。各省县荒废的沙田所在皆是,如指定为学产,加以开发,亦足以化无用为有用。其次是征税,以民众共同负担的捐税作为经常的开支。捐税制度的紊乱,当以地方教育所占有的捐税为最甚。教育局长开辟税源,只记有无,不记多寡,只求有成,不记利害。相习成风,任何省县的教育捐税来源,几乎大多是苛捐杂税了。所以必须积极地整理教育捐税:第一,固有教育捐税的审查。正当的捐税当切实研究制度上有无缺点。税率是否适当?每年实征数额是否可靠?征收手续种种有无流弊?第二,未来教育捐税的计划。教育局长应具有财政常识,眼光长远,估计未来必可成立的合理捐税的性质和数量。这些捐税,以何种指定为教育经费最为相宜?观察有了把握,不妨广为宣传,以试探主管机关和社会的意见。只需有了正当的认识,不妨联络同情者筹划计量,合理的教育捐税运动成功与否,固须等待时机,而教育局长不可不有持久的忍耐的坚定的精神,以逐渐取得社会的同意。再次是外援,地方用以上两种办法已竭其所能时,不得已请求外方的援助。无论为私人团体或上级政府如能有所捐助,亦足以解决一部分的困难。国家采取补助政策发展地方教育是各国惯用的政策,尤其在普及教育的初期补助费用的效果极大。就我国地方状况完全采用就地筹款的制度,教育永不会达到平均而普及的。一方面地方能力的薄弱不胜巨大的负担,一方面地方富力的不均,非调剂不能收同时并进之效。除了上级政府的补助外,还当吸收社会其他方面的外援。私人基金制的提倡,捐资兴学的鼓励,都可让社会私人过剩的富力,用在教育上。教育取得了社会信任以后,或教育政策为社会认识了以后,这种援助的取得并不是不可能的。

最后夏承枫提醒道,以上三点仅指出宽筹教育经费的重要方面。各地的情形和习惯不同,筹款自有难易。他说:"教育行政者应不忘记,当先将现有的教育事业办理完善,取得社会的认识以后,再从事于筹款。倘若终日筹款,而于事业置之不问,筹款究为何而来?"①

关于改善教育经费分配,夏承枫认为,要改善教育经费支配,最重要的是完善省县之间以及县际之间的沟通。不但要让省县教育成为一贯的系统,同时也应将各县的教育事业融合成一个整体。据此,他提出对于教育经费支配,应打破地域之见,不要为"以本县经费办本县教育"观念所误,要放弃严格的就地筹款政策,酌情实施补助集中调剂政策。凡是由地方单独举办却较难有成效的事业,应将地方经费集中起来由省支配,并规定实施办法。凡是应该由地方举办而地方能力不够的,应该由省从预算中进行补助调剂。②

具体言之,夏承枫认为,改善教育经费分配主要从以下几方面做起。首先,他主张设立地方教育基金。地方教育基金政策的提出,有助于打破县际之间的隔阂。某项经费集中于一个管理机关,成立基金,用于发展各县的某种教育事业用途,并共同设立机构负责分配保管,对于不公平或者有危险的事情不予帮助。以往,许多巨额经费,都为各县所平分而所剩无几。所以,如果能在各县每年的收入项目中,挑选出各县所共有的且数目较小的税源,如地方附加税中的中资捐,来施行该政策,若能统合分配,分年规划,规定特定用途,定会有实在的效果。数年下来,则可得巨款,至少可以成为某特定事业的永久性基金。这种专款专用,设立教育基金的想法,在当时教育经费枯竭的情况下,未尝不是一种办法。其次,他认为可酌情采用省补助制度。他提出要摒弃过去那种平均分配的补助政策,而从省教育预算中提出一部分,专门补助地方教育,并仿照基金团的组织,做有条件有计划的补助,那么地方教育事业的改进则可能相对容易些。当时,各县急需补助的是教育局行政费,而该费又出自当地教育经费,若行政费

---

① 夏承枫.地方教育行政[M].南京:正中书局,1935:111.
② 夏承枫.教费支配与地方教育效率问题[J].江苏教育(苏州),1932,1(3,4).

过多,则事业费减少;若行政费过少,则不能吸引优秀人才来主持教育。且两种费用混合,易生流弊。所以,他主张教育局行政费采取省补助制,这样员工待遇有保障,人选质量自然可以提高。其他的新兴事业,如果不需要省方代办的,也应在创立之初采用补助制,再逐渐归诸地方,这是保障地方教育事业的一个重要方法。

除此之外,夏承枫还提倡实行省教育预算调剂政策,这也是一种救济政策。他发现教育经费需要多的地方,往往是教育发达的地方。某地教育经费需要较小,则是因为地方教育落后。因此对于那些教育落后的地方,应计算它使用省教育经费的多寡,对于最少的地方,省方应补充一部分经费以协助推进地方教育。等到它教育事业渐渐发达,自给力量增强,再将此补助移至他处。

总之,关于教育经费的分配,夏承枫归纳起来为七个方面的要点,需要我们加以注意:第一,是地方教费,应从清理固有经费、改善分配制度中谋出路。第二,改善分配制度,才能提高教育经费的利用效率。第三,改善分配制度不仅在预算制度之严密。第四,省县教育事业,应成一贯,有系统;各县教育事业,应成为一个整体。第五,教育经费分配政策的改善,应注意限制理论,即将重心放在最弱的环节上。第六,根据限制理论,关于教费分配,可酌情采取补助政策,集中基金政策,以及调剂分配政策。第七,在省县教费同陷困难时,更有合力挽救、重行规划、打破畛域的必要。

四、关心地方教育行政发展,重视地方教育事业的理想建构

民国期间,地方教育事业主要指县级教育事业。身为一个教育行政研究者,夏承枫结合当时特定的情况,对地方教育行政事业的发展目标也即地方教育事业的理想状态进行了描述。[1] 他认为,对于地方教育事业的理想,虽然个人的怀抱不同,但以下各种却是一般服务地方教育事业者所常感觉到的,他详细描绘了地方教育事业理想形态的二十二个方面内容,具体如下:

第一,全县事业要形成有系统的组织。应将散漫的教育机关形成一套有系统的组织,他认为这是整理地方教育最基本的工作。第二,小单位的政教合一。一乡村的教育机关同时是化民成俗的机关,是生聚教训兼施的机关,是组织民众训练的机关。这种教育机关,当然要受上级政府的指挥。但乡村的政治建设

---

　　① 夏承枫.地方教育行政[M].南京:正中书局,1935:172.

如不从教育入手,是永远不能取得人民的自觉自动的。第三,儿童和成人教育不分家。乡村教育机关尚须兼顾教育以外的社会工作,教育分内的工作更不必多设机关了,乡村学校是全村人民的教育机关,无论所需的是识字教育或职业教育,所教的都是儿童青年或成人。第四,课程有自由。为推行国家政策,全国课程目标当一致。为求教育有功效,课程当顾及地方的环境。如谓自由即等于紊乱,是证明主管机关管理的无能。在国家最低标准之下,如何使一地儿童青年成人所获的教育有利于生活,仍是地方教育行政者不能放弃的责任。第五,社会文化应列入教育事业范围。社会环境若太恶劣,则教育功效一曝十寒,永远无光明的一日。教育行政对于文献的保存、风俗的培养、娱乐的改善、新生活的提倡,应立于主持者的地位。有了好的环境,地方教育才能发挥永久的效率。第六,生计训练和普通教育的混合。教育固然不能解决生产问题,但教育不应再培养整批游民遏阻生产。地方教育为全民而设,其目的不在培养学者或特殊人才。地方所施的教育应不遗弃生计或生活训练。第七,教育计划与县市政计划的连贯。教育施政方针不能与行政方针失去联络,若教育重职业训练,行政却无发展实业计划,则职业教育的信用完全丧失了。地方教育的力量究竟有限,所以整个县政必须全盘地向前推进。第八,省县教育计划一贯。省教育事业为全省民众而设,省县的界限应早打通。以省的力量辅助县教育的进行,才能达到平衡的发展。两级的关系在事业上、经费上、人才上应如何取得联络,亦为今后改造地方教育应考虑的一个问题。第九,民意有表现可能。教育为民众而设,在组织上应有表现民意的机会。一个学校的亲师会,一个地方的教育评议会,为地方教育改善组织应注意的事件。第十,教育行政专业化。教育行政当渐进入技术的大路,不永沉沦于佐治机关的黑狱中。事业上所需要的教育行政,教育所需要的教育行政,民众所需要的教育行政,一致的希望是专门的人管专门的事。第十一,教育局为辅导中心。所谓专业化,即希望教育局引导一切工作人员前进。教育局长手执火炬,显露教育的前途,一切工作者乃可放胆大踏步地前进。第十二,教育局为研究中心。辅导不能靠死知识死书本,教育局长纵有多年的修养,不能完全依赖作辅导的基础。教育局是一个学术机关,研究实际问题,征集实际资料拟定实际的方案。教师不需要理论,而渴望有辅于事功的实际的具体的办法。第十三,教育行政机关和事业机关打成一片。教育局既是辅导研究中心,便不能自外于校长教师。在组织上、工作上应顾及打成一片的原则,水乳相投,工作效率自然发生。第十四,一切工作人员同为全地方服务。如何能打成一片呢?负责范围和任务性质虽不相同,而所有工作人员应同抱了为全地方服务的观念。教师的任务不在一级数十儿童,校长的任务不在一校。任何人当以造福全社会为他的工作理想。第十五,乐业的人员。教育工作的清苦,无人不知。所有工作人员若只感其苦不觉其乐,便难有努力的勇气。领袖们的责任在从物质的安排、精神的安慰双方并进培养乐业的人生。第十六,教师有来路。工作人员如何有乐意的观念?仍当求之于基本的训练。如基本训练缺乏,乐业亦难以养成。因此教师当从何处来,教育行政方面应预先筹划以免增加行政上的困难。第十七,事业有标准。事业的有无效率,当以事业标准为转移。教育局的事业进行计划中应以拟定事业标准为第一步。标准的产生自当根据客观的事实,不能仅凭私人的意见。第十八,建筑设备就地取材。建筑设备亦同时地要标准化。但一方要顾到经济的能力,一方要顾到社会的环境。在穷乡僻壤蠢起一所现代化的校舍,在色调上已嫌不称。所以一地应有一地的标准,而地方材料的利用,自制教具的提倡,尤为我国应守的原则。第十九,确立投资的政策。学生纳费在地方教育制度中为最不公平的办法。附带征税亦近于托钵乞丐。社会对教育的投资应保持独立的政策。征教育特税办教育事业,募教育基金培教育基础,在理论和事实均属合理的。第二十,行政方法力求科学化。行政机关的积习在教育局应完全剔除,另立一套新的行政方法。这一套方法对事不对人,减少人力时间的浪费。教育行政的健全要看它的章制表册统计以及各种工具是否健全。第二十一,教育效率的统制。教育局是全县专司测验的总机关。用客观方法证明教育已得的效率,不伪造,不欺诈,不文过饰非,这是教育行政应有的光明的态度。第二十二,学生有去路。造就一个受教者,多一个为社会致力的分子。教育的内容,处处针对着社会。当然出路的问题,要看社会需要人才的分量。但在教育方面不养成一个废人,受教育者必有用,庶可无愧于社会。

针对以上地方教育事业的理想,夏承枫集中论述了改造地方教育行政的建议,总结起来有如下十个方面[①]:第一,县市教育局不可废;第二,地方教育行政费应由省负担,并适当实行补助或调剂政策;第三,教育参议机关从速完成;第四,县督学省有;第五,学区不可无但须另定组织;第六,师范学校行政化;第七,教费的开源与节用;第八,厘定教育局具体工作及工作方法;第九,地方教育行政与自治机关合作,但不为各级自治机关之附庸;第十,省教育行政机关不应只关注"省教育事业",还应顾及全省的教育事业并对其负责。

---

　　① 夏承枫.地方教育行政改造之建议[J].中央大学教育丛刊,1933,1(1).

五、彰显师范教育品性,内求充实,外求发展

夏承枫曾长期在师范院校就职,从事教学研究与行政管理工作。长期的师范教育与管理经验,使得他在师范教育研究与实践方面成绩斐然,影响深远,为近现代中国的师范教育与行政管理作出了巨大的贡献。

众所周知,我国的师范学校始于1898年南洋公学之师范班。自那时起,师范学校已由推广走向普及。夏承枫指出,师范学校之历史愈久,则其对学校教育的责任就愈重。但他认为"二十余年的师范教育史,是一部教育失败史",[①]在他看来,这是因为师范教育一直都是按照普通学校的办学模式来办理的,无从凸显专门的特色。由此,夏承枫列举了师范教育行政方面的几个重要问题:第一,师范教育为办理国家教育的手段而非目的,因此,看成绩应看它为国家教育尽了什么职责,有什么效能。第二,师范教育应遵守全国一致所应保持的精神,不得各拟目标。它负有为国家培养国民的责任,所以不管高初级师范或各类专科师范教育,都应坚持国家的教育目标。第三,师范教育应绝对超然于宗教政治之外,它不是那种训练传教士或党员的师范,也不是宣传某主义学说的师范,它应是国家教育的利器,仅限于谋国家教育的前进,而不为某教义、党纲所宰割。第四,师范教育应自认为推行国家教育唯一之手段,永葆其独立的专业地位。师范学校应从学术上、法令上、制度上自行建造为健全完善独立的业务,以保责无旁贷,权不旁落。

所以,他首先从宏观层面上,提出了改造师范教育行政的建议:其一,师范教育行政应该采取集权主义。他认为师范学校的目标、宗旨以及课程直接关系到未来的国民教育。因此,行政方面对于师范学校所负责任不应仅限于监督。教育为国家公器,教育行政机关为施行国家教育的代理人,所以不必顾忌民权主义等美好名词[②],而失去国家建设师范教育制度的原意。因此各级各类师范都应有整齐划一的办法,分年进行的系统,衡量比较的目标。集权是一种手段,用得适当,并不违反民治的潮流。其二,师资的培养要视教育的普及程度而定。

---

① 夏承枫.师范教育行政改造问题[J].中华教育界,1926,15(11).
② 民权者,人民参与和管理政事之权力也。民权主义,是孙中山三民主义的核心,其目的在求政治上的自由平等,确定人民有集会、言论、结社、出版、居住、信仰等之自由权,并实行普通选举制度、废除资产制、性别之限制选举,复于间接民权之外,行直接民权,即为国民者皆有选举、罢免、复决、创制诸权。

教育行政者的一个重要责任就是,视普及教育的程度而制定师范教育的进展计划,若盲目追求教师的数量,超过教育的需求,会导致师资造就源源不绝而出路愈见阻塞的局面。其三,严格限制私立师范学校。民国之初,教育部颁布了一系列法令,规定了私立师范的设置和地位,中等师范教育允许私立师范学校的存在,但不许私人涉足高师教育。1922年颁布新学制后,高等私立师范教育也得以存在和发展。但夏承枫指出,师范教育乃国家教育的利器,其作用仅限于谋国家教育之发展,而不应为某教义、党纲所宰割。因此师资培养机关应当绝对由公家设立,即便是在公家财力艰难的时候,也应严格限制个人、团体以及教会力量兴办师范学校。目的是确保师范院校的办学方向和师范生的政治思想符合国家标准,达到国家的教育目标。到了1932年,国民政府统一中国,明确规定了私人或私法人不得设立师范院校,自此私立师范院校的规定也不再见诸法律文件。其四,升格教师职业,检定与进修并行。夏承枫认为师范教育的失败与教师资格检定政策施行不当有密切关系。首先,由于检定的松懈,从事教师职业的人不必受师范训练,而新进的师范生反而受排挤。其次,检定内容只限于基本常识,导致教师专业精神被破坏。再次,因检定规程划定的范围太宽,凡识字者都有受检资格,导致师范学校反成累赘,其作用无从显明。因此夏承枫指出教师职业有升格的必要:第一,受检定的人员的资格要有规定,至少要为初级中学或相当年期的师范毕业。第二,普通学识未完全具备者,肯定会贻误青年,因此夏承枫认为当时的无试验检定制度应酌情改为一部分试验检定①。按规定,中等学校以及专门学校毕业者普通知识一般已有保障,因此可受无试验检定。但夏承枫认为教师资格检定的内容不应局限于普通知识,还应试验他们有没有当教师的知能品格,这是更为重要的。因此,检定的内容还应包括教育学科方面的知识和技术。第三,教师资格的许可证应另行规定。以往检定合格的教师一获许可证,便可终身有效。如此稍有不慎,则遗祸无穷,因此,应规定教师获得许可证后,应在接下来的几年内接受若干次考察,考察通过,或者受过两次以上检定合格者才能保证许可证终身有效。第四,应当明定法令,将教师进修制与检定制并行。检定制只是消极的办法,在职教师的进修才是积极的改良办法。应当明文规定进修的科目、时限、讲习资格等事项,在进修结束时,

---

① 1909年,清学部制定《检定小学教员章程》,规定对小学教员实行"检定"制度,这一工作在京师和省分别由督学局和提学使司办理。该章程规定:"小学教员的检定分为无试验检定和试验检定两种。所谓无试验检定,是由检定委员会审查其各项证明文件决定之;有试验检定,是除审查其各项证明文件外,还须加以试验。"

由行政机构组织对那些与检定规程相符的科目进行考核,合格者在检定时可免试。①

以上是宏观层面上师范教育行政者应把握的问题。不仅如此,夏承枫还认为,师范学校要彰显品性,提升质量,师范学校本身也应内求充实,外图发展。

首先,师范学校行政者应知其责任在显师范的特征以保障教师的职业。以办理普通中学的目标来办理师范学校,无从显专门的特色。师范学校的作用就在于授予学生特殊的技能,让学生能持此技能,作为终身的职业保障。凡是未能习得这种技能的就无从从事教师职业。如果人人都可以成为教师,那么师范学校就没有存在的必要了。因此,师范学校应当传授特殊的技能,使教育事业渐进于科学化,只有这样,教师职业才可以正本清源,渐有专门的独立保障。据此,师范的课程也必须有三要素:普通学科、专门理论学科、专门技术学科。三者须平衡发展,至少也须普通与专门学科立于均等的地位,这样才可见专门的功能;同时,专门的陶冶,须分年进行,以起到潜移默化的功能。师范专业的保障以及职业地位的确定,全恃师范教育多下实际工夫。

其次,师范学校行政者应知其责任不仅在学校本身。夏承枫认为,今后的师范学校,如果仅理本校校务,而无外事目标的话,就相当于闭门造车。不仅师范的功用无法显现,其所培养的人才也与社会完全隔阂,不能适应社会的需要。因此,师范学校校长对于该区内教育的责任应于整理校务外随时视察该地方教育状况,以便于改良计划的实施。师范学校对外行政有指导调整补充研究等责任,本学区内地方教育各方面,实为师范对外行政的对象。师范学校的责任不仅在培养少数候补教师,同时还应承担起在职教师进修训练、课程设计、教法商讨等职责,使其能成为一区内所有教师的训练机关,一区内教育问题的解决机关,为该区内教师之得失、教育效率之进退负责。

以上从五个方面概要地论述了夏承枫的教育行政思想,当然,由于各方面条件所限,没有也不可能将夏承枫教育行政思想的全部内容表述完整,但是以上五个方面,确实能够某种程度地说明与诠释了夏承枫的教育行政思想。

纵观夏承枫的众多著作和论文,抽象他的教育行政思想的整体面貌与发展轨迹,可以发现夏承枫的教育行政思想具有明显的时代特征,这些特征主要表现为崇尚科学、注意合作、立足国情、经世致用等。而形成夏承枫教育行政思想的主要原因有国内的教育现实、西方教育行政思想的影响、同时代学者间的互

---

① 夏承枫.师范教育行政改造问题[J].中华教育界,1926(5).

动以及夏承枫的个人因素等。夏承枫的教育行政思想对于当下教育行政具有重要的启示意义,在建立合理化的教育行政组织机构、强调教育行政机构中督导的地位、加强教育行政专业化进程、适当调适大学与政府间的关系、建立教育行政网络管理体系等方面具有重要的移植与借鉴作用。

总之,夏承枫和同时代许多学者一样,怀抱着"救亡图存"的热诚,投身教育,刻苦钻研,积极为改造教育出谋献策,力图以教育为手段去改造社会、改善民生。虽然他英年早逝,但是身为教育行政学的早期研究者,他为该学科的创立和发展作出了不可忽视的贡献,留下了许多极具学术价值的著作。所以我们应深刻领会其思想的精髓,自觉地将其用于当前的教育行政改革实践,赋予它新的时代意义和生命!

第十九章

常道直以「问题解决」为取向的教育管理学思想

常道直(1897—1975),字导之,江苏南京人,民国时期著名的教育学专家。研究领域主要涉及教育管理学、比较教育学、教育史等。1930年代出版的《教育行政大纲》《增订教育行政大纲》一书,是他在教育管理学领域的代表作,曾被当时国内许多大学的教育系及师范学校作为教科书、教学参考书,也由此奠定了他在民国教育行政管理学领域的地位。

一、以"研究"为特质的教育管理学探究之路

常道直早年曾接受传统私塾教育,后进入南京同仁小学、江苏省立一中等新式学堂受教。1920年毕业于金陵大学,继而进入北京高等师范学校研究科学习,并开始了他的学术研究生涯。在此期间,常道直曾先后发表有《广义的教育》(1920年,《北京高师教育丛刊》)、《学校中几个实际问题》(1922年2月,《教育杂志》)等研究论文,其中《学校中几个实际问题》一文可能是他较早一篇探讨教育管理问题的学术成果。两年后(1922年),常道直由研究科毕业,成为中国首届获得教育学士的教育学科研究生之一。不久,应聘担任上海商务印书馆创办的《教育杂志》编辑一职。《教育杂志》是民国时期创办时间较早(1909年)、影响较大的知名刊物之一,著名学者陆费逵、朱元善、李石岑、唐钺、周予同、何炳松等曾先后担任杂志主编。常道直进入《教育杂志》之时,恰逢杂志处于转变其保守主义色彩的重要阶段,主编亦由李石岑过渡为周予同,前者在管理上倡导学术独立,后者作为经学史和教育史专家,主政《教育杂志》之初便提出"以提高教育学术之程度,扩大教育学术之范围"为办刊宗旨,一方面注重介绍国外现代教育思想或思潮,另一方面注重针砭教育时弊,提倡教育改革。杂志编辑取向的转变,影响着常道直的教育研究旨趣,从某种意义上讲,也奠定了他以研究为指向的教育管理思想研究的基础。在此期间,常道直在《教育杂志》《民铎杂志》

等期刊上发表了多篇译介欧美教育思潮、教育实践、教育学术新进展等方面的文章和研究当前中国教育理论与实践问题的成果,如《最近美国试验教育之状况》《学校调查之方法与标准》《达尔文主义与社会学》《社会的教育概论》《图书馆与教育》《性教育概论》等。1923 年,南京江苏平民教育促进会成立,次年 4 月左右,常道直辞去了《教育杂志》的编辑一职,担任平教会的干事,其间有《南京平民教育运动的现在与未来》研究报告发表。

1924 年夏,常道直获得了江苏省官费赴美学习的机会,次年 1 月 13 日由上海启程,前往美国哥伦比亚大学师范学院专门研习教育行政、教育哲学、教育社会学等科。自杜威来华讲学后,哥伦比亚大学师范学院便成为中国学习教育学的留学生们向往的"圣地",常道直的选择也不例外。事实上,在 1919 年至 1921 年杜威来华讲学时,曾在北平师大教育研究科讲授过教育哲学,而当时作为学生的常道直做笔记,并据笔记编译成《平民主义与教育》一书,于 1921 年和 1922 年由商务印书馆印行出版,书前甚至有杜威亲笔撰写的序言。另从常道直 1925 年 1 月临行前给亲朋好友所发启事中有"未抵美前,如有赐教,可由杜威先生转"一语,可见二人此时依然保持着良好的私谊,相信二人在哥大应有多种交集机会。

在美求学期间,除去正常的课程学习之外,常道直依然保持着对教育现实问题探究的兴趣,曾积极参加学校组织的对大中小各类学校的考察活动,并先后将《旅美参观学校纪略》(1925 年)、《美国教育之管窥》(1926 年)、《美国纽甲色省汉特顿县乡村学校与乡村生活》①(1926 年)等对美国学校教育现状的考察报告或研究论文发回国内与他人分享。从这些报告或研究论文看,常道直对美国学校教育管理问题的考察尤为用心,如在《旅美参观学校纪略》中,对所参观学校的校舍、设备、教学管理、学生缴纳费用、课程设置、管理方法等具体状况等均有详细的记录,且从研究者角度对其管理举措的优劣予以评判,例如在考察新泽西州的劳林斯维尼学校后,便认为:"学校设在乡间,不唯于学生健康方面至为适宜,即于道德及智识涵养方面亦有裨益。……此校于管理方面,倾向严格。凡学生自修、运动等等,无不受教师极周密之督率。由前面摘录章程数条,更可证明其严格管理之一斑。对于年龄较长且能自治之学生,予以较多之自由,自为管理良诀。"②又如《美国教育之管窥》一文,对美国学校教育经费的来源、教育税的征收,尤其是私人团体捐赠教育的情况、捐赠的目的动机和原委等

---

① 纽甲色省汉特顿,今译为新泽西州亨特登。
② 常道直.旅美参观学校纪略[J].教育杂志,1925,17(10).

进行了较为详细的考证。

1926 年秋,从哥伦比亚大学师范学院毕业,获得硕士学位,转而赴英国伦敦大学哲学系和德国柏林大学哲学系学习研究两年。在欧洲学习期间,依然注重对当地学校教育实情的考察,先后撰写了《英国之补习教育及其职业教育》(1927 年)、《伦敦市之小学校中学校及职业学校》(1927 年)、《英国乡村生活及乡村小学之概况》(1927 年)等研究成果。

1928 年夏,常道直由欧洲回国,即受聘于中央大学担任教授,兼任教育系主任,主讲《教育行政》《比较教育》课程,并在课程讲义的基础上,编著出版了教材《教育行政大纲》(1930 年)和《比较教育》(1930 年)。其中《教育行政大纲》(1934 年经修订后更名为《增订教育行政大纲》)一书是常道直在教育管理领域的代表作,该书完成于 1929 年,1930 年 8 月由中华书局出版发行。此书是我国学者在教育行政领域撰写较早的一部教材,之前仅见蒋维乔、郭秉文所著《学校管理法》(1910 年)以及程湘帆的《中国教育行政》(1927 年,商务印书馆)行于世。《教育行政大纲》出版后,获得社会好评,被国内许多大学的教育系和一些师范学校作为教材或教学参考书。该书在编撰方面并不追求大而全,而是充分凸显其实用性和研究性,如作者在"弁言"中便明确表示:"编者之用意仅在陈述教育行政上所有重要事实,贯以可能活用之原则,借以指示研究此类问题所可遵循之途径。"此外,可能与讲授课程有关系,在这个时期,常道直还将"比较教育"研究的兴趣投于对西方教育制度的研究方面,发表了《法国中等教育之近况》(1930 年,《教育杂志》第 22 卷第 6 期)、《法国初等教育概观》(1930 年,《教育杂志》第 22 卷第 6 期)、《德国中等教育概况》(1930 年,《教育杂志》第 22 卷第 7 期)等论文,并出版著作《法德英美四国教育概观》(1930 年,商务印书馆)。

1930 年 7 月,著名学者杨亮功接任安徽省立大学校长一职,并遵照教育部令,改学校名为"安徽省立安徽大学",不久便邀请常道直担任教务长和哲学教育学系(由教育系改名而来)主任,并兼任教授。次年 6 月,杨亮功辞去校长职,常道直也因此离开省立安徽大学,接受时任北平师范大学校长、著名教育家李蒸之邀,担任北平师范大学教务长兼教授。在此期间,常道直在教育研究方面,除继续关注民众教育和西方教育制度研究外,可能是出于任职学校性质的缘故,此时他特别重视对于我国师范教育制度开展的研究,先后发表了《师范大学之双重任务》(1932 年,《师大月刊》第 1 期)、《中国师范教育改造之起点》(1934 年,《中华教育界》第 21 卷第 7 期)、《师范教育之趋势》(1935 年,《教育丛刊》第 3 卷第 1 期)等研究论文,并出版著作《师范教育论》(1933 年,立达书局)。在这个阶段,常道直还与著名学者陈鹤琴、杨亮功、郑西谷等一起联络京沪学者发起筹组中国教育学会工作,并在 1933 年 1 月的教育学会成立大会上经选举担任理事会驻会常务理事。

1935 年,常道直因父亲去世回到南京,继而接受中央大学聘请,担任师范学院教授兼系主任。这个时期他在教育管理领域较为关注教育视导制度的研究,发表了许多针对我国教育视导制度问题而提出的解决方案,如《现行督学制之检讨》(1935 年,《江苏教育》第 4 卷第 5、6 期)、《我对于教育视导之意见》(1936 年,《福建教育》第 2 卷第 4 期)等研究论文。

1937 年抗战军兴,常道直随中央大学西迁入川。1942 年至 1943 年,国民政府为标举尊师重教和稳定优秀教育人才的目的,对全国大学中各学科领域的顶尖教授实施了教育部直接聘任教授,即所谓部聘教授制度,以提高这些人才的各方面待遇,共两批,计 45 位被聘,常道直是列名教育学领域仅有的两位部聘教授之一(另一位是孟宪承先生),这其实也是对他在教育研究领域作出的重要贡献的肯定。1944 年,常道直受教育部之邀担任教育部中等教育司司长,曾四处筹资创办国立中学。不久,又改任教育部研究委员会主任委员,此时他依然坚守在中央大学的教席。1945 年抗战胜利后,随中央大学回到南京,继续在中央大学任教,其间,曾先后在兰州国立西北师范学院、台湾省立师范学院任兼职特约教授。1948 年以联合国教科文组织中国委员身份出席了世界教育大会,并代表中国发言。1949 年受成都国立四川大学校长黄季陆邀请,担任国立四川大学教授。在抗战胜利之后这段时期,常道直的研究兴趣主要在比较教育学方面,发表有《教育与国际了解》(《现实与理想》1947 年第 1 卷第 1 期)、《各国初等教育之特点》(《国民教育辅导周刊》1947 年第 1 卷第 3 期)、《基本教育与世界和平》(《教育杂志》1947 年第 32 卷第 3 期)、《国际教师宪章私议》(《教育杂志》1948 年第 33 卷第 11 期)。

1951 年常道直回到南京,同年 10 月,接受新成立的华东师范大学校长孟宪承的邀请,任华东师范大学教育系教授、教育史教研室主任,1958 年担任新成立的教育科学研究所副所长。此后,常道直的研究领域逐渐集中于外国教育史和比较教育学。

二、教育行政的中国化改造

西方理论传入中国后的本土化,一度是 20 世纪二三十年代我国各学科发展中的一个热点话题,如吴文藻提出的"社会学中国化"、庄泽宣提出的"新教育中国化"等口号。常道直游学欧美多国,在对中国教育行政问题的研讨中,自然也不能回避这个问题。不过,在常道直看来,本于中国国情,同时吸收西方教育制度与教育理论的长处,除所谓持守"全盘西化"的论者以外,这在理论上并无任何论争,关键是如何理解与落实"中国化"。他以学制的改造为例,"我国学制,必须尽量吸收各国之长,亦无可辩难,否则全部新学制,便根本无安放处"。① 但同时又不能将"中国化"口号民粹主义化,即以此作为抵制先进制度与理论的挡箭牌,迁就既存的事实而不做任何改革。他特别指出:"现实存在的,不尽为合理的,是故某项设施,虽已为国内多数地方所采行,非必极为合理的。"例如一些学者以西洋学制为西方近代工商社会之产物为由,简单认为它并不适合以农业社会为主体的我国国情,但在常道直看来,这种似是而非的观点虽然对于一味抄袭国外制度者有一定的警醒作用,但其立论并不可靠,因为"考各国学制之躯干,多确立于其国尚未进于工业化以前,仅各级实业教育机关,乃随后应工商业发展的需要而陆续添加",简言之,"合理的学制应该是本国固有的优点与列国已著成效的轨范两者之熔合"。② 这也成为他所理解的"中国化"的内涵或取向。

实现新教育的"中国化",第一方面需要对于中国国情的"研究性"了解,因为"中国化"的目的并不是对现有教育行政惯性的追认,而主要是对于现实的中国教育行政中问题的症结所在的把握。故早在他著述的教育行政学的代表作《增订教育行政大纲》一书中,便注意对教育行政现实问题的揭示,如关于中国当时教育行政系统的得失论述中,认为教育行政独立的行政体系有其积极的方面,但又指出它可能带来某些流弊,诸如:"一、教育行政独成一系统,有趋于片面发展之虞,不能适应各方面之要需。二、教育行政机关独立,每致与其他同等行政机关,互相龃龉,而引起诸般纠纷。"③ 又如1935年发表的《现行督学制之检讨》一文中,通过与国外行政机关相比较,认为我国教育行政机关组织中,在内部办公的行政人员过多,提出内部办公人员大部分时间应分担视导事项;相比较"欧陆各国教育视察事宜皆集中于上级教育行政机关(例如德、法之初级视学员均由教育部任用),而我国之视导组织则嫌散漫,其中尤以县市督学成为教育局之一局员,似有失设置县督学之本意"。④ 在1939年发表的《地方教育行政问

---

①② 常道直.学制合理化之一般原则及现行学制修正方案[J].建国月刊,1938,1(2).

③ 常导之.增订教育行政大纲(上册)[M].福州:福建教育出版社,2011:40.

④ 常导之.现行督学制之检讨[J].江苏教育,1935,4(5,6).

题与地方教育改进》一文中,认为我国教育行政机构设置属于一种倒金字塔形,而当时地方教育行政中又存在着诸如县教育行政地位每况愈下,致使专业人才缺乏的现象;下级机关有令不行,而上级机关习惯于依赖可靠性很低的数字填表一类的管理;县级以下教育行政机构设置不全,导致其对于地方教育发展难以发挥任何功能;教育经费使用缺乏周密的监察办法,每每出现教育经费使用不当、不明甚或被挪用的事实;上级下达给校长需要"急办覆文"的公文过于繁多,使校长们整日陷入填写呈文、报表等事务性工作中,而校长特别应该主抓的教学和辅导的本务反而被忽视等。① 由此可见,常道直对于当时我国教育行政中存在问题的观察不可谓不真、不细。其实综观他关于教育行政管理方面的研究范式与研究成果,大多是立足于我国教育行政的现实问题而进行的思考与研究。

新教育"中国化"的第二方面,是需要以科学的"研究性"态度看待西方发达国家的经验和理论。新教育源于西方发达国家,镜鉴西方教育管理制度乃是建立我国教育管理制度的必然之举。常道直与当时许多学者在对待西方先进制度所抱持的态度非常不同的一点,在于他对于向西方学习的方式上,并不是倾向于拿某一国的经验作为改造中国教育行政制度的标准或范式,而是通过对于许多国家的制度比较研究得出共同的趋势或规律,并以此为改造中国教育制度的借鉴。如关于视导制度,他列出了意大利、英国、法国、德国、美国等国的视导系统和人员分工,并由此得出各国"成例":不同等级的视学员分工不同;视学员皆为专任;各级视学员均为国家的代表等。反观我国各级教育行政机关,以大部分时间消耗于日常行政事务,诸如制定规程和标准、发布命令、任免人员、支付薪酬等,对于内部的例常事务反而无暇实际视导。为此,他明确提出了一条至今仍不失其价值的口号:"教育行政机关乃为实际教育事业而存在,非谓实际教育事业为教育行政机关而举办。"②按照这种取向,现有的教育视导制度不仅违背了行政的目的,而且也不合经济的原则。

新教育"中国化"的第三个方面,则是指按照中国国情选择西方先进经验。如关于我国督学制度的建设问题,常道直明确认为:"我国地域辽阔,视导组织,似不易效法英、德、法诸国之以全国为一整体,而以省区为单位,比较合宜。依吾人理想,现有之省督学,应以专视导中等学校为主;现有之县督学(名称仍旧)

① 常道直.地方教育行政问题与视导制度改善[J].中央周刊,1939,1(42,43).
② 常导之.增订教育行政大纲(下册)[M].福州:福建教育出版社,2011:109.

应直接受省教育行政机关之节制,专视导初等学校。至于其他事项,可由供职内部之秘书、科长、科员等人员担任。"①

三、教育行政管理合理化的设计

民国时期,我国教育行政管理中普遍存在着组织制度不健全、管理工作官僚化、人治化、人冗低效等问题,为此,常道直提出了加强教育行政管理合理化建设的建议。所谓教育行政管理合理化,是指在教育行政管理过程中遵循教育行政管理的规律,掌握和运用科学的管理方法,按客观规律办事。按照常道直的说法,教育设施合理化的标识,不外乎消极方面不悖于情理,积极方面合乎经济原则。②

所谓情理,即人间的公是公非。不悖于情理,便是指教育行政制度的设计和规定,一方面要依据中国国情,另一方面要参酌他国制度,顺应世界教育行政管理发展的潮流。常道直是民国时期教育行政学领域颇有建树的学者,同时还是我国比较教育学方面的重要开拓者之一,其对国外教育制度的熟稔,使得他对于各类教育行政制度及体系的优劣有着自己较为清醒的判断。故对于我国教育行政管理合理化的设计,既不囿于"政治正确"而"遽下断语"、人云亦云,同时亦不简单以某一国制度来作为改造我国教育行政制度的范本(这在当下所谓比较教育中是常见的方法),而是以一种客观中立的态度仔细分析各种行政制度本身的利弊,以供人们科学地借鉴。这种对于教育行政制度设计的理性化思考,突出表现在他以比较研究方法编撰的《增订教育行政大纲》一书和诸如探求中学制度改革和教育行政改革为主题的论文当中。

例如关于教育行政系统独立问题,一度是我国教育界的普遍诉求,常道直并非简单从政治层面予以肯定或否定,而是客观地从学理方面论述其得失。就世界范围而言,当时法国、日本、意大利都在一般行政系统外有独立的教育行政系统的设立,但多数国家都是将教育行政作为一般行政系统的一部分而存在。蔡元培主导的大学院制和大学区制改革,显然是仿法制的一次不太成功的实验。对于这次昙花一现的教育行政改革,常道直并非简单以成败论英雄,而是予以较为冷静的思考。在他看来,实行教育行政独立的优点是

---

① 常导之.现行督学制之检讨[J].江苏教育,1935,4(5,6).

② 常道直.学制合理化之一般原则及现行学制修正方案[J].建国月刊,1938,1(2).

因为"教育行政与他项行政性质不同"，①诸如军政、警察、交通等都是履行国家某一方面的任务，而教育则是国家的最根本任务，故有独立的教育行政组织才能体现出国家的重视。他种行政的效果可以立竿见影，而教育的功效则需要等待数十年后方能显现，若将教育行政纳入普通行政系统，则在考察行政功效时势必被忽略。然就教育行政系统独立的流弊而论，首先是自成系统的教育行政难以适应其他社会系统的需要，其次存在与其他同等行政机关发生不协调的可能性。

又如学制问题，一般学者和教育学教科书均认为学校系统的单轨制更能体现教育的民主性，而双轨或多轨制则反映出教育的不平等性。但是常道直则认为："大凡一国之采取多轨制或单轨制，各依其社会的背景而异。"②在中国，虽然单轨制是深入人心的当然学制，其实是因为清末最初制定的学制移植于日本形式上的单轨学制。同时，"一战"前后美国教育思潮在中国大行其道，以"六三三"制为代表的单轨制又传入中国，故自近代以来，中国实行的学制均为单轨制，"美国式之单轨学制被认为唯一合于德谟克拉西的"③，但事实上，中国学者对于单轨制的利弊并没有做过深入思考，而对于日美学制的认知亦是一知半解，因为日本学制并非纯粹的单轨制，美国在公立单轨系统之外，尚有独立的私立学校系统。问题不仅在于国人对世界学制发展大势缺乏真正了解，更在于我国所认识的单轨制其实只是单轨的"形"，而从来就未留意单轨的"神"，故常道直明确表明自己在单轨制方面的立场："平昔所不敢赞同者，即此种徒有呆板的单轨形式，而根本缺乏单轨精神之学制，而主张于多轨的形态中保持单轨的精神。"④在他看来，现代世界各国中，采行绝对单轨制或多轨制者少有，"所采用者，多为于多轨制中仍保持单轨制之精神"，⑤如此，可以有益于一切儿童享受到在体格上和智力上所能享受获益的教育，并减少在学业和经济方面的耗费。

特别值得一提的是，常道直对我国所行单轨制的批评，并非仅仅只是学理的推论，更主要的是基于我国学制实践过程中所发生问题的反思结果。自1922年仿美实行6岁入学的"六三三"制，到国民政府时期虽有部分改变，但学制大致由初小、高小、初中、高中、大学组成学制正统，其他各类学校为旁支。由于国民政府为实行四年制义务教育而建立的国民学校与小学教育年限并不一致，故

---

① 　常导之.增订教育行政大纲(上册)[M].福州：福建教育出版社，2011：40.
② 　同上：124.
③④ 　常导之.现制中学改造之必要及其途径[M].教育通讯，1938(29).
⑤ 　常导之.增订教育行政大纲(上册)[M].福州：福建教育出版社，2011：124—125.

这种呆板的单轨制使得相当一部分无论经济和智力等方面较有困难的学生,在义务教育结束后难有继续升学的能力和兴趣,而10岁毕业生又不可能出外谋生。在他看来,"一种合理的学制,应保证每个国民均得充分享受与其志愿和能力相适合之教育"。① 事实上,1930年代为实施四年制义务教育,鉴于经费和师资等问题,规定各地可设置不同于普通全日制国民学校的简易小学等,这实际已经破坏了单轨制。

合理化教育行政标识之符合经济原则,其中的所谓经济原则,并不是指教育行政人员越少越好,而是指效率最大化。除去人浮于事、玩忽职守等普通行政中存在的共性问题外,教育行政的效率首先涉及的是教育行政人员数量合理配置问题。常道直认为,当时中国教育行政中普遍存在着严重的政令不畅现象,"中央或各省颁行的法令,通过层层行政机关,最后能否达到每个小学否? 即使不致如'石沉大海'而到达了,究竟能否产生预期的效果? 仍然是问题"。② 导致这种现象出现的原因固然很多,但教育行政组织本身设计不合理以及人员配置不科学则是不可忽视的因素。常道直指出,任何一个教育行政组织应由审议、执行、视导三部门组成,缺一不可。但对照当时教育行政机构的设置,虽然三个部门一个不少,但除执行部门配置较为充实外,其他两个部门在人员配置和重视程度上均难以完成其职责。以审议机关为例,其职能为审核规章、预算、重要方案,并对某些制度规章等提出兴废建议,以及裁决争议等,③但始终未能很好地发挥其功能。虽然早在清光绪三十二年(1906年)便拟议设置高等教育会议所,可并未能真正落实。民国之后,虽先后有中央临时教育会议、教育行政会议、学制会议、全国教育会议等,但均属临时召集而非常设机构。大学院时期创设有"大学委员会",其意图虽欲仿法国"最高教育会议"而发挥常设审核机构职能,但其组成人选以国立大学正副校长为主体,基础教育没有代表入选。这样一个类似于高校行政会议的机构要担负起审核全国教育与学术发展事宜的职能,显然是勉为其难。参照英、法、意、日等发达国家的具体做法,常道直提出了加强我国教育审核机关建设的初步建议:提高教育审核机关在教育行政机构中的地位;审核机构的构成人员应具有广泛的代表性,"应能普遍代表服务教育界全体人员及与教育事业最有密切关系者";④审核机关应有确定的会期;休会期间,应设有常务委员会;除当然委员外,所有委员均应

---

① 常道直.学制合理化之一般原则及现行学制修正方案[J].建国月刊,1938,1(2).
② 常道直.教育行政机构改善论[J].中央周刊,1939,1(33).
③④ 常导之.审核机关在教育行政组织中之地位与功能[J].教育丛刊,1936,3(2).

有法定任期。

四、教育行政专业化的见解

民国时期,教育行政管理受政治、经济、军事局势影响极大,无论是机构设置、政策制定还是人员配备,常常变动不居,且普遍缺失民主和法治精神。1927年,蔡元培鉴于教育行政管理中存在的官僚化气息,提出以教育学术化、专业化代替教育官僚化主张,尝试推行大学院制和大学区制,虽然因各种因素导致改革昙花一现,但中国各级教育行政管理中普遍存在的官僚化、人治化现象一直未丝毫改变,一如当时一些学者所揭露的:"各级教育行政当局,他们握有教育的实权,一切教育的计划、设施,都被他个人的头脑所决定,因此,一切教育事业的盛衰,也是为他个人的行动所左右",[①]"凡人事之更替,政策之改易,以及经常临时各费之发放,均以人的关系为主,……各省之教育行政权,多在主管当局之手,无论专家意见,或民众舆论,主管当局并无必须接受之义务。"[②]为改变这种状况,常道直与同时代的一些学者一样,提出了教育行政专业化的主张。

梳理教育行政专业化口号的历史,其实是与当时"教育专业化"和"教师专业化"的倡导分不开的。20世纪三四十年代"专业化"一度是教育界探究的热点问题之一。不过,对于"专业化"的内涵以及实现教育专业化的必要性和条件等依然是众说纷纭。常道直认为,专业是专指那些"需要高深专门学识的业务,并且需要从业者以其毕生时力去从事的。在每一专业群中,对于所属的份子,应该具备普通教育和专业训练以及有关业务活动的轨范等等,大都各有其共同信守之成文的或不成文的规条"。[③] 概括起来说,在常道直看来,"专业"的含义包括了高深专门的学识、专门的训练和相应的行业规范等基本要素。

与医师、律师等行业专业化不同,"教育行政专业化"在当时并不是一个不证自明的普遍共识。无论是普通民众、政府官员还是非教育领域的学者,对教育行政专业化并不以为然,因而要推行教育行政专业化首先要解决的是认识问题。教育行政为何必须专业化? 常道直并不否认一些学者提到专业化具有提高教育行政效率的价值,但他更从学理方面予以了较为深刻的阐述。

---

① 匡焕葆.教育行政学术化之必要及其途径[J].安徽政治,1941,4(4).

② 袁伯樵.如何改进省教育行政以配合民主化学术化之需要[J].中华教育界,1947,续刊1(12).

③ 常道直.如何促成教育之专业化[J].教育杂志,1948,33(4).

首先,教育行政专业化是由教育自身特殊性决定的。在教育事业发展政策上,常道直与许多教育行政学家一样力主国家主义取向,强调发展教育事业乃为国家职责之所在,故教育行政应为国家重要行政之一。同时,他特别指出教育行政与普通行政之不同:普通行政如军政、交通、卫生等均为履行国家任务的某一特殊方面,而教育行政履行的是国家最根本任务,应有完全不同的独立行政组织,"其行政组织之原则及其机构,亦具有若干特性",①例如教育行政组织架构是一个层级分明的中央集权制的系统,其对于教育效率的考察是一个长期的过程;教育行政以计划、组织、监督、改进教育事业为职责,责任重大,非常人所能比拟;其审议、视导学校教育发展政策、工作状况需要相当的专业,非一般行政官僚可以染指。故教育行政专家化、专业化是其必然。

其次,教育行政专业化亦是由教育行政工作自身的特性决定的。当时在许多人眼里,教育行政没有专业性可言,故部分行政机构常常成为一些失意政客或官僚暂时栖身处。但在常道直看来,在教育行政实践中,并非所有的行政工作都是任何人可以承担的。就具体教育行政而言,虽然并非所有教育行政均需要专门化、专业化的训练,但某些行政业务专业化训练是不可缺少的,他说:"笔者向来认为应将例常性质之教育行政与需要专门学识与技术之教育工作,两者加以划分。……属于后者之工作,如教师之训练、检定及进修,各科教学之辅导,及其他需要专门技术之工作,与校舍建筑之规划,学校卫生之设施,等等。"以上均应由上级教育行政机关派遣专门人员负责处理②。而又以学校内部管理而论,凡一切职任,需要专门的技能,"学校中如管理、训练、卫生等,现已成为专门的技能,非曾经专门的训练,不能胜任愉快"。③

此外,教育行政专业化还与教育行政民主化有着密切的关系。常道直明确认为:"教育行政民主化,必须济以专业化。"④"教育行政民主化"至少包括两层含义:一是教育行政人员的选任首先应民主性,应由代表人民的机关选任。二是教育行政过程应体现民主色彩。然而,教育行政民主化只是形式,它并不能解决教育行政过程中自身的专业化问题,因此,常道直认为,在实施教育行政民主化过程中,还应以专业化配之,即一方面由民主方式选任的人员还应具备专业的素养,另一方面"教育政策、规章、薪级、课程等等,由代表教育界之机关参

---

① 常道直.教育行政机构改善论[J].中央周刊,1939,1(33).
② 常道直.新县制下之地方教育行政问题[J].中央周刊,1939,2(27).
③ 常道直.学校中几个实际的问题[J].教育杂志,1921,14(2).
④ 常道直.当前我国教育上两大课题[J].教育杂志,1947,32(2).

加制定,这是行政专业化的起码条件"。①

如何实施教育行政专业化？首先,制度上对教育行政人员的选拔应有明确的资格规定和任期限制。在英美等发达国家,对于教育行政人员的资格多有明确规定。就我国情况而言,自国民政府成立之后,对于教育行政人员的选拔亦有着明文规定,如 1933 年考试院颁布的《修正高等考试教育行政人员考试条例》和《修正普通考试教育行政人员考试条例》中,明确了教育行政人员参与两类选拔考试的资格条件和考试科目。如选拔荐任职教育行政人员的高等考试规定应考者的学历一般不低于专科毕业,而选拔委任职教育行政人员的普通考试在学历/资历要求方面,则仅需要高中或师范学校毕业或同等学力(经检定考试及格者)或担任过高小教员等。对于普通教育行政人员考试,常道直认为资格规定及考试标准要求太低,显然不利于教育行政专业化,导致教育行政人员难保教育专业精神,难以胜任教育行政工作,且为侥幸者开了方便之门。而在任期方面,我国与欧美发达国家相比差距较大,如发达国家的教育行政人员获得与一般国家文官同样的保障,绝无无端被免职的担忧。相反,"我国中央及各省教育法令,对于各级教育机关人员之任期概未规定,又无一般之职务保障法令,以致鲜有久于其职者"。② 同时,任免的随意性较大,例如校长任职的长短完全取决于行政当局者和学生的好恶,而教员的进退、升降亦全凭校长及其少数亲信的私见。任期没有规定或规定过短,以及职务难有保障,其弊端是显而易见的,如导致教育行政人员专业精神少有发展的可能,并不关心当前教育现状的研究,对于改革事宜更是难有筹划之心,且过于频繁的人员变动,还会引起教育行政效率的低下等。鉴于此,常道直力主教育行政人员应有确定的任期或保障,这也是教育行政专业化的前提之一。

其次,树立从业者的专业意识和自律精神。常道直认为,当时教育界的现实实在令人失望,专业意识和自主精神甚至不如百工之业的工人。虽然我们可以通过制订、颁布法令的形式予以加强,但在"缺乏专业意识或自觉的精神群中,纵有极详备之法令规章,也不过在业已膨胀的法令全书中再增添几张印有黑字的白纸罢了"。③ 在他看来,改变这种现状需要多方面努力,其中一条是需要发挥教育学术团体行业学会的力量,通过制订教育专业道德规约,规范业内人士的行为。

① 常道直.当前我国教育上两大课题[J].教育杂志,1947,32(2).
② 常导之.增订教育行政大纲(上册)[M].福州：福建教育出版社,2011：47.
③ 常道直.如何促成教育之专业化[J].教育杂志,1948,33(4).

此外,推动教育行政学术化。民国以来,各级教育行政机关对学术研究并不重视,"虽有附设教育研究所之计划或规程,但多搁置而成具文",故教育行政的工作多属被动,"多为统治的工作,而少领导、合作、会商、研究、调查、探讨的工作"。① 而身处教育学术研究机构中的一般人又很少参加教育实践活动,他们所研究的学理也与现实背离。常道直认为,改进教育行政机构工作的重要举措之一,便是推动教育行政学术化。所谓"教育行政学术化",一是指教育行政部门应主动加强与学术机构的联系,争取外部学术力量对教育行政的支持,即审议、视导等教育行政机关与学术机关密切合作,以学术研究成果为工作依据;二是指教育学术机关应主动参与教育行政过程的指导,如教育学术研究人员应参与教育行政过程的设计,甚至实地参与诸如教育视导工作的指导等。常道直曾明确提出:"视导工作之繁重、困难,甚于行政例常事务,非由专家专任,不足与言事功。"②

常道直的教育行政管理学方面的研究成果,反映了民国时期教育学者对中国教育行政管理领域问题的思考和研究的深度与广度。数十年前中国教育行政管理领域存在的问题在今天是否都已经解决? 以"问题解决"为取向的研究主旨是否成为共识? 如果没有完全解决上述问题,重读常道直等前人的经典和论述,意义便不言而喻。

---

① 匡焕葆.教育行政学术化之必要及其途径[J].安徽政治,1941,4(4).

② 常导之.增订教育行政大纲(上册)[M].福州:福建教育出版社,2011:110.

第二十章

杜佐周学校管理学思想研究

　　杜佐周(1895—1974),浙江东阳人,中国近代教育管理史上知名教育管理学家,我国教育管理学科的开拓者之一。美国爱荷华州立大学(ISU)哲学博士,历任武昌中山大学、中央大学、厦门大学、暨南大学、福建师范学院、南京师范学院等高校教授。他终生致力于教育管理研究与实践,取得了令人瞩目的成就。在理论上,他积极引介西方教育行政思想与理论,结合我国国情,全面阐释、吸收、借鉴与创新。在《教育杂志》《东方杂志》《读书通讯》等诸多影响甚广的杂志上发表大量文章,对教育行政、中小学教育发展趋势、班级编制、教学方法、课程编订等方面进行了全面、系统的研究和论述,出版了对教育管理学科发展具有奠基意义的著作——《教育与学校行政原理》。在实践中,杜佐周长期担任大学校长、中学教师与杂志编辑工作等职务,通过对实际工作的调查与研究,全面掌握与了解当时中国教育的实际情况,自觉运用理论知识于实践,进行改革创新,成绩斐然。杜佐周的学校管理思想内容十分丰富,涉及学校的组织、办事的系统、经费的出纳、校舍的支配、设备的扩充、学校的卫生、教师的选聘、薪俸的标准、教学的改进、课程的编制、成绩的考核、训育的设施、学童的调查及课外活动的组织等诸多内容,每一项内容都提出了极具价值的见解。以下我们主要从"人""财""事""物""气"①五个方面来简要探讨杜佐周的学校管理思想。

---

　　① 张新平认为,虽然教育管理内容涉及面广量大,但是可以归为人、财、事、物、气五个部分。详细言之,"人"是指办学治校必不可少的人员条件,主要包括学校领导与管理人员、教职工、学生等;"财"是指维持学校正常运转和促进学校进一步发展所需的各项经费条件,涉及经费的来源、支出及管理效率等;"物"是指学校不可或缺的各项基本物质条件,主要有校舍建筑、仪器设备、图书资料、卫生设置设备等;"事"是指为培养人而对学校各项事务分别设置的工作标准,这主要包括教育教学工作指标,以及为教育教学提供辅助性服务的各种学校管理工作指标;"气"则指学校所具有的精神气质、整体气氛等。

一、"人"的管理：学校管理的核心

杜佐周认为，管理从某种意义上说，主要指对人的管理，人是学校行政各个环节中最重要的因素，对人管理的成效之好坏直接决定了管理的最终成效。以下，我们主要从对校长的管理和对教师的管理两个方面来具体阐述杜佐周的关于"人"的管理思想。

（一）对校长的管理

杜佐周认为，校长为一校的领袖，总理全校的事务。学校成绩的优劣，在很大程度上取决于校长的办事能力。校长如果有明确的办学宗旨，切实可行的计划，筹措到充裕的经费并能使用得当，能选聘优良教师并能全体合作，则其校务必可蒸蒸日上。否则，若庸庸碌碌、从事敷衍，或刚愎自用、独断专行，既无明确的办学宗旨，又乏切实可行的计划，则全校教职员必将各自为政，形同一盘散沙。因此，他认为，校长在进行学校行政时须做好以下几点：第一，校长必须德才兼备。主要表现为校长要有敏捷的手腕、勤勉的习惯、创造的思想、诙谐的意思、领袖的资格、平民的精神、远大的眼光、忠实的服务及坚决的自信力。第二，校长须注意自己的继续学习和修养提升。他指出，继续学习与修养提升的方法有下述数种：一是利用假期，进行学习和研究，如进暑期学校等；二是旅行及参观；三是参与各种教育会议或讨论会；四是每日规定一定时刻，阅览教育书报及杂志等；五是利用函授方法，讨论或研究各种教育问题；六是组织校内教职员会议等，讨论或研究各种教育问题；七是具有继续自求进步的决心和意志。第三，校长须深知其职权范围。杜佐周认为中小学校长的职权主要应为：一是视察与指导教学，进而比较教学的成绩；二是聘用、升迁及解约教职员；三是与教育行政官员、学生家长、学生接洽；四是召集校内各种会议，并代表学校参与各种教育会议；五是编制预算，并筹划、支配学校经费；六是计划课程、审查教科书、厘定校章；七是视察学校环境、指导学生课外的活动和社会服务；八是参观教育，研究、决定学校未来的发展方针。校长只有明确以上职权，才能集中精神做好行政工作，不至于避重就轻，不着重点。第四，校长须注重并善于分权。杜佐周十分注重学校行政民主分权。他认为，作为校长，应当根据学校的范围，研究事务的性质，"审其轻重，明其难易，有些行政责任须付托教职员或各种委员会共同承担"，[①]这样，既可以"免除个人独裁的嫌

---

① 杜佐周.教育与学校行政原理[M].上海：商务印书馆,1930：164.

疑",又可"获得全体合作的效果"。同时,校长也可抽出空余时间担任更加重大的事务。第五,校长须是"教师的领袖,教师的教师"。杜佐周认为,对教师的指导是校长诸多职务中最为重要的一种,是比普通管理的职务还要重要的。凡教师教学、训练、管理各方面有困难时,校长均当帮助他们解决。"学生能否获得教育的目的,要视教师教学、训练和管理的成绩如何而定;而教师能否获得良好的成绩,又要唯校长指导的工作如何而定"。① 在杜佐周看来,校长在指导教师方面的功用有如下四点:一是可以激起教师教学的热心及明察学者与课程的关系;二是辅助教师思想活动,使其觉悟种种失败的原因及其避免的方法;三是忠告教师教学方法的改进,并使其心服;四是鼓励教师,使其认识自身的地位。第六,校长须善于应对和防免学校风潮。针对当时学潮不断,杜佐周指出,学校风潮在很大程度上是"政局混乱、派别冲突、经费恐慌"所致,因而"耗费的光阴、劳力及经济,实不可胜计","校长既为一校领袖,自应特别注意,设法防免"。学校"尤宜努力于训育方针的改进,以为积极整顿学风的张本",校长亦应"开诚布公、以身作则",同时又要"人格高尚、善用感情,陶冶学生的性情",去获得学生的信仰。同时,也要注意课程的改进和教学的改良,竭力增加课外活动的设施、设备,努力赢取社会的协助与舆论的支持,这对于纯良学风的营造亦是不可缺少。

(二) 对教师的管理

杜佐周认为,学校的目的在于学生知识的增进、技能的培养及品性的陶冶。"与学生直接发生关系而负此种重大责任者,就是教师"。② 他亦引用西方成语"有其教师,必有其学校。(As is the teacher, so is the school)"来阐述教师地位的重要性,"学校的成败,以教师之优良与否为转移;教师为全校精神所寄托,其责任非常重要"。③ 杜佐周的教师管理思想可以概括为如下三点:

第一,严谨选聘。首先,杜佐周十分强调学校和教师之间的双向选择,他认为:"学校期得优良的教师,自身先有罗致人才的特点。"具体表现如下:学校根基稳固,负有相当的声誉;经费充足,能有优厚的薪俸;依照教学的效率增薪,分配公允;注重人才主义,没有派别或地域等的差异;全校教职员均能合作,毫无意见冲突;地位有保障,生活亦能安适;设备完全,富有研究的空气。这也暗含了学校应为教师发展提供基本的生活保障和公平、合作的工作氛围。在教师的

---

① 杜佐周.小学行政[M].上海:商务印书馆,1931:13.
② 杜佐周.教育与学校行政原理[M].上海:商务印书馆,1930:174.
③ 杜佐周.师资训练的必要性及其重要问题的检讨[J].教育杂志,1935,25(7).

聘用标准上,杜佐周认为:"一个教师之能成功与否,唯视其人格健全及学识丰富与否为转移。"关于"人格",一个良好的教师须具备两个方面:一要有"积极的人格",即具有领袖的、建设的、创造的、进取的精神;二要有"消极的人格",即具有服从的、稳健的态度。至于"形式方面的人格",如言语、动作、衣履等,同样应当注意,因为这些都与教师人格的表现有关,均可对学生的行为产生影响。关于"学识",杜佐周提出了三方面的要求:一要具备"普通的学识","普通各学科的常识,实为教学任何科目的必要条件"。二要具备"专门的学识"。教学社会学科,必须对于社会学科有特别的研究;教学自然学科,必须对自然学科有特别的研究。三要具备"教育的学识",即教育原理、教育心理及教学方法等方面的研究。在教师的选聘方法上,杜佐周认为,既要有教育教学能力的考核、评定,又要有品性的观察、调查;既要有校长的个人努力,亦要有教育行政部门的协助。校长首先应对学校的教师聘请有所预期,"需要何种教师? 此类教师宜从何处出身?",然后作出决定。条件许可,"校长可亲赴各处调查所拟聘请人的实际情形"。亦可访问拟聘请人的昔日教师、同学或同事,了解其平日行为、嗜好及其对教育的态度。同时,也可把一些介绍教师的书籍做一参考。

第二,合理使用。杜佐周指出:"学校最重要的问题,不仅在于良好教师的聘请,而且在于良好教师的保持,及凡庸教师的辞退。"[①]亦即对教师的合理使用问题,这涉及教师合约的长短、对教师的定期考核和评定、教师的薪俸支配等。在教师的合约上,杜佐周强调:"教师合约的长短,有取折中办法的必要。"对于初聘教师,合约宜短,以观察其教学成绩,对于成绩优良者,则可续订较长合约。合约长短的规定,要以促进教师安心、努力教学为标准,同时亦要为学校和教师之间双向选择的延续提供必要的弹性空间。对于教师的薪俸支配,杜佐周认为至少应包括教师的生活和储蓄两方面。"虽说教育是高尚的事业,从事于教学者,当求精神上的快乐,不应徒为金钱的经营,但一家生活的维持,子女教育费的供给,将来老病的预备,以及修养费用的支付,亦是现代从事于教学者所必需的"。[②] 然而,教育经费往往非常缺乏,需斟酌利用,故应对教师薪俸作出不同的级别规定,以区别资格、经验或成绩的不同。对于教师教学成绩的考核,杜佐周强调要力求科学化。"教学成绩固然应以学生的成绩为根据,但是学生的成绩是多方面的结果,并非教学一种的表征"。[③] 对此,杜佐周为我们提供了两种方

---

① 杜佐周.教育与学校行政原理[M].上海:商务印书馆,1930:179.

② 同上:182.

③ 同上:189.

法：第一种方法是以学生的成绩为根据，亦即视学生学业成绩的相对进步而定。此处，杜佐周推崇桑戴克-麦柯尔(Thorndike-McCall)的教育测量方法，其根本要求就是要视学生的能力而谋相当的进步。第二种方法就是以教师本身为根据。此处，杜佐周推崇鲍尔斯(Boyee)的教师效率审查表格。要求校长、指导员和教育局长分别对教师的人格、社交能力与专门预备、学校管理和教学技能进行总体观察，然后估计其成绩，进而依其等级，决定其去留。

第三，尊重体贴。杜佐周深知教师劳动的特点和他们的各种需要，所以他的教师管理思想处处彰显了他对教师尊重体贴的情怀。从对教师的聘任来看，虽然他强调学校对教师的严谨选聘，但同时亦尊重教师对学校的选择权。在学校管埋上，他重视全体教职员会议作用的充分发挥，强调教师参与学校事务的管理权利。在对教师的薪俸分配上，杜佐周不仅规定了教师安定生活所需的最底层保障，亦考虑到教师精神层面的需求，给予他们休假、进修和自我发展的空间。在对教师进行考核的时候，并非单纯地强调学生成绩，而是设身处地站在教师的角度上进行全方位的考虑，以期对教师有个全面的、科学的评价。在对教师教学技能的指导上，他一再强调，校长应本着坦白的胸襟、同情的态度及积极建设的精神给予指导。"优点固宜加以奖励，缺点亦不当过于责难"，给予教师独立发展与创造能力的充分机会，使其对于一切教学能自己进行计划和实施。即便是对平庸教师的辞退上，杜佐周表示亦要给予尽可能的帮助，"条件许可还应给予推荐他校"。而且在对其辞退时，其一再强调，必须是"经过反复指导而无效者，方可给予辞退"。①

二、"财"的管理：学校管理的条件

杜佐周认为，欲使一个学校成绩良好，最重要的条件就是经费。经费充足的学校，虽或有时因为用人不当，而成绩未必良好；但若经费缺乏的学校，则即用人得当，亦将难为"无米之炊"。理想的方法，一方面学校经费充足；另方面学校管理者能善为之使用。

(一) 学校经费的筹划

教育是国家的事业，政府的教育拨款是教育发展的最重要保障之一，也是筹措办学经费的重要途径之一。但这是对于公立学校而言，民办或者私立学校

---

　　① 杜佐周.教育与学校行政原理[M].上海：商务印书馆,1930：180.

就须自行筹划经费。对此,杜佐周认为,学校应做到如下两点:第一,须让民众知道学校对经费的迫切需要。教育乃百年大计,其收益周期较长。"见识短少的人,就鲜能十分了解。所以扩充教育及筹划经费的工作比较其他公共事业尚要困难"。[①] 他比喻说,道路不好,人人可以觉得其困苦;改筑成后,人人可以知其进步。但教育就不能如此,故其经费的扩充,就不能如筑路那样容易筹划了。为此,杜佐周提出,在欲谋扩充学校的经费以前,至少应做到如下四点的调查工作:一是学校的现状及其将来应当扩充的必要;二是人民对于教育已有的负担;三是人民生产的能力及经济的实况;四是人民对于教育事业的态度及热心。此外,学校还要注重与社会的日常联络,使民众知道学校的重要及对于他们的贡献;校长教员应与地方人士,特别是应与那些热心教育事业者加强沟通和交流。同时,亦可通过向地方上民众演讲、开学生成绩展览会等形式,以表示教育的成果及联络社会的感情。社会若知学校有改进的必要,民众必会在其经济能力范围内踊跃赞助了。第二,须让捐款人了解"用钱涓滴都归正途"。杜佐周认为,学校应本着对捐款人认真负责的态度,及时向他们汇报办学的意义、所取得的成就、面临的困难,以及捐款的使用情况。校长必须坦白公平、热心诚恳,去争取社会人士的信任和支持。此外,学校应利用名誉奖励,对于特别捐款者,学校当代为呈请官厅颁发奖状或纪念品,以为纪念。学校每年必须有详细明了的预算及决算报告,并向社会公布,以取信于社会。

(二) 学校经费的合理使用

办学"须合于经济的原理",可谓人尽皆知;但是其中的经费使用效益不高,却也是有目共睹。怎样去合理利用有限的经费,做到以最少量钱去获最大的教育效果?杜佐周提出了以下几点:第一,编制预算要科学、合理。他指出:"近来国内的学校,因为经济支配不当,起了无数的纠纷,诚可为从事于学校行政者的殷鉴。"[②]关于任何学校的经费问题,第一步的工作就是预算的编制。杜佐周认为:首先,应切实调查学校历年的经济状况及分配方法,在此基础上组织相关者开会讨论经费分配的大致标准,并按照学校的主要功能,分为多少部分。其次,分部预算全年费用项目并列表具体说明。然后,由校长收集各部的预算表,依照全年收入的总数及各种费用的轻重缓急,与本校事务主任及会计共同商酌,支配各项费用。可是关于教职员薪俸及预备费等的规定,仍应由校长一人秉公

① 杜佐周.教育与学校行政原理[M].上海:商务印书馆,1930:112.

② 同上:123.

做主,不便叫他人参加意见。最后,全校的初步预算案编制成功后,则当油印多份,分发全体行政会议的委员及全体教职员会议的委员,召集会议,再行讨论及审查一次,但是最后的表决权仍属于校长。此外,杜佐周亦强调,预算应包括收入和支出两方面,推测收入时不可过奢,应该向减少处推算;且应从推测的收入项内,划出一笔临时费,以备将来收入的减少和临时的支出;预算在一年内,至少须有两次之修正,借以窥知学校财政的状况;在年末,将各种预算收入、支出账目结算,作出盈亏对照表,如有盈余,则规定用途或保留为将来之临时费,如有亏损,则须急谋补救之法。第二,须制定相关规程以保障预算贯彻执行。预算成功后,尚宜定有实际使用的办法。否则,系统不定、关系不明,亦有很大的危险。为此,杜佐周认为,要制定专门的规程和使用细则,并由各股负责,由他们自行支配。这样,既可减轻校长一部分责任,又可鼓励各股节俭,提高经费的使用效益。同时,要设立专门的经济稽查委员会,稽查委员最好是由全体教职员公开推举与校长没有个人恩怨且能秉公从事的人担当,对于此负责人的位置要有专门保障,以便坚固其意志,切实负责此事。第三,要实行经济公开。杜佐周十分强调经济公开的重要性,他认为,经济公开不仅可以使学校经费涓滴归公,而且可以使校长和会计不受各方面的指摘,促进教职员工之间的相互信任与合作,亦可避免由于经济问题而引发的学生风潮,还可赢取官厅和社会的信任,以利于将来经费的筹划。为此,为校长者须有经济公开的真诚实意。编制预算时,应有一部分有关系的教职员参与意见;应采用新式簿记记账,使管钱者和记账者分开;每月及全年用款细账,须由经济稽查委员会负责公开审查;一切不报销的杂项收入,亦须另立账目,提出报告,以便公开审查。此外,为增进教育效率计,诚应由官厅以身作则,命令实行。

三、“物”的管理:学校管理的保证

杜佐周强调,学校的设备物资是学校行政的保证,没有良好的物资与设备作保证,学校行政、教学与学生绩效的提升是不可能的。强化对设备物资进行有效管理也是保证更好利用资源,节约办学经费成本,提高办学效益的重要方式。

(一)管理观念要转变

当时国内存有一种偏见,“教育注重精神,不宜徒事形式”,[①]结果使校舍问

---

① 杜佐周.教育与学校行政原理[M].上海:商务印书馆,1930:133.

题鲜有人注意。军事频仍，教育经费异常支绌，此项问题尤无人讲求。杜佐周认为，这种现状必须扭转。学校应为儿童的乐园，学校建筑与儿童的学习关系密切，对于他们品性的修养及美感的陶冶也影响深远。学校是社会的一种模范组织，其建筑与设备自当特别注意。再者，校舍的基地、材料、方向、形式及光线、温度、空气、分配和设备等问题，均是教学和卫生上要关注的事情，须有科学的实施标准。此外，"十年树林，百年树人。"教育是百年大事。"建筑校舍必非仅为当时儿童着想，其工作的计划至少须有十年或二十年的将来在前面"。为此，他提出，应当借鉴西方的做法，对各种学校校舍的标准，作出法律规定。

（二）设施方法要科学

杜佐周认为，无论是在学校建筑还是设备方面，都要有科学的管理方法，都要由相关专家制定相应的标准。第一，在建筑方面。校舍建筑不仅要用最经济的科学方法使其适用、坚固、卫生、美观，满足现在社会的需要及新近教育的要求，而且要顾及将来教育发展的可能性，适合于未来的扩充。校舍建筑的校址选择、形式及材料的确定亦很重要。要选择风景明媚、清净优雅的地方为学校，这不仅可以涵养学生的德行，亦可增高美感。相反，那些声音嘈杂、空气污浊的地方就不适宜。校舍的形式，因学校的种类及性质而异。小学以平屋为佳，样式以坚实、适用及经济为主，不必一定仿照西式；必须建造楼房时，要多设楼梯。高级学生居于楼上，低年级学生居于楼下。校舍的材料，应以地方情形及学校经济状况为标准，但要以坚实永久为主，适用和节俭并举。教室的设置尤为重要。"教室为直接教学的地方，其建筑之适宜与否，与教育的成败，更有密切的关系"。① 关于教室的长度规定，杜佐周认为应当以最后排的学生看黑板的清晰程度及他们与教师的交流毫无困难为度；有关教室的宽度，则要视室内光线分量的多寡而定，普遍以光线能照到距离最远的座位为主。有关教室内的采光和通气及取暖，亦应特别注意。"光线分布不均匀，便须多用目力，结果或引起生理上的变化，儿童尤甚"。就冬季取暖的问题，我国学校里面，一向没有特别的设施。"寒天气冷，儿童亦当枯立室内，聆听教师演讲！这不特失掉爱护儿童的意义，且是残害他们的身体"。② 所以，学校要尽可能安装热气管，条件不许，至少亦装置火炉。此外，关于体育场、学校园、特殊用室及便所的设置亦不容忽视。尽管其具体设置要因校而异，但均要以适合学生的身心发展，益于美感陶

---

① 杜佐周.教育与学校行政原理[M].上海：商务印书馆，1930：145.
② 同上：149.

285

冶及提高教学效率为依归。第二，在设备方面。学校所需设备亦随学校的性质和范围各异。但普通而重要者，杜佐周提出如下六种：教学方面的设备、美观方面的设备、安全方面的设备、运动方面的设备、卫生方面的设备及其他行政方面的设备。杜佐周对教学设备中的桌椅问题尤为关注，"学生在校，大部分是在桌椅上做工作的，他们的高度彼此不同，儿童时期是身体正当发育长进，差别尤大的时期"。若桌椅的高低大小，不适其度，则将必有害于健康。他借鉴斯特雷耶（G. D. Strayer）的调查，认为桌椅最好应有伸缩性（adjustable desks），或高低具备，以便学生择其适度者而用之；另外，学校必须每年测验学生的高度，指导择用适度的桌椅。美观方面的设备，杜佐周亦很重视。"学校为社会上一种模范的机关，其清洁高尚的环境，直接可以影响于社会的改进"。① 另外，"学生在校，不仅为知识的求得、习惯的养成及技能的训练，而且应为品性的修养及美感的陶冶"。美育与德育互为表里，同时与智育和体育亦有密切的关系。所以，他认为，只要与美育相关，均应视为学校必要的设备。"西洋学校对于此层，极为注意。其校舍的优雅、设备的整洁、花木的优美、草色的青青，诚有令人羡慕不已"。②但是，要注意这种设备，"宜美而不宜华，宜简而不宜陋"。各级学校应以经济的状况，为相当的布置。安全方面的设备，亦不容忽视。"校舍建筑，每费巨金。有时不慎，竟付一炬！这大都是因为安全方面的设备不完全的缘故，故学校行政不得不特别为之注意"。③具体设置上，校舍重要处须设置贮水池，多备避火器具，平时应令学生练习避火方法，建筑时应多设楼梯，且各室门户，若无其他妨碍，应向外开放，以便遇灾时易于逃避，另外学校必须保险，以免遇火灾后永不能恢复。

（三）学校资源应与社会共享

"学校应与社会打成一片，校舍不当仅为学生应用，且亦宜为社会利用"，④杜佐周给出如下三点理由：一是社会上缺乏大规模的建筑，平时可利用者，唯有学校的校舍；二是学校对社会开放，社会对于学校定可愈益亲切，对于学校事业定可愈有协助的精神；三是国内教育经费未能充裕，欲办教育事业又非常繁多，民众补习教育等须利用正式学校的校舍和设备，始可成功。所以，建筑校舍时，就应先为计划。如大礼堂、大餐厅和运动场及一部分教室，必须预备可以借为公用，必须与其他各室有分割而不至扰乱学校本部的教学才好。

---

①②③　杜佐周.教育与学校行政原理[M].上海：商务印书馆，1930：157.
④　同上：151，152.

概言之,杜佐周认为,学校在其建筑和设备管理中须更新观念,应在其自身条件许可的范围内,为求得学生的全面及最佳发展去设置各种相关设备;并应采用科学方法,力求学校资源利用效益的最大化。

四、"事"的管理:学校管理的重点

学校管理须以维持学校秩序、改良学校工作、发展学校事业及促进学校成绩为己任。杜佐周认为:"若欲达到这个目的,必须先从学校的组织方面着手。"①对此,他主要从以下三个方面进行了论述:

第一,"校务分掌"。就学校的管理而言,"校务纷繁、千头万绪,必非校长一人所能完全处理,故必须分部进行"。② 所谓"校务分掌",即校长应当根据学校的范围,研究事务的性质,以学校管理原则为标准,"审其轻重,明其难易,有些行政责任须付托教职员或各种委员会共同承担",举例说明,亦即教导部须设教导主任一人,人事部须设事务主任一人,分掌各部事宜;至于各部之下,又须分为若干股,各设股长一人及股员若干人,分别处理各种问题,其中少数职务须由特别职员兼任外,均可由教员分配兼任。这样,既可"免除个人独裁的嫌疑",又可"获得全体合作的效果"。同时,校长也可抽出空余时间担任更加重大的事务。杜佐周进一步提醒,实行"校务分掌",有一个原则务必坚持,即"分配职务应因事择人,不宜因人择事;劳逸当求均匀,每人所任职务不宜过多"。同时,各部或各股的任务和职权必须明确规定,"始可免除疏忽或重复的弊病",要充分重视各部、各股之间工作的联络,对于两部或两股都有关系的工作,就要由两者共同参与联合去做。"事务虽当分别担任,精神仍宜统一"。③

第二,"民主集中"。杜佐周对学校管理中民主集中制的价值有着充分的认识。由于单一的"领袖制"和"会议制"都有其自身无法克服的弊病,"学校行政应常调和领袖制与会议制,相互为用,兼取其所长,避免其所短,庶几学校事项的进行,可以顺利,成效可以卓著"。他明确指出,"尽管全校一切事务,直接负责的是校长与主任,但有许多意见及计划还是要取决于各种会议"。④ 为此,杜佐周十分重视学校中各种委员会的组织,如可以讨论和决议全校教务计划和改

---

① 杜佐周.教育与学校行政原理[M].上海:商务印书馆,1930:95.

② 杜佐周.小学行政[M].上海:商务印书馆,1931:47.

③ 杜佐周.教育与学校行政原理[M].上海:商务印书馆,1930:96.

④ 同上:104.

良的教务会议、力求教学方法和教学成绩改进的全体教职员会议、对学校经费使用进行审核和监督的经济稽核委员会、处理临时发生重要事项的临时委员会等。杜佐周认为："各种会议倘能善为利用，非但可以明了校内一切情形，集思广益代为议决全校的重要事务，还可增进教师的修养、联络全校教职员工的感情。"①同时要注意的是，各项会议的组织要随需要而变通，不应拘泥于一定的形式。

第三，"厘定规程"。为使"校务分掌"和"民主集中"得到彻底贯彻，杜佐周提倡各种学校规程的厘定。"规程者，就是处理一切行政事务的条文。"杜佐周明确指出："组织的规定、事务的分划，及工作的支配等，均非有一定的规程为之准绳不可。否则，校事纷繁，必将毫无头绪；如是，学校行政的效率，亦将无从而表现了。"②就规程的制定而言，他认为应"因地制宜""繁简适中"，也就是说要必须依据实际需要而产生。此外，"普通规程，均有附则，说明遇必要时，得依相当手续而加以修正"，从而保证了普通规程的相对弹性，为其合理、有效地贯彻执行提供了保障。就规程的种类和具体内容而言，杜佐周认为至少应包括以下几个方面：组织规程，如全校组织大纲及细则；教职员服务及待遇规程；教务部规程，如学籍股、成绩股、教具股等及其细则；训育部规程，如学级训导股、奖惩股、家庭联络股等及其细则；事务部规程，如会计股、校具股、卫生股等及其细则；会议规程，如全体教职员会议、学校行政会议、经济稽查委员会规程等；集会规程，如纪念日、运动会及成绩展览会等规程。

就以上三者之间的关系，杜佐周认为，"校务分掌"和"民主集中"在学校管理中能起到高屋建瓴的作用，使学校整体处于民主而高效的氛围之下，"规程厘订"又给了两者制度上的保障，使得学校管理的各项工作能够顺利开展。

学校管理既然如此重要，学校事务又是如此纷繁复杂，为了学校管理的各项活动能够保质、高效地进行，起指引和约束作用的管理原则必不可少。尽管各级各类学校情况各异，但是杜佐周所提的以下几个管理原则却是普遍适用的：

第一，"须合于社会实况的需要"。学校是社会，教育是生活，学校教育即是社会生活。杜佐周认为，"学校的组织应当力求社会化"。一切学校设施应以这个原则为中心，培养学生在社会上的活动能力。"无论何级何类学校，性质虽或

---

① 杜佐周.小学行政[M].上海：商务印书馆，1931：48.

② 同上：49.

不同,程度虽或殊异,而其根本目的仍是一致的"。杜佐周对当时毕业生的结局表示痛心,"一张最优等毕业的文凭,亦不容易在社会上换得一个糊饭的地方"。① 所以,他极力倡导学校管理中要密切关注与社会的联络。他认为这不仅关系到学生社会活动能力的培养,亦影响到学校日常管理的效果,进而关系到学校的声誉及经费的筹措。"欲求学校良性运转,与社会的联络不可忽视"。

第二,"须合于学生生活的要求"。学生是学校的主体,所有学校的组织应该以学生的需要为依归。学生需要包括两方面的内容,即学生实际应用的知识、技能、习惯及品性方面和学生的生理、心理发育方面。学校的组织,应就学生的体格、能力、兴味及趋向的实况,与一种在社会上有实际应用的知识、技能、习惯及品性的训练,才有真正的意义。所以,年级的编订、教学的分组、课程的选择及训育工作都应以学生为中心,"为校长和教师者,要以身作则、开诚布公、同心合作,去陶冶学生的性情,培养学生的人格"。② 应注重推选学生代表参加全校教职员会议,倾听他们的心声,学校亦应改进课程、改良教法,竭力增加运动设备和课外活动设施,对学生的学习、生活进行积极的引导,营造严肃而活泼的纯良学风。

第三,"须合于学校的自身条件"。此处要求有三:一是"须合于经济的原理。"何谓"经济"?杜佐周认为应包括时间、劳力和金钱三方面。学校管理应以最少量的时间、劳力及金钱力获最大的效果。他以"葛雷制"(Gary Plan)为例,认为能以同样的教室和设备,而使加倍的儿童受教育,就是达到了管理的经济性目的。二是"须有很精密的系统。"一个学校无论范围大小,其一切管理均应有系统、有条理。实行"校务分掌",根据学校自身条件,明确规定各部各股的责任和职务,同时各部各股之间要有密切的联络。充分发挥各种委员会的作用,实行"民主集中",使学校管理的各项工作在民主氛围中保质、高效地开展。三是"须有实事求是的精神。"杜佐周认为:"普通学校的组织,往往偏重形式,而缺乏内部的精神。"③他以国内试验道尔顿制及能力分组的方法为例,认为实验结果不理想的缘故就在于学习时徒重形式而不重精神。所以,良好的组织必须注重形式与精神的一致。

杜佐周指出,学校管理要以满足"社会实况"的需求和"学生生活"的要求为目标,实施具体的管理活动时又要顾及"学校的自身条件",这三者并重的学校

---

① 杜佐周.我国小学教育目下应走的路径[J].教育杂志,1934,24(1).
② 杜佐周.教育与学校行政原理[M].上海:商务印书馆,1930:173.
③ 同上:97.

管理原则为各项活动的有效开展作出了宏观上的导向和微观上的藩篱。

五、"气"的管理：学校管理的升华

学校管理之"气"，是指精神之气、文化之气，主要是学校管理价值、理念、制度、精神等文化形态。具体主要表现在学校风气建设上。所谓校风，乃指学校作为一种文化主体，以其特定的价值观念、行为规范和审美旨趣形成特有的氛围，从而对人的身心构成适应和感受。优良的校风是建立在美好的校容校貌上，两者共同构成学校管理之气质。

尽管朴佐周在其著作中并没有对校风的专章论述，但其字里行间亦表现出对这一层面的极为关注，以至于在其执掌英士大学期间提出"办好大学最重要的一是教授，二是校风"的论断。其思想主要体现在以下三个方面：

一是重视"美而适用"学校自然环境之建设。杜佐周认为，"环境如何，直接影响到人类生活。山水秀丽的地方，不特令人心地开爽，且足助于人思索；他若嘈杂污浊的区域，不特不宜于卫生，且复令人易于分心"。[①] 而学校作为育人的场所，研究的领地，其自然环境对学生品性的修养及美感的陶冶影响更为深远。所以，校舍建筑不仅要用最经济的科学方法使其适用、坚固，而且要力求美观。校舍建筑首先要选择在风景明媚、清净优雅、富于自然美的地方，这不仅可以涵养学生的德行，亦可增高美感，故"车站或街道热闹处不宜，与工厂、医院接近不宜，酒馆、戏院及狎邪之处不宜"。[②] 他亦强调学校园（花园）对学校之必需，在小学尤为重要，"既可唤起儿童的美感，又可使其与自然界相接触；尚可借以点缀校景，养成儿童爱惜花木的习惯"。美观方面的设备，杜佐周亦很重视。他认为，学校为社会上一种模范的机关，其清洁高尚的环境，直接可以影响于社会的改进。再者，"美育与德育互为表里，同时与智育和体育亦有密切的关系，故凡与美育有影响的事项，均应视为学校必要的设备"。"西洋学校对于此层，极为注意。其校舍的优雅、设备的整洁、花木的优美、草色的青青，诚有令人羡慕不已"。可是，"此方面的设备，宜美而不宜华，宜简而不宜陋。各级学校应以经济的状况，为相当的布置"。[③]

二是重视学校文化氛围和心理环境之营造。杜佐周尤为关注校园文化氛

---

① 杜佐周.理想的大学与理想的大学生[J].读书通讯，1946(122).

② 杜佐周.教育与学校行政原理[M].上海：商务印书馆，1930：142.

③ 同上：157.

围对人的内在精神品质所产生的深层影响作用,故他重视对学生积极乐观之精神风貌和服务、牺牲之"好汉精神"①的养成。为此,他提出,为校长者,应"开诚布公、以身作则",同时亦要"人格高尚、善用感情,陶冶学生的性情",去获得学生的信仰;为教师者,应"热忱合作,以求精神的愉快;致力进修,以为学生的倡导;从事研究,以求发明;忍苦牺牲,以示模范";为职员者,应"确守岗位,每日自省工作;共同合作,以提高工作效能;本着服务精神,尽量求与教员配合,勿以薪给微薄而怠其志";为学生者,应"品学兼重,文武合一,心手并用,以求实学"。② 此外,要求学生除研究科学外,还要注重古籍,研究先哲学说,学做人的道理,养成有礼貌、守纪律,整齐清洁、勤劳朴素的美德;做学问要注重自动、自研,立志勤学、砥砺品行、敦品励学,将来能服务于社会。他亦重视课外活动、学生自治和学生刊物在校风建设和管理上的积极作用。比如在课外活动上,他强调虽然其是一种具备统一功能和平民组织精神的教育活动,学生对其参加与否有完全的自由和权利,但各种课外活动的组织亦要有其自身的厘定纲要和纪律,此外亦须有教师辅导,只有这样,学生"自动的精神、创造的能力、合作的机会、团体的兴趣、成功的责任"始可真正养成。在学生刊物上,他认为,若其"组织健全、宗旨纯正、言论公允、文字清雅无瑕",非但可以互通学校信息、加强各部门之间的联谊,亦可形成民主、自由的言论风气。而"合作周密、竞争纯粹"的课外运动,非但可以流通血脉、锻炼筋肉、调剂精神、促进学生的身体健康、提高学习效率,而且易于养成他们严守纪律、服从公判、贯彻宗旨、注重服务与牺牲的"好汉精神",这对于品性陶冶和将来立身处世均意义重大。

三是优良校风之形成亦需社会的协助与支持。学校为社会一模范组织,学校自应为社会进步发展承担相应的责任;但同时,社会亦须为学校的发展营造良好的办学环境和风气。其中,非但需要社会对学校各项事业进行捐赠和资助,亦须提供一种精神上的支持。简言之,"社会要有纯正的观念,以作学校指导的后盾",要杜绝"教育界中的败类,利用学生,煽动学潮,以谋个人升迁",③使无知的学生,成为他人争权夺利的工具。欲免除这种危险,必先建设社会正当的观念,以为校风管理的辅助。

简言之,杜佐周在校风管理上,提倡大(养成浩然之气)、刚(见义勇为)、中(允执其中)、正(不偏不颇)的精神,希冀"辟一新境界,开一树美丽的花果"。在

---

① 杜佐周.教育与学校行政原理[M].上海:商务印书馆,1930:257.
② 杜佐周.理想的大学与理想的大学生[J].读书通讯,1946(122).
③ 杜佐周.教育与学校行政原理[M].上海:商务印书馆,1930:280.

其执掌英士大学期间,亦以"大""刚""中""正""奉公""守法"八字为行事原则,"只知有校,不知有己","尊敬同事,但绝不肯殉情而违反法令;爱护同学,但绝不肯姑息而私树恩情"①,为优良学风之营建作出了表率。

统览杜佐周的众多著作和论文,通过抽象他的教育行政思想的整体面貌与发展轨迹,我们可以发现杜佐周的教育行政思想具有明显特征,主要表现为崇尚科学、彰显民主、立足服务等。形成杜佐周教育行政思想的主要原因有西方教育行政思想的影响、近代中国的教育现实以及他热爱国家、热爱教育、献身事业的精神与情怀等。杜佐周对于学校管理学研究对象和内容具有开创性认识,他提出了学校管理学的研究方法,重视相关研究机构和研究团体的建设,注重相关教育刊物的创设和推动。强调校长个人发展的德才兼备,学校发展须注意参与式管理,学校管理中要真正关注学生的需要和发展。杜佐周的教育行政思想对于当下教育行政具有重要的启示意义,在学校机构建设的价值意义、促进学生发展的办学宗旨、民主管理与参与管理、管理就是服务的现代管理理念等方面具有重要的移植与借鉴作用。

---

① 杜佐周.我与何伯丞先生[J].读书通讯,1946(117).

第二十一章

邰爽秋与中国教育行政学学科的建设和发展

教育行政作为一种实践活动有着悠久的历史，但作为一个专门的研究领域，时间并不很长。若把美国学者佩恩（W. H. Payne）于 1875 年出版的《学校视导精义》（*Chapters on School Supervision*）作为第一部专门的教育行政管理著作的话，有关这方面的研究迄今还不到 140 年。1911 年，有着"科学管理之父"称誉的弗雷德里克·泰罗（Frederick W. Taylor）首次出版其专著《科学管理原理》（*The Principles of Scientific Management*），提出了科学管理理论。教育行政管理才开始作为一个专门的研究领域受到教育学者们的关注。之后，教育行政管理研究逐步成为教育研究领域的一个重要方面。

我国自清末教育行政学科诞生以来①，有关这一方面的研究论述也日益丰富。有学者统计，从 1919 年至 1949 年，教育行政学方面的论著共有二百余种。② 当然，提到中国教育行政学，有一个人不得不提，那就是邰爽秋。邰爽秋作为中国近现代著名的教育家，与晏阳初、梁漱溟、陶行知并称为"中国教育界四大怪杰"。③ 邰爽秋在教育的诸多方面都有独到的见解和阐述，特别是在教育行政学方面，更是有其突出的贡献。

---

① 1904 年清政府颁布了《奏定学堂章程》，其中《奏定初级师范学堂章程》规定，"讲教育法令及学校管理法，当据现定之教育法令规则，讲学校建置、编制、管理、卫生、筹集经费等事"（璩鑫圭，唐良炎.中国近代教育史资料汇编（学制演变）[M].上海：上海教育出版社，1991：404.）；《奏定优级师范学堂章程》规定"学校卫生""教育法令"为通习课程，"教育制度""教育政令机关"为加习课程（璩鑫圭，唐良炎.中国近代教育史资料汇编（学制演变）[M].上海：上海教育出版社，1991：418—424.）。这些虽未用"教育行政"作为课程名称，但上述诸课程均属教育行政学的范畴。可见，自 1904 年起，教育行政学科正式设置。此后，教育行政的课程名称虽多有变化，但将其作为师范院校课堂的课程设置没有改变。

② 张馥荃.重温一门"被人遗忘了的学科"——教育行政学在我国的历史回顾[J].教育丛刊，1983(3)：79.

③ 陈志科.留美生与中国教育学[M].天津：南开大学出版社，2009：351.

一、稳定的教育经费是教育事业顺利发展的前提

关于教育经费,邰爽秋有不少文章论及。在由邰爽秋选编的《教育经费问题》一书中,收录了邰氏的十篇论文和一个议案:《公众负担教养经费之哲学背景》《教育经费增高问题》《教费负担均平问题》《庙产兴学运动——一个教育经费政策的建议》《教育经费独立问题》《统一教育经费行政问题》《教育机会等均问题》《教育用款单位决定法》《再论教育用款单位之决定并答李君》《大学经费的研究》及《请大学院补充教育经费政策通令全国励行公平教育税制实施教育机会均等案》等。这些文章,涉及教育经费的来源、管理、分配、预算、使用等方面,较为全面地反映了邰爽秋在教育经费上的思想和主张。

(一)教育机会均等

邰爽秋认为,"教育机会均等是教育经费的中心问题"。[①] 因为教育机会均等,是教育经费由公众负担以及教育经费根据各地实际进行分配的基础。教育经费政策的成败关键在于是否有利于实现教育机会均等的目标。

在《公众负担教养经费之哲学背景》一文中,邰爽秋首先批评了反对公家出钱办教育的贵族思想、自私自利思想,并进而分析了主张拿公款办教育人的三种不同观念,即"利用的观念""慈善的观念""权利的观念"。邰爽秋对这三种观念及其中的派别进行了评析,认为"利用的观念"实质上是以一种功利的眼光来办教育,以达到其他目的,"认国家的权力,高出一切,要把个人完全屈伏于国家的理想之下,个人不过是国家的工具,公家所以要办敬育,无非要把儿量造成良好的工具,去实现国家的目的"。[②] 而"教育是天赋特权,什么人都有拥护的义务,用不着谁来发慈悲,加恩惠",[③]"慈善的观念"也是不对的。"权利的观念"是社会主义教育派的观点,要求"教养机会均等",但"他们还是重教不重养,只知教而不知养"。[④] 无养而教,无异于空谈。通过对这三种观念的分析,自然就得出了公众办教育应是由教育机会均等决定这一结论。

另外,我国幅员辽阔,地区之间存在较大的贫富差距,各地教育经费也有着多寡之分。

---

① 邰爽秋.教育经费问题[M].上海:教育编译馆,1935:119.
② 邰爽秋.教育经费问题[M].上海:教育编译馆,1935:11.
③ 同上:24.
④ 同上:31,32.

在《教育机会均等问题》一文里,邰爽秋以江苏省为例,通过各县年教育经费总量和初级小学年生均经费两项指标进行了比较,发现了"有重大的问题在内",那就是成倍的差距,而"从儿童教育权利的眼光看,从教育机会均等的眼光看,实不愿意看见这种差异的存在"!①

由此,邰爽秋批评了当时中国教育界的一种谬误的观念,"以为一地方的教育经费,只应拿来办一地方的学校","这种见解,可算狭隘到十二万分"!② 所以,要用"天下为公"的教育思想,即采取社会主义的教育理想,反对狭隘的地方主义,"以社会之款办社会之教育"。③ 不要"以为国税应办国校,省税应办省校,地方税应办地方学校","彼此可以不负责任"。④ 中央政府更应该"务期补救各地方教育经费不均齐的现象,而谋全国儿童教育机会均等之实现"。⑤

(二)教育经费增高

果如上所述,就势必要增高教育经费,"则教育经费愈增高愈足以增加贫民的疾苦,结果不但不使人民欢迎教育,反而使他们恨死教育了"!⑥ 针对这一点,邰爽秋提出了八个增加教育经费的要素,即:增高国民富力,开辟教育富源,利用无益资财,改良教育税制,扩大教育单位,鼓励人民协助,防止行政流弊,减免无形消耗。

其中,邰爽秋认为"中国社会上最无益的产业,要算庙产了","留在那班为蠹社会的僧阀手里,不拿来创办教育,岂不可惜"?⑦

关于寺庙的管理和庙产的利用,从清末开始就有了讨论和行动。民国建立后,即颁布了《管理寺庙条例》,计划将全国佛教寺产纳入社会公益事业,但遭到了部分佛教界人士的反对。至1927年时,冯玉祥以打倒迷信为由,将少林寺、白马寺、相国寺等收归国有,同时,还将僧尼三十万众,勒令还俗,从而使庙产利用问题的讨论愈演愈烈。

邰爽秋参与了这场大讨论,并在1928年写著了《庙产兴学运动——一个教育经费政策的建议》一文,次年,又编著了《庙产兴学问题》一书。邰爽秋认为,

---

① 邰爽秋.教育经费问题[M].上海:教育编译馆,1935:122,123.
② 同上:123.
③ 同上:124.
④ 同上:128.
⑤ 同上:129.
⑥ 同上:45.
⑦ 邰爽秋.教育经费问题[M].上海:教育编译馆,1935:36.

发动庙产兴学运动的目的,是"划拨过剩庙产,创办教育",从"铲除僧阀""解放僧众""利用庙产""创办教育"四个方面进行。关于"利用庙产",邰爽秋指出要"划拨庙产建设工厂及补习学校,促进'还俗僧尼职业教育';建设'国立佛学院',昌明佛学;保护名山胜迹及其美术品;拨留年老及不愿还俗僧尼之赡养费;余款一律充教育经费"。至于"创办教育",更是要从"由大学院以全国为单位支配补助省县地方,以谋教育之普及;提倡天才教育;提倡'教养学校'及'育婴学校';促进民众教育;促进免费教育;设立清贫聪颖学生之'奖学基金';恢复师范生待遇;提高教育人员待遇;推广职业教育"等九个方面落实。①

庙产兴学在国内产生了重大反响,一时间,反对派与赞成派对峙,中立者与漠不关心者骑墙。时任内政部部长的薛笃弼建议改僧寺为学校,并颁布了修订后的《寺庙管理条例》。按照政府的法令,各地政府"便以兴办教育慈善事业为名,将地方寺庙强行接收"。但由于佛教界人士的强烈反对,"政府也惟恐引来更大的风波,影响民心拥戴",于是将《寺庙管理条例》废止,另行公布了《监督寺庙条令》,立意和措辞上虽比《寺庙管理条令》和缓,但对佛教并无积极的整理,"掠夺庙产的风潮,也并未因此遏止"。② 对此,邰爽秋评论道:"我相信这个运动尚在开始时期,将来能否成功,还看我们努力,提倡庙产兴学的同志们,向前奋斗! 莫把党国要人敷衍僧界的酬酢和电报,看作僧阀们的胜利,致被他们窃笑!"③由此可见,邰爽秋对于庙产兴学的坚定支持和信心。

总之,邰爽秋认为,这八条是能够完全做到的,"那么教育经费的增加,也就不成什么问题"。④ 不过,"只顾到教育经费负担的公平,而把教育机会归到少数人手里,那我们的教育经费政策,可算根本失败"。⑤ 因此,还要确保教育经费的独立。

(三) 教育经费独立

有关教育经费独立问题,邰爽秋在《教育经费独立问题》一文中,首先介绍了弗纳沙(Frasier)和莫高爱(Mcgaughy)的研究成果:教育经费独立的城市在学生人数、教师工资、教师受教育程度、学校用地、教育政策延续等方面都好于教育经费不独立城市。当然,"以上所说,虽偏于美国城市教育方面的情形,但

---

① 邰爽秋.庙产兴学问题[M].上海:中华书报流通社,1929:2,3.
② 星云大师.教史[M].高雄:佛光山宗务委员会,1997:380.
③ 邰爽秋.庙产兴学问题[M].序.上海:中华书报流通社,1929:2.
④ 邰爽秋.教育经费问题[M].上海:教育编译馆,1935:43.
⑤ 邰爽秋.教育经费问题[M].上海:教育编译馆,1935:119.

是其中所包含的原则,拿来解释中国教育经费应该独立的理由,差不多完全可以适用"。① 进而,邰爽秋提出了教育经费独立的八项主张:教育基金之确定,教育税源之划分,预算制度之独立,加税权力之独立,征收机关之独立,保管机关之独立,用款权力之独立,审核机关之独立。

关于教育基金的问题,邰爽秋肯定了前清时代的学田制度,指出"民国以来,军事频兴,生灵涂炭,教育现状且往往不能维持,更谈不到基金的筹划。目今军事结束,建设事业,首在教育;盼望运动教育经费独立的人,注意基金的确定"②,如庚子赔款、公有林、城根基地、庙产等作为教育经费的基金。

(四) 统一教育经费行政

邰爽秋在提出教育经费独立的八项倡议时,还注意到了另外一个重要问题,就是缺乏统一的管理。他指出,"这地一个委员会,那地一个委员会,把教育经费系统都弄乱了",并且"全国教育经费收支的审核,应归入一个有系统的机关办理"。③ 对此,他在《统一教育经费行政问题》中对这些问题做了讨论。

邰爽秋认为教育经费增高、教育经费独立、教育负担均平、教育机会均等都需要以统一教育经费行政作为保证。只有统一教育经费行政,才能增加教育经费收入,通盘筹划教育税源,改良教育税制,整理教育税收,扩大负担教育费的单位;只有统一教育经费行政,才能保障教育经费的独立;只有统一教育经费行政,才能平均教育经费的负担,打消贫苦隔阂,公平支配;只有统一教育经费行政,才能筹谋教育机会均等,"更进而选择优良,高深造成,亦可无遗珠之憾矣","因此发生统一教育经费行政的根本问题"。④

邰爽秋认为,要想实现教育经费行政之统一,必须遵守两条原则,即系统要独立、事权要集中。而做到这两条,必须使全国各级教育经费局,由中央以至地方,一律以有机体之组织构成,成为一个完全独立系统,不受普通财政系统牵制,以一事权,而节靡费。

此外,邰爽秋还详细拟订了《中央教育经费委员会组织条例》《中央教育经费局组织条例》《拟省教育经费委员会组织条例》《拟省教育经费局组织条例》等。

---

① 邰爽秋.教育经费问题[M].上海:教育编译馆,1935:94.
② 同上:94,95.
③ 同上:99,102.
④ 同上:105.

二、优秀的教育局长是教育事业顺利发展的关键

除了教育经费,邵爽秋还非常关注教育局长的遴选任用。邵爽秋认为,教育局长作为一种专门的职业,其性质虽与律师、医生或工程师相似,但其在民族生命发展之重要则远过之。因为,"教育局为陶冶人性创造社会之事业,而地方教育又为一切教育事业之基础,其良否关于全民族之兴衰,至深且巨。苟非有健全品格,广博同情,高尚志趣,充分修养,严密训练,办事才能,且又富于勇敢精神肯以长久时间与充分精力准备此种专业之人,主持其事,断不能实现此种事业之使命也"。① 所以,邵爽秋对教育局长提出了要求。

(一) 教育局长要做到"四个必须"

1. 必须有专业训练

教育局长的专业训练至关重要,邵爽秋以为,"国内各大学教育学院及文学院教育系虽有教育行政学程或教育行政系之设,然究其性质则只为训练普通行政人员而设;且各学程内容散漫重复,缺少系统组织,殊不适于训练教育局长之用"。② 所以,邵爽秋介绍了美国哥伦比亚大学师范学院教育行政系主任制定的《训练教育局长之行政课程》,并谈了自己的意见。

他认为,应该规定严密精确的办法慎重考选学习地方教育行政之毕生,做到宁缺毋滥。学生们全部专业课程的内容,应有精密的计划,综合的性质,并由各教者共同商定,这样既防止了教学内容的零碎分割,也避免了教学内容的重复缺漏。

学习教育行政学,要以课程为主体,而课程内容,应就行政专业之需要,分为各种行政的状况,每个状况为一个问题,由数人联合教授。当然,也要有必要的实习。所以,应在教育学院附近,设立教育行政实验区,专为试验各种教育计划制度,试用各种测量表格及为学生研究实习之用。"此种实验区之地位,应与师范学校之实验学校看得一样重要,无此即不得称为完全之教育学院"。③

在邵爽秋看来,学生上课,实际上就是为解决问题,并无所谓真的上课。理论要与实际打成一片,即"学什么",就是"做什么"。只有提高专业训练程度,并发给教育局长们专业文凭,才可以资识别,而免鱼目混珠之弊。

---

① 邵爽秋.怎样做教育局长[M].上海:开明书店,1935:1.
② 同上:3.
③ 同上:8.

2. 必须有专业经验

邰爽秋认为刚刚离开校园的大学毕业生,是万不可担任教育部门的负责人的,而应该在四五年内担任较小的职务,吸收经验,充实修养以为日后服务做准备。必须注意的是,在此期间所任工作不宜固定,应时有变动,这样才可以获得多方经验。

除此之外,做教育局长之前,应先在教育界服务三五年,或为教师,或为校长,在此数年内所得之经验,"其价值非求学时代之普通及专业修养所能及"。① 这些人还需要有一定的教育哲学常识,这对于今后的工作将非常有益。

另外,要练习口才及书写能力,还要阅读名人传记,结交年长且有实际经验之人,从中学习到他们成功的要素,以资取法。

学习好处世的方法,搜集个人有兴趣的书籍来阅读,留心各地方教育行政人员的工作等也都是做教育局长前之必需。

3. 必须修养个人性格

邰爽秋在此方面,总结了如下数十点:心地光明;言语有度;处事公正;爱惜声誉;经济时间;处事敏捷;料事得体;主张坚定;手腕灵活;了解人情世故;发言中肯合时;勿言人之短,勿炫己之长;成功不自满,失败不颓丧;态度大方,应有君子体貌;诙谐有节,毋作过分庄严;根据事实,答辩非难,态度雍容,言简意赅。临事怨怼,最不能得人信任。此种习惯,万万不可养成。

这些话语,不仅对做教育局长,其他行业领袖亦然。至今看来,仍不失为为人处世的良言警句。可见,邰爽秋对中国国情的深刻观察和教育行政系统的谙熟。

4. 必须建立领袖资格

邰爽秋希望,教育局长除具备上述品格之外,还需要建立起领袖的资格。

所谓"领袖的资格",不仅要热心教育,为人模范,勿凭一己地位,与人为善,还要合理使用法律赋予的职权,做事处事要凭借真实能力。作为一局之长,必须要处事公正,不做一党一派的代表,要利用种种机会,如参加市民活动,举行家长集会等获得教师和群众的支持。而作为一方教育的最高行政长官,要明确所在地方教育的目标,并懂得用切实可行的方法来贯彻实施,善于把握机遇,力谋实现教育政策。同时,还要做到不为行政琐事束缚;更要懂得罗马建成非一日之功,重要的改革,必须经过长久的时期,才能实现。

---

　　① 邰爽秋.怎样做教育局长[M].上海:开明书店,1935:8.

可见,邰爽秋对教育局长的基本素质要求是很高的。用他自己话说,"就上所述,长期之准备,甚为重要。任何职业,亦唯熟练者为能制胜。彼能经若干年之实习,有详密之经验,若干年之修养,有确定之哲学。目标认定,不为艰难险阻所扰,使教育政策终有实现之一日。此种人才,其前途希望,自无穷尽也"。[①]

(二) 教育局长有四项任务

教育局长的任务是很多的,但邰爽秋将这些归结为四项,即计划上的任务、行政上的任务、视导上的任务和社会上的任务。

1. 计划上的任务

市县区范围有大小之殊,计划任务即有繁简之别,但无论怎样,对于新局长就任之始,其最要工作之一,就是编定计划。

邰爽秋在书中提出,在编制教育计划时,首先应根据事实上的需要,以事实为依据,不能凭空捏造。因此,可以先将本地方社会情形及教育状况,做一个简单的调查,分析研究其教育需要的性质和程度,然后考核本地方教育设施是否满足此种需要。最后根据结果,进行通盘筹算,分清楚事情的轻重缓急,确定进行的重心,即在某一时期或某年计划内集中精力从事的事情。

同时,还需要参照中央及省里的规定以及本年度教育的计划,分门别类地进行详细说明,切不可分类太多以致混乱不清,防止出现次序颠倒、归类错误,对于这些容易出现的问题,教育局长们要特别留意。

最后,更要有对计划具体的操作办法,否则就显得计划空洞无物。教育事业,虽不必事事都要经费,但大部分都与经费有关,因此,还要与预算相合。

邰爽秋特别指出,推行计划时应注意计划中的详细条目,若时机未到,不宜公布。因为"局长为教育专家,其所拟议,往往须先与教育委员会交换意见,并做一番宣传工夫,方能实行无阻。若操之太急,贸然向委员会提出,必易遭否决。即或勉强通过,而在实行之际,亦不免引起社会反对,甚非教育前途之福也"。[②]

总之,编制教育计划,要注意疏通宣传,花费一些时间,才能推行成功。作为局长,应当摆脱琐务,节省时间,从事观察、思考,以求教育计划之贯彻与实现。

2. 行政上的任务

教育局长在行政上的任务就更多了,从局内杂项到经费开支,从人员调度

---

① 邰爽秋.怎样做教育局长[M].上海:开明书店,1935:13.
② 同上:35,36.

到教材安排,从儿童成长到健康方面,从普及教育到社会教育,甚至是私人教育等等。

因此,邰爽秋告诫教育局长们,要维持良好的关系,要建立起与同事们之间的互信。教育局长欲与同事们及其他各方面人员保持良好关系,必须具有敏捷精神,交际手腕,正确判断,公正态度,防止感情用事。且能尊重他人权限,直爽而有礼貌,勇敢而能自信。当其与人接触之际,或为指导,或为劝告,或为请求,或为疏通,要能卑亢得体,不失其教育领袖者之态度。所以,老年慎重,虑事敷衍,袖手旁观,固为社会所不取;而青年躁进,遇事勇猛,鞭策他人,求功太急,亦必不能维持其地位。

教育局长还要获得社会的信任。在社会信任上,"局长为一地方教育领袖,地位重要,其与儿童家长及一般市民接触之机会颇多。此种机会苟能善为利用,则局长之人格、学识、机智、判断等皆能予人以良好印象,增加其管理上之力量。否则必得相反结果,失却民众之拥护,不可不慎也"。①

3. 视导上的任务

视导上的任务是教育局长的第三个任务。所谓视导,就是教学视导,是指特定教育专业人员,针对学校或教师之教学措施进行系统性的视察与辅导,以提升学校教学质量与学生学习效果的过程。其中,特定教育的专业人员包括督学、校长及教师。

因此,与督学、校长、教师及学生进行交往、接触,此即视导上的任务。前两项,计划与行政上的任务,都是为此而设。但教育视导有很多方面,包括行政视导与教学视导。行政视导强调的是政令及行政运作的视察与辅导,教学视导则重视教学计划与教学实施的视察与辅导,两者相辅相成,缺一不可。我国向来极为重视教育视导工作,而其最大工作,则为视导教学。

教育局长要处理好与督学、校长、教师及学生之间的关系,对督学要指导,对校长要提出意见,对教师要鼓励,对学生要关心。对一些事情还需要亲力亲为,包括介绍各地方优良方法,鼓励教师继续进修,使教育过程中最适当的教育哲学与教学各种问题发生关系等等。同时,还要拟定计划标准规程,培养良好风气、正当态度及团体精神,评估教育效率,选择教材教具等等。

4. 社会上的任务

教育局长的最后一个任务就是社会上的任务。如参与各种社会服务团体,

---

① 邰爽秋.怎样做教育局长[M].上海:开明书店,1935:76.

提倡并参与到合作运动、卫生运动、造林运动、职业指导运动等各种运动中来，提倡并指导民众自发组织的文艺、音乐、体育、弈棋等各类研究会，参与教师、家长的集会，辅助县政府促进地方自治，出席市政府或县政府各种会议，领导民众举行各种纪念会以及赴宴。

面对如此繁多的工作任务，邰爽秋也为教育局长们是否能全心、精心、安心工作表示担心，因此，他总结了"教育局长之危机"，希望能够引起教育局长们的注意，并改进工作方式方法，以更好地从事教育工作。包括什么工作应当去做，什么事情应指派他人办理；对于各种事务或问题应该知道其性质和要点所在；了解民众的心理；做好日程安排，以免爽约误事等等。

邰爽秋在最后，对教育局长们还提出了其他一些忠告，希望教育局长们不可失去自信力，不可过信他人，对于本人所办事业不必妄自贬损。同时，还要保持良好的身体状况，注意锻炼、饮食、睡眠、休息。

值得一提的是，邰爽秋强调了教育局长的夫人对教育局长工作的帮助。包括协助丈夫处理社会任务，防止其在社会活动上浪耗精力，维持和平美满之家庭生活，协助处理杂务，鼓励丈夫努力改进。邰爽秋感叹道："为局长者，有如此内助，若其他条件适合，则其事业之成功，自可操左券矣。"①

三、合理的教育视导是教育事业顺利发展的保障

指导教学是一种动作，指导教学之目的，是在帮助教师促进教学之动作，而使儿童在学习上得到经济的有价值的效果。但是要指导教学成功，当先要诊察与教学方面有关之各种事实。邰爽秋批评了在教育视察时走过场、搭架子浮于形式的现象，并打比方说"要用医生诊断的方法，诊断教学上的病态"。②

那么，该如何诊治呢？邰爽秋指出，要从学生、教师、教学三方面入手。因为，这三者是整个教育中最重要的三个环节。对于指导教学的人，由于"教学指导乃教育行政中重要事务之一，凡是担任行政的人，皆应负担指导的责任，而指导能否成功，全观此等人员之修养如何而定"，③所以，在邰爽秋看来，理想中的教学指导员，是要在体质、品格及对人的态度、习惯、思想行为、学识、教学技能、

---

① 邰爽秋.怎样做教育局长[M].上海：开明书店，1935：102.
② 邰爽秋.地方教育行政之理论与实际[M].上海：开明书店，1935：2.
③ 同上：3.

指导技能、办事能力等方面具有一系列条件的。而在施行教学指导之前,还需要有良好的教学标准,这种标准既可作教师研究改进之指南针,又可供指导员检验批评之参考。在上述条件都完备后,方可视察教学。邰爽秋建议,教学视察,要制定好计划,从一年到一月直至一周,通过校内、本地、远道等多种视察形式,同教师们进行个别和团体的会商,提出意见和建议,用合理的批评方式,使教师能够自我分析,自我进步,能够自立、独创。

教学指导员参观教室的目的,是指导教学改良,但邰爽秋进一步指出,若只有改良的意念,无目的的视察,而没有系统继续的指导,还是不行的。因此,"这种继续指导,应有两种特性:第一是有确定的目标,第二是有继续的动作,即如我们确定在某某时间内达到教室管理的经济的目标之后,即当继续的动作,把他实现出来"。① 由此,需要拟定继续指导的计划来帮助新来的教师适应环境,并研究管理的时间经济问题。

对于教学视导,邰爽秋对教师的要求同对教育局长一样严格。教育局长的无才无德会使教育决策失当,危害教育事业,而教师的失败也会影响教育事业的正常发展。

邰爽秋认为,教师失败的原因很多,其中最重要的是缺乏教授的方法,像缺乏维持秩序及训练的能力,未能熟悉教材,缺乏天资,不肯努力,缺乏自动能力,缺乏适应能力,缺乏常识,缺乏前进的精神,不能专心任事,对儿童无同情之了解,不了解世故人情,仪容不雅,缺乏道德标准等都是致使教师失败的常见原因。对此,邰爽秋一一作了分析,并提出了建议。

总体而言,邰爽秋对教育行政的理论规划是全方位的,从教育经费到教育局长,从教育指导到校舍设备,尤其是他对一些问题鞭辟入里的阐述,使得教育行政学的理论更加本土化、系统化、细致化,为今后中国教育行政学的发展提供了重要的理论支持。

首先,邰爽秋的教育经费研究,从宏观研究到微观分析,从哲学背景到具体措施,具体措施中从经费增加途径,到教育经费独立,再到统一教育经费行政,环环相扣,逻辑缜密,形成了一个完整体系,也构成了他教育行政学理论的主要部分。

邰爽秋生活在 20 世纪二三十年代,此时的中国内乱频仍,外患加剧,不

---

① 邰爽秋.地方教育行政之理论与实际[M].上海:开明书店,1935:53.

少知识分子把教育看作救亡图存的唯一途径。而教育经费的拮据和教育资源的匮乏,制约了教育的普及和发展。在此形势下,邰爽秋提出的一系列有关教育经费的观点和看法极具针对性、建设性、启示性。显然,他经过了仔细观察和深思熟虑,直面现实,扎根实际,这与以往注本读经的本本研究和泛泛而谈形成了鲜明的对比。因此,有学者评价说:"邰爽秋是中国历史上第一个对教育经费进行系统研究的学者,其见解在今天看来仍具有重要的理论意义与实践价值。"①

其次,邰爽秋对教育局长,甚至是其家庭都有很高的要求和期待,这些思想也构成了他的教育行政学理论有关教育人员论述的重要部分。

时局的不稳也影响到教育事业的发展,特别是在权利的博弈过程中,教育行政长官也在走马灯似的更换②。一些平庸之人充任其职,这让邰爽秋忧心忡忡。所以,在邰爽秋看来,领导不是一种职业,而是从事的一项活动,履行一种职责。由此,就必须要有它的责、权、利及其要求和操作规范。这些,都是极具参考性的。

再次,邰爽秋对于视导的关注,不仅源自对教育局长职责的明确,更是体现出对教育事业的特殊关注。当然,这些话题在早先和同时代的蔡元培、李石曾、庄泽宣、余家菊等也都曾公开论及,这也使得邰爽秋对这些问题的看法有了更为全面和深入的把握,从而把教育行政学的理论引向深入。

最后,邰爽秋还注意到了前人鲜有涉及的"校舍设备"。在邰爽秋看来,"校舍为教育上物质环境之主要部分,其良否影响于教育经费之效力及学童身心之发展者极大"。③ 因此,有必要对校舍进行考察校舍需要、测量校舍效率、考察经济力量三方面的调查。只有了解了这些情况,掌握了这些数据,才能确保学校具有良好的硬件设施,使儿童身心获得发展。

应该说,邰爽秋的教育管理思想十分丰富,分析其内涵,教育经费、教育指导都是重要部分,而此后的民生教育更是他管理思想的真实实践,贯穿于各种教育活动之中。尤其在管理组织方面,重视实验和研究一体化,重视教育的经济功能开发和后备人才的培养,重视教育与社会的紧密联系,强调教材的实用

---

① 迟为国.邰爽秋教育经费思想评价[J].教育与经济,1993(4):61.

② 如北洋政府从1912年到1928年6月,16年间更换了47届政府。而在1912年至1926年,14年间教育总长更是变动50次,更换了38个(林荣日.制度变迁中的权力博弈——以转型期中国高等教育制度为研究重点[M].上海:复旦大学出版社,2007:99.)。

③ 邰爽秋.地方教育行政之理论与实际[M].上海:开明书店,1935:1.

化通俗化。这些做法，符合当时中国社会经济文化教育发展的实际状况，适应了广大农村劳苦大众的迫切需要，是改革传统教育、革新脱离中国实际的新式教育、重构符合中国实际、体现现代教育发展趋势的新教育教学制度的大胆尝试，对于今日各类教育的改革发展仍然具有十分重要的借鉴意义和理论参考价值。

但我们也必须承认，由于历史的原因，邰爽秋的教育思想及活动也受到限制。比如在教育经费问题上，他没有意识到只有从根本上变革中国的社会制度，才能使中国的教育发展有最终可能。同时他没有认识到教育的阶级性，他对"利用的观念"的批判、提出的具有极端色彩的"教育经费独立"都体现了他在教育问题上的理想主义和简单化。同时，对教育局长的严苛要求，也充满了完美主义色彩，从而脱离了现实状况。

总的来说，邰爽秋为中国教育行政学的建设和发展作出了贡献，这一点是值得肯定的。

第二十二章

罗廷光与教育行政学中国化的探索

教育行政学,是研究国家如何管理教育的一门学问。虽然很早就有了国家,也在很早就有了国家管理教育的活动,但这并不意味着作为独立学问的"教育行政学"的诞生。但就行政学来说,有学者以德国学者施泰因(Stein)分别在1868年和1884年出版的《行政学》与《行政》两书为标志,将其誉为"现代行政学的创始人"。① 当然,在这两部书中,也都涉及了有关教育行政的议题。

若把美国学者佩恩(W. H. Payne)于1875年出版的《学校视导精义》(*Chapters on School Supervision*)作为第一部专门的教育行政管理著作的话,②有关这个方面的研究迄今还不到140年。此外,还有学者主张以1908年美国学者达顿(Dutten)和斯奈登(Snedden)合著的《美国的教育行政》一书出版为标志。③

1911年,有着"科学管理之父"称誉的弗雷德里克·泰罗(Frederick W. Taylor)首次出版了专著《科学管理原理》(*The Principles of Scientific Management*),并在其中提出了科学管理理论。教育行政管理才开始作为一个专门的研究领域受到教育学者们的关注。之后,教育行政管理研究逐步成为教育研究领域的一个重要方面。

当然,有关教育行政学起源的说法还有很多。但不管怎样,总的看来有两个共同之处:一是产生于19世纪末20世纪初,二是产生于西方。而这两个现象的出现,自有其深刻的历史和现实原因。同样,也使得中国的教育学从那个时候开始,形成了对国外教育学从"翻译""介绍"到"述评""编纂""自编"等一系列消化吸收的"中国范式",并随着吸收对象的更替而多次循环,还视这种"循

---

① [日]久下荣志郎.现代教育行政学[M].李兆田等译.北京:教育科学出版社,1981:21.

② 孙绵涛.教育行政学[M].武汉:华中师范大学出版社,2009:22.

③ 刘付忱,刘树范.教育管理学[M].北京:教育科学出版社,1987:22.

环"为"发展"。①

在这样的"发展"当中,"当前我国很多学者认为,从 20 世纪初我国学者开始自己撰写教育管理学著作始至解放前,共有二百多本著作问世,其中有两本是最具代表性的,其中一本就是罗廷光的《教育行政》"。② 显然,罗廷光的《教育行政》一书,既是教育管理学在我国发展的必然,又是对当时教育行政实践发展要求的回应。更为重要的是,《教育行政》更凝聚了罗廷光对教育行政学中国化的探索。

一、基于管理实践需求的教育行政学研究

罗廷光,号炳之,③1896 年出生在江西省吉安县淳化乡云楼村,自幼跟随父亲罗咏葵识字,并读四书五经等儒家经典。十岁时失怙,便与母亲相依为命,由母亲单独教养,在乡间私塾和书院就学。辛亥革命之年,进入吉安县高等小学学习,后又进入吉安中学,毕业后在城乡小学任教。

罗廷光担任小学教职的时间并不长,大约一年时间,且当初只是为解决个人生计问题的权宜之计,但通过教学实践,他逐步感到当教师也很有趣、很有意义,这对他后来长期从事教育工作产生了一定的影响。

1918 年,罗廷光考入南京高等师范学校,得公费入教育专修科,师从陶行知、刘伯明、秉志、梅光迪、陆志韦等著名学者。1921 年南京高等师范学校毕业后,在厦门集美师范任教一年,接着改任河南第一师范教师,并兼任附小主任。1925 年,回南京入东南大学进修教育,兼习文理科。同时在南京第一女子师范学校兼课,在《教育汇刊》《教育杂志》《心理》《中等教育》《中华教育界》等刊物上发表论文 20 余篇。

从 1926 年开始,罗廷光又先后在南昌鸿声中学、扬州中学、无锡中学任教,其间写成《普通教学法》一书,由商务印书馆于 1930 年出版,这也是我国近现代最早的一部教学法专著之一。

1928 年,为追求新知和提升学术素养,罗廷光考取公费留学美国,进入斯坦福大学教育研究院,除攻读教育行政和教育史外,他花费大量时间探讨欧美教育学

---

① 叶澜.二十世纪中国社会科学·教育学卷[M].上海:上海人民出版社,2005:19.
② 孙绵涛,谢延龙.特约编辑前言[A]//罗廷光.教育行政[M].福州:福建教育出版社,2008:3.
③ 20 世纪 50 年代开始,罗廷光只用其号,称"罗炳之",不用原名。

科研究的发展。一年后,他又转入哥伦比亚大学师范学院学习教育行政和比较教育等学科,获硕士学位。1931 年,归国后应聘为国立中央大学教授兼教育社会系主任及本校实验学校校长、湖北教育学院院长等职务。1934 年,为进一步探讨中国教育的出路,他又前往英国,进入伦敦大学皇家学院研究教育学,并代表中国教育学会和中国社会教育社出席在英国牛津召开的第六届世界教育会议,其间,他考察了法国、德国、意大利、丹麦、波兰、苏联等国的学校教育,对西方教育制度有了更多的了解,也为日后从事外国教育史研究和教学奠定了基础。

罗廷光于 1936 年 7 月经莫斯科归国后,8 月到河南大学任教授,兼教务长和教育系主任,为教育系本科生开设"比较教育"一课。他一边教课和处理行政事务, 一边将前往美欧学习和参观所得各项材料,经汇集整理,写成《最近欧美教育综览》一书,由商务印书馆出版。七七事变后,罗廷光离开开封,前往昆明,担任西南联大教授。1940 年,罗廷光离开昆明,前往江西泰和任中正大学教授兼教务长、社会教育系主任,并与同事、同学创办了正大中学,任董事长,直至抗战胜利。

就是在这样颠沛流离的环境中,1942 年,罗廷光整理旧稿,结合教学实践和教育行政原理,为所讲授的"教育行政"科目编写了一部教材——《教育行政》。这本书是当时中正大学自编的第一本教材,也是唯一的一本教材。更为重要的是,这本书也是罗廷光教育行政学思想的集中体现,更成为教育行政学在中国发展的标志性作品之一。

按罗廷光所说,《教育行政》的问世有两大原因:一是对已出版同类著作的不满:

> 论者每谓国内出版界关于教育行政之著作不多,佳构尤鲜;或详于过去的演变,而昧于当前的需要;或详于外国教政的组织,而忽于本国地方实际情形;或侈谈德谟克拉西政制的原理,而不明三民主义教育实施的原则和方法;或只就教育行政的本身立论,而不知从远大处追寻教育行政之政治的、经济的和社会的背景;或空谈理论,毫无科学的事实做基础;或俯拾陈言,极少新的见解和意念可以贡献;或编抄法令,敷陈条规,罔知剪裁,了无见解,读之令人生厌! 实则年来国内刊行教育行政的专书并不算少,较好的也有,不过仍未能满足人们的希望罢了。①

---

　　① 　罗廷光.教育行政(自序)[M].福州:福建教育出版社,2008:1.

二是教学的现实需要：

> 笔者前在国立中央大学及国立北京大学担任"教育行政"和"学校行政"教学有年，近在国立西南联合大学师范学院继续讲授"教育行政"亦有两载，当时深感适当课本的难得，乃一面教学，一面编印纲要，教学生笔记。此刻把全部讲稿，整理完毕，颜曰教育行政，实兼含"教育行政"又"学校行政"二者在内。[①]

事实上，《教育行政》的出版，也与当时社会环境下罗廷光本人在教育学上不断的求索有着密切的关系。《教育行政》一书成书于 1942 年，1943 年在重庆初版，1946 年又在上海由商务印书馆出版发行。可以说，这一时期，正是国内形势动荡、政治局势复杂多变的时期。在此之下的教育界，也处于动荡不安之中。

1931 年九一八事变后，日军开始入侵，东北地区的学校多被摧毁破坏。战争伊始，国民政府并未在教育政策和措施上作出相应有力的调整和应对，而依然遵循着原有的统治套路。直至 1932 年，国民政府开始在教育政策上表现出比较明显的应变姿态。"教育救国"的呼声更是日益高涨。

尽管在 1932 年至 1937 年间，国民政府的教育政策逐渐调整以适应抗战救亡的需要，但是其调整的程度却相当有限。"直至七七事变爆发之际，国民政府孜孜致力的教育变革事业，主要在于所谓的'教、养、卫并重'的'特种教育'和所谓的'使全国国民生活彻底军事化'的'新生活运动'等"。[②]

抗日战争全面爆发后，国民政府开始积极调整教育政策与管理策略，但同时强调"战时须作平时看"。与此同时，为了加强抗战时期的教育管理和控制监督，强化国民政府基层政权建设，国民政府在教育管理上进行了重大改革，即在抗战时期实行国民教育制度和初等教育行政三联制。

1940 年 4 月教育部制定了《国民教育实施纲领》（以下简称《纲领》）。在初等教育上推行"三位一体""管（管理）教（教育）养（经济）卫（警卫）"合一的国民教育制度。该教育制度将国民教育分为义务教育和失学民众补习教育，并且将这两种教育合并在乡镇中心学校和保国民学校同时实施。与国民教育制度相关的是施行初等教育行政三联制。所谓"'行政三联制'，是国民政府为提高行

---

① 罗廷光.教育行政（自序）[M].福州：福建教育出版社，2008：2.
② 余子侠.民族危机下的教育应对[M].武汉：华中师范大学出版社，2001：162.

政效率,而将设计、执行、考核三环节加以连接的管理模式"。①

1940 年 8 月,国民教育制度推行后,教育管理上即实行初等教育行政三联制。教育行政三联制强调教育行政管理环节的完整性与连接性,确立了中央、省市、县市分层逐级管理的机制,对于规范管理程序和提高行政效率具有积极的意义。然而此时在西方尤其是在美国,"科学管理"的思想已经对教育管理界产生了巨大的影响。在教育界实行科学化的管理,运用一系列"科学"理论指导教育管理在当时成为一种流行,各种各样的调查运动此起彼伏。相比之下,我国当时的教育管理却是处于一种以应变为目的的过渡状态之中,发展程度尚不成熟。

社会局势的动荡,"教育救国"思想的传播也使得教育理论界在 20 世纪二三十年代呈现出了学说不断、思潮迭起的现象,教育理论的发展在这一时期达到了一个比较繁荣的阶段。就教育行政理论而言,"据有的学者统计,从1919 年到新中国成立前,有关教育行政,包括教育视导、学校行政在内的各类专门著作约 200 余种,发表在报刊上的有关论文(抗战前统计)近两千篇"。② 在当时出版的教育行政专著里,影响较大的有:内务部编的《教育行政讲义》、范寿康的《学校管理法》、张季信的《教育行政》、朱公振的《教育行政概要》、常导之的《教育行政大纲》、杜佐周的《教育与学校行政原理》、夏承枫的《现代教育行政》等。

在这些著作中,有的或是该时期内最早的教育行政类书,如内务部编的《教育行政讲义》,或是标志着教育行政迈向科学化的开始,如杜佐周的《教育与学校行政原理》,或是提出了一些教育行政学要探讨的基本问题,如夏承枫的《现代教育行政》。

因此,在这样的社会环境下诞生的罗廷光的《教育行政》,无论是在内容上还是在方法上,都深深地印上了时代的烙印。从内容上看,该书不但涉及了古代和西方的教育管理,而且兼顾了抗战时期的教育管理,具有较强的时代性;在方法上,由于此时"科学"在我国的学术界已经取得了不容置疑的地位,因而罗廷光非常强调用"科学"的方法进行教育管理。更为重要的是,罗廷光始终关注中国现实问题,要求面向中国现实问题,进而解决中国现实问题,提出了教育行政学的"中国模式"。

---

① 李华兴.民国教育史[M].上海:上海教育出版社,1997:469.
② 张馥荃.重温一门"被人遗忘了的学科"——教育行政学在我国的历史回顾[J].教育丛刊,1983(3):79.

除了上述所讲到的时代所赋予《教育行政》诞生的条件外，罗廷光的个人因素也对之产生了至关重要的影响。如前所述，罗廷光一生中多次担任小学、中学和大学的主要管理者，这种经历为其积累了丰富的管理实践经验，同时也在直观上深化了他对教育管理的认识。正是以此为基础，《教育行政》中的理论才找到了更契合的实践根基。

在阐述理论时，罗廷光将在实践中的运用效果拿来进行佐证。当管理实践中的某些行为被证实具有合理性时，他又力图对其理论根源进行探讨。除了罗廷光的亲身管理经历外，他的学识修养及其对教育管理著作现状的不满都成为催生《教育行政》的因素。

罗廷光很早就开始接受教育，开始是由曾为晚清秀才的父亲教他学习，后来开始进入私塾和书院系统地学习古文典籍。早期的学习经历使得罗廷光具有良好的文史功底，从而使其文章行文流畅，颇受好评。后来罗廷光进入南高师教育专修科学习，在东南大学进修以及以后留学欧美著名学府，这些经历都极大开拓了他的视野，提升了他的理论修养和能力。

这也是罗廷光为什么提出"论者每谓国内出版界关于教育行政之著作不多，佳构尤鲜"①的原因。正是基于这种不满，罗廷光在该书自序中写道："我们看到外国（美尤甚）教育行政学者的班班辈出，及其所刊行的专门著作的层出不穷，固已欣羡不置；但经细加考虑，知其可供我们参考的，科学方法和专门技术以外，仅若干实施的原则及试行有效的经验而已。"②

虽然《教育行政》最初是一部教材，但是它并未落入一般教科书仅集中于规则和原则陈述的窠臼。相反，罗廷光力图实现其在自序中所讲的那样："我们要做开创的工作，要本远到的目光，渊邃的见解，认清本国教育行政的问题，运用科学方法和专门的知能以为解答，更当就教育行政之'学'与'术'本身作进一步研究，以树立本门学术之深厚的基础。"③

1941年，教育学家邱椿在为《教育行政》作序道："本书陈义精微而不流于空虚，立论客观而不陷于肤浅，叙事平实而不囿于固陋，取材渊博而不失之支离，这当然是本书最显著的贡献。至于系统的严密，文笔的流畅，批判的公允，都是读者所易看见的优点。"④

①② 罗廷光.教育行政（自序）[M].福州：福建教育出版社，2008：1.
③ 同上：1—2.
④ 罗廷光.教育行政[M].福州：福建教育出版社，2008：2.

二、本土化教育行政的探索

罗廷光一生都在教育科学领域辛勤耕耘,有学者将其主要从事的工作归结为五个方面:一是运用科学方法进行教育研究,建立了教育科学的研究方法体系;二是将教育科研的成果、方法应用于教育行政的教学法,以提高行政、教学的效能;三是深入实际,了解各国教育,从比较中吸取精华,供我国教育改革借鉴;四是针对时弊,直传师资培训的重要,系统研究我国师范教育的起源和发展,并阐明师范教育的理论和实际;五是根据马克思主义的立场、观点、方法研究历代教育理论和实践的发展及其规律,结合当前实际,扬长避短,力求古为今用。[①] 而在《教育行政》这部书中,这五方面内容都或多或少地有所体现。更为重要的是,罗廷光在深入实际、了解实际的基础上,"量身打造"出中国本土的教育行政。

(一)改进学制

学制,作为国家对各级各类学校的组织系统和课程、学习年限的规定,在整个教育事业中有着统摄性地位。

由于1922年学制所存在的一些缺陷,教育界对于改革学制的呼声日益高涨,此时罗廷光也提出了自己的看法:在没有事实证明以前,学制改革不宜草率进行;学制改革除了需要借鉴国外经验之外,更应该从本国的政治、经济和社会情况出发,并且应该考虑本国今后的发展和学生身心的发展;如果学制确实需要改革,则应该谨慎从事。先要经过专家学者的讨论,然后根据实际情况采取有效行为。

但罗廷光也同时认为没有必要进行全部的改造,而只需要对局部进行改进即可,有两种方法可以采用:一是根据国家现行的方针政策,增加现行学制的弹性以充分适应各种需要,从而取得实际成效;二是先以某些地方或学校作为试点进行实验,待取得实际效果后再进行全国范围的推广。

总之,罗廷光认为"我国今日之学制问题实非教育本身(尤非学制本身)的问题,乃其有关之政治、经济、社会等问题,若不从远大处着想,而惟斤斤于学制本身的争辩,则费力多而成效小"。[②] 具体而言,他认为制定学制时应该依据以

---

① 郭齐家.中外教育名著评介[M].济南:山东教育出版社,1992:1503—1504.

② 罗廷光.教育行政[M].福州:福建教育出版社,2008:134.

下几条基本原则：必须符合国情，不可抄袭；必须考虑各个年龄段儿童的身心发展，使儿童便于循序渐进；整个学制须符合单轨的精神，但是不必过分拘泥于形式；各级学校须上下衔接，左右逢源；教育机会均等；学制必须考虑社会需要与国民经济的承受能力；学校教育应在正规教育之外，与各种教育组织和教育活动保持密切的联系；学制必须有弹性，增加其活力而不能陷于僵化。

罗廷光对于学制问题的这些意见，体现着对国外先进经验的汲取，但又能时刻从本国国情出发而寻求切合实际的学制改革方案。

(二) 各级教育行政机构

关于教育行政组织，罗廷光考察了近代教育行政制度的沿革，对过往的教育行政制度进行了考评，然后论述了当时各级教育行政机构设置状况，最后在对几个国家的教育行政制度进行对比中阐发了教育行政组织中的某些重要问题。此外罗廷光也特意对学校行政中的组织问题专门列出一章进行阐述。针对当时的教育行政组织问题，罗廷光阐述了以下几个方面的内容：

第一，中央教育行政机构及其权限问题。虽然按照当时国民政府颁布的《修正教育部组织法》规定教育部是"管理全国学术及教育行政事务"，"对于各地方最高级行政长官，……有指示监督之责"。[①] 但实际上教育部的权力受到很多的限制，如各部可以自设学校而不受教育部的监督；接受庚款补助和维持的教育，经常是按照个人的感情喜好而决定拨款的多少，而不经过教育部的统一筹划。这类行为造成了教育行政系统紊乱，导致教育行政效率低下，从而对推行国家教育政策带来种种困难。

第二，各级教育行政组织的关系及其权限划分问题。当时我国教育制度是教育部监督全国教育，省教育厅管理全省教育，市县教育局或类似的机关指导全市或全县的教育。比较来看：高等教育隶属于中央，中等教育隶属于省级，初等教育隶属于县或市，与国外的三级制相似。但是一个不可回避的问题，是中央、省和县(或市)各级组织之间的权限应该如何划分？在参考当时一些教育专家的观点之后，罗廷光详细列举了中央教育行政机构和省及地方教育行政机构应有的职权。而其划分的依据就是中央机关主管政策的制定，而地方机关则主要是执行政策以及根据本地的实际情况进行人员和经费方面的管理。

第三，行政区域划分问题。罗廷光认为教育行政区域不能独立于普通行政之外，所以不论是省一级还是地方一级的教育行政区，都应与普通行政区一致。

---

① 教育部.教育法令汇编(第 1 辑)[M].上海：商务印书馆，1936：1.

对于视导区和师范区,则应该根据教育行政原则自由划分。

第四,教育行政机关内部组织问题。罗廷光主张教育行政机关内部组织应该采用以下几个原则:分工均衡,合作原则,设咨询机构,设置审议,研究机构,教育行政内部组织兼具统一与灵活的标准。

第五,新县制①下的教育行政组织问题。在"政教合一""三位一体"的新县制之下,为了发展国民教育,罗廷光提出以下主张:实行分工合作办法,对于学校教育应该指定专门人员(如教导主任)负责,而校长则起到督促和指导作用;乡长、保长的人选应该具有小学校长的法定资格;在经济发达地区,校长则需要专人专任而且应该与普通行政保持密切联系。

第六,教育行政组织的原则。关于教育行政组织的原则,罗廷光提出了以下几条:首先,教育行政机关与其他行政机关应该密切合作及其合作方式应该引起重视;其次,上下各级教育行政机关应该上下相承,有条不紊,这样办事才能顺利而且可以提高行政效率;再次,中央与地方应保持统一。一方面,教育行政不能妨碍其他事业的进行;另一方面,教育事业除了特殊情况外,应该隶属于中央与地方教育行政机关而受其管理监督。然后就是应该有发展教育专业的精神:教育事业的发展壮大,要求必须有教育专家运用专业知识和技能来处理教育事务。教育专业精神的能否发展则取决于教育行政组织中是否有专家介入以及是否有空间使专家能够发挥作用;接下来,必须设立审议机关以能够采纳群众意见。接着就是组织应该依据分工合作的原则以推动教育事业发展。此外,还须保持学术研究的意味。教育行政组织不能仅为了例行公事,更应该设立学术研究机关以保持其活力;必须在现有的基础上追求更高的理想,只有坚持了这个原则,教育行政才可能取得更大的成就。

(三) 教育人员问题

教育人员是教育行政中一个很重要的问题,教育行政效率的提高和教育行政问题的解决在很大程度上依赖于这一因素。罗廷光将教育人员细分为教育行政人员、校长和教师,并具体阐述了其资格、职权和培训等问题。

第一,教育行政人员的资格。罗廷光认为主持全国教育行政的人,在政治上应该具有远大的目光,对教育应该能提出深刻见解,能高瞻远瞩,指出今后国家教育应走的道路和应采用的方针,并根据这种预测能够制订出现阶段教育实

---

① "新县制"是指国民政府为了强化抗战时期基层政权建设而实施的"政教合一"和"三位一体"的一种基层政权制度改革。

施的政策和步骤;并能寻求和任用专业人才去执行实施。

关于省教育厅长的资格:学识上有大学教授的资格,同时接受过教育专业的训练;经验上曾任高级教育行政长官(兼任),或主持一市(直辖市最好)或一县的教育行政至少五年,或曾任专科以上学校校长或独立学院院长三年以上并取得显著成绩;人格上必须具有识人、虚心、友爱、勇于言行、礼貌的品质。

第二,学校校长的资格。罗廷光认为校长应在以下四个方面具有相当的资历:在行政方面,校长对上级行政部门应该十分忠诚,一方面既应当秉承政府的指挥以处理全校的事务,另一方面又不能仅仅对政府俯首听命,而应该能根据个人的经验和心得,向政府作种种改进的建议。在会议上,校长应该尽量发表意见,但是决议决定后,无论是否符合本人的主张,为了尊重多数人的意见,理应尽力推行。如果人们对政府的政策有误解,校长尤其应该酌情予以解释以解开众人的疑惑。校长应当担负的责任,不应该落在普通人之后。遇到必须努力奋斗的事情,校长应该不惜一切努力去实践。以上是校长对政府来讲应该必备的资格,这也是物色校长时应该注意的人选标准。在对同事方面,校长除了应该具备教师的学识经验以外,更应该具有学校行政的知识、能力和经验。校长对同事必须显示出其双重的领袖资格:一是办事上的领袖资格:包括个人品性、办事习惯和办事方法;另一个是学识上的领袖资格:校长本人不但应该具有渊博的学识,而且能够对同事的学识保持一种赞赏的心态,应该对同事的地位保持相当的尊重,而且对同事的服务,也必须有诚意的信任和友谊的指点。在对学生方面,作为校长,他除了具有教师应有的资格以外,还应该使全体学生对之有"无限敬仰,竭诚推戴"。校长对待学生必须笃守"公""诚"二字。对于学生的一切事情校长都应该晓以大义,出以同情;对于有过错的学生,应该以真诚的态度指出其过错,必须使他们能够改过向善。在对社会方面,学校是社会的中心,校长应该努力做一个社会的领袖。今天,校长应该多参加社会活动,与社会保持密切联系。这既可以促进社会事业,同时也可以得到社会帮助,加快学校的进步,任何时候,校长必须关注对社会的贡献及其在社会中占有的地位。

第三,中学校长的职权。中学校长是中学里的领袖人物,对内领导全校教职工,对外代表学校。具体来说,中学校长有以下职权:学校内部组织健全;和校外有关机构配合良好;除需对本校教职工的教学训导进行视导外,对地方教育也应该尽到一定的辅导责任;和社会保持密切的联系。

第四,校长的任用和任期。在当时,校长的任用由主管的行政机关负责;私立学校校长则是由校董事会或设立者(投资者)挑选合适的人员来聘任。由政府委任校长是必需的,但是应该避免政客的操纵,而应该依据任人唯贤的精神,根据客观的人选标准,任用贤能的校长。校长的任期:一般而言,在慎重物色、严定人选标准的前提下,加上政府的严格监督,那么校长的任期较长一点更为有利。

第五,如何使优秀的教师坚守岗位?罗廷光提出,首先考察教师辞职的原因而及早设法补救,其次是用法律保障教师的地位,最后是规定适当的契约。关于我国教师契约的制定,可以多参考欧洲的做法。

第六,教师的训练与考核。罗廷光在论述该问题之前,先就当时施行的教师考核办法的主要几个方面进行了评述,主要包括范围扩大,具有法定教师资格的教师的考核,不具有法定教师资格的教师的考核和教师许可证的有效期。随后罗廷光阐述了教师的考核问题,认为毕业于师范学校或者其他师资培训机构的毕业生可以免受考核。但是各师范学校程度并不相同,仅仅依靠校内毕业考试不能达到整饬各校学生的程度,所以仍须厉行"师范生毕业会考"制度,借以鉴别现有成绩并策励未来。

当时教育部普通教育司、省教育厅和市教育局都可以对教师进行考核,从而造成了事权不集中而且各自为政,弊端很大。为此他提出今后全国宜实行统一的考核办法,即由各省市考核,但是必须接受中央的委托,并以中央规定办法为准。同时,为了提高教师资格,应该改良教师待遇。改良过后,教师考核的标准可以严定,教师考核的方法也可以厉行。教师的登记和审查与教师考核有密切关系,应该一起执行。

第七,教师的进修。关于教师的进修,罗廷光谈到了进修的效用和方法两个方面。进修的效用,在于灌输新思想新知识;鼓舞教师研究的兴趣;补足专业的训练;增进教学的效能。而进修的方法则有组织研究团、进入暑期学校、参加教师研究社、通信研究、参观、示范、推广学程、教学辅导、给予长假进修、巡回文库(图书的流动)等。

总之,教育人员是教育管理中一个极为重要的问题。我们从罗廷光的个人叙述和资料引用上可以看到,罗廷光的某些观点吸收了国内许多学者的意见,如关于中央教育行政机关领袖的资格上,罗廷光参考了程湘帆的意见;在列举当时十九个省县教育局长的资格时,罗廷光参阅了甘豫源的资料统计。而在另外一些观点上,罗廷光则是吸收了西方一些教育管理学者的观点,如关于省级和地方的教育行政官员的资格问题上,罗廷光肯定了卡伯雷(Cubberley)和卡特氏(Charters)的研究成果,并在阐述自己的观点时引用了那些成果:论述地方教育行政官员的资格时,罗廷光就提出了该类官员不但应该在学识上、能力上和经验上能够胜任,更应该在人格品质上胜人一筹,这一点就是对卡伯雷和卡特氏研究成果的运用。这也说明了罗廷光已经注意到教育行政官员的心理因素,并主张采用客观的、科学的方法制作成审核教育行政官员的"品第计分表"。

相对于当时国内的教育行政官员任用的实际情况,这种观点无论是在当时还是现在来看都是非常超前的,也是非常科学的。类似的情况还有很多,如对于校长的职权上,罗廷光提到了"校长应多参加社会活动,一以促进社会事业,同时复可得到社会的帮助,使学校进步加速(在新县制下的校长更当如此)。任何时候,校长必留心对于社会上的贡献及其在社会中占有的地位:从没有社会唾弃的人,能够做优良校长的"。① 这一点无疑是主张校长进行管理时应该具有开放性,应当使学校和社会保持密切的联络。这至少在今天看来仍然是具有生命力的一种观点。

(四) 教育经费问题

教育经费是教育行政中一个值得关注的问题。教育经费的管理是否合理、是否得当,将会直接影响到教育管理的成败,所谓"巧妇难为无米之炊"。罗廷光对于教育经费问题非常重视,他也从多个方面对这个问题进行了阐述和解释,包括教育经费增加的原因,教育经费的来源、分配、管理和几个相关的重要问题。

罗廷光先概述了当时教育经费增加的原因、教育经费的来源、教育经费的分配、教育经费的管理等议题。在论及教育经费的管理时,罗廷光指出,中央政府以前从来没有设立专门机构管理中央教育经费,只有当开始处理庚子赔款之后才开始设立此类机构。地方上,在教育经费已独立的省份,设立教育经费保管机关最早的是江苏的教育经费管理处。对于这个经费管理机关,罗廷光援引了夏承枫在《现代教育行政》中的评析,认为该组织系统偏于分治制,与教育厅没有保持密切的关系。管理处直接接受委员会管辖,而委员会仅有机关而没有机能。稽核员的任务,据简章规定,仅仅是注意税额的比较和支款的用途,这未免过于空泛。这些是该省教育经费管理组织不健全的地方。对于更为基层的县市,罗廷光也没有直接作出评述,而是引用了倪文宙、陈子明《教育概论》里的观点,提出教育经费管理的若干重要任务。

罗廷光还对教育经费中的几个重要问题阐述了自己的观点：

一是教育经费所占政府全部预算的比例问题。罗廷光认为最主要的是开辟财源以增加教育经费的总量。如果要增加教育经费的数量，应当考虑一国一省或一个地方的每年支出经费总数，这与其经济实力相关。

二是关于增加教育经费来源问题。罗廷光认为应该从以下几种渠道来增加教育经费：首先，整理学款。即整理已有的固定的教育经费以促进教育专业的发展。其次，增辟税源。有人主张从税收里增加教育经费，在这种情况下教育管理者应注意开辟教育上的新税源，不应该在一种赋税上无限制增加。再次，利用官产荒地。可以对之开发利用，可以增加大宗收入。接着，发展公营企业。我国县市虽然不能发展重工业，但可以先从公用事业或与人民日常生活关系密切的轻工业着手，既可以增加人民福利，也可以充裕地方财政，同时还为教育增辟一个新的财源。此外，应扩大教育单位，即扩大负担教育经费的单位，或以富济贫，或由国库或者省库补助以提高教育效果。最后，也是最根本的办法，即增强国民经济实力。国民财力的增加是增加教育经费的前提。注意国民普遍生产，同时提倡学校力求实用，促进生产才是根本目的。

三是力求使各级教育经费支配合理化问题。在这个问题上，罗廷光又分为以下两个问题进行论述。首先，政府对于各级教育经费应该担负何种责任？国家的预算除了加大教育经费支出之外，应该缩小各级学校（小学、中学、高等教育）经费之间的过大差距。罗廷光所提出的对策是，中央应该将大部分款项划拨补助各省市办理义务教育，将少部分款项用于推广边疆各省的蒙古族、回族、藏族、苗族的基本教育，然后创设国立中学及师范十余所，大规模筹款补助各省市推进国民教育等。这些做法一方面是为了适应现阶段教育的特殊需要，另一方面也是借此纠正不合理的现象。其次，各级教育经费的分配在教育经费总量上应该占到何种比重？政府应该努力纠正中学经费比例过大，职业教育和社会教育经费比例过小的问题，而使其结构趋向合理化。

四是制定教育行政机关分配各校经费时的标准。罗廷光以为：最好根据学生平均每日出席的人数或者学生实际的上课时数，并参考教师人数的多少及其资格的高低，以及课程的增减、科目的多少，支配学校经常费用；至于给予补助，则应该以学校实际成绩是否优良和地方贫富情形为根据。总而言之，参照各项事实，全盘计划，酌情使用各项标准，妥为支配，才能实现精确、公允及机会均等。

罗廷光还讨论了新县制下的经费问题，以及学校的经费管理。在学校经费管理问题上,罗廷光主要论述了学校经费的主要支出种类、学校预算编制的步骤和预算编制的种类三个问题。

总之,教育经费历来就是教育管理中一个值得关注的问题,教育经费的筹措、管理、分配也是教育管理过程中无法回避的重要问题。罗廷光在广泛吸收国内外多位教育管理学者,如杜佐周、邰爽秋、陈友松、罗素(Russell)、西尔斯(Sears)等人的研究成果的基础上,从当时实际情况出发分别对这几个问题进行了详尽的论述。简而言之,罗廷光无论是在问题的剖析上还是对策的提出上,都表现出一种宽阔的眼界和务实的态度。他积极吸收国外先进经验,但是不迷失在这种学习之中,坚持从本国国情出发,同时又能高瞻远瞩以一种发展的眼光解决问题。

(五)教育视导问题

所谓教育视导,就是教学视导,是指特定教育专业人员,针对学校或教师之教学措施进行系统性的视察与辅导,以提升学校教学质量与学生学习效果的过程。其中,特定教育的专业人员包括督学、校长及教师。

教育视导在我国历史上也是很早就出现的,但那并不是现代意义上的教育视导。自20世纪初学部设立以后,不久京师督学局成立,这是北京所设的督学机关。民国初年,建立视学制度,后来改称督学。直到抗战时期,无论是视学还是督学,都不是真正意义上的视导,而仅仅表示政府对教育的一种视察和督促而已。

在同一时期大量涌现出的教育管理著作中,谈到教育视导问题的却并不多。国内教育视导现状的落后在某种程度上解释了当时教育管理学界没有足够重视教育视导问题研究的原因。而罗廷光对此却极为关注,并在《教育行政》中用了一章的内容来阐述这个问题,这充分说明了罗廷光已经意识到教育视导问题在教育管理中的重要地位并且只有研究了这个问题才能够在教育管理实践中实现真正的教育视导。

罗廷光认为,教育视导的目的有六种:一是视导学校。教育视导的第一个目的应该是以端正的态度和客观的眼光观察一地或一区学校教育的真相,避免种种隔阂。二是辅导教师。抗战时期由于我国的教育遭到严重破坏,因此学校教师资格较差,能力较弱,更加需要进行视导。通过视导,一方面防止教师管理失败而导致耗费国家经费,虚掷学生光阴;同时还能发展教师才能,使其成为一名创造的自由的教师。从另一方面来讲,通过教育视导可以使全校教职工合作,为实现共同目的而努力。三是运用科学方法以增进教学效能。罗廷光主张：或根据教室观察的结果，或根据实际测量的成绩，或根据其他方面以考核教师教学方法的优劣，诊断其教学方法上的缺点并寻求补救的方法，力求使课程、教材、设备等合理化。四是发展学生。教育视导的最终目的就是使学生德、智、体各方面得到充分发展。其中包括设置适宜的环境以启发学生兴趣，努力适应每个学生的不同需要，培养学生的德行，养成良好的学习习惯，发展学生创造性的、建设性的思想。五是从事专门研究。近代教育科学研究取得很大发展，而教育视导方面也取得较好成绩。一部分学者专门对教育视导进行研究，并把它当作一门学术加以研究和发展。六是统一教育行政。视导员是政府视察教育的代表。通过视导国家政府可以推进教育政策，施行教育法令并推进教育事业使其努力达到标准，从而实现教育行政上的统一。

针对当时的教育视导制度，罗廷光提出了批评，直斥六大弊端：

第一，人选标准不高。罗廷光认为当时的教育官员认为视学无关轻重，所以任意安排人选，而并没有进行严格的挑选和任命，这实在是错误的做法。

第二，地位过低。当时视导员往往被看作行政机关中的闲散人员，或被看作临时派遣的一种附属性的官员。他们只是处理例行公事，不会提出积极的改进建议，即使有也不被当局采纳。

第三，责任不专。罗廷光指出当时视导员的视察对象，包括全部教育，如行政、经费、建筑、设备、教务、训育、各科教学，甚至包括社会教育。任何事情都由一人担任，这种不分工的视察不会取得视察的效果，这种情形需要改革。

第四，视察时间过短。任务太重，时间太短，人员太差太少。

第五，准备不充分。视学/督学出发看成巡学各地的教育，而没有准备任何视学工具，甚至视导员本人对于有关视察的重要法令也不很清楚。这使得视导人员不能取信于人，不能在短期内获得重要材料。

第六，调换过频而导致前后不能衔接。教育部和各级教育行政机关，每次都是临时派人视察，且每年更换一次甚至每学期更换一次人选，这致使前后不能衔接。因个人见解不同甚至相互冲突而造成被视导者无所适从，所以视导的结果是否有效也是可想而知。

总之，罗廷光认为原来的视导制度有很多的缺陷，如没有具体确切的批评，没有积极建设的提议，很少使用科学的方法等，这些都有待于进行改革。

对于教育视导其他问题，罗廷光还对教育视导人员的资格，视导人员应有的任务，教育视导的原则做了说明。

如前所述，教育视导问题在当时的教育管理界是一个新的问题，加上它在教育管理实践领域一直被忽视,所以并没有得到应有的发展。罗廷光注意到了这一问题并试图以实际的研究来关注和解决这一问题。我们从《教育行政》字里行间可以看出这种努力,这种努力对当时而言是具有开拓意义的。

在教育视导这一问题上,罗廷光依然是博采中西之研究成果,依然以立足解决现实问题的态度来进行研究,依然是以一种严谨而科学的态度对待国外的经验和国内的做法。

除上述这些问题外,罗廷光还讨论了学校行政组织、学校课程管理、学校训育、学校环境建设、学校经费管理、学校科研工作等。可以说,罗廷光涉猎面广,关注全面,论述细致,具有很强的现实性和指导性,不愧为教育行政学领域之力作。

三、用科学的方法建立中国教育行政学

中国具有现代意义的教育,直至 19 世纪下半叶才渐露端倪,20 世纪以来真正发展。[①] 从 1912 年开始,伴随着社会转型的阵痛,近代教育经历着从传统向现代化的蜕变:一方面,是对传统旧式教育的摒弃与继承、否定与弘扬;另一方面,则是对西方新式教育的接纳与排拒、移植与抗阻。虽然有不合中国的国情民性而"淮橘为枳",或因圆凿方枘而中途夭折,但也有很多东西因大体适合中国社会发展及教育现代化的需要,从而在现代教育的构思与运作中、试验与调整中、思考与实践中,交织出一幅错综复杂、色彩斑斓的历史画卷。

罗廷光用自己的画笔绘就出一幅颇具中国风的教育行政画卷。在大批留学生学成归来,西方各种主义理论输入国内,各式书籍文章翻译出版的大潮中,罗廷光一方面系统介绍与引进国外先进教育研究理论,另一方面不忘本,注重结合本国国情,提出自己的一套教育研究体系。在罗廷光的教育研究体系中,既有对国外先进理念的吸收,也有对国内最新发展现状的关注。

为更好地结合中国国情学习西方,罗廷光多次强调历史研究和比较研究的重要性。他提出在纵的方面要重视历史研究,认为在当时的中国要引进国外先进理论,首先不能置中外教育发展历史的迥异于不顾,其次不能置发展教育的环境——整个社会状况的差别于不顾,比如经济基础的差异、政治体制的差异、文化的差异。抛弃历史是不可行的,就教育而研究教育也是不可行的。这一

① 李剑萍.中国现代教育问题史论[M].北京:人民出版社,2005:144,145.

点,对于当时学者如何引进国外教育理论是很具有启发意义的。在横的方面,比较的研究能拓宽研究者的视野:不能仅局限于国内,也不能一味模仿国外不顾自身特点,因为任何一种理论或方法的产生和发展都有自己特定的条件,引进国外的理论必须符合本国国情。

罗廷光在每论及一重大问题时,总是悉心探求这一问题在中国教育史上的发展轨迹,广泛考察当时主要资本主义国家的教育现状,充分分析其利弊,冷静分析这一问题的现实状态,然后把这三个方面的分析综合起来,使论点立于可靠的基础之上。在研究各种具体科学研究法时,他尽量选择符合中国实际,有助于教育问题解决的例证,以利于指引研究者借用国外方法研究本国问题。这种把比较教育的方法应用于教育行政研究的探索在半个世纪以前是极为可贵的,可以说是为教育行政学的科学化作出了贡献。这样的研究方法、治学方法在今天的教育行政学乃至整个教育科学研究中都应发扬光大。

罗廷光始终提醒同仁,对于国外研究方法、教育制度的引进与借鉴都应该建立在对本国教育发展史了如指掌,并将本国与他国教育的过去与现状进行比较的基础上进行,不能一味盲目地跟从。当时的教育研究领域,时人所关注的是教育测量、教育测验等科学的研究方法,像罗廷光这样能清醒地认识到历史研究和比较研究的重要性,探索出教育研究中中西方结合的有效途径,并形成体系的学者并不多。

在罗廷光构建的教育研究体系中,他始终用客观的态度,探求事实,遵循科学的步骤方法去寻求结果,并且在观察、测量等行动中进行探求。这部分涵盖对国外最新研究进展的综览概括,也有对前人研究经验的总结,同时结合中国最新的研究成果,为研究者提供指导,并且启发研究者们关注适合中国本土的问题,不人云亦云。

罗廷光视野开阔,摆脱了就事论事的思维模式,从而体现出创造性、科学性。他在论及教育宗旨、课程改革等重大问题时,总是把它们放到当时社会的政治、经济、文化的背景中去,冷静地分析解决这些问题的可能性之后,才提出怎样在这种背景下解决。这样往往能提出独到的见解并使这些见解具有可行性。

虽然罗廷光的教育研究体系独具特色,但是我们也不应该忽略其局限性。罗廷光的教育研究思想是在时代背景和个人努力下的共同产物,既然思想的产生离不开时代背景,那么必然会受到时代的局限,而不可能放之四海而皆准。

比如,罗廷光忽略了教育行政的阶级性这一本质特征。教育行政从属于国家行政,他也承认这一点。但是由于对国家的本质缺乏足够的判断,因而在论及教育行政的本质时,没有论及其阶级性这一根本特征,而认识不到这一特征,实际上就没有把握住教育行政的本质。同时,作者对当时苏联的社会主义教育作了一些不客观的论述,这是应予批评的。

再如,罗廷光对教育行政学的研究对象把握不十分准确。作为一门学科,其研究对象应是确定的、独特的。但罗廷光显然忽略了教育行政领域里的一些重大问题而又把一些不属于该学科的问题详加论述。如教育立法问题,教育行政机关的内部、外部监督等重要方面鲜有论及,关于教育功能、课程本质、教师素质等问题却着墨过多,这便形成了与教育学的重复。

最后,材料过多,难得要领。在论及每一重要问题时,罗廷光都从英、美、德、意、苏等国谈起,又要追溯中国的历史,这样下来就占了极大篇幅,分析、批判、加工的部分就很少了。这就使读者难以掌握关键的东西。

总之,罗廷光的教育行政研究,事实上体现了一种对教育研究本土化的探求。在罗廷光所处的时代,正是国家鼓励学者出国学习,借鉴与学习国外成为潮流的时代。但如何引进和学习,如何将国外理论本土化,成为适合中国国情的理论,是一个学者们至今仍在苦苦思索不断探究的问题。

因此,教育研究应该研究自己的时代和社会中的教育问题。外来的理论是在他国实际问题中总结和揭示出来的,未必一定适合中国的情况。外来移植的理论要想让它在本国生根、发展,不仅要研究中国教育的问题实际,更要透过表面现实,去把握教育文化传统的内在血脉。关于教育研究本土化,罗廷光交出了自己的答卷,以此为例,留给后人的,还有更多的问题尚待解决。

主要参考文献

一、文献史料

（一）汇编

1. 卞孝萱,唐文权.民国人物碑传集[M].北京：团结出版社,1995.

2. 教育部.教育法令汇编(第1辑)[G].上海：商务印书馆,1936.

3. 南京大学校庆办公室校史资料编辑组.南京大学校史资料选辑[Z].南京大学内部资料,1982.

4.《南大百年实录》编辑组.南大百年实录(上)[M].南京：南京大学出版社,2002.

5. 璩鑫圭,唐良炎.中国近代教育史资料汇编·学制演变[G].上海：上海教育出版社,1991.

6. 璩鑫圭,童富勇,张守智.中国近代教育史资料汇编(实业教育 师范教育)[G].上海：上海教育出版社,1994.

7. 舒新城.中国近代教育史资料(中)[M].北京：人民教育出版社,1981.

8. (台湾)"中央大学"七十周年特刊委员会.中大七十年[Z].(台湾)"中央大学"内部资料,1985.

（二）著作

1. 蔡振生,刘立德编.陈宝泉教育论著选[M].北京：人民教育出版社,1996.

2. 常导之.增订教育行政大纲[M].福州：福建教育出版社,2011.

3. 董远骞,施毓英编.俞子夷教育论著选[M].北京：人民教育出版社,1991.

4. 董乃强编.董渭川教育文存[M].北京：人民教育出版社,2007.

5. 杜佐周.教育与学校行政原理[M].上海：商务印书馆,1930.

6. 杜佐周.小学行政[M].上海：商务印书馆,1931.

7. 范源廉.范源廉集[M].长沙：湖南教育出版社,2010.

8. 高平叔.蔡元培全集(第6卷)[M].北京：中华书局,1988.

9. 郭有守,刘百川.国民教育[M].重庆：商务印书馆,1942.

10. 胡铁军主编.百年苏中(卷一)·三元春秋[M].苏州：苏州大学出版社,2005.

11. 黄远庸.远生遗著(卷二)[M].上海：商务印书馆,1920.

12. 蒋梦麟.蒋梦麟自传——西潮与新潮[M].北京：团结出版社,2004.

13. 蒋梦麟.过渡时代之思想与教育[M].北京：知识产权出版社,2018.

14. 林崇德.朱智贤教育文集[M].南京：江苏教育出版社,2011.

15. 刘百川.初等教育研究集[M].上海：大华书局,1934.

16. 刘百川.小学教师箴言[M].上海：大华书局,1934.

17. 刘百川.小学校长与教师[M].上海：商务印书馆,1935.

18. 刘百川.乡村教育实施记(第2辑)[M].上海：黎明书局,1936.

19. 刘百川.一个小学校长的日记[M].北京：华文出版社,2012.

20. 刘述礼,黄延复.梅贻琦教育论著选[M].北京：人民教育出版社,1993.

21. 罗廷光.教育行政[M].福州：福建教育出版社,2008.

22. [美] 约翰·司徒雷登.在华五十年——司徒雷登回忆录[M].程宗家,译.北京：北京出版社,1982.

23. 沈慰霞,章柳泉,刘百川编著.教育行政[M].重庆：建华书局,1942.

24. 苏州中学编.苏州中学校一览[M].苏州：苏州中学出版,1928.

25. 苏州中学编.江苏省立苏州中学行政总则[Z].1932.

26. 邰爽秋.庙产兴学问题[M].上海：中华书报流通社,1929.

27. 邰爽秋.地方教育行政之理论与实际[M].上海：开明书店,1935.

28. 邰爽秋.教育经费问题[M].上海：教育编译馆,1935.

29. 邰爽秋.怎样做教育局长[M].上海：开明书店,1935.

30. 汤才伯主编.廖世承教育论著选[M].北京：人民教育出版社,1992.

31. 陶行知.陶行知全集(第1卷)[M].成都：四川教育出版社,1991.

32. 陶行知.陶行知全集(第3卷)[M].成都：四川教育出版社,1991.

33. 汪懋祖.教育学[M].上海：正中书局,1942.

34. 王文俊,梁吉生等.张伯苓教育言论选集[M].天津：南开大学出版社,1984.

35. 韦善美主编.雷沛鸿文集[M].南宁：广西教育出版社,1990.

36. 夏承枫.地方教育行政[M].上海：正中书局,1935.

37. 夏承枫公葬筹备处编.夏承枫教授公葬纪念册[Z].1935.

38. 杨扬.石评梅作品集：戏剧、游记、书信[M].北京：书目文献出版社,1985.

39. 俞子夷.一个小学十年努力记[M].上海：中华书局,1928.

40. 俞子夷.新中华小学行政[M].上海：中华书局,1931.

41. 俞子夷.园丁野话[M].上海：学生书局,1934.

42. 俞子夷.又话一年[M].上海：学生书局,1935.

43. 俞子夷.困学塡记[M].南平：天行社总社,1944.

44. 俞子夷.怎样做教师[M].上海：中华书局,1945.

45. 俞子夷,朱聂旸编.新小学教材和教学法[M].福州：福建教育出版社,2006.

46. 张彬主编.经亨颐教育论著选[M].北京：人民教育出版社,1993.

47. 张沪主编.北京师大附中[M].北京：人民教育出版社,2000.

48. 赵祥麟,王承绪编译.杜威教育论著选[M].上海：华东师范大学出版社,1981.

49. 中国人民政治协商会议广西壮族自治区委员会文史资料研究委员会编.辛亥革命在广西（上集）[M].南宁：广西人民出版社,1961.

50. 中央教育科学研究所.林砺儒教育文选[M].北京：北京师范大学出版社,1984.

51. 竺可桢.竺可桢日记（第2册）[M].北京：人民出版社,1984.

52. 竺可桢.竺可桢全集（第2卷）[M].上海：上海科技教育出版社,2004.

53. 竺可桢.竺可桢全集（第6卷）[M].上海：上海科技教育出版社,2004.

（三）论文

1. 编者.我们的特约撰述[J].教育杂志,1934,24(4).

2. 常导之.现行督学制之检讨[J].江苏教育,1935,4(5-6).

3. 常导之.审核机关在教育行政组织中之地位与功能[J].教育丛刊（中央大学）,1936,3(2).

4. 常导之.现制中学改造之必要及其途径[J].教育通讯,1938(29).

5. 常道直.学校中几个实际的问题[J].教育杂志,1921,14(2).

6. 常道直.旅美参观学校纪略[J].教育杂志,1925,17(10).

7. 常道直.学制合理化之一般原则及现行学制修正方案[J].建国月刊,1938,1(2).

8. 常道直.教育行政机构改善论[J].中央周刊,1939,1(33).

9. 常道直.地方教育行政问题与视导制度改善[J].中央周刊,1939,1(42-43).

10. 常道直.新县制下之地方教育行政问题[J].中央周刊,1939,2(27).

11. 常道直.当前我国教育上两大课题[J].教育杂志,1947,32(2).

12. 常道直.如何促成教育之专业化[J].教育杂志,1948,33(4).

13. 董渭川.中学教师之社会任务[J].广西教育研究,1941(2).

14. 董渭川.中学教育实际问题的探讨[J].教育通讯(周刊),1941,4(11).

15. 董渭川.我国教育制度如何民主化?[J].地方自治(上海),1947,1(5-7).

16. 董渭川.中国教育民主化之条件[J].教育杂志,1948,33(6).

17. 杜佐周.我国小学教育目下应走的路径[J].教育杂志,1934,24(1).

18. 杜佐周.师资训练的必要性及其重要问题的检讨[J].教育杂志,1935,25(7).

19. 杜佐周.我与何伯丞先生[J].读书通讯,1946(117).

20. 杜佐周.理想的大学与理想的大学生[J].读书通讯,1946(122).

21. 经亨颐.全国师范校长会议答复教育部咨询第一案[J].教育周报,1915(7).

22. 匡焕葆.教育行政学术化之必要及其途径[J].安徽政治,1941,4(4).

23. 李日刚.中学之学级编制问题[J].陕西教育,1936,2(2).

24. 廖世承.关于新学制一个紧急的问题[J].新教育,1922,5(4).

25. 廖世承.中等学校的训育问题[J].中等教育,1923,3(2).

26. 廖世承.中学实施道尔顿制的批评[J].中华教育界,1926,15(5).

27. 廖世承.中学教育改造的基本原则[J].教育杂志,1948,33(8).

28. 林砺儒.本校试办三三制初级中学与各国中学修业年限及教授时数之比较[J].北京高师周刊,1922(169).

29. 林砺儒.现代教育价值论[J].师大教育丛刊,1930,1(2).

30. 林砺儒.略谈中学生健康问题[J].中学生,1948(195).

31. 沈百英.参观南高附小杜威院、维城院记略[J].教育杂志,1923,15(11).

32. 汪懋祖.中学改行四三制商榷[J].河南教育,1930,2(19-20).

33. 汪懋祖.中学训育问题[J].苏中校刊,1933(25).

34. 汪懋祖.中等学校训育问题[J].云南教育通讯,1939(34-36).

35. 汪懋祖.中学生生活指导[J].浙江教育,1940,2(11).

36. 汪懋祖.我的教育经验谈[J].服务月刊,1940,3(1).

37. 夏承枫.师范教育行政改造问题[J].中华教育界,1926,15(11).

38. 夏承枫.教费支配与地方教育效率问题[J].江苏教育,1932(5).

39. 夏承枫.地方教育行政改造之建议[J].中央大学教育丛刊,1933,1(1).

40. 夏承枫.中国教育视导制之改造[J].江苏教育,1933(6).

41. 笑萍.轮回教育[J].南大周刊,1924(8).

42. 俞子夷.余之教育观[J].小学校(苏州),1915(5).

43. 俞子夷.读李步青贡沛诚两先生讨论中学级任制并且报告小学校试行指导制的一个经验[J].新教育,1923,6(1).

44. 俞子夷.学生自治[J].新教育,1923,6(3).

45. 俞子夷.读了舒新城小学教育问题杂谈以后[J].新教育,1926,10(1).

46. 俞子夷.两个严重的教育问题——家长的财力学生的体力精力[J].教育杂志,1937,27(1).

47. 俞子夷.操行考察——小学实际问题[J].教育杂志,1939,29(12).

48. 俞子夷.现代我国小学教学法演变一斑——一个回忆简录(一)(二)[J].华东师范大学学报(教科版),1987(4).

49. 俞子夷.学生自治与学校管理——回忆简录[J].华东师大学学报(教科版),1989(1).

50. 袁伯樵.如何改进省教育行政以配合民主化学术化之需要[J].中华教育界,1947 年续刊,1(12).

二、著作

1. 陈信泰,宁虹等.师范教育的发展与改革[M].济南:山东教育出版社,1986.

2. 陈乃林.师范群英　光耀中华(第11卷·下)[M].西安:陕西人民教育出版社,1994.

3. 陈青之.中国教育史[M].北京:东方出版社,2008.

4. 陈志科.留美生与中国教育学[M].天津:南开大学出版社,2009.

5. 董远骞.俞子夷教育思想研究[M].沈阳:辽宁教育出版社,1993.

6. 方增泉.近代中国大学(1898—1937)与社会现代化[M].北京:北京师范大学出版社,2006.

7. 郭荣生,张源编.张伯苓先生纪念集(八旬诞辰纪念册)[M].台北：台湾文海出版社,1975.

8. 郭齐家.中外教育名著评介[M].济南：山东教育出版社,1992.

9. 洪银兴.南京大学[M].杭州：浙江大学出版社,1999.

10. 侯杰,秦方.张伯苓家族[M].北京：新星出版社,2018.

11. 黄延复.梅贻琦教育思想研究[M].沈阳：辽宁教育出版社,1994.

12. 金德门.苏州中学校史[M].苏州：苏州大学出版社,1999.

13. 金林祥.思想自由,兼容并包——北京大学校长蔡元培[M].济南：山东教育出版社,2004.

14. 雷坚编著.雷沛鸿传[M].南宁：广西人民出版社,1997.

15. 李才栋,谭佛佑等.中国教育管理制度史[M].南昌：江西教育出版社,1996.

16. 李华兴.民国教育史[M].上海：上海教育出版社,1997.

17. 李剑萍.中国现代教育问题史论[M].北京：人民出版社,2005.

18. 梁吉生.张伯苓教育思想研究[M].沈阳：辽宁教育出版社,1994.

19. 梁吉生.南开逸事[M].沈阳：辽海出版社,1998.

20. 梁吉生.允公允能,日新月异——南开大学校长张伯苓[M].济南：山东教育出版社,2003.

21. 刘付忱,刘树范.教育管理学[M].北京：教育科学出版社,1987.

22. 刘正伟.督抚与士绅：江苏教育近代化研究[M].石家庄：河北教育出版社,2001.

23. 玛丽·杜里·柏拉,阿涅斯·冯·让丹.学校社会学[M].汪凌,译.上海：华东师范大学出版社,2003.

24. 冒荣,王运来.南京大学办学理念与治校方略[M].南京：南京大学出版社,2002.

25. 南开大学校史编写组编.南开大学校史 1919—1949[M].天津：南开大学出版社,1989.

26. 牛仰山.严复[M].天津：新蕾出版社,1993.

27. [日] 久下荣志郎.现代教育行政学[M].李兆田,等译.北京：教育科学出版社,1981.

28. 孙彦民.张伯苓先生传[M].台北：台湾中华书局,1971.

29. 孙绵涛.教育行政学[M].武汉：华中师范大学出版社,2009.

30. 汤才伯.廖世承教育思想论稿[M].北京：人民教育出版社，1997.

31. 王栻.严复传[M].上海：上海人民出版社，1957.

32. 王德滋.南京大学百年史[M].南京：南京大学出版社，2002.

33. 韦善美，程刚.雷沛鸿教育思想研究[M].沈阳：辽宁教育出版社，1994.

34. 吴桂就编著.雷沛鸿与民族教育体系[M].桂林：广西师范大学出版社，2002.

35. 吴洪成.生斯长斯，吾爱吾庐——清华大学校长梅贻琦[M].济南：山东教育出版社，2004.

36. 杨际贤.中华百年教育家思想精粹[M].北京：中国盲文出版社，1999.

37. 叶澜.二十世纪中国社会科学·教育学卷[M].上海：上海人民出版社，2005.

38. 一丁.乱世先生[M].北京：台海出版社，2016.

39. 余子侠.民族危机下的教育应对[M].武汉：华中师范大学出版社，2001.

40. 张彬.倡言求是 培育英才——浙江大学校长竺可桢[M].济南：山东教育出版社，2004.

41. 张锡祚.先父张伯苓先生传略[M].天津：南开大学出版社，2016.

42. 政协广西壮族自治区委员会文史资料研究委员会，致公党广西壮族自治区委员会编.雷沛鸿纪念文集[M].广西文史资料选辑（第26辑），1988年1月（内部资料）.

43. 中国蔡元培研究会.蔡元培纪念集[M].杭州：浙江教育出版社，1998.

44. 周川，黄旭主编.百年之功——中国近代大学校长的教育家精神[M].福州：福建教育出版社，2005.

45. 朱一雄.东南大学校史研究（专刊·第1辑）[M].南京：东南大学出版社，1989.

46. 朱斐.东南大学史（第一卷）[M].南京：东南大学出版社，1991.

47. 竺可桢逝世十周年纪念会筹备组编.竺可桢逝世十周年纪念会论文报告集[M].北京：科学出版社，1985.

48. 竺可桢传编辑组.竺可桢传[M].北京：科学出版社，1990.

49. 左惟.大学之道——东南大学的一个世纪（1902—2002）[M].南京：东南大学出版社，2002.

三、论文

1. 陈侠.开展教育经验交流活动[J].师范教育,1987(3).

2. 陈学军.教育学立场的教育管理学——论陶行知的教育管理思想[J].晓庄师院学报,2009(2).

3. 迟为国.邰爽秋教育经费思想评价[J].教育与经济,1993(4).

4. 金国.为了"服务社会能力"之养成——私立南开大学的校园文化建设(1919—1937)[J].教育学术月刊,2015(3).

5. 麻兴甫.林砺儒主持北京师大附中片段[G]//纪念《教育史研究》创刊二十周年论文集(15)——中国学校史志,2009年9月.

6. [美]雷文.中美实现教育性别平等的漫长道路[J].世界教育信息,2009(10).

7. 钱学森.北京师大附中六年[N].光明日报,2007年11月28日.

8. 王建梁,全红.雷沛鸿与广西教育的现代化——一个教育立法的视角[J].广西大学学报(哲学社会科学版),2001(6月增刊).

9. 张馥荃.重温一门"被人遗忘了的学科"——教育行政学在我国的历史回顾[J].教育丛刊,1983(3).

图书在版编目（CIP）数据

民国教育管理名家研究 / 胡金平主编. — 上海：上海
教育出版社，2023.8
（中国近代教育管理研究系列）
ISBN 978-7-5720-2084-1

Ⅰ.①民… Ⅱ.①胡… Ⅲ.①教育管理学 – 中国 – 民
国 Ⅳ.①G529.6

中国国家版本馆CIP数据核字(2023)第159538号

策划编辑　袁　彬
责任编辑　周典富
书籍设计　陆　弦

中国近代教育管理研究系列
民国教育管理名家研究
胡金平　主编

出版发行　上海教育出版社有限公司
官　　网　www.seph.com.cn
地　　址　上海市闵行区号景路159弄C座
邮　　编　201101
印　　刷　启东市人民印刷有限公司
开　　本　700×1000　1/16　印张 22.75　插页 5
字　　数　400 千字
版　　次　2023年9月第1版
印　　次　2023年9月第1次印刷
书　　号　ISBN 978-7-5720-2084-1/G·1867
定　　价　88.00 元

如发现质量问题，读者可向本社调换　电话:021-64373213